RECUEIL

DES

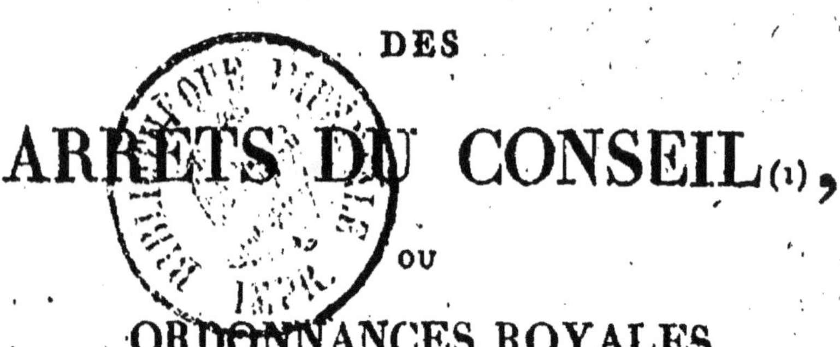

ARRÊTS DU CONSEIL (1),

OU

ORDONNANCES ROYALES

RENDUES EN CONSEIL D'ETAT, SUR TOUTES LES MATIÈRES DU CONTENTIEUX DE L'ADMINISTRATION.

COMMUNES. — Autorisation de plaider.

Les communes sont-elles recevables devant le Conseil d'Etat, lorsqu'elles s'y pourvoient contre des arrêtés par lesquels les Conseils de préfecture leur ont refusé l'autorisation de plaider sur un droit de propriété? — Rés. aff. — (2).

(4072. 10 janvier 1821. — Commune de St.-Georges.)

La commune de Saint-Georges, département de la Seine-

---

(1) Les art. 46 et 47 de la loi du 28 avril 1816, ayant eux-mêmes désigné sous le nom d'*arrêts du Conseil*, les ordonnances royales rendues en Conseil d'Etat sur le contentieux de l'administration, je me suis cru autorisé à l'employer aussi. Il est d'ailleurs exact, puisque ces ordonnances statuent sur des droits et des intérêts privés, comme les arrêts des cours et tribunaux. Il ne peut être trouvé inconvenant, puisque, sous l'ancienne monarchie, c'était de ce nom qu'étaient appelées les décisions rendues par le Conseil d'Etat de nos Rois; enfin il est plus court et par conséquent plus commode dans la pratique. Telles sont les raisons qui me paraissent devoir le faire préférer.

(2) Voy. art. 1032 du Code de procédure civile. — Les arrêtés des 29

Inférieure, possédait depuis long-temps une pâture appelée *la Côte-des-Houllais.*

En 1814, un propriétaire voisin l'avait fait clorre de fossés, dans le dessein de s'en emparer.

Troublée dans sa possession, la commune crut qu'elle ne pouvait pas intenter, sans autorisation, l'action possessoire contre l'usurpateur de sa pâture. Elle se retira devant le Conseil de préfecture, pour lui demander cette autorisation.

Ce ne fut qu'au bout de quatre ans que ce Conseil rendit un arrêté par lequel il rejeta la demande de la commune.

Elle a déféré cette décision à la censure du Conseil d'Etat, qui, après avoir consulté, sur la question de droit, trois avocats près la Cour royale de Rouen, a prononcé ainsi qu'il suit :

LOUIS, PAR LA GRACE DE DIEU, etc.

Sur le rapport du comité du contentieux de notre Conseil d'Etat,

Vu la requête à nous présentée au nom de la commune de Saint-Georges-sur-Fontaine-le-Bourg, département de la Seine-Inférieure, ladite requête enregistrée au secrétariat-général de notre Conseil d'Etat, le 17 février 1819, et tendant à ce qu'il nous plaise, annulant l'arrêté du Conseil de préfecture du département de la Seine-Inférieure, du 28 septembre 1818, accorder à la commune de Saint-Georges

---

vendémiaire et 24 brumaire an 5, au bulletin des lois. — *Elémens de jurisp. adm.*, tom. 1.er, pag. 148, note 1.—Décrets des 9 décembre 1810, commune de Sermaise. *Jurisp. du Cons. d'Etat*, tom. 1, pag. 444. — 11 janvier 1813, commune de Luzy. *ibid.* tom. 2, pag. 191. — Ordonnances du 24 janvier 1820, Commune de Gaudreville c. Clermont-Tonnerre. — 3 février 1819, commune de Faucogney c. Rainguel. — Et plusieurs autres décisions souveraines.

l'autorisation de plaider en revendication d'une partie de la pâture dite *la Côte-des-Houllais*, que le sieur Delavigné avait usurpée sur un bien communal, et condamner ledit sieur Delavigné aux dépens;

Vu le mémoire ampliatif de la commune de Saint-Georges, enregistré audit secrétariat général, le 1.er septembre 1820, et tendant au maintien de ses précédentes conclusions;

Vu l'arrêté attaqué du Conseil de préfecture du département de la Seine-Inférieure, du 28 septembre 1818;

Vu la consultation donnée, le 21 juillet 1820, par trois avocats près la Cour royale de Rouen, désignés par notre Garde-des-sceaux, Ministre secrétaire d'Etat au département de la justice, lesquels estiment qu'il y a lieu d'autoriser la commune de Saint-Georges à plaider relativement à la revendication de la propriété dont il s'agit;

Vu les autres pièces jointes au dossier;

Notre Conseil-d'Etat entendu,

Nous avons ordonné et ordonnons ce qui suit:

Art. 1.er L'arrêté du Conseil de préfecture du département de la Seine-Inférieure, du 28 septembre 1818 est annulé.

Art. 2. La commune de Saint-Georges-sur-Fontaine-le-Bourg est autorisée à se retirer devant les tribunaux ordinaires pour faire valoir ses prétentions à la propriété litigieuse de la pâture dite *la Côte-des-Houllais*.

Art. 3. Notre Garde-des-sceaux et notre ministre de l'intérieur sont chargés, chacun en ce qui le concerne, de l'exécution de la présente ordonnance.

Signé Louis. — M. Tarbé, maître des requêtes, *rap.* — M.e Mathias, *avocat*.

COMMUNES. — DETTES ANTÉRIEURES A 1793. — DÉCHÉANCES DES CRÉANCIERS. — FRAIS DUS A UN PROCUREUR.

Les communes sont-elles encore tenues des dettes par elles contractées avant la loi du 24 août 1793? Rés. nég. (1).

(2860. — Vinot. — 10 janvier 1821.)

Le 10 février 1813, le sieur Vinot, ancien procureur au parlement de Paris, se prétendant créancier de la commune de Landreville, du montant des frais d'un procès suivi pour elle, au parlement, en 1786, s'était, par requête en forme, adressé au préfet du département de l'Aube, pour obtenir l'autorisation de faire assigner la commune en paiement de ces frais.

Le 13 février 1813, le préfet avait pris l'arrêté suivant :

« Considérant que, d'après les dispositions de la loi du » 24 août 1793, toutes les dettes contractées par les com» munautés d'habitans, antérieurement au 10 desdits mois » et an, étaient déclarées nationales;

» Que le sieur Vinot devait se pourvoir, en temps utile, » près du liquidateur de la dette publique, pour obtenir la » liquidation et le paiement des frais qu'il prétend lui être » dûs par la commune de Landreville;

» Et qu'il résulte d'une lettre de M. le conseiller-d'état,

---

(1) Voy. *Elém. de jurisp. adm.*, tom 1, pag. 181, n.° 109, et pag. 182, n.° 114. — Décrets des 7 février 1809, Lebaigue. *Jur. du C. d'Et.*, tom 1, pag. 254. — 3 mai 1810, commune de Géménos. — 30 mai 1810, commune d'Orgon. — 13 août 1811, Hérit. Favard d'Albine. *Jur. du C. d'Et.*, tom. 1, pag. 522. — 30 septembre 1811, commune Grimaud. — Ordonnance du 10 février 1816. Delacourtie c. la commune de Marcau. *Jur. du C. d'Et.*, tom. 3, pag. 228.

» directeur-général de la comptabilité des communes et
» hospices, adressée au préfet de l'Aube, le 2 janvier 1811,
» que le pétitionnaire ne serait pas fondé à diriger une action
» contre cette commune, pour raison de la créance dont il
» s'agit;

» ARRÊTE : La pétition du sieur Vinot est rejetée. »

Le sieur Vinot s'était pourvu, contre cet arrêté, devant le Ministre de l'intérieur, et, par décision du 30 janvier 1816, ce Ministre avait pleinement approuvé celle du préfet.

Le sieur Vinot n'avait pas d'autre voie de recours que celle du Conseil d'Etat; il y a déposé sa requête, le 29 avril 1816.

Il a attaqué, quant à la forme et quant au fond, l'arrêté du préfet et la décision du ministre.

Quant à la forme, il a dit que la demande *en autorisation* par lui formée avait été incompétemment rejetée par le préfet seul, puisqu'aux termes de l'arrêté du 17 vendémiaire an 10, c'était au conseil de préfecture qu'il appartenait de statuer.

Sur l'autorisation en elle-même : qu'elle avait à tort été refusée, parce que l'administration n'avait pas eu le droit d'examiner au fond le mérite de sa demande.

Quant au fond du droit, le sieur Vinot a soutenu que la loi du 24 août 1793 ne pouvait lui être appliquée; que son article 82, il est vrai, avait déclaré dettes de l'Etat les dettes contractées par les communes; mais qu'elle avait en même temps voulu que les communes fissent à l'Etat l'abandon de leur actif; que cette mesure avait eu pour but de nationaliser les dettes des communes; que le Gouvernement avait entendu ne se charger de leur passif, qu'autant qu'il serait maître de l'actif; mais que, quant aux communes qui n'avaient point fait cet abandon à l'Etat, il était évident que l'Etat n'avait pu vouloir payer leurs dettes, que les communes étaient encore aujourd'hui chargées de les payer, et qu'en conséquence leurs créanciers étaient fondés à s'adresser à elles pour réclamer leur paiement.

Ce système, qui paraît avoir donné lieu à l'une des plus graves discussions auxquelles se soit livré le Conseil d'Etat, vient d'être rejeté définitivement par l'ordonnance dont la teneur suit :

LOUIS, etc.

Sur le rapport du comité du contentieux de notre Conseil d'Etat;

Vu la requête à nous présentée, le 29 avril 1816, par le sieur *Vinot*, ancien procureur au parlement, pour qu'il nous plaise annuler, comme incompétemment rendu, un arrêté du préfet du département de l'Aube, en date du 13 février 1813, et une décision confirmative dudit arrêté, rendue par notre ministre de l'intérieur; ledit arrêté et ladite décision statuant sur la demande du suppliant à l'effet d'être autorisé à poursuivre, contre la *commune de Landreville*, le recouvrement des frais d'un procès suivi, au parlement de Paris, en 1786, par le suppliant, pour ladite commune :

Vu l'arrêté et la décision sus-mentionnés qui rejettent la demande du sieur *Vinot*, comme tendante à poursuivre, contre la commune, le paiement d'une dette déclarée nationale par la loi du 24 août 1793;

Considérant qu'en effet, aux termes de ladite loi, la dette dont il s'agit est devenue dette de l'État, qu'en cette qualité le paiement n'en a pu être poursuivi que contre l'État et par voie de liquidation administrative;

Notre Conseil d'Etat entendu,

Nous avons ordonné et ordonnons ce qui suit :

Art. 1.er La requête du sieur *Vinot* est rejetée.

Art. 2. Notre Garde-des-sceaux et notre Ministre de l'intérieur sont chargés de l'exécution, etc.

M. de Cormenin, maître des req. *Rap.* — M.es Thilorier et Petit de Gatines, *avocats* du sieur Vinot.

CONTRIBUTIONS DIRECTES. — PATENTÉS. — DROIT FIXE. — DOUBLE DROIT. — DROIT PROPORTIONNEL.

Le commerçant qui a ses magasins et son comptoir hors de la ville, mais qui a, dans cette ville, son habitation, doit-il y être imposé au droit fixe et au droit proportionnel? Rés. aff. (1).

(4539. — Bonus c. le Ministre des finances. — 10 janvier 1821.)

En 1817, le sieur Bonus, commissionnaire en plâtre, ardoises, merrain, etc., à Cénon-Labastide, près Bordeaux, avait transporté son domicile de fait à Bordeaux même, bien que ses magasins et son comptoir fussent restés à Labastide.

En 1818, ce négociant était compris au rôle de la contribution des patentes à Bordeaux, pour le droit fixe et pour le droit proportionnel. Il a demandé à être déchargé de l'une et de l'autre. Deux arrêtés successifs du Conseil de préfecture de la Gironde ont rejeté sa réclamation.

Il s'est pourvu devant le Conseil d'État, où il a dit, quant au *droit fixe* : que la disposition de l'article 27 de la loi du 1.er brumaire an 7, qui dispose que la patente sera délivrée au commerçant, dans la commune de son domicile, doit nécessairement s'entendre d'un domicile fixe et inhérent

---

(1) Voyez *Elém. de jur. adm.*, tom. 1.er, pag. 271, n.o 31. — Décret du 29 mars 1812. Degrand, *Jur. du C. d'Et.*, tom. 2, pag. 51.

à l'objet même que le législateur a voulu atteindre par la patente, de celui du siége principal du commerce; en un mot, dans le sens du *domicile commercial*, et non pas dans le sens d'un domicile variable, volontaire, et étranger à l'objet de la patente, comme le domicile de droit ou celui de fait; qu'en un mot cet article 27 présuppose un établissement ou l'exercice réel de la profession du patentable dans la commune de son domicile; que, pour lui, il n'avait ni établissement principal ni même établissement accessoire à Bordeaux, et que l'habitation qu'il y avait prise n'était que temporaire et en quelque sorte d'agrément.

Quant au *droit proportionnel* : qu'il a pour base l'étendue du commerce individuel de chaque patentable, abstraction faite de la nature de ce commerce; que, par l'article 5 de la loi du 1.er brumaire an 7, il est fixé au dixième du loyer, ou des maisons d'habitation, ou des usines, ou des ateliers, ou des magasins, ou des boutiques, suivant la nature du commerce ou de l'industrie; que ce droit proportionnel ne peut frapper, outre des magasins considérables, une maison d'habitation tout-à-fait étrangère au commerce du patentable et indépendante des bâtimens qui servent à son exploitation, une maison d'habitation même située dans une autre commune; que toutes les lois relatives à la contribution des patentes n'ont toujours soumis aux droits proportionnels que les bâtimens situés dans les lieux où les commerces sont exercés; que, dans l'espèce, le réclamant n'avait non-seulement aucun établissement à Bordeaux, mais que même il ne s'y occupait jamais de son commerce; qu'il partait le matin pour Labastide, et ne revenait que le soir à Bordeaux : d'où il concluait qu'il ne devait, en aucune manière, être soumis au droit proportionnel à Bordeaux.

Le Ministre des finances, auquel ont été communiqués les moyens de ce recours, a d'abord fait cette réflexion : Est-ce bien dans ses magasins qu'un négociant fait son négoce? n'est-ce pas plutôt dans son habitation? Le sieur Bonus, qui habite Bordeaux, qui en fréquente la bourse, qui est en relation continuelle avec les courtiers, les marchands, les consommateurs de cette ville, ne fait-il pas plutôt son commerce à Bordeaux qu'à Labastide où il a ses magasins? Le Ministre a ajouté : que le sieur Bonus habitait Bordeaux; que, lui-même ne le contestait pas, c'était là son domicile de fait et de droit, son domicile *commercial* même, si l'on pouvait admettre cette nouvelle distinction; que c'était donc à Bordeaux qu'il devait prendre sa patente, et que le droit fixe devait y être établi d'après la population de cette ville; qu'il avait ses magasins à Labastide, qu'il en était propriétaire, qu'il y trouvait l'avantage d'y tenir ses marchandises en dépôt à la porte de la ville, et d'éviter ainsi les droits d'entrée pour les objets expédiés par lui au dehors; que c'était une commodité de plus pour son commerce, mais que ce n'était pas là ce qui en constituait le siége; qu'il ne devait être, en un mot, assujetti, dans la commune de Cénon-Labastide, qu'au droit proportionnel calculé sur une valeur locative des lieux qu'il y occupait; mais qu'il devait être imposé à Bordeaux pour les deux droits dont se compose la patente.

Ce litige a donné lieu à la décision suivante :

LOUIS, etc.

Sur le rapport du comité du contentieux de notre Conseil d'État,

Vu le mémoire en pourvoi pour le sieur Jean-Philippe *Bonus*, commerçant, demeurant à Bordeaux; ledit mémoire enregistré au secrétariat-général de notre Conseil d'État, le 13 mars 1820, et tendant à ce qu'il nous plaise, attendu que le siége de son commerce est à Cénon-Labastide : 1.° annuler les deux arrêtés non signifiés du Conseil de préfecture du département de la Gironde, des 2 et 8 janvier 1819, qui l'ont maintenu au rôle de la contribution des patentes de la ville de Bordeaux, pour l'exercice de 1818;

2.° Ordonner qu'il sera rayé définitivement dudit rôle, tant pour le droit fixe que pour le droit proportionnel et les centimes additionnels, et que toutes les sommes qui auraient pu être payées en vertu des susdits arrêtés, lui seront restituées, sous toutes réserves de droit;

Vu les arrêtés attaqués;

Le procès-verbal de vérification dressé par le contrôleur des contributions, le 3 décembre 1818;

Les rapports de l'inspecteur et du directeur des contributions, en date des 31 janvier et 10 février 1819;

Les observations de notre Ministre secrétaire d'Etat des finances;

Enfin la loi du 1.er brumaire an 7, concernant la contribution des patentes, et celle relative aux finances, du 25 mars 1817;

Considérant qu'aux termes de l'article 6 de la loi du 1.er brumaire an 7, il est dû un droit fixe et un droit proportionnel par tous les commerçans compris dans les cinq premières classes du tarif annexé à ladite loi;

Que, d'après l'article 27, le commerçant peut, muni de la patente à lui délivrée dans la commune où il est domicilié, exercer son commerce, sa profession ou son industrie dans d'autres communes, mais en payant, comme au lieu de son principal établissement, le droit proportionnel pour les maisons d'habitation, usines, ateliers et magasins qu'il y occupe;

Et que, dans le cas de deux domiciles ou de plusieurs établissemens, le droit fixe doit être perçu, en vertu de l'article 28 de la même loi et de la loi de finances du 25 mars 1817, dans le lieu où ce droit est le plus élevé;

Considérant, dans l'espèce, qu'il résulte du rapport de

l'inspecteur des contributions, du procès-verbal de vérification dressé par le contrôleur, et des renseignemens recueillis par notre ministre secrétaire d'Etat des finances, que le requérant est classé parmi les patentables assujettis au double droit, comme étant commissionnaire en plâtre, fer et merrains; qu'il fait son commerce à Bordeaux, où il a établi sa principale demeure, dès le mois de novembre 1817, et qu'ainsi c'est dans cette ville que le double droit a dû être exigé;

Considérant, d'une autre part, qu'ayant un établissement et des magasins à Cénon-Labastide, il doit y payer le droit proportionnel, aux termes de l'article 27 de la loi précitée;

Notre conseil d'Etat entendu,

Nous avons ordonné et ordonnons ce qui suit:

Art. 1.er La requête du sieur *Bonus* est rejetée.

Art. 2. Notre Garde-des-sceaux et notre Ministre des finances sont chargés de l'exécution, etc.

M. Jauffret, maître des requêtes, *Rapporteur*. — M.e Petit de Gâtines, *avocat*.

BIENS DE LA CAISSE D'AMORTISSEMENT. — ACTE DE VENTE. — INTERPRÉTATION. — COMPÉTENCE.

Les conseils de préfecture peuvent-ils déterminer l'étendue et l'exercice de droits qui, n'ayant pas été établis par un contrat de vente nationale, ne peuvent être réglés que par des titres antérieurs à l'acte d'adjudication? Rés. nég. (1).

(4226. — Carbonneil c. Pons. — 10 janvier 1821.)

Le 12 novembre 1810, le sieur Pons s'était rendu ad-

---

(1) Voy. *Elém. de jur. adm.*, tom. 1.er, p. 331, n.o 48, et un grand nombre de décisions y annotées.

judicataire de la montagne d'*Eleck* et *Prat Cabrera* (Pyrénées-Orientales); son contrat lui imposait l'obligation « de reconnaître les droits vérifiés par un arrêté d'administration du 30 messidor an 12, et de souffrir l'introduction, sur la montagne, de 3,800 têtes de bétail, par différens particuliers, ainsi que le porte le procès-verbal d'expertise. »

Le sieur Carbonneil envoie paître ses troupeaux sur la montagne, et y fait abattre des arbres.

Pons le traduit au tribunal correctionnel. Carbonneil décline cette juridiction, et se prétend propriétaire du terrain. Le tribunal admet le déclinatoire, et renvoie les parties à faire juger la question de propriété.

Pons en saisit le conseil de préfecture du département des Pyrénées-Orientales, auquel il demande l'interprétation de son acte de vente du 12 novembre 1813.

Le 27 février 1819, intervient un arrêté dont voici la teneur :

« Considérant que les bois disséminés, radiqués dans les » divers lieux de la montagne, désignés dans le procès- » verbal d'expertise et l'acte d'adjudication, ont été compris » dans l'estimation dudit bois à vendre, et que le revenu » en a été pris en considération dans le calcul de la mise à » prix dudit domaine;

» Que, dans le procès-verbal d'expertise et l'acte d'adju- » dication, on n'a réservé que les droits d'usage que peu- » vent avoir et faire valoir certains concessionnaires, et » qu'on n'a formellement excepté de l'estimation et de la » vente, que les parties du sol seulement qui furent in- » féodées par les abbés du monastère, sans entrer dans la » validité ou l'invalidité de ces concessions du sol et de » droits d'usage;

» Arrête : — Que le sieur Pons est fondé en sa de-

» mande; que tous les bois radiqués dans la partie du do-
» maine et de la montagne désignés dans le procès-verbal
» d'expertise du 20 septembre 1810, et notamment dans
» les parties dites *Baxouxa Baixa* et *Baxouxa alta* et
» *las grounells*, sont compris dans l'adjudication passée le
» 12 novembre 1810, au pétitionnaire, et qu'en outre, par
» cette vente et les clauses du contrat, cet acquéreur a été
» substitué au gouvernement dans tous les droits qui lui
» compétaient sur ce domaine, comme provenant du mo-
» nastère de Saint-Michel de Couixa. »

Carbonneil s'est pourvu devant le conseil d'Etat, pour demander l'annulation de cet arrêté. Il a soutenu d'abord que le conseil de préfecture était incompétent, parce qu'il ne s'agissait pas, selon lui, d'interpréter ou d'expliquer des actes passés par l'administration, mais d'apprécier des titres privés antérieurs à l'adjudication; ensuite, que le conseil de préfecture avait au fond mal jugé la difficulté, puisque le procès-verbal d'expertise, qui avoit précédé et préparé la vente, attestait que les anciennes concessions et inféodations avaient été conservées.

Pons a répondu que les principes de jurisprudence administrative attestent la compétence des conseils de préfecture pour tous les cas où il s'agit de reconnaître ce qui a été compris dans la vente; et que le conseil de préfecture aurait excédé les limites de sa compétence, s'il eût décidé la contestation par l'appréciation d'anciens titres, de coutumes locales, et par l'application des maximes du droit civil.

Après l'examen de cette discussion contradictoire, est intervenue l'ordonnance suivante:

LOUIS, etc.

Sur le rapport du comité du contentieux de notre Conseil d'Etat,

Vu la requête à nous présentée au nom du sieur Jean *Carbonnell*, propriétaire, demeurant en la commune de Baillestavi, arrondissement de Prades, département des Pyrénées-Orientales; ladite requête enregistrée au secrétariat-général de notre conseil d'Etat, le 17 juin 1819, et tendant à ce qu'il nous plaise annuler, pour cause d'incompétence ou autrement, l'arrêté du conseil de préfecture du département des Pyrénées-Orientales, du 27 février 1819, pris au profit du sieur *Pons*; ce faisant, renvoyer les parties devant l'autorité judiciaire pour y être procédé sur leurs demandes respectives, faits, circonstances et dépendances, ainsi qu'il appartiendra; et très-subsidiairement, si nous trouvions à propos de statuer sur le fond, réformer le susdit arrêté et ordonner que les concessions existantes avant l'adjudication du 12 novembre 1810, seront exécutées selon leur forme et teneur, et maintenir l'exposant dans la propriété, possession et jouissance de tous ses droits sur la montagne d'*Eleck* et *Prat Cabrera*; condamner l'adversaire aux dépens;

Vu l'ordonnance de *soit communiqué*, et le mémoire en défense du sieur Jean *Pons*, propriétaire, demeurant à Corsavi, département des Pyrénées-Orientales, acquéreur de ladite montagne d'Eleck et Prat Cabrera, ledit mémoire enregistré audit secrétariat-général, le 5 février 1820, et tendant à ce qu'il nous plaise confirmer l'arrêté du conseil de préfecture des Pyrénées-Orientales, du 27 février 1819, et condamner l'adversaire aux dépens;

Vu les observations présentées par le sieur Carbonneil, enregistrées audit secrétariat-général, le 26 juillet 1820, et tendant au maintien de ses précédentes conclusions;

Vu le procès-verbal d'estimation de la montagne d'Eleck et Prat Cabrera, du 20 septembre 1810;

Vu le procès-verbal d'enchère et d'adjudication de ladite montagne, du 12 novembre même année;

Vu l'arrêté attaqué du conseil de préfecture du département des Pyrénées-Orientales, du 27 février 1819;

Vu le décret du 17 janvier 1814, lequel établit que les adjudications des biens cédés à la caisse d'amortissement, sont faites et jugées dans les formes prescrites pour les biens nationaux, mais doivent être régies, à l'égard des tiers, par les règles du droit commun;

Vu les autres pièces respectivement produites;

Considérant que le conseil de préfecture était compétent pour interpréter l'acte de vente de la montagne d'Eleck et Prat Cabrera, d'après les termes des procès-verbaux d'estimation et d'adjudication (1);

Considérant qu'il résulte du procès-verbal d'estimation que l'expert a déduit, du prix total, les prix partiels des portions de sol ou de bois anciennement inféodés à divers particuliers dénommés audit procès-verbal, ainsi que les non-valeurs, provenant du droit de pacage, pour trois mille huit cents têtes de bétail, sans néanmoins rien préjuger sur la validité desdits actes de concession et de servitude;

Considérant que cette estimation a servi de base aux enchères, et que l'acquéreur, en se soumettant à l'exercice du droit de pacage et en admettant la validité des droits antérieurement jugés en faveur de l'un des concessionnaires, n'a fait aucune réserve contre les droits que les autres concessionnaires pourraient avoir à faire valoir;

Considérant que, par l'article 9 du cahier des charges, l'acquéreur a pris le bien dans l'état où il se trouvait à

---

(2) Voy. *Elém. de jur. adm.* t. 2, p. 331, n.° 47. — Décrets des 19 août 1813, Terrier C. Benoît. *Jur. du C. d'Et.*, 2, pag. 412. — 11 septembre 1813, com. de Cintheaux. c. Fouquet. *ibid.*, tom. 2, pag. 427. — Ordonn. du 14 mai 1817, Justin c. St.-Ricquier. *ibid.*, tom. 4, p. 11. — 11 février 1820, com. de St.-Sauveur c. Fabre.

l'époque de l'adjudication, et qu'il a été tenu de souffrir toutes les servitudes auxquelles il pouvait être assujetti;

Que, par l'article 10, il a renoncé à toute garantie de mesure, consistance et valeur;

Considérant qu'il s'agit de déterminer l'étendue, et l'exercice de ceux des droits qui, n'ayant pas été établis par le contrat de vente, ne peuvent être réglés que par l'autorité judiciaire;

Notre Conseil d'Etat entendu,

Nous avons ordonné et ordonnons ce qui suit:

Art. 1.er L'arrêté du conseil de préfecture du département des Pyrénées-Orientales, du 27 février 1819, est confirmé en ce qu'il décide que le sieur Pons a été substitué au gouvernement dans tous les droits qui lui compétaient sur le domaine vendu comme provenant du monastère de Saint-Michel de Couixa.

Il est annulé en ce qu'il prononce implicitement que ledit sieur Pons est acquéreur de toutes les parties du sol qui ont été concédées ou inféodées par les anciens abbés dudit monastère.

Art. 2. Les parties sont renvoyées à se pourvoir devant les tribunaux ordinaires, pour y faire valoir leurs droits de propriété ou de servitude, résultant de concessions, inféodations ou prescriptions antérieures au procès-verbal d'adjudication du 12 novembre 1810.

Art. 3. Les dépens sont compensés entre les parties.

Art. 4. Notre Garde-des-sceaux et notre Ministre des finances, sont chargés, chacun en ce qui le concerne, de l'exécution de la présente ordonnance.

M. Tarbé, maître des requêtes, *rapporteur.* — M.es Coste et Guibout, *avocats.*

DOMAINES NATIONAUX. — DÉCOMPTE. — RETIREMENT DES ANNUITÉS. — FORMALITÉS OMISES.

L'acquéreur qui, ayant souscrit des annuités, a payé, postérieurement à la loi du 16 octobre 1791, le prix de son acquisition, sans remplir, pour le retirement de ces annuités, aucune des formalités et conditions prescrites par l'article 5 de la section 2 de cette loi, peut-il se regarder comme entièrement libéré? Rés. nég. (1).

(3128. — Les héritiers Pottier c le domaine. — 10 janvier 1821).

Le 27 janvier 1791, le sieur Pottier s'était rendu adjudicataire de la ferme de Sacy, moyennant 102,200 fr.

Conformément à l'article 5, titre 3, de la loi du 17 mai 1790, sur décret du 14, il y avait eu ventilation de ce prix, dont 2,044 fr. avaient été reconnus applicables aux bois, et 100,156 fr. aux terres et prés.

Le 11 février, 1791, l'acquéreur avait payé, pour premier à-compte, 30 p. 0/0 du prix des bois, et 12 p. 0/0 pour celui des autres biens, en tout 12,631 liv. 18 s. 4 d.; c'était encore l'exécution du même article de la loi. Il restait dû 89,568 liv. 1 s. 8 d. en principal; à quoi, ajoutant les intérêts à 5 p. 0/0 montant, à 31,662 l. 5 s. 7 d., le total de 121,230 liv. 7 s. 3 d. devait être divisé en 12 annuités égales, toujours au termes du même article. Il paraît que les douze annuités avaient été souscrites par l'acquéreur, et enregis-

---

(1) Voy. *Elém. de jur. adm.*, tom. 1.er, pag. 375 et 76, n.os 170, 171 et 172. — Arrêt du Conseil du 7 novembre 1814, Fassardy c. l'admin. des dom., *Jur. du C. d'Et.*, tom. 3, p. 40. — Ordon. du 13 janvier 1816. Hérit. Nervet c. l'adm. des dom. *Jur. du C. d'Et.*, tom. 3, p. 211. — Décret du 29 mai 1813. V.e St.-Géry. *Jur. du C. d'Et.*, tom. 2, pag. 352. — Ordon. du 17 juillet 1816.

2

trées par le trésorier du district, le même jour 11 février 1791, sur le pied de 10,102 liv. 3 s. pour chacune d'elles, d'après les calculs établis dans les lois, en forme d'instruction, des 3 juin et 25 juillet 1790.

Une loi postérieure, en date du 16 octobre 1791, avait introduit un nouveau mode de paiement pour les adjudications qui auraient lieu à l'avenir, et accordait aux acquéreurs qui auraient souscrit des annuités, la faculté de les retirer, sous les conditions exprimées en l'article 5. Le premier paiement fait par le sieur Pottier, après la publication de cette loi, avait été effectué le 11 février 1792; et il n'y avait eu ni déclaration, ni arrêté, ni mention de la remise des annuités, ainsi que le prescrivait l'article 5 de la loi du 16 octobre 1791.

Cependant il paraît que la remise des annuités avait été faite au sieur Pottier.

Postérieurement, il avait continué ses paiemens par douzièmes et non par annuités; une quittance lui avait été délivrée pour solde, le 19 messidor an 3. Vingt ans après, l'Administration des Domaines s'est occupée de rétablir les calculs, comme elle prétendait qu'ils auraient dû être faits pour l'emploi de ces paiemens en rachat des annuités souscrites. Cette opération a été l'objet d'un décompte arrêté le 28 janvier 1813, et présentant à recouvrer 6,697 fr. 28 c. en principal et intérêts courus jusqu'à cette époque.

Les héritiers de l'acquéreur ont réclamé, devant le préfet, contre ce résultat, prétendant surtout qu'on devait écarter le mode des annuités.

Un arrêté du 16 décembre 1813 a déclaré qu'il n'y avait lieu à revenir sur le décompte établi par annuités.

Cet arrêté, déféré au Ministre des finances, a été confirmé le 25 juillet 1816, sur un avis du comité des finances du 10 mai précédent, ainsi conçu :

« Considérant que le paiement effectué par l'acquéreur,

» le 11 février 1792, postérieurement à la publication du » décret du 28 septembre 1791, est causé pour solde de la » première des douze annuités par lui souscrites, sans au- » cune mention ni déclaration du retirement desdites annui- » tés, et que, dans ce cas, l'acquéreur, aux termes des lois et » décisions, a fait l'option du mode par annuités; que ses paie- » mens subséquens n'ont pu changer; que le décompte est » régulier dans toutes ses parties, et que le calcul des inté- » rêts est conforme à ce que veut le décret du 22 octobre » 1808; le Comité des finances est d'avis qu'il y a lieu d'ap- » prouver l'arrêté du préfet du 16 décembre 1813. »

Les héritiers Pottier se sont pourvus au Conseil d'Etat contre cette décision ministérielle.

D'après quelles bases doit être réglé le décompte? Est-ce par annuités ou par douzièmes? Telle est la question qu'ils ont posée devant le Conseil. Ils y ont soutenu que le système des annuités devait être proscrit; qu'on ne produisait aucune preuve de leur souscription, si ce n'est le registre du trésorier du district, qui n'était pas contradictoire avec leur auteur; que, si elles avaient existé, elles avaient pu être rendues au sieur Pottier, qui avait la faculté, même après son paiement du 11 février 1792, effectué par annuités, d'adopter un autre mode de libération, d'autant plus que la loi du 28 septembre 1791 tendait entièrement à faire disparaître l'ancien système; qu'au surplus, il existait une quittance *pour solde*, et qu'ils étaient désormais libérés.

L'Administration des Domaines a répondu qu'il était constant que des annuités avaient été souscrites; qu'il ne l'était pas moins qu'elles n'avaient pas été retirées lors du premier paiement effectué après la loi du 16 octobre 1791; que le registre de l'ancien trésorier suffisait pour constater ces deux faits; qu'au surplus, les héritiers Pottier n'avaient pas fait la preuve contraire; qu'enfin, d'après la loi, la souscription des annuités n'était que *pour ordre*; que sa preuve était donc surabondante, et qu'il suffisait d'établir un paiement, effectué d'après ce nouveau mode, qu'il n'était plus dès-lors permis à l'acquéreur de recourir à un autre mode, et que la quittance pour solde n'ayant pas été précédée d'un décompte réglé par l'une des autorités désignées dans l'article 1.er du décret du 22 octobre 1808, elle ne pouvait avoir l'effet de s'opposer à la formation d'un décompte dans les délais et d'après les réglemens déterminés par ce décret. L'Administration des Domaines a conclu de là que les réclamans étaient non recevables dans leur pourvoi.

Ces conclusions ont été accueillies par la décision qui va suivre :

LOUIS, etc.

Sur le rapport du comité du contentieux de notre Conseil d'Etat,

Vu les requêtes à nous présentées au nom des héritiers du sieur *Nicolas Pottier*, enregistrées au secrétariat-général de notre Conseil-d'Etat les 23 novembre 1816 et 24 juillet 1820, et tendant à l'annulation d'une décision de notre Ministre secrétaire-d'état des finances, du 25 juillet 1816, approbative d'un arrêté du préfet de l'Oise, du 10 décembre 1813, et d'un décompte d'après lequel ils ont été constitués redevables de six mille six cent quatre-vingt-dix-sept francs vingt-huit centimes, sur le prix d'une adjudication de biens nationaux, faite à leur auteur le 27 janvier 1791 ;

Vu les arrêtés et décisions attaqués;

Vu les mémoires en réponse, pour l'*administration des domaines*, enregistrés audit secrétariat-général, le 17 octobre 1818;

Vu le décompte, un extrait du registre des recettes du bureau de Clermont, ensemble toutes les pièces respectivement produites et jointes au dossier ;

Considérant que le paiement effectué par le sieur Pottier, le 11 février 1792, postérieurement à la publication de la loi du 16 octobre 1791, est compté pour solde de la première des douze annuités par lui souscrites;

Considérant qu'il n'a rempli, pour le retirement desdites annuités, aucune des formalités et conditions qui lui étaient imposées par l'article 5 de la section 2 de la loi du 16 octobre 1791; qu'ainsi le décompte a été dressé conformément aux lois de la matière, et qu'il est régulier;

Notre Conseil d'Etat entendu,

Nous avons ordonné et ordonnons ce qui suit:

Art. 1.er Les requêtes des héritiers *Pottier* sont rejetées.

Art. 2. Les héritiers *Pottier* sont condamnés aux dépens.

Art. 3. Notre Garde-des-sceaux et notre Ministre des finances sont chargés de l'exécution de la présente ordonnance.

M. de Cormenin, maître des req. *rapporteur*.—MM.es Deliège et Huart-Duparc, *avocats*.

DOMAINES NATIONAUX. — Décomptes. — Paiement fait d'après l'échelle de réduction déterminée par la loi du 15 prairial an 4.

Les dispositions du décret du 22 octobre 1808 sont-elles applicables aux paiemens faits antérieurement à la loi du 29 messidor an 4, et suivant l'échelle de dépréciation donnée par la loi du 15 germinal précédent? Rés. nég.

(3385. — Garnier c. le Domaine et les héritiers Legoux Saint-Seine. — 10 janvier 1821.)

Le 4 brumaire an IV, le sieur Garnier, par deux actes d'adjudication séparés, s'était rendu adjudicataire de deux domaines provenant du sieur Legoux de Saint-Seine, émigré.

Le prix de ces deux ventes réunies s'élevait à 5,553,000 francs. Elles avaient été faites conformément aux conditions imposées par la loi du 27 prairial an 3.

Aux termes de cette loi, le prix de l'adjudication se divisait en deux parties : 1.° la mise à prix, 2.° le montant des enchères.

La mise à prix était stipulée payable dans les trois mois. Le sieur Garnier en avait fait le versement en frimaire, nivose et pluviose an 4, c'est-à-dire dans le délai légal.

Le montant des enchères devait s'acquitter dans les trois mois suivans. Pendant ces trois mois, le système monétaire avait changé; la loi du 28 ventose an 4 avait créé les mandats territoriaux, et prescrit un nouveau mode de vente des biens nationaux.

Un de ses articles avait fixé le taux de l'échange des assignats contre les mandats, à trente capitaux pour un. Du reste, aucune disposition n'avait rapporté ni modifié aucune des lois antérieures, relatives à l'aliénation des Domaines nationaux.

Telle avait été la législation sur les ventes nationales, depuis le mois de prairial an 3 jusqu'au 16 brumaire an 5, qu'avait paru la loi qui, fixant, pour la première fois, un budjet en numéraire, avait ordonné que les ventes seraient désormais faites en écus ou valeurs équivalentes.

Mais, pendant que ces lois, spéciales aux acquéreurs des biens nationaux, étaient en vigueur, des lois exceptionnelles, faites pour régir les intérêts des particuliers entr'eux, venaient au secours des créanciers, que la dépréciation des assignats et des mandats exposait à des remboursemens ruineux de la part des débiteurs de mauvaise foi. Dès le 25 messidor an 3, une loi avait suspendu, entre particuliers, le remboursement de toutes les rentes créées avant le 1.er janvier 1792, quelles que fussent la nature et la cause d'où elles provenaient.

Le 12 frimaire an 4, une nouvelle loi avait étendu cette suspension à toutes les créances. Ce qui prouve que ces lois suspensives n'étaient applicables qu'aux créances entre particuliers, c'est que la régie des Domaines ayant voulu en appliquer les dispositions aux acquéreurs de biens nationaux, une loi rendue le 3 nivose an 4, avait formellement prononcé que la loi du 12 frimaire précédent n'était pas applicable aux sommes dues au Trésor public.

Cette loi du 12 frimaire avait conservé son effet suspensif jusqu'au 15 germinal suivant; à cette époque les mandats venaient d'être créés par la loi du 28 ventose précédent, qui leur avait attribué la valeur du numéraire; il n'y avait plus de motifs pour empêcher les transactions et les remboursemens entre particuliers : tel avait été le but de la loi du 15 germinal an 4.

Elle avait reçu une entière exécution jusqu'au 29 messidor suivant, date de la loi qui l'avait rapportée.

Telle avait été la législation régulatrice des remboursemens entre particuliers; aucune de ces dispositions n'était explicitement applicable aux acquéreurs des biens nationaux. La Régie des domaines n'avait pas pensé ainsi; elle avait cru qu'elle pouvait, dans l'intérêt du Trésor, réclamer l'exécution des lois qui lui paraissaient favorables; elle avait d'abord voulu (comme nous l'avons dit plus haut) se prévaloir de la loi du 12 frimaire an 4, qui suspendait tous remboursemens particuliers; mais la loi du 3 nivose suivant avait écarté cette prétention. Depuis la loi du 28 ventose qui avait créé les mandats et celle du 15 germinal qui avait établi une échelle de dépréciation, la Régie avait voulu exiger des acquéreurs antérieurs à ces lois, et qui avaient contracté en assignats, de se libérer suivant le mode qu'imposait celle du 15 germinal ; elle en avait même donné l'ordre formel à tous ses receveurs, par circulaire du 14 floréal an 4. C'est dans de telles circonstances le sieur Garnier s'était présenté, le 1.er thermidor an 4, pour s'acquitter du montant des enchères dont il était resté débiteur.

Le receveur des Domaines avait dressé deux décomptes de ce qu'il devait, en capital et intérêts, d'après l'échelle de dépréciation annexée à loi du 15 germinal an 4. Le sieur Garnier avait payé le total de sa dette, et reçu du receveur, pour chacun des domaines acquis par lui, une quittance libellée *définitive et pour solde* : il s'était cru désormais libéré.

Le 29 mars 1813, après dix-huit ans d'une jouissance paisible et non interrompue, la Régie a fait signifier au sieur Garnier, deux décomptes qui le constituaient débiteur d'une somme de 90,000 fr. en numéraire, suivant les bases établies par le décret du 22 octobre 1808, et elle a fait prendre en même temps des mesures pour poursuivre la déchéance et le déguerpissement des tiers détenteurs.

Le sieur Garnier a réclamé sur-le-champ près du Ministre des finances; mais une décision du 26 mai 1817 a rejeté sa réclamation. Il a dû recourir devant le Conseil d'Etat.

A l'appui de son recours, il a dit : 1.° Que le décret du 22 octobre 1808 n'était pas applicable aux paiemens faits sous l'empire et d'après les formes indiquées par la loi du 15 germinal an 4 ; que ce décret, n'étant qu'interprétatif de l'arrêté du gouvernement du 22 prairial an 10, n'avait pu être rendu que pour les cas prévus par cet arrêté, et qu'en conséquence c'était dans ce même arrêté qu'il fallait aller chercher ses véritables dispositions. Remontant alors à l'arrêté du 22 prairial an 10, le sieur Garnier a soutenu que cet acte, ayant validé même les paiemens faits en mandats ou assignats, suivant leur valeur nominale, avait, à plus forte raison, déclaré inattaquables des paiemens faits suivant l'échelle de dépréciation portée par la loi du 15 germinal an 4.

2°. Que la régie avait raison sans doute de dire que la loi du 15 germinal n'avait pas été rendue pour régler les paiemens à faire vis-à-vis le trésor public; mais qu'il ne lui appartenait pas aujourd'hui de soutenir ce système, lorsqu'elle savait bien que c'était comme contraints que les acquéreurs avait consenti à se libérer d'après ce mode, et que c'était elle-même qui l'avait prescrit impérativement à ses employés, par sa circulaire du 14 floréal an 4.

3°. Le sieur Garnier a établi que les quittances qu'il avait reçues, le 1er. thermidor an 4, portant les mots de quittances *finales* et *pour solde*, quoique souscrites par un simple receveur des domaines, étaient des quittances définitives.

Enfin, dans des conclusions subsidiaires, le sieur Garnier a soutenu que, dans le cas où les nouveaux décomptes seraient maintenus, le gouvernement aurait perdu son recours contre les détenteurs actuels, attendu qu'il n'avait conservé son privilége par aucune hypothèque, et que dès-lors il était déchu de toutes poursuites directes contre eux.

L'Administration des Domaines a répondu :

1°. Que la loi du 15 germinal an 4 n'était pas applicable aux paiemens faits au gouvernement; que dès-lors c'était à tort que le sieur Garnier avait payé suivant l'échelle de dépréciation qui y est annexée; que s'il avait payé en assignats, valeur nominale, il serait bien libéré; mais que, puisqu'il s'était libéré en mandats, valeur non prévue par ces contrats, ces paiemens avaient dû être réduits et calculés d'après les bases posées par l'art. 3 du décret du 22 octobre 1808; que cet article ne distinguait pas entre les paiemens faits postérieurement à la loi du 29 messidor, et que l'on ne pouvait pas faire plus que lui.

2.° Aux conclusions subsidiaires touchant le recours qu'elle aurait perdu contre les tiers-détenteurs, la Régie a répondu par la loi du 10 juillet 1791, qui porte que l'adjudication ne devient, pour l'adjudicataire, un titre réel, et la propriété ne se fixe irrévocablement sur sa tête, que du jour où il en a rempli toutes les conditions, et que, comme une des premières conditions d'une vente est le paiement du prix (non soldé d'après la Régie), la propriété n'avait pu passer libre dans les mains des tiers-détenteurs.

Le sieur Garnier a répliqué que ce ne pouvait être sérieusement que la Régie lui opposait que, s'il avait payé en assignats, valeur nominale, le paiement serait valable, et ne pourrait être critiqué; que la Régie savait bien que telle avait été son intention; qu'il n'avait payé que comme forcé et contraint; que la Régie des Domaines enfin ne pouvait être admise à critiquer ce mode de libération, quand c'était elle qui avait imposé une loi si dure aux acquéreurs de biens nationaux par sa circulaire du 14 floréal an 4.

La Régie, dans sa réplique, a cherché à détruire l'effet de cette circulaire, en disant qu'elle s'était trompée en l'adressant à ses receveurs, et comme le trésor est un être moral qui ne doit jamais souffrir des erreurs de ses agens, elle a dit que cette erreur devait être réparée dans l'intérêt du trésor aussitôt qu'elle était reconnue.

De leur côté, les héritiers Legoux de Saint-Seine, qui auraient eu des droits aux résultats des décomptes en vertu de la loi du 5 septembre 1814, sont intervenus dans l'instance devant le Conseil d'État; mais leur mémoire n'a présenté aucun argument dont la Régie n'eût déjà fait usage.

Cet important litige a été terminé par la décision suivante:

LOUIS, etc.

Sur le rapport du comité du contentieux de notre Conseil d'Etat,

Vu la requête à nous présentée au nom du sieur André *Garnier*, demeurant à Cuisery, département de Saône-et-Loire, enregistrée au secrétariat-général de notre Conseil d'État, le 13 août 1817, et tendant à ce qu'il nous plaise annuler une décision de notre Ministre secrétaire-d'État des finances, en date du 26 mai précédent, qui approuve deux décomptes de la Régie des Domaines, signifiés au requérant, par lesquels il est constitué débiteur, en capital et intérêts, d'une somme de quatre-vingt-six mille six cent vingt-sept francs soixante-un centimes, pour solde de deux domaines provenant du sieur Legoux de Saint-Seine, alors émigré, dont il s'est rendu adjudicataire, le 4 brumaire an 4, devant le district de Louhans, en exécution de la loi du 27 prairial an 3;

Vu le mémoire en défense pour la *Régie des Domaines*, enregistrée audit secrétariat, le 4 mai 1818, par lequel elle conclut à ce que ledit sieur *Garnier* soit déclaré non recevable dans son pourvoi, et que la décision attaquée soit exécutée selon sa forme et teneur;

Vu la réplique présentée au nom des sieurs Joseph, André et Claude *Garnier*, tous trois se disant héritiers bénéficiaires du sieur Garnier leur père; ladite réplique enregistrée audit secrétariat, le 20 juin 1818, et par laquelle, persistant dans les précédentes conclusions de leur auteur, ils demandent que lesdits décomptes soient déclarés nuls et non avenus, et que la Régie soit condamnée aux dépens;

Vu le deuxième mémoire en défense de ladite Régie, enregistré audit secrétariat, le 5 mars 1819, par lequel elle persiste dans ses précédentes conclusions;

Vu la requête d'intervention des héritiers *Legoux de*

Saint-Seine, par laquelle ils prennent les mêmes conclusions que la régie des domaines;

Vu lesdits décomptes signifiés au requérant, le 29 mars 1813;

Vu la loi du 27 prairial an 3;

Vu les lois des 28 ventose, 15 germinal et 29 messidor an 4;

Vu la circulaire de la régie des domaines, du 14 floréal an 4, qui prescrit à ses employés l'application des dispositions de la loi du 15 germinal précédent, aux acquéreurs de domaines nationaux;

Vu l'arrêté des consuls du 22 prairial an 10, rendu sur la réclamation d'un grand nombre d'acquéreurs de domaines nationaux, antérieurement à la loi du 28 ventose an 4, contre une décision du ministre des finances, de laquelle il résultait que les mandats versés par eux dans les caisses publiques, postérieurement à la loi du 29 messidor an 4, ne devaient leur être comptés qu'au cours;

Vu le décret du 22 octobre 1808, qui, sur la réclamation d'un grand nombre d'acquéreurs de biens nationaux, fixe la manière dont devront être imputés aux acquéreurs, dans leurs décomptes, les mandats donnés en paiement par eux pour assignats, et qui, aux termes de l'arrêté du gouvernement du 22 prairial an 10, n'étaient admis que pour leur valeur nominale;

Vu toutes les pièces produites;

Considérant que l'art. 3 du décret du 22 octobre 1808 se réfère à l'arrêté du gouvernement du 22 prairial an 10, lequel n'est applicable qu'aux paiemens faits en mandats, valeur nominale (1);

---

(1) Voy. *Elem. de jur. adm.* tom. 1.er, pag. 379, n.° 178. — Ordon. du 13 février 1815. Serré et consors c. l'adm. des dom. *Jur. du C. d'Et.*, tom. 3, pag. 73.

Qu'il s'agit, dans l'espèce, d'un paiement fait d'après l'échelle de réduction déterminée par la loi du 15 germinal an 4;

Considérant que ladite loi, relative aux paiemens à faire en mandats par des particuliers à d'autres particuliers, n'était pas applicable de droit aux paiemens à faire à l'État par les acquéreurs de biens nationaux; mais que l'application de ce mode de paiement a été prescrit auxdits acquéreurs par une circulaire de la Régie des domaines, du 14 floréal an 4; que cette circulaire a été exécutée notamment dans le département de Saône-et-Loire; que le sieur *Garnier* s'y est conformé en soldant le prix de son adjudication, et qu'ainsi il a été valablement libéré.

Notre Conseil d'État entendu,

Nous avons ordonné et ordonnons ce qui suit:

Art. 1.er La décision de notre ministre secrétaire-d'État des finances, en date du 26 mai 1817, est annulée.

Art. 2. La *Régie de l'enregistrement et des domaines* est condamnée aux dépens.

Art. 3. Notre Garde-des-sceaux et notre Ministre des finances sont chargés, chacun en ce qui le concerne, de l'exécution de la présente ordonnance.

M. de Cormenin, maître des req. *rappor.* — Mes Collin, Huart-Duparc et Guichard père, *avocats.*

COURS D'EAU. — BARRAGE. — APPLICATION D'ANCIENS RÉGLEMENS ET DE CONTRATS PRIVÉS. — CONFLIT. — COMPÉTENCE.

Les contestations élevées entre deux particuliers à l'occasion de travaux exécutés par l'un d'entre eux sur un cours d'eau, et que l'autre prétend lui être préjudiciables, doivent-

elles être portées devant l'autorité administrative? Rés. nég. (1).

(4880. — Arriveur c. les frères Favre. — 10 janvier 1821.)

La veuve et les héritiers Favre étaient propriétaires d'un moulin acheté d'un sieur Arriveur. Aux termes de l'acte de vente, l'entretien de l'écluse de ce moulin, dans la direction qu'elle avait alors, demeurait à la charge des acquéreurs. Celle existante lors du contrat était en terre, pilotis et fascines. Chaque fois que la rivière de Chalaronne augmentait d'une manière extraordinaire, le torrent enlevait une partie de l'écluse; et pour la réparer, il fallait planter des pilotis, et transporter des terres qui étaient prises sur le sol du sieur Arriveur. La c[illegible]es eaux et l'effet du temps ayant anéanti cette écluse, les acquéreurs en firent faire une nouvelle en maçonnerie. Le sieur Arriveur prétendit que cette nouvelle écluse était à trois mètres plus haut que l'ancienne, dans une direction différente, qu'elle anticipait des deux côtés sur ses fonds, et qu'elle menaçait ceux qui étaient situés sur la rive gauche.

Devant le tribunal de Trévoux, les parties ont demandé qu'il fût fait une visite des lieux, pour constater si la nouvelle digue avait effectivement changé le cours de la rivière, s'il

---

(1) Voy. *Elém. de jur. adm.*, tom. 1.er pag. 414-15 et 16. — Décrets des 24 juin 1808, — 15 octobre 1809. Beccardit c. Resseguier. *Jur. du C. d'Et.*, tom. 1, pag. 325 — 28 novembre 1809, — Gipoulon c. Laulanié et Parsac. *ibid.*, tom. 1.er, pag. 338. — 11 avril 1810, — com. de Landernau, *ibid.*, tom. 1.er, pag. 360. — 22 mai 1813. Bertrand c. l'hospice de Clermont. *ibid.*, tom. 3, pag. 339. — 23 décembre 1815, Ste.-Maure Montansier c. la com. de Margency. *ibid.*, tom. 3, pag. 193. — 13 mai 1818, Bouland c. Labesse. *ibid.*, tom. 4, pag. 331 — 11, 23 avril 1818, — Aubry c. Boissy, *ibid.*, tom. 4, pag. 303. — 23 avril 1818. Debrion c. V.e Chauvet, *ibid.*, tom. 4, p. 310. — 11 août 1819, marq. de Sablé.

en résultait quelque dommage pour le sieur Arriveur, et quels seraient les travaux à faire pour mettre ses propriétés à l'abri de toute inondation.

Le tribunal, accueillant ces demandes, a ordonné qu'il serait fait une visite des lieux contentieux, pour être ensuite statué ce qu'il appartiendrait.

Sur la provocation des héritiers Favre, et le 23 octobre 1820, le préfet du département de l'Ain a élevé le conflit d'attributions.

Les motifs de son arrêté ont été qu'il s'agissait de décider si les sieurs Favre ont eu le droit de porter les eaux du canal de leur moulin à une plus grande hauteur que celle qu'elles avaient précédemment; que la loi du 6 octobre 1791 attribue à l'autorité administrative le droit de régler la construction des usines et autres ouvrages sur les cours d'eau, et de fixer la hauteur à laquelle les eaux devront être tenues pour qu'elles ne nuisent à personne; que la clause particulière, insérée dans l'acte de vente du 3 pluviose an 8 (que les écluses seront entretenues dans la direction actuelle, qui est du nord au midi) ne préjudicie point à l'attribution, propre à l'autorité administrative, de régler la hauteur des eaux, sauf par elle à avoir égard à ladite clause; que le défaut d'une autorisation régulière, dont lesdits sieurs Favre auraient dû préalablement se pourvoir, ne préjudicie pas davantage à la compétence administrative, sauf la réserve des indemnités qui seraient réclamés devant les tribunaux par le sieur Arriveur, à raison des dommages qu'il éprouvait de la digue exécutée sans aucun titre ni formalité; qu'ainsi le conflit, élevé dans le seul intérêt de la compétence administrative, laisserait aux parties leurs moyens respectifs.

Cet arrêté ayant été soumis à l'examen du Conseil d'État, S. M. a rendu l'ordonnance dont voici la teneur:

LOUIS, etc.

Sur le rapport du comité du contentieux de notre Conseil d'Etat,

Vu le jugement du tribunal civil de l'arrondissement de Trévoux, du 19 novembre 1812, sur la contestation pendante entre le sieur Jean-Louis-Nicolas *Arriveur*, propriétaire, demeurant à Chalaronne sur Saint-Étienne, canton de Thoissex, arrondissement de Trévoux, département de l'Ain, et les sieurs Antoine et François *Favre*, propriétaires, meuniers, demeurant audit Saint-Étienne, au sujet d'un barrage pratiqué par eux ou leurs auteurs dans la rivière de la Chalaronne et dont la démolition est demandée par ledit sieur *Arriveur*;

Vu l'arrêté du préfet du département de l'Ain, du 23 octobre 1820, par lequel il déclare élever le conflit de juridiction;

Vu la lettre de notre Ministre de l'intérieur, du 22 novembre 1820;

Vu le rapport de notre Garde-des-sceaux Ministre secrétaire-d'État au département de la justice;

Considérant qu'il s'agit, dans l'espèce, de prononcer sur l'interprétation d'un contrat passé entre les sieurs *Arriveur* et *Favre*, le 23 pluviose an 8, par lequel contrat les parties sont respectivement assujetties à diverses obligations rélativement à la digue du moulin dont il s'agit;

Considérant qu'il n'est pas question d'un nouveau réglement d'eau, qui serait de la compétence administrative;

Considérant que le jugement interlocutoire du tribunal de Trévoux, du 19 novembre 1812, n'a eu pour objet que de recueillir, avant faire droit, les documens nécessaires pour éclairer le tribunal sur l'exécution des clauses du contrat;

Considérant que l'application des anciens réglemens et des titres des parties est de la compétence de l'autorité judiciaire;

Notre Conseil d'État entendu,

Nous avons ordonné et ordonnons ce qui suit :

Art. 1.er L'arrêté de conflit du préfet du département de l'Ain, du 23 octobre 1820, est annulé.

Art. 2. Notre Garde-des-sceaux et notre Ministre de l'intérieur sont chargés de l'exécution, etc.

M. Tarbé, maître des requêtes, *rapporteur*.

COURS D'EAU. — Digues contre les débordemens. Répartition des dépenses. — Réclamation contre les anciens usages et réglemens.

Le propriétaire d'une usine située sur une rivière navigable peut-il se refuser à payer sa part contributoire dans les réparations d'une digue mise à la charge des propriétaires riverains par les usages locaux ou d'anciens arrêts du conseil? Rés. nég. (1).

Les avances faites ou à faire, sur les fonds de la navigation, pour les travaux à exécuter d'urgence, peuvent-ils porter préjudice au recours que l'administration a le droit d'exercer contre les propriétaires d'usines qui en profitent? Rés. nég.

---

(1) Voy. la loi du 14 floréal an 11. — *Elém. de jur. adm.*, tom. 1.er, pag. 397, n.° 21, pag. 404, n.° 39; pag. 408, n.° 47; pag. 413, n.° 60. — Décrets des 8 ou 13 avril 1809. Gruguelu Martin, *Jur. du C. d'Et.*, tom. 1, p. 270. — 19 mai 1811. Nevière c. Denoise: *ibid.*, tom. 1.er, p. 492. — 30 janvier 1812. Hérit. Nicolaï, *ibid.*, tom. 2, pag. 17. — 12 avril 1812, au bulletin. — Ordonnances des 6 mars 1816. Briand c. Alexandre, *ibid.*, tom. 3, pag. 240. — 31 mars 1819, hérit. Villiard.

Dans quelle forme et par quelle voie les particuliers sont-ils admis à demander la réformation des anciens usages et réglemens dont ils croient avoir à se plaindre?

(3541. — 10 Janvier 1821. — Delard Buscou.)

En 1666, la rivière du Lot est rendue navigable.

En 1711, un arrêt du Conseil du Roi ordonne que les propriétaires des moulins situés sur les rivières navigables de la généralité de Bordeaux seront tenus de faire les réparations nécessaires aux digues et chaussées de leurs moulins; sinon, que les revenus desdits moulins seront saisis pour être employés aux frais de ces réparations.

Un des ouvrages construits sur la rivière du Lot, pour la rendre navigable, était la digue de Saint-Vitte. Des difficultés surviennent entre l'intendant et les propriétaires des moulins établis près de là, au sujet des réparations à faire à cette digue.

Le 26 avril 1741, l'intendant rend une ordonnance, portant que les dépenses faites pour ces réparations seront remboursées par les sieurs *Lapoujade et Vassal*, propriétaires de deux moulins situés aux deux extrémités de la digue.

Un arrêt du Conseil, du 16 mai suivant, approuve cette ordonnance.

Les sieurs *Lapoujade* et *Vassal* y forment opposition.

Le 24 décembre 1754, intervient un arrêt qui la rejette, fixe la part contributoire que chacun devra payer, et ajoute : « Veut, en outre, Sa Majesté que lesdits propriétaires et » leurs ayant-cause soient tenus d'entretenir ladite nouvelle » digue de tous ouvrages de menues réparations dont elle » aura besoin : Sa Majesté se réservant de pourvoir aux » autres ouvrages et réparations causés par quelque force » majeure. »

Depuis ce temps, la digue s'était détériorée; pendant la révolution, elle avait disparu.

En 1810, le préfet du département de Lot-et-Garonne enjoint au sieur *Delard-Buscou*, acquéreur de l'un des deux moulins, de reconstruire la digue.

Par plusieurs arrêtés subséquens, le préfet met les travaux à la charge du sieur *Delard*, les fait effectuer à ses frais, lui ordonne de les payer, met son moulin en état de chômage, en fait enlever les vannes, et mettre les pelles sous le scellé.

Enfin, et le 19 septembre 1817, le Conseil de préfecture condamne le sieur *Delard* à une amende de 500 fr., comme ayant contrevenu aux ordres du préfet.

Le 30 décem. 1817, *Delard* se pourvoit au Conseil d'État; il y soutient qu'en vertu des anciens arrêts, le gouvernement est resté chargé des *grosses* réparations; qu'il n'est (lui) tenu qu'à faire opérer les *menues;* que ces menues réparations étaient l'équivalant de l'accroissement des produits de la pêche qui appartenaient aux anciens seigneurs, et dont le droit a été enlevé à ses auteurs par les lois abolitives de la féodalité; et qu'au surplus les travaux que l'administration veut mettre à sa charge n'intéressent que la navigation.

Le 27 février 1818, le Directeur-général des ponts-et-chaussées répond qu'en attendant qu'il ait été statué sur les moyens de contraindre les propriétaires d'usines au remboursement qui doit être exigé d'eux, il a ouvert au préfet un crédit de 2000 fr. pour la réparation de la digue; que la loi du 16 septembre 1807 impose aux propriétaires, défendus ou protégés par des digues, l'obligation de contribuer à leur entretien dans une proportion égale à l'intérêt qu'ils prennent aux travaux; que l'article 34 de cette loi, par une disposition explicite, étend l'application de ce principe aux propriétaires d'usines; et qu'il a écrit au préfet de rendre, en exécution de ce même article et après avoir rempli les formalités convenables, un arrêté en forme de réglement d'administration publique, afin de fixer la portion contributoire des propriétaires d'usines dans les travaux de la digue de Saint-Vitte.

Sur cette instruction de l'affaire, intervient l'ordonnance dont la teneur suit :

LOUIS, etc.

Sur le rapport du comité du contentieux de notre Conseil d'Etat,

Vu la requête à nous présentée au nom du sieur François *Delard-Buscou*, propriétaire, demeurant à Barbot près Villeréal, département de Lot-et-Garonne, ladite requête enregistrée au secrétariat-général de notre Conseil d'État, le 30 décembre 1817, et tendant à ce qu'il nous plaise recevoir son recours contre divers arrêtés du préfet et du Conseil de préfecture du département de Lot-et-Garonne, qui l'ont condamné à réparer la digue de Saint-Vitte, ou à fournir une partie des fonds nécessaires pour cette réparation ; déclarer lesdits arrêts nuls et comme non avenus, et dans le cas où il nous plairait ordonner la communication de la présente requête à qui de droit, ordonner qu'il sera provisoirement sursis à toute contrainte et poursuite d'exécution ;

Vu les arrêtés attaqués des 20 août 1810, 16 avril 1813, 11 juin, 5 et 22 août et 19 septembre 1817 ;

Vu la lettre de notre directeur-général des ponts et chaussées, du 27 février 1818 ;

Vu la lettre du préfet du département de Lot-et-Garonne, du 4 juillet même année ;

Vu la loi du 16 septembre 1807, relative au desséchement des marais ;

Vu les autres pièces produites ;

Considérant que les travaux de réparation et de reconsstruction de la digue de Saint-Vitte, sur le Lot, intéressent à la fois la navigation et les propriétaires d'usines, qui profitent de la retenue des eaux;

Considérant que, par les arrêtés attaqués, l'imputation des dépenses a été faite conformément aux usages locaux et aux anciens arrêts du Conseil rendus relativement aux réparations de la digue de Saint-Vitte;

Considérant que les avances faites ou à faire sur les fonds de la navigation pour les travaux à exécuter d'urgence ne préjudicient pas au recours à exercer contre les propriétaires d'usines;

Considérant que si le sieur *Delard-Buscou* croit avoir à se plaindre des anciens usages et réglemens, il ne peut en demander la réformation que par un réglement d'administration publique, conformément aux articles 33 et 34 de la loi du 16 septembre 1817;

Notre Conseil d'État entendu,

Nous avons ordonné et ordonnons ce qui suit:

Art. 1.er La requête du sieur *Delard-Buscou* est rejetée.

Art. 2. Notre Garde-des-sceaux et notre Ministre de l'intérieur sont chargés de l'exécution, etc.

M. Tarbé, maître des requêtes, *rapporteur.* — M.e Guichard, père, *avocat.*

ANCIENS ÉMIGRÉS. — Remise de leurs biens. — Arrérages échus et non perçus.

Les ordonnances qui ont restitué, sans réserve, aux héritiers du feu duc d'Orléans les biens dépendans de sa succession, ont-elles compris les arrérages des actions de la tontine d'Orléans qui leur ont été remises, échus et non perçus au jour où ces ordonnances ont été rendues? Rés. aff.

(4515. — 10 janvier 1821. — Les héritiers de Mgr le duc d'Orléans c. le Domaine (1).)

Par deux ordonnances royales des 20 mai et 17 septembre 1814, Mgr le duc d'Orléans, et Mlle d'Orléans, sa sœur, en qualité d'héritiers bénéficiaires de la succession de feu Mgr le duc d'Orléans, ont été renvoyés en possession de tous les biens dépendans de cette succession.

Postérieurement à la loi du 5 décembre 1814, et par décision du 4 mars 1815, le Ministre des finances avait ordonné que l'administration des Domaines ferait à LL. AA. SS. la remise de 2240 actions de la tontine d'Orléans qui se trouvaient entre les mains du directeur des Domaines de Paris, par suite du séquestre apposé sur les biens du feu prince, leur père.

Après la restauration de 1815, LL. AA. SS. ont demandé au Ministre des finances la restitution d'une somme de 9343 fr., formant le dividende de 2240 actions du semestre échu le 22 décembre 1813, qui n'avait point été retiré de la caisse de la tontine.

Par décision du 9 novembre 1819, le Ministre a rejeté leur demande.

Sa décision a été déférée à S. M., en son Conseil d'État.

LL. AA. SS. y ont soutenu que, par les ordonnances des 20 mai et 17 septembre 1814, tous les biens appartenant à la succession du prince, leur père, leur avaient été rendus, et avec eux les titres, comptes, plans, papiers, et autres documens nécessaires pour en assurer la jouissance et poursuivre le recouvrement des créances; que les actions de la tontine d'Orléans leur ayant été remises, ils étaient rentrés dans le droit d'en réclamer les arrérages non perçus par le domaine, d'autant plus que l'art. 3 de la loi du 5 décembre 1814 avait posé ce droit en principe général, pour la remise à faire aux anciens émigrés.

(1) Voy. *Élém. de jur. adm.*, tom. 2, pag. 52, n.° 83. — Décret du 20 novembre 1815, Taulera c. Puisarniscle, *Jur. du C. d'Ét.*, tom. 3, pag. 176.

Le système du Ministre des finances était celui-ci :

Les arrérages dont il s'agit étaient exigibles dès le 22 décembre 1813, époque à laquelle subsistait encore la confiscation qui avait frappé la succession de M.gr le duc d'Orléans. Les circonstances qui ont retardé le paiement de ces arrérages, et par conséquent la distribution qui devait en être faite entre tous les intéressés, n'ont pu nuire aux droits acquis à ceux-ci, et par conséquent à l'État, qui, à l'époque du 22 décembre 1813, représentait encore légalement, dans la tontine, M.gr le duc d'Orléans. Dès-lors l'administration des Domaines aurait dû, avant de remettre les 2240 actions qu'elle avait entre les mains, toucher du caissier de cette tontine le dividende revenant à ces actions dans les arrérages dont il s'agit. Elle le pouvait d'autant mieux, que la décision ministérielle, aux termes de laquelle M. le duc d'Orléans lui redemandait ces actions, en gardant le silence sur le dividende en question, laissait ainsi à l'administration le libre exercice de ses droits. Cette décision, fondée sur les ordonnances des 20 mai et 17 septembre 1814, n'aurait pu même contenir, à cet égard, aucune disposition favorable à M.gr le duc d'Orléans, puisque ces ordonnances prescrivaient uniquement la remise, savoir : la première, des biens non vendus ; la deuxième, les titres relatifs à ces biens. On ne peut aujourd'hui suppléer aux dispositions des ordonnances particulières par celles de la loi générale du 5 décembre 1814, qui ne concerne que la remise à faire aux émigrés (1), tandis que des ordonnances avaient déterminé bien antérieurement tout ce qui pourrait être rendu à Mgr le duc d'Orléans :

---

(1) Avant de prononcer, le comité du contentieux du Conseil d'État avait désiré de savoir si M.r le duc d'Orléans et la princesse, sa sœur, avaient été inscrits sur la liste des émigrés, et le Ministre des Finances avait transmis à M. le Garde-des-sceaux un extrait de la liste générale, de laquelle il résulte que LL. AA. SS. y avaient été inscrites sous la date du 20 juillet 1793.

enfin cette loi même ordonne seulement, en faveur des émigrés, outre la remise des biens non vendus, celle des termes échus et non payés, et les termes à échoir des prix des ventes faites : disposition qui ne peut, sous aucun rapport, s'appliquer à la réclamation dont il s'agit. D'où le Ministre concluait que le dividende des actions de la succession d'Orléans, dans la tontine, était légalement acquis à l'État.

Ce système a été repoussé par l'ordonnance royale dont la teneur suit :

LOUIS, etc.

Sur le rapport du comité du contentieux de notre Conseil d'Etat,

Vu la requête à nous présentée au nom de notre très-cher et bien-aimé neveu *le duc d'Orléans*, et notre très-chère aimée cousine *Louise-Adélaïde-Eugénie d'Orléans*, ladite requête enregistrée au secrétariat-général de notre Conseil d'État, le 23 février 1820, et tendant à ce qu'il nous plaise annuler une décision de notre Ministre des finances, en date du 9 novembre 1819, et ce faisant ordonner qu'il sera fait remise aux requérans de la somme de *neuf mille trois cent quarante-trois francs*, touchée le 25 mars 1815 par l'administration des Domaines, comme représentant les arrérages échus le 22 décembre 1813, des 2340 actions de la tontine d'Orléans, et provenant de la succession du duc d'Orléans, leur père ;

Vu nos ordonnances des 18 et 20 mai, 17 septembre et 20 octobre 1814, par lesquelles nous avons ordonné la restitution à notre très-cher et bien-aimé neveu et à notre très-chère et aimée cousine d'Orléans, de tous les biens qui leur appartenaient, et qui n'avaient pas été vendus ;

Vu la loi du 5 décembre 1814 ;

Vu la décision attaquée ;

Vu la réponse de notre ministre des finances à la communication qui lui a été donnée de ladite requête ;

Vu les pièces respectivement fournies ;

Considérant que les ordonnances ci-dessus visées, en restituant, sans réserve, aux réclamans les biens dépendant de la succession du feu duc d'Orléans, leur père, comprennent nécessairement les fruits échus et non perçus au jour où ces ordonnances ont été rendues ;

Notre Conseil d'Etat entendu,

Nous avons ordonné et ordonnons ce qui suit :

Art. 1.er La décision de notre Ministre des finances, en date du 9 novembre 1819, est annulée.

Art. 2. Remise sera faite à notre très-cher et bien-aimé neveu le duc d'Orléans, et à notre très-chère et aimée cousine Louise-Adélaïde-Eugénie d'Orléans, de la somme de *neuf mille trois cent quarante-trois francs*, touchée par l'administration des Domaines le 25 mars 1815, et représentant les arrérages échus, le 22 décembre 1813, *de deux mille deux cent quarante actions* de la tontine d'Orléans.

Art. 3. Notre Garde-des-sceaux et notre Ministre des finances sont chargés de l'exécution, etc.

M. Maillard, maître des requêtes, *rapporteur*. — M.e Lavaux, *avocat*.

BIENS DE PRÊTRES DÉPORTÉS. — ENVOI DES PARENS RÉGNICOLES EN POSSESSION. — QUESTION DE SUCCESSIBILITÉ. — COMPÉTENCE.

L'acte par lequel une administration a délivré les biens d'un prêtre déporté à ses héritiers apparens fait-il obstacle à ce que les questions de successibilité qui peuvent s'élever sur ledit héritage soient jugées par les tribunaux ordinaires ? Rés. Nég.

(4201. — 10 janvier 1821, Bétan c. Deshayes.)

En septembre 1792, le sieur Deshayes, prêtre, avait

quitté la France, pour ne point prêter le serment constitutionnel exigé par les lois (1).

En vertu du décret du 22 fructidor an 3, le sieur *Bertrand* Deshayes s'était présenté devant l'administration, comme seul héritier présomptif du prêtre déporté, son frère; et, par un arrêté du 23 ventose an 4, l'administration départementale de l'Eure lui avait, suivant le mode tracé par la loi, remis les biens de ce déporté.

Le sieur *François* Deshayes était rentré en France en l'an 9 et décédé en l'an 10.

Bientôt après, les enfans de l'une de ses sœurs, Marie Deshayes, veuve Bétan, avaient formé contre le sieur Bertrand Deshayes, aussi leur oncle, une action à fin de partage par moitié de tous les biens qui lui avaient été délivrés après la déportation du sieur *François* Deshayes.

Le 27 ventose an 13, les tribunaux s'étaient déclarés incompétens, à raison de la matière.

Quatorze ans après, et le 17 décembre 1817, les enfans Bétan se sont pourvus devant le préfet du département de l'Eure, pour obtenir le rapport de l'arrêté du 23 ventose an 4, et le partage dont il s'agit, par moitié.

Le 15 janvier 1818, le préfet a décidé qu'il n'appartenait qu'au gouvernement de statuer sur le mérite de cet arrêté, et a renvoyé les parties à se pourvoir ainsi qu'elles aviseraient.

Les demoiselles Bétan ont formé recours devant le Conseil d'État; elles ont demandé qu'il fût déclaré que l'arrêté du 23 ventose an 4 ne faisait point obstacle à ce qu'elles

---

(1) Voy. les art. 21 et 38 du titre 2 du décret du 24 août 1790, sur la constitution civile du clergé; les décrets du 26 décembre 1790—des 17 avril 1791, 26 août 1792, 23 avril 1793, 17 septembre 1793 et 22 ventose an 2.

fissent reconnaître, par les tribunaux, les droits qu'elles prétendaient avoir sur les biens en litige.

Le sieur *Amable* Deshayes, fils de *Bertrand*, a répondu que, d'après la coutume de Normandie, celui-ci avait dû exclure sa sœur et les enfans de sa sœur, à cause de son droit de primogéniture et par privilége de masculinité; que l'arrêté du 23 ventose an 4 l'avait reconnu comme seul et unique héritier du déporté Deshayes; que, sous ce rapport, cet arrêté était attributif de qualités; qu'en cela il était définitif, et qu'il était même inattaquable, parce qu'il avait été notifié et discuté, plus de quatorze années avant le recours devant le Conseil.

Sur cette exception, les demoiselles Bétan ont répliqué que l'arrêté du 23 ventose an 4 avait été rendu sans elles, et qu'il n'avait jamais été signifié à leur domicile, mais seulement dénoncé à leur avoué.

C'est en cet état que la cause s'est présentée à l'examen du Conseil d'État.

Il a été prononcé, dans les termes suivans :

LOUIS, etc.

Sur le rapport du comité du contentieux de notre Conseil d'État,

Vu les requêtes à nous présentées au nom des dames *Bétan*, enregistrées au secrétariat-général de notre Conseil d'Etat, les 29 mai et 14 juin 1819, et 12 août 1820, tendant à ce qu'il nous plaise ordonner que, sans s'arrêter à l'arrêté de l'administration départementale de l'Eure, du 23 ventose an 4, lequel accorde main-levée aux sieurs Amable-Guy-Bertrand-Pierre *Deshayes*, de tous séquestres et scellés existans sur les biens, meubles et immeubles confisqués sur le sieur Jean-Baptiste-François Deshayes, prêtre déporté, il soit procédé et passé outre aux partage et liquidation en deux lots de tous les biens dépendans de ladite succession;

Vu l'arrêté de l'administration départementale de l'Eure, du 23 ventose en 4;

Vu l'arrêt de la Cour d'appel de Rouen, du 27 ventose an 13, et l'arrêté du préfet du département de l'Eure, du 5 janvier 1818, lesquels renvoient les parties à se pourvoir devant l'autorité supérieure;

Vu les requêtes en défense du sieur Amable *Deshayes*, enregistrées audit secrétariat-général, les 5 octobre 1819 et 5 décembre 1820,

Ensemble toutes les pièces produites et jointes au dossier;

Considérant, dans l'espèce, que l'administration centrale s'est bornée à délivrer, en exécution de l'article 5 de la loi du 22 fructidor an 3, l'héritage du sieur Deshayes, prêtre déporté, au sieur Deshayes, son frère, qui se présentait comme seul héritier apparent; mais que cette remise des biens n'est qu'un acte administratif qui n'a rien préjugé sur les questions de successibilité qui pouvaient s'élever sur ledit héritage, et ne fait pas d'obstacle à ce que ces questions soient jugées par les tribunaux ordinaires, qui seuls sont compétens pour en connaître;

Notre Conseil d'Etat entendu,

Nous avons ordonné et ordonnons ce qui suit:

Art. 1.er Les parties sont renvoyées devant les tribunaux pour y faire reconnaître et établir leurs droits aux biens en litige, d'après leur qualité de successibles.

Art. 2. Les dépens sont compensés.

Art. 3. Notre Garde-des-sceaux et notre Ministre des finances sont chargés, chacun en ce qui le concerne, de l'exécution de la présente ordonnance.

M. de Cormenin, maît. des req., *rapp.* — MM.es Camus et Dejean, *avocats.*

ATELIERS INSALUBRES ET INCOMMODES. — Apprêt des cuirs. — Comité consultatif des arts et manufactures.

Un fabricant qui veut établir un atelier destiné à opérer le déchamage et le débourrement des peaux pour la préparation des cuirs, peut-il espérer que l'administration lui accordera la permission de former cet établissement dans le voisinage des habitations? Rés. nég.

(4333. — 10 janvier 1821, Duburreaux c. Pautrier, David et autres.)

Le sieur Duburreaux, apprêteur de tiges de bottes à Lyon, avait, en 1817, transféré son établissement au hameau de Pierre-Bénite, commune d'Oullins, près Lyon.

Au mois de septembre 1817, il adresse au préfet du Rhône une pétition par laquelle il demande l'autorisation nécessaire pour établir une tannerie dans ce hameau.

Des oppositions surviennent.

L'enquête de *Commodo* et *Incommodo* est ordonnée; elle a lieu le 12 décembre 1817; elle est défavorable à l'établissement du sieur Duburreaux.

Deux chimistes de Lyon sont délégués pour vérifier les lieux et les opérations de la tannerie. — Leur rapport, du 23 décembre 1817, porte:

« Nous avons reconnu que l'établissement qui se trouve » compris, d'après l'ordonnance du Roi du 14 janvier 1815, » dans le nombre des établissemens de deuxième classe, » pouvait être toléré dans l'emplacement où il existe actuel- » lement, pour ce qui concerne le tannage des peaux pro- » prement dit, et l'apprêt des tiges de bottes; mais que » l'opération qui a pour objet de les *débourrer* (opération » qui doit précéder celle du tannage) ne pourrait y être

» exécutée sans d'assez graves inconvéniens, autant sous le
» rapport de l'incommodité que sous celui peut-être de l'in-
» salubrité qui pourrait en résulter pour les habitans les
» plus rapprochés du lieu de l'établissement. »

Sur cette instruction, et le 8 janvier 1818, le Conseil de préfecture rend la décision suivante :

« Considérant qu'il est d'un usage constamment suivi en
» commerce de tannerie, que le *plainage* et le *débourre-*
» *ment* des cuirs ne peuvent facilement se faire que sur un
» cours d'eau ou une rivière ;

» Considérant que cet avantage ne se rencontre pas dans
» le local où le sieur Duburreaux se propose de faire son
» établissement ;

» Considérant que, quoique la branche de son commerce
» ne s'étende qu'à la préparation des cuirs de veau, il est
» demeuré constant que, pour arriver à cette préparation,
» il faut nécessairement débourrer et plainer ces cuirs et
» s'exposer aux inconvéniens prévus par cette opération pre-
» mière, dans une eau stagnante, qui sont : l'odeur putride,
» l'infection de l'air, l'insalubrité et une incommodité grave
» pour toutes les maisons voisines ;

» Considérant que, quoique la distance des habitations
» voisines n'ait pas été précisée par les experts, il résulte des
» faits établis par l'instruction de cette affaire qu'il en est
» d'assez proches ;

» Arrête : qu'approuvant et homologuant, au besoin, le
» rapport des sieurs Raymond et Grognier, le sieur Du-
» burreaux n'est autorisé à conserver à Pierre Bénite l'éta-
» blissement qu'il se propose de faire pour l'apprêtage des
» cuirs de bottes, sur le local où cet établissement est an-
» noncé, qu'autant (et préalablement il en fera la déclara-
» tion précise et signée de lui au secrétariat de la préfecture)
» qu'il n'emploiera, dans son atelier, que des cuirs de veaux
» débourrés et plainés ailleurs que dans ses dits ateliers.

» Défenses à lui de s'occuper en aucune manière, dans » ledit local, de ces premières opérations, etc. ».

Le sieur Duburreaux porte ailleurs l'établissement du plainage et du débourrement; mais le nouveau local qu'il choisit se trouve au milieu du hameau : de nouvelles réclamations s'élèvent; le 19 décembre 1818, le préfet ordonne la fermeture de ces nouveaux ateliers.

Les 23 décembre 1818 et 8 mars 1819, le sieur Duburreaux forme sa demande en autorisation; il se fonde sur la découverte de nouveaux procédés.

Une nouvelle enquête et une nouvelle expertise ont lieu : elles sont moins défavorables au sieur Duburreaux.

Le Conseil de préfecture prend le parti de se transporter en corps sur les lieux; et le 7 juillet 1819, intervient une décision ainsi conçue :

« Considérant qu'il n'est établi, ni dans le procès-verbal » des experts, ni dans aucune pièce de l'instance que le sieur » Duburreaux ait découvert des procédés ni ingrédiens » nouveaux dont l'effet soit tel qu'il l'annonce, et de na- » ture à replacer la question sous un nouveau point de » vue;

» Considérant que le Conseil a déjà statué contradictoire- » ment sur l'établissement de plainage et de débourrage » dans le lieu où se fait l'apprêtage; et que les mêmes mo- » tifs, et de plus forts mêmes, existent à l'égard de la maison » Gonnard (local loué pour le deuxième établissement) qui » est plus au centre des habitations et entourée de maisons;

» Qu'au surplus ces mots : *partout ailleurs*, insérés dans » le dispositif de l'arrêté du 8 janvier 1818, doivent s'en- » tendre naturellement et nécessairement d'un local éloigné » des habitations agglomérées, et qui ne présenterait pas les » inconvéniens reprochés au local sur lequel il a été statué;

» Qu'ainsi la juridiction du Conseil de préfecture se

» trouve épuisée à l'égard de la demande du sieur Dubur-
» reaux;

» Considérant subsidiairement qu'il a été établi, dans les » débats de cette affaire, que le sieur Duburreaux a toutes » les facilités désirables pour porter l'établissement, dont il » sollicite l'autorisation, hors des habitations agglomérées et » à une distance peu considérable;

» Arrête, qu'il n'y a lieu à délibérer sur la nouvelle de» mande du sieur Duburreaux. »

Le 21 septembre 1819, le sieur Duburreaux s'est pourvu devant le Conseil d'Etat contre cet arrêté. Pour moyens, il a exposé : 1.° Qu'en déclarant qu'il n'y avait lieu de statuer sur la nouvelle demande, et par le motif que la juridiction était épuisée, le Conseil de préfecture avait commis un déni de justice, parce que la prohibition prononcée par le premier arrêté ne s'appliquait qu'au premier atelier, et qu'il pouvait être permis au sieur Duburreaux de *plainer* PARTOUT AILLEURS, partout ailleurs indistinctement, pourvu que le nouveau local qui serait choisi ne présentât pas les inconvéniens prévus par les réglemens; 2.° que les tanneries n'ont rien de malfaisant; que c'est pour cela qu'elles ont été rangées dans la deuxième classe, c'est-à-dire au nombre des établissemens dont l'éloignement des habitations n'est pas rigoureusement nécessaire; qu'ainsi l'autorité n'aurait pas dû refuser l'autorisation sous le prétexte que l'établissement était rapproché des maisons habitées; qu'enfin, si les opérations du plainage frappent l'odorat d'une manière désagréable, les émanations qui la produisent ne sont pas transportées hors de l'enceinte du bâtiment où sont placés les *plains*.

D'où le sieur Duburreaux a conclu que l'arrêté du 7 juillet 1819 devait être annulé et l'autorisation accordée.

Les sieurs Pautrier, David et autres habitans de Pierre-Bénite ont répondu : 1.° sur le prétendu déni de justice, que ces termes : *La juridiction du Conseil est épuisée, il n'y a lieu à délibérer*, voulaient dire uniquement que là où il y avait les mêmes raisons de décider, la décision devait être forcément la même, et qu'il ne pouvait pas autoriser, en 1819, un établissement contre lequel militaient les considérations qui le lui avaient fait repousser une année auparavant; que, du reste, ce n'était pas seulement dans l'exception de la chose jugée que le Conseil de préfecture avait puisé les motifs de sa détermination; qu'il s'était encore fondé sur les motifs tirés du fond même de la contestation pour écarter la demande du sieur Duburreaux;

2.° *Sur le mal jugé* : qu'ils demeuraient d'accord que les miasmes échappés d'une tannerie ne renferment pas un principe essentiellement délétère, et qu'ils ne portent pas infailliblement avec eux la dévastation et la mort, comme les vapeurs engendrées par certains établissemens; mais que l'expression manque pour rendre l'excès d'infection que les tanneries exhalent à certains momens; et qu'ils ne sauraient se persuader qu'une infection habituelle, quelle qu'en soit la cause, ne doive pas, à la longue, exercer une influence funeste sur les personnes d'une complexion faible et délicate; qu'au surplus, le hameau de Pierre-Bénite était déjà reconnu comme malsain, à cause des eaux croupissantes que les irruptions du Rhône y laissent chaque année.

C'est sur ce débat que l'ordonnance suivante a été rendue :

LOUIS, etc.

Sur le rapport du comité du contentieux de notre Conseil d'Etat,

Vu la requête introductive et le mémoire ampliatif à nous présentés au nom du sieur *Duburreaux*, apprêteur de cuirs, demeurant dans le département du Rhône, commune d'Oullins, enregistrés au secrétariat-général de notre Conseil d'État, les 21 septembre et 9 février 1819, et tendant à ce qu'il nous plaise annuler un arrêté du Conseil de préfecture du département du Rhône, lequel a refusé de statuer sur la demande de l'exposant, afin d'être autorisé à réunir, à son établissement, des ateliers nécessaires à la préparation de ses marchandises; ce faisant, lui accorder l'autorisation requise;

Vu l'ordonnance *De Soit Communiqué* aux opposans, en date du 18 décembre 1819;

Vu le mémoire pour les sieurs *Pautrier, David* et autres opposans, enregistré au secrétariat-général de notre Conseil d'État, le 5 avril 1820;

Vu une enquête de *Commodo* et *Incommodo*, en date du 12 décembre 1817, relative au premier établissement du sieur Duburreaux, établi dans la maison du sieur Palende;

Vu un rapport des sieurs Raymond et Grognier, chimistes, du 23 décembre 1817, sur ledit établissement;

Vu un arrêté du Conseil de préfecture du département du Rhône du 8 janvier 1818, lequel ordonne que le sieur Duburreaux ne pourra employer, dans ledit établissement, que des cuirs de veaux débourés et plainés dans un autre lieu;

Vu les requêtes présentées au préfet du département du Rhône par le sieur Duburreaux, en date des 23 décembre 1818 et 8 mars 1819, à l'effet d'obtenir de plainer et débourrer les cuirs dans le local de la maison dite Gonnard, sise dans le hameau de Pierre-Bénite, commune d'Oullins;

Vu une enquête du 8 mars 1819;

Vu un rapport d'experts, du 26 avril 1819;

Vu le plan des lieux;

Vu l'arrêté du 7 juin 1819 dont est appel;

Vu une réplique du sieur Duburreaux, enregistrée au secrétariat-général de notre Conseil d'État, le 15 avril 1820;

Vu une réponse des sieurs David, Pautrier et autres,

et une déclaration y-jointe, revêtue des signatures de 27 opposans;

Vu une lettre de notre Ministre de l'intérieur à notre Garde-des-sceaux, transmissive d'un rapport du comité consultatif des arts et manufactures;

Ensemble toutes les pièces respectivement produites et réunies au dossier;

Considérant qu'il résulte du rapport fait à notre Ministre de l'intérieur par le Comité consultatif des arts et manufactures, que les opérations du déchamage et du débourrement des peaux répandent une odeur, non-seulement incommode, mais insalubre, et qu'il est d'une bonne administration d'écarter ces opérations du centre des habitations agglomérées;

Considérant qu'il résulte de l'arrêté du 27 juin 1819, et de toutes les pièces produites, que l'établissement du sieur Duburreaux, dans la maison dite Gonnard, est placé au centre du village de Pierre-Bénite, et que ce fait n'est pas contesté par le sieur Duburreaux;

Notre Conseil d'État entendu,

Nous avons ordonné et ordonnons ce qui suit:

Art. 1.er La requête du sieur Duburreaux est rejetée.

Art. 2. Le sieur Duburreaux est condamné aux dépens.

Art. 3. Notre Garde-des-sceaux et notre Ministre de l'intérieur sont chargés de l'exécution, etc.

M. Villemain, maître des requêtes, *rapporteur*. — M.es Jacquemin et Darrieux, *avocats*.

FERME-RÉGIE DES JEUX DE LA VILLE DE PARIS. — SERVICE PUBLIC. — CONTESTATION ENTRE CO-ASSOCIÉS. — CONFLIT. — COMPÉTENCE.

L'autorité administrative est-elle compétente pour interpréter une sentence arbitrale qui statue sur les effets d'une cession faite, par contrat privé, d'un intérêt dans la ferme-

régie des jeux de la ville de Paris, entre l'adjudicataire et des tiers? Rés. nég. (1)

Ces jugemens et ces contrats privés peuvent-ils déroger à l'acte d'adjudication, ou affaiblir les droits de surveillance et de police qui appartiennent à l'administration, lorsqu'elle n'a point été partie à ces contrats ni à ces jugemens? Rés. nég.

Un réglement de police, dressé par un Préfet, peut-il être déféré directement au Conseil d'Etat? Rés. nég. (2)

(4648. — Dupin et Boursault c. de Chalabre. — 10 janvier 1821.)

Le 10 octobre 1818, le sieur Boursault s'était rendu adjudicataire de la ferme-régie des jeux de hasard de la ville de Paris.

Il s'est trouvé dans l'impuissance de fournir les fonds nécessaires à cette entreprise; il s'est donné deux associés, MM. Dupin et de Chalabre, exploitant au même titre que lui, moyennant le versement de leur part des onze douzièmes de la mise sociale.

Il a dû, en conséquence, leur déléguer les attributions les plus essentielles de son service. Son bail a été ainsi dénaturé.

L'administration n'a pris aucune part à tous ces traités.

Des dissensions se sont élevées entre MM. de Chalabre et Boursault. Elles pouvaient être préjudiciables aux intérêts de la ville de Paris: elle a cru devoir intervenir pour faire cesser cet état de choses.

---

(1) Voy. *Elém. de jur. admi.*, t. 2, p. 206, n.° 22. — Décrets, 1010, 3 octobre 1811, George c. Saudaget et Niderkonc. — *Jur. du C. d'Et.*, tom. 1.er, pag. 543. — 318. 24 avril 1808. Rief, *ibid.*, tom. 1, pag. 156.

(2) Voy. *Elém. de jur. adm.*, tom. 1.er, pag. 55, n.° 18 et 65, n.° 47. — Ordon. des 8 janvier 1817. Entrepreneurs des voitures dites *l'éclair. Jur. du C. d'Et.*, tom 3, pag. 495. — 26 février 1817, Charcutiers de Nanterre, *ibid.* tom. 3, pag. 521.

Elle a employé d'abord sa médiation pour faire terminer les contestations par un arbitrage, auquel M. Dupin était resté étranger. Mais de nouvelles difficultés s'étant bientôt élevées, l'administration a pensé qu'elle n'avait que l'un de ces deux partis à prendre : ou résilier le bail, ou reconnaître les associations formées par le sieur Boursault, et les décisions d'arbitres qui en avaient réglé les effets ; c'est ce dernier parti qu'elle a préféré.

Ce nonobstant, et sur des difficultés renaissantes, le sieur Boursault a porté, devant le tribunal de première instance de Paris, la question de savoir comment devaient être déterminées les attributions respectives des associés à l'entreprise des jeux.

Par arrêté du 11 janvier 1820, le préfet de la Seine a élevé le conflit ; il a fait plus : par un autre arrêté du 10 mars 1820, il a réglé les attributions qui faisaient l'objet du litige judiciaire.

Le 7 juin 1820, le sieur Dupin s'est pourvu devant le Conseil d'État pour demander l'annulation de ce dernier arrêté, comme étant vicié d'incompétence et d'excès de pouvoir.

Il a soutenu que, si la ville de Paris se croyait fondée à poursuivre la résiliation du bail, ou à faire porter sur d'autres les obligations résultantes de l'adjudication, elle devait se pourvoir devant les tribunaux, parce que les actions qui intéressent les communes ne sont point soustraites à la juridiction ordinaire de l'autorité judiciaire, et qu'en jugeant personnellement, M. le préfet de la Seine avait excédé ses pouvoirs ; qu'au surplus, l'incompétence de cet arrêté était manifeste, puisqu'il prononçait sur des contestations relatives à l'interprétation d'actes entièrement privés.

De son côté, et le 10 juin 1820, Boursault s'est présenté devant le Conseil d'État, comme intervenant dans l'instance relative au conflit. Il a demandé, tout-à-la-fois, l'annulation de l'arrêté du 11 janvier, et celle de l'arrêté du 10 mars 1820. Ses moyens ont été puisés dans la nature des actes d'association, actes étrangers à l'administration, et dont l'effet ne pouvait être réglé que d'après les principes du droit commun.

Le sieur de Chalabre est également intervenu devant le Conseil d'État, mais pour y soutenir l'arrêté de conflit et le réglement du 10 mars 1820. Il a exposé: 1.° qu'en raison de la nature même de l'entreprise et des actes sur lesquels elle reposait, aussi bien que par le consentement des parties intéressées, et par le fait même du sieur Boursault, les tribunaux étaient incompétens pour connaître des difficultés élevées entre eux; 2.° qu'à l'égard des contestations qui pourraient s'agiter entre l'administration comme bailleur et le preneur, il n'était point douteux qu'elle ne pourrait pas le distraire de ses juges naturels; encore moins être juge dans sa propre cause, et que par conséquent les tribunaux seraient seuls compétens pour connaître du litige; mais qu'il n'en était pas de même lorsqu'il s'agissait de contestations auxquelles un bail administratif, ou les actes qui s'y rattachent, pouvaient donner lieu entre des tiers, parce qu'il s'agissait alors d'actes administratifs qui ne pouvaient être appréciés que par l'autorité dont ils étaient émanés.

Le sieur de Chalabre a fait ensuite l'application de ces principes à l'espèce. Il est évident (a-t-il dit) que les contestations présentes ont leur source dans l'ordonnance du Roi, qui accorde à la ville de Paris le privilége des jeux, dans l'adjudication faite au sieur Boursault de cette entreprise, et dans les actes de société des 15 et 16 décembre, qui, ayant été joints au cahier des charges et à l'acte d'adjudication, ne faisaient avec eux *qu'un seul et même acte*; leur solution dépendait donc de l'interprétation de ces actes, qui étaient purement administratifs; elles ne pouvaient donc être jugées que par l'autorité administrative.

Enfin, le sieur de Chalabre a tiré un dernier argument de la qualité de *fermier-régisseur*, et par conséquent *comptable*, dont le sieur Boursault était revêtu par son bail.

M.' le Garde-des-sceaux (qui, sur chaque conflit élevé, fait préparer dans ses bureaux un rapport particulier) a pensé que le conflit n'était pas fondé, et voici par quels motifs :

Les contestations qui s'élèvent entre un entrepreneur de service public, un adjudicataire en chef d'une branche de ce service, et leurs sous-traitans ou associés par actes particuliers, sur l'exécution de leurs conventions, n'intéressent que des parties privées. Or, en examinant cette affaire, il est aisé de reconnaître que les difficultés qui ont donné lieu à l'instance engagée entre le fermier des jeux et les sieurs Dupin et de Chalabre, sont nées de l'exécution d'actes privés auxquels l'autorité administrative était jusqu'alors demeurée et devait en effet demeurer étrangère ; car aucune loi, aucun réglement n'attribuent à cette autorité la connaissance des débats de pareille nature. La première direction donnée au jugement de cette cause était donc conforme aux règles ordinaires du droit et de la compétence.

Cette opinion a prévalu.

LOUIS, etc.

Sur le rapport du comité du contentieux de notre Conseil d'Etat,

Vu le rapport à nous présenté, le 8 août 1820, par notre Sous-Secrétaire d'État au département de la justice, sur le conflit élevé, le 11 janvier 1820, par le préfet du département de la Seine, dans une contestation portée devant le tribunal de première instance de la Seine, entre le sieur *Boursault*, fermier-régisseur des jeux de la ville de Paris, et le sieur de *Chalabre*, son associé ;

Vu la requête en intervention dudit sieur *Boursault*, enregistrée au secrétariat-général de notre Conseil d'État, le 10 juin 1820, par laquelle il demande :

1.° Que l'arrêté de conflit soit rejeté, et les parties renvoyées devant leurs juges naturels;

2.° Qu'un arrêté du préfet du département de la Seine, en date du 10 mars 1820, et qui règle ses rapports avec ses associés, soit annulé;

Vu une requête du sieur *Dupin*, autre associé du sieur *Boursault*, enregistrée audit secrétariat-général le 15 août 1820, et tendant également à l'annulation du même arrêté du 10 mars 1820;

Vu une requête en intervention du sieur de *Chalabre*, enregistrée au secrétariat-général du Conseil d'État, le 9 octobre 1820, et tendant à ce qu'il nous plaise le recevoir intervenant dans l'instance introduite par le sieur *Boursault*, contre l'arrêté de conflit pris par le préfet du département de la Seine, le 11 janvier 1820, maintenir ledit arrêté et condamner le sieur *Boursault* aux dépens;

Vu notre ordonnance en date du 5 août 1818, qui concède à la ville de Paris le produit des jeux;

Vu l'adjudication passée, le 18 octobre 1818, au sieur *Boursault*, de la ferme des jeux;

Vu les actes d'association passés les 15 et 16 décembre 1818, le premier entre le sieur *Boursault* et le sieur *Dupin*, et le deuxième entre le sieur *Boursault* et le sieur de *Chalabre*;

Vu le jugement arbitral prononcé le 10 mai 1819, et l'ordonnance d'*exequatur* qui l'a homologué le 18 mai suivant, sur les contestations élevées entre le sieur *Boursault* et le sieur de *Chalabre*;

Vu l'arrêté du conflit attaqué;

Vu le réglement provisoire arrêté par le préfet du département de la Seine, le 10 mars 1820, également attaqué;

Vu la lettre en date du 25 juillet 1820, par laquelle notre Ministre de l'intérieur transmet à notre Garde-des-sceaux, Ministre de la justice, les pièces concernant le conflit;

Vu la lettre, en date du 7 octobre 1820, par laquelle notre Ministre de l'intérieur annonce à notre Garde-des-sceaux, Ministre de la justice, qu'il a suspendu l'exécution du réglement provisoire arrêté par le préfet du département de la Seine, le 10 mars 1820;

Vu les requêtes ampliatives fournies par les parties;

Vu toutes les pièces jointes au dossier;

Considérant, sur le conflit, que, dans la contestation portée, par les sieurs *Boursault* et de *Chalabre*, devant les tribunaux, il s'agit uniquement d'interpréter une sentence arbitrale qui statue sur les effets de la cession faite, par contrat privé, d'un intérêt dans la ferme-régie des jeux de la ville de Paris, entre le sieur *Boursault* et le sieur de *Chalabre*;

Que la ville de Paris n'a été partie ni dans le contrat privé, ni dans le jugement arbitral, lesquels n'ont pu déroger, soit à l'acte d'adjudication et au cahier des charges passés, le 10 octobre 1818, entre le préfet de la Seine et le sieur *Boursault*, soit aux droits de surveillance et de police qui appartient à l'administration;

Qu'ainsi il n'y avait pas lieu d'élever le conflit;

Considérant, sur le *Réglement administratif* arrêté par le préfet le 10 mars 1820, et suspendu par notre Ministre de l'intérieur, qu'il n'y a lieu de statuer, jusqu'à ce que notre dit Ministre de l'intérieur, à qui ledit réglement a été déféré, ait pris une décision;

Notre Conseil d'État entendu,

Nous avons ordonné et ordonnons ce qui suit:

Art. 1.er Le conflit élevé par le préfet de la Seine le 11 janvier 1820 est annulé.

Art. 2. Il n'y a lieu à statuer, quant à présent, sur les

conclusions des parties relatives au réglement administratif du 10 mars 1820.

Art. 3. Les dépens sont compensés entre les parties.

Art. 4. Notre Garde-des-sceaux et notre Ministre de l'intérieur sont chargés de l'exécution, etc.

M. Maillard, maître des requêtes, *rapporteur.* — M.es Raoul, Delagrange et Mathias, *avocats.*

PENSIONS DE RETRAITE. — Contributions indirectes. — Services militaires et civils. — Pensions accordées avant ou après l'ordonnance du 6 mai 1818.

La règle établie par l'ordonnance du 6 *mai* 1818, *qui veut que, dans la liquidation des pensions civiles, les services militaires ne soient récompensés que suivant le tarif des pensions militaires, est-elle applicable indistinctement à toutes les pensions qui, à cette époque, n'étaient pas accordées par ordonnances?* Rés. aff.

(4599. — Lemaître, Costaz et autres. — 10 janvier 1821.)

Les sieurs Lemaître, Costaz, de Montbarbon et autres, tous ex-employés des contributions indirectes, avaient poursuivi, devant cette administration, la liquidation de leurs pensions de retraite. Parmi les services qu'ils avaient présentés, se trouvaient d'abord des services dans les octrois, les districts, les directions de département, dans les préfectures, dans les comités ecclésiastiques ou autres de l'Assemblée Constituante, etc., ensuite des services militaires. Les premiers avaient été compris dans la liquidation; les seconds y avaient été comptés comme services civils, d'après les réglemens propres à ceux-ci.

Cette liquidation provisoire avait ensuite été soumise à

l'examen du Ministre des finances et à celui du Conseil d'Etat ; mais, d'une part, les services civils ci-dessus indiqués ont été rejetés; et, d'autre part, les services militaires n'ont été comptés que suivant le tarif des pensions militaires. C'est d'après ces bases que leurs pensions respectives ont été fixées par des ordonnances royales, et que les brevets leur en ont ensuite été délivrés.

Ils ont adressé leurs réclamations au Ministre des finances, qui leur a répondu que leurs pensions avaient été fixées d'après des bases générales qui servaient encore de règle pour les liquidations qui s'opèrent journellement.

Repoussés par cette décision, les sieurs Lemaître, Costaz et autres ont cru devoir se présenter devant le Conseil d'Etat et en demander le rapport et l'annulation. Ils ont soutenu, *en droit*, qu'il ne peut y avoir, pour les administrations ou pour le ministère, d'autres bases et d'autres règles de liquidation que celles qui ont été fixées par les lois et par les ordonnances du Roi; que la loi du 4 prairial an 13, ou les ordonnances des 25 novembre 1814 et 6 septembre 1815 ont fixé ces bases et ces règles invariables, en établissant, 1.° que la pension est *acquise* aux employés, du moment où ayant servi dans une administration quelconque, ressortissant au gouvernement, pendant le temps déterminé et avec les conditions voulues, ils ont été admis à la retraite; 2.° que cette pension, une fois acquise de la sorte, doit être liquidée conformément aux lois alors existantes; c'est-à-dire pour eux, d'après une année moyenne du traitement des trois dernières années du service de l'employé; et 3.° que la liquidation, ainsi réglée, doit embrasser tous les services civils et militaires indistinctement. Ils ont ajouté que, ni les lois, ni les ordonnances ne pouvant avoir d'effet rétroactif, ces règles et ces bases, ainsi posées et établies par les ordonnances et les lois précédentes, n'ont pu être éludées et détruites par l'ordonnance postérieure du 6 mai 1818; et que par conséquent la liquidation des pensions acquises avant cette dernière ordonnance n'a pu être arbitrairement réduite ni modifiée par la rétroactivité.

En fait, ils ont établi qu'après avoir justifié, antérieurement à 1818, c'est-à-dire en 1814 et même en 1813, qu'ils réunissaient toutes les années de service et toutes les conditions d'admission nécessaires pour obtenir leur pension, ils avaient en effet été admis à la retraite; qu'ils avaient, dans le temps, justifié que leurs services étaient des services publics rendus dans des administrations ressortissant au gouvernement; qu'alors leurs pensions, ainsi acquises, avaient été liquidées pour la plupart et même soldées conformément aux lois et ordonnances alors existantes; mais qu'ensuite elles avaient éprouvé une ou successivement plusieurs réductions arbitraires, sous le prétexte d'une fausse interprétation de l'ordonnance de 1814 et d'une injuste rétroactivité à l'ordonnance de 1818, et que cette double injustice ne pouvait être couverte par la délivrance d'aucun brevet, ni même d'aucune ordonnance.

A cette réclamation, le Ministre des finances a opposé le système suivant :

L'ordonnance du 25 novembre 1814, qui a remplacé, en l'abrogeant, le décret du 4 prairial an 13, ne contient pas la nomenclature des services *civils* réputés services *publics*. L'article 8 se borne à déclarer admissible le temps passé dans d'autres administrations publiques *ressortissantes au gouvernement*. Le décret de l'an 13 n'en disait pas davantage; mais, sous l'empire de ce décret, il s'était introduit une jurisprudence généreuse, suite de l'opulence de la caisse des retenues de la Régie. Cette jurisprudence a été restreinte depuis 1814; de là vient que tel service, réputé valable sous l'ancien gouvernement, n'est plus admis depuis la restauration.

Quant aux services *militaires*, il est constant que, dans

les administrations qui les admettaient (le ministère du trésor n'était pas de ce nombre), on les récompensait sur le même taux que les services civils.

Les réglemens n'indiquaient pas explicitement les services militaires comme pouvant se cumuler avec les services publics donnant droit à pension sur fonds de retenue.

Les ordonnances du 25 novembre et 9 décembre 1814 (particulières aux administrations des contributions indirectes et de la loterie) furent les seules qui autorisèrent explicitement les employés de ces deux administrations à faire valoir leurs services militaires dans la liquidation de leurs pensions.

Une ordonnance du 22 novembre 1815 intervint pour généraliser cette autorisation, en faveur des autres administrations de finances.

On s'aperçut que cette cumulation de services divers menait trop loin dans la fixation des pensions. Les caisses, déjà obérées, pliaient sous le faix du produit des liquidations faites d'après ce système. C'est alors que s'éleva la question de savoir si, en admettant des services militaires, on devrait les rétribuer comme tels, d'après le taux des pensions de la guerre, ou comme services civils, d'après les réglemens propres à ceux-ci.

Cette question, long-temps débattue, fit suspendre les liquidations qui comprenaient des services militaires, et ce ne fut que le 16 mai 1818, qu'une ordonnance royale, rendue d'après l'avis du Comité des finances et du Conseil d'Etat, décida que ces services seraient récompensés suivant le tarif des pensions militaires.

L'ordonnance du 6 mai n'excepte de la mesure que les pensions déjà accordées.

Cette ordonnance n'a été que le complément de celle du 22 novembre 1815. Celle-ci avait consacré, d'une manière générale, l'admissibilité des services militaires; celle du 6 mai a fixé le taux de leur rétribution.

Quant au droit prétendu *acquis* par les sieurs Lemaître et autres réclamans, le Ministre a répondu que, depuis plus de vingt ans, c'est-à-dire, depuis le rétablissement du Conseil d'État, sous les précédens gouvernemens, comme sous le régime actuel, la liquidation d'une pension est d'abord préparée par l'administration dans laquelle la retraite a lieu; qu'elle est ensuite soumise à l'examen du Ministre compétent, puis à la revision du Conseil d'État; que ce n'est qu'après avoir suivi ces deux épreuves qu'elle est concédée par une ordonnance royale, en exécution de laquelle se délivre le brevet; et que, jusques-là, les pensions ne sont que provisoirement liquidées.

Quant aux *paiemens* déjà faits aux réclamans, le Ministre a expliqué que l'ordonnance du 25 novembre 1814 permet de donner aux employés des à-comptes sur leurs pensions, et que les articles 30 et 31 déclarent que ces secours ne pourront excéder les quatre cinquièmes de la liquidation supposée devoir être allouée, et qu'ils sont imputables sur le premier paiement de la pension définitivement fixée.

Les anciens employés des contributions indirectes ont répondu (pour les services civils) que ce que le Ministre appelait une jurisprudence généreuse n'était qu'une exacte et rigoureuse justice; que, par un arrêté du 18 août 1807, le Ministre avait lui-même décidé que, par *services publics admissibles*, il fallait entendre tous ceux qui ont été salariés par l'État et avaient exigé un service habituel; qu'au surplus, loin de présenter un état de pénurie, la caisse des fonds de retenue (qui est la propriété des employés) est tellement opulente, que les recettes y excèdent la dépense de plus de 300,000 fr. par année.

Quant à la *rétroactivité* qui frappe les services militaires, ils ont fait remarquer que, pour qu'une pension soit *acquise*, et pour qu'elle doive être, en conséquence, liquidée conformément aux lois alors existantes, il n'est pas nécessaire que le brevet en ait été délivré; mais qu'il suffit que l'employé soit admis à la retraite, après avoir rempli les conditions de la loi et réuni les années de service exigées par elle; que la délivrance du brevet ne constitue par le droit à la pension; qu'on ne doit regarder l'ordonnance qui l'accorde que comme une ordonnance d'*exequatur*; que le brevet n'est que le signe extérieur de la liquidation; qu'il ne fait qu'en constater la régularité; qu'il atteste seulement que la pension, telle qu'elle est liquidée, est due au pensionnaire; mais qu'il ne constitue pas le droit en lui-même à cette pension de retraite, et qu'enfin il n'empêche pas que la liquidation doive être opérée d'après les réglemens en vigueur au moment de l'admission à la retraite.

Sur cet important débat, le Conseil d'État a proposé, et le Roi a rendu la décision suivante:

LOUIS, etc.

Sur le rapport du comité du contentieux de notre Conseil d'Etat,

Vu la requête à nous présentée au nom des sieurs *Lemaître*, *Costaz*, *de Montbarbon*, et autres dénommés en la présente, tous ex-employés des contributions indirectes;

Ladite requête, enregistrée au secrétariat du comité du contentieux de notre Conseil d'État, le 22 avril 1820, et tendant à ce qu'il nous plaise annuler la décision de notre Ministre des finances, énoncée dans sa lettre du 8 mars 1820, et par laquelle il refuse de faire réformer les ordonnances royales qui ont fixé les pensions des réclamans, et ce faisant, ordonner que, sans s'arrêter aux ordonnances et brevets qui ont pu changer les liquidations provisoires des exposans, lesquels seront, à leur égard, rapportés et déclarés nuls et de nul effet, leurs pensions, tant pour leurs services civils que pour leurs services militaires, seront définitivement arrêtées et liquidées conformément à la loi du 4 prairial an 13, ainsi qu'à l'ordonnance de 1814 et à celle de 1815, telles qu'ils les ont réclamées;

Vu la réponse faite, le 12 août 1820, par notre Ministre des finances, à la communication qui lui a été donnée de ladite requête;

Vu les répliques des réclamans, enregistrées au secrétariat-général les 19 juillet et 31 octobre 1820, dans lesquelles ils persistent dans leurs premières conclusions;

Vu le décret du 4 prairial an 13, nos ordonnances des 25 novembre 1814 et 22 novembre 1815;

Vu les articles 3 et 5 de notre ordonnance du 20 juin 1817, qui établit le mode suivant lequel les pensions seront liquidées, fixées, accordées et inscrites;

Vu l'article 3 de notre ordonnance du 6 mai 1818;

Considérant, sur le chef des conclusions des réclamans tendant à ce que les pensions acquises avant notre ordonnance du 6 mai 1818, soient liquidées, relativement aux services militaires, conformément à nos ordonnances de 1814 et 1815 : que la règle établie par notre ordonnance du 6 mai 1818 est applicable à toutes les pensions qui, à cette époque, n'étaient pas accordées par ordonnance, et n'excepte que les pensions déjà accordées;

Considérant, relativement aux pensions accordées avant l'ordonnance du 6 mai 1818, et à la manière de compter les diverses espèces de services rendus dans les administrations ressortissant au gouvernement : que les réclamans sont, à cet égard, dans des positions diverses, et n'ont point pris de conclusions spéciales et individuelles sur ce chef de leurs réclamations;

Notre Conseil d'État entendu,

Nous avons ordonné et ordonnons ce qui suit :

Art. 1.er La requête des employés des contributions indirectes ci-dessus dénommés est rejetée.

Art. 2. Notre Garde-des-sceaux et notre Ministre des finances sont chargés de l'exécution, etc.

M. Maillard, maître des requêtes, *rappor.* — M.e Chauveau-Lagarde, *avocat.*

RENTES NATIONALES. — TRANSFERT. — ACTION DU DOMAINE EN SUPPLÉMENT DE PRIX. — COMPÉTENCE.

Est-ce devant l'admininistration que la Régie des Domaines doit porter la question de savoir si, au cas d'erreur sur la capacité des anciennes mesures qui ont servi de base à des transferts de rentes consenties à des particuliers au nom de l'Etat, ladite évaluation peut donner lieu, de la part du Domaine, à une action en supplément de prix ? Rés. nég.

(4007. — 10 janvier 1821. — Freiss et Hickel c. le Domaine.)

En exécution de la loi du 21 nivose an 8, neuf transferts de rentes foncières en vin blanc avaient été consentis, en l'an 9, par le directeur des Domaines du département du Haut-Rhin, aux sieurs Freiss et Hickel.

Pour arriver à la liquidation de ces rentes en nature, le préfet du département avait, suivant les règles tracées par les arrêtés des 14 ventose et 14 fructidor an 8, établi un tarif indiquant le prix de l'année commune. Un arrêté du du 29 messidor an 9 avait fixé un prix commun, par mesure de 32 pots, tant pour le vin rouge que pour le vin blanc.

C'est d'après ces tarifs que les transferts de rentes avaient eu lieu en faveur des sieurs Freiss et Hickel.

Le 28 décembre 1816, le préfet du département du Haut-Rhin prend un arrêté par lequel il rapporte celui du 21 messidor an 9, et déclare que toutes les liquidations dans les quelles on a calculé, à raison de 32 pots, la mesure qui n'est divisée qu'en 24 pots, seront incessamment revues et rectifiées.

En effet, le directeur des Domaines de Colmar fait citer les sieurs Hickel et Freiss devant le conseil de préfecture du département du Haut-Rhin, pour être condamnés à payer, à la caisse du receveur des Domaines, la somme de 6,289 fr. en principal et 5,261 fr., en intérêts, pour supplément de prix de leurs transferts.

Ces particuliers commencent par décliner la juridiction du Conseil de préfecture.

Un arrêté du 9 septembre 1818, rejette leur exception, par le motif qu'il s'agit de juger, dans l'espèce, une question qui dépend du contentieux des Domaines nationaux.

Les réclamans se pourvoient au Conseil d'État: la discussion s'y engage avec le Domaine.

Les sieurs Freiss et Hickel y soutiennent, sous un triple rapport, l'incompétence du Conseil de préfecture.

D'abord c'est une juridiction exceptionnelle et qui par conséquent ne doit connaître que des matières qui lui sont spécialement attribuées. Or, aucune loi n'attribue aux Conseils de préfecture la connaissance des difficultés élevées par l'administration des Domaines pour supplément de prix d'un transfert de rentes.

En vain, disent-ils, on prétend qu'il s'agit d'une difficulté qui rentre dans le contentieux des Domaines nationaux, puisqu'il est question de rentes nationales. On ne doit entendre, par contentieux des Domaines nationaux, que toute contestation relative à des *immeubles* vendus par le gouvernement, et qui peut se terminer par l'interprétation que l'autorité administrative donne à des actes administratifs, sans avoir besoin de recourir à aucun autre élément de décision. Il faut donc distinguer entre les immeubles et les droits incorporels; et jamais les mots *Domaine national* n'ont signifié des créances, des rentes, des objets mobiliers : aussi, toutes les questions sur l'existence, la nature et la propriété des rentes, ont-elles toujours été renvoyées aux tribunaux. Il en doit être de même de la question du supplément du prix.

En second lieu, dans le cas même où l'on pourrait assimiler cette demande en supplément de prix à un décompte par suite de vente d'immeubles, le Conseil de préfecture ne pourrait pas connaître des difficultés élevées sur le décompte par suite de transfert de rentes. C'est le préfet seul qui aurait dû statuer, parce qu'il est de principe que ces difficultés sur les décomptes sont du ressort de l'administration proprement dite, et non de la juridiction contentieuse.

Enfin, si l'on admettait qu'un Conseil de préfecture peut connaître des difficultés élevées par l'administration des domaines pour supplément de prix des transferts, c'est le Conseil de préfecture du Bas-Rhin et non celui du Haut-Rhin qui aurait dû être saisi de la contestation, parce que la demande en paiement de supplément de prix d'un transfert de rente est une action purement personnelle, qui, d'après le vœu de nos lois, doit être portée devant l'autorité du domicile du défendeur.

Pour l'administration des Domaines il est répondu, au premier moyen :

Que, d'après la législation actuelle, et de tous les temps, le Domaine de l'État a compris à-la-fois le domaine corporel, les immeubles, le domaine incorporel, les rentes et redevances ; que c'est dans un sens aussi étendu que la loi du 28 pluviose an 8 s'est servie des expressions génériques *Domaines nationaux*, et qu'elle en a attribué le contentieux à la juridiction des Conseils de préfecture ; que, puisqu'ils sont compétens pour apprécier un acte de vente, ils le doivent être aussi pour interpréter un transfert ; qu'un transfert est également une vente, est également un acte administratif ;

qu'en outre il s'agit d'interpréter aussi l'arrêté du 12 messidor an 9, pour savoir ce que cet arrêté a entendu par la *mesure* dont il a fixé le prix, et si l'on s'en est écarté dans les transferts.

Au deuxième moyen : que c'est précisément parce qu'il s'agit d'une demande en supplément de prix, qu'il ne peut être question de décompte, ni de juridiction exceptionnelle attribuée au préfet; que le décompte est relatif aux paiemens, et suppose le prix réglé et non contesté; que, si le prix est en litige, ce ne sont plus les paiemens qu'il faut apprécier, c'est le contrat, et que la compétence du préfet n'est point applicable; qu'au surplus il n'existe aucune similitude entre la revision d'un transfert et les décomptes des Domaines nationaux.

Au dernier moyen : que la juridiction sur les personnes n'appartient qu'aux tribunaux ordinaires; qu'elle entre d'autant moins dans les attributions des Conseils de préfecture, qu'ils n'ont pas même à connaître de l'exécution de leurs propres jugemens; que chacun d'eux interprète les actes administratifs passés dans son ressort, sans égard au domicile des parties; que, dans l'espèce où les rentes transférées ont une assiette et où les localités entrent pour quelque chose dans la question, l'affaire est assurément plus réelle que personnelle.

Telle est le débat qui a donné lieu à la décision suivante :

LOUIS, etc.

Sur le rapport du comité du contentieux de notre Conseil d'Etat,

Vu les requêtes à nous présentées, au nom des sieurs *Fréiss* et *Hickel*, enregistrées au secrétariat-général de notre Conseil d'Etat, les 9 décembre 1818, 9 novembre 1819 et 21 octobre 1820, tendant à l'annulation d'un arrêté du Conseil de préfecture du département du Haut-Rhin, du 9 septembre 1818, lequel s'est déclaré compétent pour connaître d'une demande formée par le *Domaine*, contre les requérans, en supplément du prix stipulé par des transferts de rentes en nature, à raison d'erreurs prétendues commises dans l'estimation desdites rentes;

Vu l'arrêté attaqué;

Vu les mémoires en défense de la direction générale des Domaines, enregistrés audit secrétariat-général, les 12 juillet 1819 et 25 avril 1820;

Ensemble toutes les pièces jointes au dossier :

Considérant qu'il s'agit d'évaluer, d'après les usages locaux, la capacité des anciennes mesures qui ont servi de base aux transferts de rentes consentis aux sieurs *Freiss* et *Hickel*; et que la question de savoir si, en cas d'erreur, ladite évaluation peut donner lieu, de la part du Domaine, à une action en supplément de prix, est du ressort des tribunaux;

Notre Conseil d'Etat entendu,

Nous avons ordonné et ordonnons ce qui suit :

Art. 1.er L'arrêté du Conseil de préfecture du département du Haut-Rhin, du 9 septembre 1818, est annulé pour cause d'incompétence, et les parties sont renvoyées devant les tribunaux.

Art. 2. L'administration des Domaines est condamnée aux dépens.

Art. 3. Notre Garde-des-sceaux et notre Ministre des finances sont, chacun en ce qui le concerne, chargés de l'exécution de la présente ordonnance.

M. de Cormenin, maît. des req., *rapport.* — M.es Roger et Huart-Duparc, *avocats.*

COLONIES. — TRAITEMENT DU COMMANDANT DE L'ILE BOURBON. — CUMULATION DE LA SOLDE DE NON-ACTIVITÉ AVEC LE TRAITEMENT DE FONCTIONS CIVILES. — RETENUE AU PROFIT DE LA CAISSE DES INVALIDES.

L'arrêté du gouvernement, du 23 frimaire an 12, qui autorise les militaires appelés à des fonctions civiles à cumuler, avec le traitement de ces fonctions, leur solde de non-activité, est-il applicable aux colonies? Rés. nég.

La retenue au profit des Invalides de la guerre peut-elle avoir lieu sur des sommes que les militaires ont touchées sans allocation, et qu'ils sont contraints de restituer? Rés. nég.

Un agent du gouvernement peut-il prétendre à l'allocation d'une somme que nulle disposition de loi ou de règlement ne lui accorde, et sur laquelle aucun acte ne lui donne de droit positif? Rés. nég.

(4433, — 10 janvier 1821. — Le comte de Bouvet c. le Ministre de la marine.)

Après avoir gouverné la colonie de l'île de Bourbon, depuis le 2 avril 1815 jusqu'au 1.er juillet 1817, le comte de Bouvet avait demandé et obtenu son rappel en France.

A son retour, il avait réclamé le paiement de quinze mois d'appointemens qui lui étaient dûs. Le 26 août 1818, le Ministre de la marine lui avait répondu qu'il ne pouvait autoriser aucun paiement en sa faveur, attendu qu'au moment où il avait quitté l'île de Bourbon, il était reliquataire, envers le Trésor, d'une somme bien supérieure à celle qui lui revenait.

Le 17 décembre 1819, le comte de Bouvet défère cette décision ministérielle à la censure du Roi, en son Conseil d'Etat, et il commence par conclure à ce que, dans le plus court délai, le Ministre de la marine soit tenu de fournir le décompte par le moyen duquel il prétend établir son reliquat. Ce décompte est produit par le Ministre, qui reconnaît que le comte de Bouvet est créancier d'une somme de 12,260 fr. 35 cent. pour son traitement; mais il établit ainsi son passif :

1.° Traitement d'inactivité de maréchal de camp.	10,819 f.	34 c.
2.° Frais de voyage et de tournées.	3,856	32
3.° Prix d'un cadeau envoyé au gouverneur de la Martinique.	1,500	»
4.° Remboursement de dépenses personnelles faites au cap de Bonne-Espérance, à l'île de France, et dans premiers les jours du débarquement.	1,086	»
TOTAL. . .	17,241	66
Sur quoi, déduisant ce qui revient à M. de Bouvet.	12,260	35
Son débet était de. . . .	4,981	31

Quant au *traitement d'inactivité*, M. le général comte de Bouvet soutient, qu'en vertu de l'arrêté consulaire du 23 frimaire an 12 (15 décembre 1803), il a eu *le droit* de cumuler le traitement de son grade militaire et de son emploi civil; il s'appuie de l'autorité de quelques exemples; il cite entre autres ce qui a eu lieu pour M. de Vaugiraud, gouverneur de la Martinique, et M. de Linois, gouverneur de la Guadeloupe; il se fonde sur ce que le Ministre a reconnu cette dépense et ne l'a point désapprouvée : son silence à cet égard lui paraît une adhésion.

Le Ministre répond qu'il ne paraît pas qu'on ait jugé que l'allocation du traitement d'inactivité revînt *de droit* aux officiers-généraux qui étaient employés comme Capitaines-Généraux des colonies; que ceux qui ont été admis à le recevoir l'ont été par des décisions spéciales du gouvernement. Le Ministre cite des exemples de Gouverneurs de colonies qui ne jouissaient pas de cette faveur; il dit, au surplus, que les dépenses qui se font aux colonies ne sont point exemptes des justifications qu'exigent la comptabilité de son département; que lors de l'apurement définitif des comptes des trésoriers-coloniaux, il faut, pour qu'une dépense soit allouée, qu'elle ait été autorisée par une loi ou par une décision du Souverain ou du Ministre de la marine; qu'enfin le silence gardé par le gouvernement sur les dépenses illégales dont il aurait été instruit, comme sur les reprises qui devraient résulter desdites dépenses, ne saurait être considéré comme équivalent à une approbation; qu'une telle interprétation n'est ni dans les règles, ni dans les usages du département, et qu'évidemment elle y dérogerait.

Quant aux *frais de tournées*, le comte de Bouvet atteste, dans sa réplique, que ces dépenses sont admises dans la comptabilité; que tous les agens qu'il a envoyés en mission, à diverses époques, ont perçu ces frais de voyage; que la règle était constante; qu'il y avait un tarif; qu'on l'avait suivi pour tous ces agens; qu'on avait dû le suivre pour le gouverneur (1).

Quant à l'*envoi fait à la Martinique*, le comte de Bouvet consent qu'il soit mis à sa charge.

Quant à la dernière partie du décompte, le comte de Bouvet prétend que ce ne sont point des dépenses personnelles, qu'elles ont eu un but d'utilité publique, qu'elles ont été commandées par l'intérêt du service.

Le Ministre réplique, à son tour, que lors de sa destination pour Bourbon le comte de Bouvet a reçu une indem-

---

(1) En France, les frais de tournées des préfets sont à la charge de leurs traitemens.

nité de 12,000 fr. pour frais de déplacement et de premier établissement dans la colonie; que cette allocation excluait toute indemnité de frais de route, autres que les frais de son passage, dont la dépense est restée à la charge du Trésor royal.

Telle est la discussion qui donne lieu à la décision suivante :

LOUIS, etc.

Sur le rapport du comité du contentieux de notre Conseil d'Etat,

Vu la requête à nous présentée au nom du sieur comte de Bouvet, maréchal de nos camps et armées, ancien commandant de l'Ile-Bourbon, enregistrée au secrétariat-général de notre Conseil d'État, le 17 octobre 1819; ladite requête tendant à ce qu'il nous plaise ordonner que, dans le plus court délai, notre Ministre de la marine sera tenu de fournir le décompte par le moyen duquel il prétend l'établir reliquataire de notre trésor royal; et, dans le cas où notre dit Ministre ne ferait point cette production, déclarer que son refus sera considéré comme un aveu de l'impossibilité où il se trouve de justifier les allégations contenues dans sa décision du 26 août 1818, et décider que l'exposant sera payé, conformément aux lois et ordonnances, des quinze mois de traitement qui lui sont dus;

Vu la lettre de notre Garde-des-sceaux, Ministre de la justice à notre Ministre de la marine et des colonies, sous la date du 5 janvier 1820, par laquelle il lui donne communication de la requête du comte de Bouvet;

Vu la lettre de notre Ministre de la marine et des colonies à notre Garde-des-sceaux, du 15 février suivant, transmettant :

1.° Un rapport, sous la date du 10 du même mois, portant sa décision sur ladite réclamation;

2.° Le décompte par lui approuvé ledit jour 10 février, dont la balance établit le comte de Bouvet, débiteur, envers notre trésor royal, de la somme *de quatre mille neuf cent quatre-vingt-un francs trente-un centimes ;*

3.° Les divers relevés du trésorier des colonies à l'appui dudit décompte ;

Vu le mémoire en réplique dudit sieur comte de Bouvet, enregistré audit secrétariat-général, le 16 mars 1820, concluant à ce qu'il nous plaise ordonner que le paiement intégral lui soit fait des sommes portées à son actif, et montant ensemble à *douze mille deux cent soixante francs trente-cinq centimes ;*

Vu un second mémoire du sieur de Bouvet, en date du 19 avril 1820 ;

Vu la lettre de notre sous-secrétaire d'Etat au département de la justice, du 19 mai suivant, par laquelle il donne communication desdits mémoires à notre Ministre secrétaire d'Etat de la marine ;

Vu la lettre adressée à notre Garde-des-sceaux par notre dit Ministre, le 7 juin 1820, en réponse à ladite communication ;

Vu un troisième mémoire du sieur de Bouvet, sous la date du 29 juillet 1820, intitulé : *Dernières observations*, par lequel il persiste dans ses précédentes conclusions ;

Vu un quatrième mémoire du sieur de Bouvet, du 19 octobre 1820, auquel sont jointes les lettres des sieurs comte Ferrand et vicomte Dubouchage, anciens Ministres de la marine ;

Vu la lettre de notre Garde-des-sceaux, du 26 du même mois, par laquelle il donne communication desdites pièces à notre Ministre de la marine ;

Vu la lettre en réponse de notre dit Ministre, du 4 novembre suivant ;

Vu le brevet de nomination du sieur de Bouvet de Lozier, à la date du 26 septembre 1814, portant :

« Veut Sa Majesté que ledit sieur Bouvet de Lozier soit » chacun un an, à compter du jour de son arrivée dans » l'Ile-Bourbon, payé des appointemens qui lui ont été » réglés, lesquels appointemens seront, pour tous frais et » émolumens quelconques de ladite charge, sans pouvoir » exiger ni prétendre à aucun autre bénéfice, tant pour lui » que pour les personnes qui sont sous ses ordres. »

Vu une lettre de notre Ministre de la marine, du 26 novembre 1816, qui alloue au commandant de Bourbon un supplément de traitement de *douze mille francs*, et lui interdit d'exiger aucune fourniture des magasins, ni aucun paiement des caisses publiques pour frais de tournée, fêtes, cérémonies, frais de représentation, etc.;

Vu l'arrêté du 23 frimaire an 12, relatif au traitement des officiers en activité ou réformés, appelés à des fonctions civiles;

Vu les articles 2 et 3 du décret du 25 mars 1811, concernant la dotation de l'hôtel des militaires Invalides;

Vu toutes les pièces produites et réunies au dossier de cette affaire;

Considérant, en ce qui touche le traitement d'inactivité de maréchal-de-camp :

Que l'arrêté du gouvernement, du 23 frimaire an 12, qui autorise les militaires appelés à des fonctions civiles à cumuler avec le traitement de ces fonctions leur solde de non-activité, ne renferme aucune disposition qui le rende applicable aux colonies, qui sont réglées par des lois et réglemens particuliers;

Que si ce traitement a été, en faveur de quelques fonctionnaires, ajouté au traitement de leur emploi dans les colonies, ce sont des concessions particulières qui ne peuvent faire loi;

Considérant, en ce qui concerne les retenues faites au profit des Invalides de la guerre sur les sommes non-allouées au sieur de Bouvet :

Que, d'après les réglemens, ces retenues ne sont dues, par les fonctionnaires, que sur les sommes qu'ils ont réellement touchées sans répétition, et qu'ainsi le sieur de Bouvet ne peut être tenu de rendre lesdites retenues pour les sommes qui ne lui sont point allouées ;

Considérant, en ce qui touche

1.° Les frais de voyage vacations et tournées, s'élevant à la somme *de trois mille huit cent trente-cinq francs quarante deux centimes*,

2°. Les objets envoyés au gouvernement de la Martinique; montant à *mille cinq cents francs*,

3.° La somme de *mille quatre-vingt-six francs, quatre-vingt-dix centimes*, pour diverses dépenses faites au Cap de Bonne-Espérance, à l'île de France, et dans les premiers jours de débarquement à Bourbon :

Que le comte de Bouvet n'oppose, à la décision de notre Ministre de la marine qui lui refuse ces allocations, aucunes dispositions de loi ou de réglement qui les lui accordent, ni aucun acte d'où il résulte pour lui un droit positif ;

Notre Conseil d'État entendu,

Nous avons ordonné et ordonnons ce qui suit :

ART. 1.er Le décompte établi par notre Ministre de la marine est réformé en ce qu'il ne déduit pas des répétitions faites au sieur de Bouvet les retenues faites au profit de la caisse des invalides sur les sommes qu'il a touchées et qui ne lui sont point allouées.

Le surplus des conclusions du réclamant est rejeté (1).

---

(1) Par une ordonnance royale du 23 mai 1821, rendue sur le rapport de M.r le Garde-des-sceaux, « compensation a été établie entre les deman- » des respectives de la Marine et du comte de Bouvet, de manière à ce qu'au-

Art. 2. Notre Garde-des-sceaux et notre Ministre de la marine et des colonies sont chargés de l'exécution, etc.

M.r Brière, maît. d. req. *rapporteur.* — M.e Rochelle, *avocat.*

COMMUNES. — Dettes. — Déchéance.

Les communes sont-elles encore tenues des dettes par elles contractées avant la loi du 24 août 1793? Rés. nég. (1).

(3607. février 1821. — Commune de Vif c. David et Bellety.)

En 1784, des travaux avaient été faits sur le territoire de la commune de Vif, pour la défendre des dévastations d'un torrent appelé *La Gresse.*

La moitié des dépenses avait été mise à la charge de la commune, envers les sieurs Bellety et David, entrepreneurs.

En 1791, ceux-ci demandent au directoire du district que l'ordre soit donné à la commune de leur en payer le montant.

En 1807, après dix-sept années de silence, ils renouvellent leur demande devant le préfet de l'Isère.

Le 5 mars 1807, le préfet ordonne au Conseil municipal de Vif de délibérer sur la pétition, et de proposer les moyens et les termes des paiemens.

Le 6 mai, le Conseil municipal reconnaît la dette, l'évalue, en capital et intérêts, à 15,000 francs; et estime qu'elle doit être payée dans quatre ans et en quatre termes égaux,

---

» cune répétition de deniers pour fait de service du comte de Bouvet, com-
» me gouverneur de l'île de Bourbon, ne puisse être exercée contre lui par
» le département de la Marine, soit en vertu de l'ordonnance du 10 janvier
» 1821, soit à tout autre titre. »

(1) Voir ci-dessus, pag. 4, l'affaire *Vinot.*

au moyen d'une imposition additionnelle aux contributions directes.

Le Conseil de préfecture refuse d'homologuer cette délibération, comme contraire aux dispositions de la loi du 24 août 1793.

En 1816, les entrepreneurs renouvellent, pour la seconde fois, leur demande qui, le 30 septembre 1816, est rejetée par le Conseil municipal, comme ne concernant que l'État.

Les entrepreneurs se représentent alors devant le Conseil de préfecture, qui, par un arrêté du 14 juillet 1817, condamne la commune de Vif au paiement de la somme en litige.

Le 18 février 1818, la commune de Vif a formé son recours au Conseil d'Etat contre cet arrêté, et elle en a demandé l'annulation, comme violant directement la loi du 24 août 1793.

Les sieurs David et Bellety, appelés à défendre cet arrêté, ont commencé par opposer une fin de non-recevoir résultant de ce que, selon eux, le maire de la commune de Vif n'avait obtenu, pour se pourvoir, ni l'autorisation du préfet, ni celle du Conseil municipal. Abordant ensuite la discussion du fond, ils ont soutenu que la dette dont il s'agissait n'avait jamais cessé d'être à la charge de la commune, puisque l'article 84 de lad. loi l'excluait, sous tous les rapports, du rang des dettes nationales; que cet article comprenait, dans son exception, toutes les dépenses qui tendaient à grever le Trésor national; que les dépenses en question étaient de cette nature; qu'au surplus une partie en avait déjà été acquittée au moyen d'une imposition répartie sur la commune, et que le reste devait être acquitté de la même manière. Ils ont en outre avancé que la commune n'avait pas compris cette dette dans l'état de son passif, remis par elle à l'Etat, le 10 pluviose an 3; qu'ainsi elle avait voulu rester leur débitrice; qu'en tous cas, le gouvernement n'avait pu être chargé de son passif que jusqu'à due concurrence de son actif, et que la commune n'ayant mis à la disposition du gouvernement qu'une rente de 72 livres, celui-ci eût repoussé les réclamans s'ils lui eussent demandé leur paiement; que la loi du 2 prairial an 5 avait fait cesser l'effet de celle du 24 août 1793, dans ses dispositions relatives aux biens et dettes des communes, et que celles-ci, recouvrant leur actif non aliéné, avaient dû nécessairement reprendre toutes les dettes qui avaient été autrefois à leur charge et qui n'étaient pas acquittées. Enfin, ont dit les défendeurs, la commune a suffisamment reconnu la dette de 1807; alors elle a déclaré qu'elle était à sa charge; elle a même proposé les termes et moyens de paiement; elle ne peut plus s'en décharger aujourd'hui.

Dans sa réplique, le maire de Vif a d'abord repoussé la fin de non-recevoir, en invoquant une lettre du préfet, et deux délibérations du Conseil municipal. — Au fond, il a dit que la dette n'avait pas été contractée envers le trésor royal, mais bien envers des particuliers, et qu'il fallait donc écarter l'art. 84 de la loi du 24 août 1793; que vainement aussi l'on voulait tirer argument de l'art. 91, relatif à la remise de l'actif et du passif des communes, puisque l'état avait été chargé de *toutes* les dettes des communes; que, quant à la loi du 2 prairial an 5, cette loi s'était bornée à prononcer la cessation de la vente des biens des communes, mais qu'elle n'avait point rapporté la disposition de la loi du 24 août qui déclarait dettes nationales *toutes* les dettes des communes; qu'elle n'avait point non plus ordonné la restitution de l'actif que l'art. 91 de la loi du 24 août avait attribué à l'état dès *le jour même*; que, relativement à la délibération de 1807, elle était sans force, puisqu'elle n'avait pas été homologuée. Enfin, la commune de *Vif* s'est appuyée sur l'autorité des instructions administratives et de l'opinion de M.r Merlin, dans ses Questions de droit et son Répertoire de Jurisprudence, pour soutenir que la dette était devenue nationale, et que les défendeurs auraient dû se pourvoir devant le Conseil général de liquidation de la dette publique.

Telle est la discussion qui a donné lieu à la décision suivante :

LOUIS, etc.

Sur le rapport du comité du contentieux de notre Conseil d'État ;

Vu les requêtes à nous présentées au nom de la *commune de Vif*, enregistrées au secrétariat-général de notre Conseil d'État, les 18 février et 24 novembre 1818, tendant à l'annulation d'un arrêté du Conseil de préfecture du département de l'Isère, du 14 juillet 1817, qui met à sa charge une dette de quinze mille francs, réclamée par les sieurs *David* et *Bellety*, pour des travaux exécutés en 1784 dont le but était de garantir le territoire de *Vif* des ravages d'un torrent ;

Vu l'arrêté attaqué ;

Vu les requêtes en défense pour les sieurs *David* et *héritiers Bellety*, enregistrées audit secrétariat-général, les 22 juin et 19 octobre 1818 ;

Vu les observations fournies par notre Ministre de l'intérieur, le 21 avril 1820 ;

Vu la loi du 24 août 1793 ;

Ensemble toutes les pièces respectivement produites et jointes au dossier :

Considérant qu'aux termes de l'article 82 de ladite loi du 24 août 1793, la dette dont il s'agit était devenue dette nationale, et que les sieurs *David* et *Bellety* ont dû en conséquence se pourvoir devant la liquidation de la dette publique ;

Notre Conseil d'État entendu,

Nous avons ordonné et ordonnons ce qui suit :

Art. 1.er L'arrêté du Conseil de préfecture du département de l'Isère, du 14 juillet 1817 est annulé.

Art. 2. Les sieurs *David* et *Bellety* sont condamnés aux dépens.

Art. 3. Notre Garde-des-sceaux et notre Ministre de l'intérieur sont chargés de l'exécution, etc.

M. de Cormenin, maître des requêtes, *rapporteur.* — M.es Teysseyre, et Huart Duparc, *avocats.*

DOMAINE DE L'ETAT. — Bois. — Action de l'Etat — Question de propriété. — Avis des Conseils de préfecture. — Force de ces avis.

La délibération prise par un Conseil de préfecture sur la question de savoir s'il est ou non de l'intérêt de l'état d'engager une action judiciaire relative à un droit de propriété ou d'usage, fait-elle obstacle à ce que cette action soit portée devant les tribunaux, si cette délibération ne juge pas le fond du droit? Rés. nég. (1).

(4900. — 2 février 1821. — Le Ministre des finances c. La commune de Frohmühl.)

La loi du 28 ventose an 11 avait ordonné que « les communes et particuliers qui se prétendraient fondés par titres

---

(1) Voy. *Elém. de jur. adm.*, tom. 1.er, pag. 17, n.o 25, et pag. 30, n.o 65. — Décrets des 22 mars 1813 (1316), — 13 juillet 1813. Commune de Vingran c. le Domaine. *Jur. du C. d'Et.*, tom. 3, pag. 386. — Ordonnances des 3 juillet 1816. Ruyant de Cambronne et consorts. *ibid.*, tom. 3, pag. 329. — 11 décembre 1816. Roullet et consorts contre Dalоucy et consorts, *ibid.*, tom. 3, pag. 448. — 23 février 1820. Le Domaine c. Turnier et consorts, Recueil complet des lois et ordonnances du royaume, par M. Isambert (1820), 2.e partie, pag. 89.

ou possession en droits de pâturage, pacage, chauffage, et autres usages de bois, tant pour bâtiment que pour réparations; dans les forêts nationales, seraient tenus, dans les 6 mois qui suivraient la publication de ladite loi de produire, sous récépissé, aux secrétariats des préfectures, et sous-préfectures dans l'arrondissement desquelles les forêts prétendues grévées desdits droits se trouvent situées, les titres ou actes possessoires dont ils infèrent l'existence » et que « sinon, et ce délai passé, défenses leur étaient faites d'en continuer l'exercice, à peine d'être poursuivis et punis comme délinquans. »

Plusieurs communes de l'ancien comté de la *Petite Pierre*, département du Bas-Rhin, ayant obéi à cette loi, un arrêté rendu, le 22 prairial an 13, par le Conseil de préfecture, avait déclaré qu'il paraissait que ces communes devaient être maintenues dans leurs droits d'usage.

La commune de Frohmühl, faisant partie du même comté, n'avait pas été comprise dans les dispositions de cet arrêté; mais une nouvelle délibération du 3 janvier 1820, les lui avait déclarées communes, sauf l'approbation du Ministre des finances.

D'après le vœu de l'administration générale des forêts, le Ministre a déféré cet arrêté au Conseil d'État.

Il en a demandé l'annulation, et s'est fondé sur l'existence d'un arrêté du 22 prairial an 13, qui était particulier à la commune de Frohmühl, et qui, bien loin de l'assimiler aux autres communes qui avaient produit leurs titres en temps utile, déclarait au contraire que, faute par la commune de Frohmühl, de produire les siens dans le délai de 15 jours, tout exercice de ses droits lui était interdit.

Le Ministre a ajouté qu'il résultait de cet arrêté que la commune n'avait pas satisfait à la loi du 28 ventose an 11, comme les autres communes du comté de la *Petite Pierre*, et que conséquemment elle était frappée de la déchéance prononcée par cette loi contre les rétardataires ; qu'enfin le Conseil de préfecture, en la maintenant, par l'arrêté du 3 janvier, dans ses droits d'usage, l'avait relevée implicitement de la déchéance, et que, sous ce rapport, cet arrêté avait été incompétemment rendu.

Ce moyen n'a pas été accueilli, et l'ordonnance suivante a été rendue, sans que le Conseil ait jugé à propos d'appeler devant lui la Commune.

LOUIS, etc.

Sur le rapport du comité du contentieux de notre Conseil d'Etat,

Vu la demande de notre *Ministre secrétaire d'Etat au département des finances*, enregistrée au secrétariat-général de notre Conseil d'État, le 2 janvier 1821, tendant à ce qu'il nous plaise annuler un arrêté du Conseil de préfecture du département du Bas-Rhin du 3 janvier 1820, qui a déclaré commun à la *commune de Frohmühl*, un arrêté du même Conseil, du 22 prairial an 13, lequel avait maintenu les communes de Tieffenbach, Schoenbourg, Guisbourg et Krauffthal, dans le droit de faire paître leurs bestiaux dans les forêts de la Petite Pierre ;

Vu ledit arrêté ;

Vu le rapport de la direction générale de l'administration de l'enregistrement et des Domaines et forêts ;

Vu notre ordonnance du 23 février 1820, insérée au bulletin des lois.

Considérant qu'il s'agit d'un droit d'usage contesté entre l'administration des forêts et la commune de *Frohmühl* ; qu'aux termes de l'ordonnance surmentionnée, l'arrêté du Conseil de préfecture du département du Bas-Rhin ne doit être regardé que comme un simple avis sur la question de savoir s'il est ou non dans l'intérêt de l'État d'engager et de soutenir une action judiciaire sur ladite question ;

Que ledit arrêté du Conseil de préfecture qui a été rendu, sauf l'approbation de notre Ministre des finances, ne fait pas obstacle à ce que notre dit Ministre porte cette question devant les tribunaux, s'il le juge convenable ;

Notre Conseil d'État entendu,

Nous avons ordonné et ordonnons ce qui suit :

ART. 1.er Il n'y a lieu de statuer sur la demande de notre Ministre des finances.

ART. 2. Notre Garde-des-sceaux et notre Ministre des finances sont, chacun en ce qui le concerne, chargés de l'exécution de la présente ordonnance.

M. de Cormenin, maître des requêtes, *rapporteur*.

DOMAINES NATIONAUX. — DEUX VENTES DU MÊME OBJET. — DÉCISION DÉFINITIVE DU MINISTRE DES FINANCES. — CRÉANCE. — DÉCHÉANCE.

Lorsque, de deux ventes faites du même objet, le Ministre des finances a confirmé l'une (1) *avant la mise en vigueur de la constitution de l'an* 8 ; *l'acquéreur évincé est-il recevable à demander l'exécution de son contrat, bien qu'il affirme que la décision ministérielle ne lui a point été notifiée ?* Rés. nég. (2).

---

(1) Voy. *Elém. de jur. adm.*, tom. 1.er, pag. 326, n.° 35, et décrets des 7 avril 1813. Defay, *Jur. du C. d'Et.*, tom. 2, pag. 306. — 23 novembre 1813. Le Min. des fin. c. Didier. *ibid.*, tom. 2, pag. 457. — 12 mars 1814. Vangulpen c. Vanderhouven. *ibid.*, tom. 2, pag. 528.

(2) Voy. *Elém. de jur. adm.*, tom. 1.er, pag. 72, n.° 69. Décret du 17 avril 1812. Com. de Caudeval c. Rouvairolis. *Jur. du C. d'Et.*, tom. 2, pag. 58, et au Bulletin des lois.

Si cet acquéreur a versé, dans les caisses de l'État, le prix de son acquisition annulée, est-il aujourd'hui recevable à en poursuivre le recouvrement? Rés. nég. (1).

(3899. — 2 février 1821. — Boucher c. Grand-Barbe, Thiébaut et autres.)

Deux mêmes pièces de terre avaient été mises aux enchères par le district de Pont-à-Mousson (Meurthe) et par le district de Metz (Moselle).

D'un côté, les sieurs Grand-Barbe et autres s'en étaient rendus adjudicataires, les 18 juin et 19 octobre 1791, au district de Pont-à-Mousson;

D'un autre côté, le sieur Neuveux les avait acquises, le 21 novembre 1793, au district de Metz, en devenant adjudicataire de tout le domaine dont elles faisaient partie. Elles avaient passé, depuis, entre les mains du sieur Boucher, ancien fermier de tout le domaine.

Dans l'intervalle de temps qui s'est écoulé entre l'une et l'autre vente, ledit sieur Boucher avait été poursuivi à la fois, de deux manières différentes, pour payer le fermage des deux pièces de pré, c'est-à-dire au nom du receveur du district de Metz, par voie de contrainte; et par les sieurs Grand-Barbe et autres, devant les tribunaux de l'arrondissement de Pont-à-Mousson.

Depuis son acquisition, le sieur Boucher avait porté lui-même, devant le tribunal de Nancy, une action tendant à faire délaisser les deux pièces de pré par les sieurs Grand-Barbe et autres; et, par jugement du 24 germinal an 4, ce tribunal s'était déclaré incompétent.

---

(1) Voy. *Elém. de jur. adm.*, tom. 1.er, pag. 326, n.° 35, et tom. 2, pag. 137, et une foule de décisions qui établissent la plus constante jurisprudence.

Depuis, et le 23 frimaire an 7, le Ministre des finances avait décidé que la premiere vente seule devait être maintenue.

Le sieur Boucher ayant renouvelé sa réclamation devant le Conseil de préfecture de la Moselle, celui-ci, par un arrêté du 11 novembre 1816, avait déclaré que l'on ne pouvait, en ce moment, statuer sur la demande du sieur Boucher, sauf à lui à se pourvoir au Conseil d'État, pour faire prononcer sur les actes d'adjudication des 18 et 19 octobre 1791, et que la question relative au remboursement des fermages, pendant la durée de la non-jouissance de ces deux pièces de terre, pourrait être ultérieurement traitée par le Conseil de préfecture, lorsque la question principale aurait été jugée.

Le sieur Boucher avait également porté sa réclamation devant le Conseil de préfecture de la Moselle qui, le 8 avril 1818, avait déclaré, de son côté, qu'attendu l'existence de la décision ministérielle du 23 frimaire an 7, il n'y avait lieu à prononcer.

Le 10 septembre 1818, le sieur Boucher a formé recours au Conseil d'État, et il a conclu à ce que 1.° la première vente fût annulée; 2.° à ce que la seconde reçût son exécution; 3.° à ce que la restitution des fermages fût ordonnée en sa faveur.

Dans le développement de ses moyens, il a posé ces deux questions: la vente des deux pièces de terre réclamées, faite au sieur Neuveux, le 1.er frimaire an 2, par le district de Metz, doit-elle être maintenue?

Les détenteurs de ces deux pièces de terre sont-ils tenus d'en payer les fermages au véritable propriétaire, depuis leur entrée en jouissance, déterminée par l'adjudication au district de Pont-à-Mousson, sauf recours contre l'administration venderesse qui a reçu deux prix?

Le sieur Boucher a présenté une solution affirmative de la première question, en se fondant sur ce que le chef-lieu d'exploitation des domaines étant situé sur le territoire du district de Metz, c'était à l'administration de ce district seule que, d'après les lois des 22 avril 1790 (art. 1.er, et 9) et 14 mai 1790 (art. 2 du titre 2), il appartenait de vendre les deux pièces de pré situées dans le district de Pont-à-mousson.

Une solution aussi favorable a été donnée, par le sieur Boucher, sur la deuxième question qu'il a dit être inséparable de l'annulation de la vente faite à Pont-à-Mousson.

Une ordonnance de Mgr. le Garde-des-sceaux, du 14 octobre 1818, ayant prescrit la communication de cette requête au Domaine, en la personne de l'avocat aux Conseils occupant pour cette administration, le Ministre des finances a jugé à propos de répondre à Mgr. le Garde-des-sceaux, par une lettre du 29 décembre 1819, qu'il ne pensait pas que le Domaine pût, sans s'exposer à supporter les frais qu'il aurait avancés, produire un mémoire en forme, lorsqu'il n'était point attaqué, et intervenir en cause par le ministère d'un avocat.

Appelés par la même ordonnance *de soit communiqué*, les sieurs Grand-Barbe et autres ont commencé par opposer deux exceptions au sieur Boucher.

1.° Vous êtes *sans qualité*, lui ont-ils dit, parce que vous ne justifiez pas suffisamment que vous êtes propriétaire des deux pièces de pré que vous réclamez depuis l'an 3.

2.° Vous êtes *non-recevable* dans votre demande, parce qu'il y a contre elle *chose irréfragablement jugée*. En effet, il existe, dans la cause, une décision du Ministre des finances, en date du 23 frimaire an 7, qui a maintenu la première vente; or, depuis la suppression du Conseil d'Etat, prononcée par la loi du 27 avril 1791, jusqu'à la constitution de l'an 8, qui l'a rétabli, les Ministres, dans leurs départemens respectifs, ont été les derniers échelons de l'autorité administrative; à eux seuls a appartenu le droit de statuer, en dernier ressort, sur le mérite des actes de l'administration départementale. Donc, la décision du 23 frimaire est souveraine, définitive, irréfragable; elle élève contre vous une barrière insurmontable.

Les sieurs Grand-Barbe et consorts, s'emparant ensuite d'une objection présentée par l'administration des Domaines qui, dans un rapport joint à la lettre du Ministre des finances, avait énoncé cette opinion : *que le Conseil d'Etat était incompétent pour connaître de l'affaire, en l'état*, ont au contraire soutenu que le Conseil d'État seul pouvait la juger : d'abord, parce que les deux parties avaient reconnu sa compétence; et ensuite, parce que les deux Conseils de préfecture de la Meurthe et de la Moselle avaient déjà prononcé.

Abordant enfin la question du fond, les défendeurs ont exposé que, d'après la jurisprudence constante du Conseil d'Etat, dans le concours de deux ventes, celle qui a le double avantage d'une date antérieure et d'une exécution consommée était toujours maintenue; ils ont ajouté que cette jurisprudence est fondée sur ce que l'article 1599 du Code civil déclare nulle la vente de la chose d'autrui, et que c'est vendre la chose d'autrui que vendre ce que l'on a déjà vendu et livré.

Du reste, ils ont nié, en s'appuyant de certificats authentiques, qu'il existât, soit dans l'un, soit dans l'autre district, *un corps de ferme, un bâtiment d'exploitation*.

Dans sa réplique, le sieur Boucher, après avoir repoussé la première exception qui lui était opposée, s'est attaché surtout à démontrer que la décision ministérielle du 23 frimaire an 7 avait été rendue par défaut contre lui, et qu'elle ne lui avait jamais été notifiée; qu'au surplus, c'était à tort qu'on la qualifiait du titre de *décision*; que ce n'était qu'un simple *avis* donné par le Ministre des finances aux administrations des départemens de la Moselle et de la Meurthe, qui lui avaient référé de l'affaire, et qu'il n'y avait jamais de *décisions* que celles qui statuaient à la requête et sur la sollicitation des parties.

L'exception n'en a pas moins été accueillie par l'ordonnance royale dont la teneur suit :

LOUIS, etc.

Sur le rapport du comité du contentieux de notre Conseil d'Etat,

Vu les requêtes à nous présentées au nom du sieur *Boucher*, enregistrées au secrétariat-général de notre Conseil d'Etat, les 10 septembre 1818 et 5 décembre 1820, et tendant à l'annulation des adjudications consenties les 18 juin et 19 octobre 1791, par le district de Pont-à-Mousson, département de la Meurthe, au profit des sieurs *Grand-Barbe*, *Thiébaut*, *Veudière* et *Rollin*, de deux pièces de pré qui faisaient partie d'une métairie, vendue en totalité, le 1.er frimaire an 2, par le district de Metz, département de la Moselle, au sieur *Neuveux*, dont est cessionnaire le réclamant, ancien fermier des biens en litige, et subsidiairement, dans le cas où il nous plairait maintenir les actes des 18 juin et 19 octobre 1791, ordonner la restitution du prix des deux pièces de terre vendues au requérant, par l'acte d'adjudication du 1.er frimaire an 2, ainsi que de la valeur du fermage desdites pièces, induement payée au Domaine par le requérant le 9 germinal an 4 ;

Vu les actes d'adjudication des 18 juin et 19 octobre 1791, et 1.er frimaire an 2 ;

Vu les arrêtés des Conseils de préfecture des départemens de la Meurthe et de la Moselle, des 11 septembre 1816 et 8 avril 1818 ;

Vu la décision du Ministre des finances, du 23 frimaire an 7, portant confirmation de la vente faite par le district de Pont-à-Mousson, sauf au sieur *Boucher* à se pourvoir en restitution de ce qu'il se trouvera avoir payé de trop sur le prix de la vente du 1.er frimaire an 2;

Vu la requête en réponse des sieurs *Grand-Barbe*, *Rollin* et consorts, enregistrée audit secrétariat-général, le 26 juin 1820;

Vu les observations fournies par l'administration des Domaines;

Ensemble toutes les pièces respectivement produites et jointes au dossier;

Considérant que la vente des objets en litige, faite par le district de Pont-à-Mousson, département de la Meurthe, les 18 juin et 19 octobre 1791, a été maintenue par la décision du Ministre des finances du 25 frimaire an 7, à l'exclusion de la vente des mêmes objets, faite postérieurement, le 1.er frimaire an 2, par le district de Metz, département de la Moselle; que cette décision était définitive et a reçu son exécution;

Considérant que la créance du sieur *Boucher*, résultant du prix des fermages versé par lui dans la caisse du Domaine, le 9 germinal an 4, ainsi que du prix acquitté par lui ou ses auteurs sur la vente du 1.er frimaire an 2, sont au nombre des créances sur l'État, antérieures au 1.er vendémiaire an 9, et se trouvent par conséquent frappées de déchéance, aux termes de la loi de finances du 25 mars 1817.

Notre Conseil d'État entendu,

Nous avons ordonné et ordonnons ce qui suit:

Art. 1.er La requête du sieur *Boucher* est rejetée.

Art. 2. Le sieur *Boucher* est condamné aux dépens.

Art. 3. Notre Garde-des-sceaux et notre Ministre des finances sont, chacun en ce qui le concerne, chargés de l'exécution de la présente ordonnance.

M. de Cormenin, maître des req., *rapport.* — M.es Jarre et Delagrange, *avocats.*

ACTE DE VENTE. — INTERPRÉTATION. — EXPERTISE. — COMPÉTENCE. — BORNAGE. — RENVOI DEVANT LES TRIBUNAUX.

Les Conseils de préfecture peuvent-ils statuer sur les demandes en bornage formées contre des acquéreurs de biens nationaux? Rés. nég. (1).

Peuvent-ils, pour l'interprétation des ventes, recourir à des expertises, à des applications de plans et autres actes de la juridiction civile ordinaire? Rés. aff. (2).

(4371. — 2 février 1821. — Géru, V.e Joly, c. la duchesse de Doudeauville.)

M.me la duchesse de Doudeauville possédait, avant la révolution, dans le département du Cher, plusieurs domaines contigus entre lesquels régnait l'étang de *Pouligny*.

Inscrite sur la liste des émigrés, ses biens avaient été mis en vente.

L'un d'eux, appelé *Domaine de la Garenne*, baigné par les eaux du lac de Pouligny, au nord, au couchant et au midi, et formant ainsi une presqu'île, avait été estimé par procès-verbal du 25 pluviôse an 2; cet acte en avait déterminé la contenance, la situation et la valeur.

La loi du 14 frimaire an 2, ayant ordonné le desséchement des étangs, l'administration avait eu le projet de joindre, à chacun des domaines contigus, une portion de l'étang de

(1) Voy. *Elém. de jur. adm.*, tom. 1.er, pag. 341, n.° 77. — Décret du 1.er février 1813, Taillard c. Nasl-Desarneaud. *Jur. du C. d'Et.*, tom. 2, pag. 262. — Ordonnance du 1.er septembre 1819, com. de Choisey c. Pruneaux.

(2) Voy. *Elém. de jur. adm.*, tom. 1.er, pag. 332, n.° 49. — Décret du 12 mars 1814, Rocault c. Gassey. *Jur. du C. d'Et.*, tom. 2, pag. 547.

Pouligny ; 67 arpens du sol de cet étang avaient donc été mentionnés au procès-verbal du 23 pluviose an 2.

Un autre procès-verbal du 17 floréal an 2 avait constaté l'étendue et la division en six lots dudit étang, et assigné des confronts à chacun.

Cependant, la loi du 14 frimaire ayant été suspendue par celle du 9 germinal an 3, et ensuite rapportée le 13 messidor suivant, les 67 arpens de pacage, provenant de l'étang de Pouligny, avaient été positivement distraits du domaine *de la Garenne*, dont l'estimation avait été, pour cette raison, réduite.

C'est en cet état que le domaine avait été vendu, le 13 fructidor an 2. L'acte d'adjudication n'indiquait point les confronts des objets vendus ; il se bornait à spécifier leur contenance et leur nature.

Rayée de la liste des émigrés, la duchesse de Doudeauville était rentrée en possession de l'étang de Pouligny, non aliéné.

En 1809, le sieur Joly, sous-acquéreur du domaine de la Garenne, chercha à envahir, sur l'étang, une partie des queues qui l'en séparent au nord et au midi.

La duchesse de Doudeauville recourut devant l'administration pour lui demander l'interprétation de l'acte de vente du 13 fructidor an 2, de fixer l'étendue et de déterminer les limites du domaine de *la Garenne*.

Le 12 août 1818, seulement, le Conseil de préfecture du département du Cher nomma un expert auquel il donna mission de visiter les lieux, d'y faire l'application des titres administratifs, d'en lever le plan, s'il en était requis, d'entendre les parties dans leurs moyens, et les témoins qu'elles produiraient ; d'indiquer le niveau que pourraient atteindre les eaux de l'étang, et de déterminer par-là soit les limites de cet étang, soit celles du domaine de *la Garenne*.

Cette mission fut remplie le 11 janvier 1819.

Le 16 juin suivant, le Conseil de préfecture, par l'application des procès-verbaux des 23 pluviose et 17 floréal an 2, décida la question en faveur de M.me de Doudeauville, et ordonna que *des bornes seraient plantées* pour marquer les limites exactes des deux propriétés.

Le 23 octobre 1819, les héritiers du sieur Joly se sont pourvus devant le Conseil d'Etat pour demander l'annulation de cet arrêté; ils ont proposé deux moyens : incompétence et mal jugé.

D'abord, ont-ils dit, il est constant, d'après nos principes et la jurisprudence du Conseil d'Etat, que les Conseils de préfecture ne sont compétens que pour les matières administratives, et lorsqu'il s'agit d'interpréter les actes de vente qui sont du fait de l'administration; mais dès que cette interprétation est donnée, il ne leur appartient plus de régler les contestations qui divisent les parties, quand il faut surtout, pour reconnaître leurs droits, recourir à des procès-verbaux, à des expertises, à des visites de lieux, à des auditions de témoins. Or, dans l'espèce, il s'agissait de régler les limites et de faire le bornage de deux propriétés privées, et pour cela, nul acte administratif n'était à interpréter : le Conseil de préfecture a donc fait ce que les tribunaux seuls avaient le droit de faire.

C'est ainsi que les héritiers Joly ont établi l'incompétence du Conseil de préfecture; ensuite ils ont développé leur grief au fond.

Le domaine de *la Garenne* était désigné comme étant aux trois quarts confiné par l'étang de Pouligny; tous les terrains compris dans la presqu'île, et renfermés dans les confins assignés par le procès-verbal du 23 pluviose an 2, sont dépendans du domaine, et devaient être déclarés en faire partie. Ce n'était que d'après ce procès-verbal et l'acte d'adjudication que le Conseil de préfecture, s'il eût été compétent, aurait dû régler les droits des parties, et non d'après le procès-verbal et le plan dressés par l'expert nommé. Pour connaître, d'une manière précise, l'étendue des deux propriétés, il s'agit de fixer l'étendue du bassin de l'étang; et cette opération ne peut être faite que par un nivellement, conforme à la loi du 6 octobre 1791, qui veut que le niveau des déversoirs ne soit élevé qu'à un pied au-dessus des rives les plus basses.

Mme de Doudeauville a combattu ainsi le moyen de compétence :

Le Conseil de préfecture s'est borné à l'interprétation des deux procès-verbaux des 23 pluviose et 17 floréal an 2, et de l'acte d'adjudication du 13 fructidor suivant. C'est uniquement d'après ces actes qu'il a fixé les limites ou l'étendue du domaine de *la Garenne*. Il n'a eu recours à aucun titre ancien, ou étranger à l'administration. Dès-lors, comment peut-on prétendre qu'il y a eu incompétence de sa part, et que les tribunaux seuls pouvaient connaître du litige?

Dirait-on aussi que l'administration n'avait pas qualité pour ordonner la visite des lieux par un expert? Mais la jurisprudence du Conseil d'Etat démontre que les Conseils de préfecture peuvent, afin de reconnaître l'identité de l'objet réclamé, recourir à des rapports d'experts, à des enquêtes et visites de lieux, pour, à l'aide de ces renseignemens, faire ensuite l'application des termes de l'acte de vente. C'est ce qu'à fait le Conseil de préfecture; et en déterminant ensuite de quelle manière doivent être entendus et exécutés soit les procès-verbaux de l'an 2, soit l'acte de vente, il n'est point sorti des limites de ses attributions.

A-t-il mal jugé au fond? Le procès-verbal du 23 pluviose an 2 ne pouvait être le seul acte qui servît à décider la question; car il contenait une erreur évidente sur la désignation de l'un des confronts. En outre, le domaine de *la Garenne* ayant été vendu avec confrontation, de trois côtés, à l'étang de Pouligny, ces limites étaient vagues; mais il était certain que l'Etat n'avait entendu vendre les domaines limitrophes de cet étang qu'avec les terrains qui les avaient toujours composés; qu'il n'avait entendu y joindre aucune des portions du terrain qui formait le bassin de l'étang à la hauteur des eaux déterminée par le déversoir et les *pales* qui existaient alors : cette intention résultait clairement du procès-verbal de division de l'étang, du 17 floréal an 2. Cet étang, dont la superficie, en eau ou en sol desséché, donnait alors 269 arpens, ne donne pas aujourd'hui davantage. Cette étendue doit se retrouver, puisqu'il est constant qu'elle n'a pas été vendue. S'il pouvait d'ailleurs y avoir lieu à la réduire, le domaine de *la Garenne* ne pourrait profiter du terrain délaissé par les eaux; ce bassin desséché appartiendrait à M.me de Doudeauville, aussi bien que s'il était couvert par les eaux; il ne pourrait être la propriété des héritiers Joly, puisqu'il ne leur a pas été vendu, qu'ils n'en ont pas payé le prix, et qu'il a, au contraire, été formellement distrait de la vente. C'est donc mal à-propos et sans but (a dit M.me de Doudeauville) qu'on ose invoquer l'abaissement des eaux de l'étang. La queue de l'étang litigieuse en fait nécessairement partie. . . . . . .

Les héritiers Joly ont, par une courte réplique, insisté sur *l'incompétence* du Conseil de préfecture, en cela qu'il avait ordonné et approuvé le bornage des deux propriétés, et ils ont cité, à cet égard, l'art. 646 du Code civil.

M.me de Doudeauville a répondu qu'elle ne contestait pas le principe; mais qu'elle faisait observer qu'il était absolument inapplicable à l'espèce; qu'en matière ordinaire, nul doute que le bornage ne fût de la compétence des tribunaux, lorsqu'il y a contestation sur le plus ou sur le moins d'étendue des propriétés contigues qui ne proviennent pas du Domaine public; mais qu'ici il ne s'agissait pas d'un simple bornage relatif à des propriétés privées, qu'il fallait savoir, d'un côté, quelle était la consistance du domaine vendu par l'Etat; et, d'un autre côté, quelle était la consistance d'un étang qui, après avoir appartenu temporairement à l'Etat, avait été rendu à l'ancien propriétaire; qu'au surplus l'administration n'avait pas ordonné les opérations de l'expert, dans la vue d'en faire un titre pour les parties, mais seulement, pour reconnaître l'Etat des choses, et avoir sous les yeux un plan figuratif des objets en litige; qu'enfin, dans ces sortes d'affaires, tout dépend des élémens sur lesquels repose la décision; que, s'il faut aller puiser des motifs dans les titres anciens ou dans les coutumes locales, les tribunaux sont exclusivement compétens; que si, au contraire, les élémens sont tous administratifs, si l'interprétation ne doit s'exercer que sur les actes faits par l'administration, cette interprétation n'appartient qu'à elle, et que tel est le principe qui a toujours dominé dans cette matière.

LOUIS, etc.

Sur le rapport du comité du contentieux de notre Conseil d'Etat,

Vu les requêtes à nous présentées, au nom de la dame *Jeanne-Juliette Géru*, veuve du sieur *Joly*, et pour le sieur *Joly*, son fils, propriétaire, demeurant à Bourges; lesdites requêtes enregistrées au secrétariat-général de notre Conseil d'Etat, les 23 octobre 1819 et 22 février 1820, et tendant à ce qu'il nous plaise annuler, tant pour cause d'incompétence que pour mal jugé au fond, un arrêté du 16 juin 1819, par lequel le Conseil de préfecture du département du Cher déclare qu'aucune portion de l'étang de Pouligny, appartenant à M.me *Letellier de la Rochefoucauld*, *duchesse de Doudeauville*, tel qu'il existait avant le dessèchement opéré en exécution de la loi du 14 frimaire an 2, et qu'il a été arpenté le 17 floréal de la même année, n'a fait partie de l'adjudication du domaine de la Garenne, en date du 15 fructidor suivant; ce faisant renvoyer les parties devant les tribunaux pour leur être fait droit;

Subsidiairement, et dans le cas où nous croirions devoir prononcer sur le fond de l'affaire, ordonner, avant faire droit, qu'il sera, par l'ingénieur en chef du département du Cher ou par tout autre qu'il nous plaira nommer, procédé, en conformité de la loi du 6 octobre 1791, et des arrêtés pris par le Conseil de préfecture du département, en date des 2 décembre 1791 et 28 septembre 1792, au nivellement de l'étang de Pouligny, pour indiquer les lieux où seront placés les bornes et poteaux séparatifs desdites propriétés, pour être ensuite statué ce qu'il appartiendra, et condamner la duchesse *de Doudeauville* aux dépens;

Vu le mémoire en défense pour la duchesse *de Doudeauville*, enregistré audit secrétariat-général le 1er août 1820, où l'on conclut à ce qu'il nous plaise rejeter les requêtes des adversaires et les condamner aux dépens;

Vu la réponse pour la dame veuve *Joly* et le sieur *Joly*, son fils, tendant à ce qu'il nous plaise leur adjuger les conclusions qu'ils ont prises dans leurs requêtes;

Vu la requête en réplique pour la duchesse de *Doudeauville* et le duc de *Doudeauville*, son mari, pour la validité de la procédure;

Vu l'arrêté attaqué;

Vu le procès-verbal d'estimation du domaine de la Garenne, en date du 25 pluviose an 2, duquel on a distrait deux portions de l'étang de Pouligny, contenant soixante-sept arpens, qu'on avait d'abord projeté de réunir audit domaine;

Vu le procès-verbal de division de l'étang, dressé le 17 floréal suivant, à l'effet d'en joindre une portion à chacun des domaines qui l'entouraient et qui étaient alors sous la main de la nation;

Vu l'acte d'adjudication du domaine de la Garenne, en date du 13 fructidor de la même année;

Le procès-verbal de bornage, dressé le 31 janvier 1819, par le sieur Faiséau-Lavanne, arpenteur-forestier, en vertu d'un arrêté du Conseil de préfecture du 12 août 1818;

Vu l'expédition certifiée d'un plan des lieux, dont la minute est déposée au secrétariat de la préfecture, laquelle expédition demeurera annexée à la minute des présentes;

Vu toutes les pièces produites:

Considérant, sur la compétence, qu'il était dans les attributions du Conseil de préfecture d'expliquer le sens de l'acte de vente, et conséquemment de déclarer si la portion litigieuse de l'étang avait ou non été vendue; mais qu'il a empiété sur celles de l'autorité judiciaire, en statuant sur le bornage;

Considérant que le procès-verbal d'estimation du 23 pluviose an 2 présente une contradiction dans les limites qu'il assigne, d'une part, aux terres cultivées cotées Y au plan des lieux, et de l'autre aux terres en friche cotées Z; puisque, d'après ledit procès-verbal, les terres Y confineraient aux communaux de Bangy, situés au-delà de la queue de l'étang en litige, tandis que les friches cotées Z seraient limitées de trois côtés par l'étang, et du quatrième par le pré de la Galoppe; ce qui ne peut avoir lieu qu'autant que les friches se prolongeraient entre l'étang et les terres Y jusqu'au pré de la Galoppe;

Mais que cette contradiction se trouve expliquée, tant par le susdit procès-verbal du 23 pluviose an 2, que par le procès-verbal du 17 floréal suivant, desquels il résulte:

1.° Qu'en effet les terres en friche se prolongeaient à cette époque, entre l'étang et les terres cotées Y, par une friche récemment cultivée et désignée au plan sous la lettre A;

2.° Que l'étang, divisé d'abord par lots, pour être réunis

aux domaines à vendre, et porté à cet effet dans les procès-verbaux d'expertise, en a été retiré antérieurement à l'adjudication, et qu'aucune portion n'en a été vendue;

D'où il suit, que les requérans jouissent, à juste titre, de la pièce cotée A, située entre les terres Y et l'étang de Pouligny, mais n'ont aucun droit à la queue dudit étang;

Notre Conseil d'Etat entendu,

Nous avons ordonné et ordonnons ce qui suit:

Art. 1.er L'arrêté du Conseil de préfecture du département du Cher, du 16 juin 1819, est confirmé, en ce qu'il déclare qu'aucune portion de l'étang de Pouligny, tel qu'il a été arpenté le 17 floréal an 2, n'a fait partie de l'adjudication du domaine de la Garenne, en date du 13 fructidor an 2.

Art. 2. Ledit arrêté est annulé dans les dispositions par lesquelles il statue sur le bornage.

Et les parties sont renvoyées devant les tribunaux ordinaires pour y faire procéder au bornage de leurs propriétés respectives, d'après les dispositions de la présente ordonnance.

Art. 3. Les dépens sont compensés entre les parties.

Art. 4. Notre Garde-des-sceaux et notre Ministre de l'intérieur, sont chargés, chacun en ce qui le concerne, de l'exécution de la présente ordonnance.

M. Jauffret, maître des req., *rapport.*—M.es Chauveau-Lagarde et Huart-Duparc, *avocats.*

CAISSE D'AMORTISSEMENT. — LOI DU 20 MARS 1813. — ACTE D'ADJUDICATION DE BIENS COMMUNAUX. — INTERPRÉTATION. — PROCÈS-VERBAL D'ARPENTAGE ET D'EXPERTISE. — CONTENANCE ET LIMITES.

Les Conseils de préfecture sont-ils compétens pour interpréter un acte de vente nationale, à l'aide d'un procès-verbal d'arpentage auquel le cahier des charges se réfère ? Rés. aff. (1).

L'acquéreur peut-il réclamer, comme lui ayant été vendu, un terrein qui n'est pas compris dans le procès-verbal d'arpentage ? Rés. nég. (2).

(4614. — 2 février 1821. — Bornèque c. la commune de Bitchwiller.)

En exécution de la loi du 20 mars 1813, l'administration des Domaines, au nom de la caisse d'amortissement, avait pris possession d'un pâturage dit *Thannerhubel*, appartenant à la commune de *Bitchwiller*, et, le 3 juin 1813, ce terrein avait été arpenté, en vertu d'un arrêté du sous-préfet, en présence d'un commissaire nommé par lui, et de trois membres du Conseil municipal désignés par le sieur *Bornèque*, alors maire de la commune.

Le 15 septembre, la vente de ce pâturage est annoncée, par affiches, dans les termes suivans :

« Pâturage, dit *Thannerhubel*, sur lequel est construite » une barraque, provenant de la commune de Bitchwiller, » affermé à Nicolas Schaffenecker pour 9 ans, etc. »

Le cahier des charges portait, art. 6 : « Les enchérisseurs » sont prévenus que l'on ne garantit pas la contenance, ex» cepté dans le cas où il existe, pour les biens, des plans ou » procès-verbaux d'arpentage. Tous les droits de la com» mune seront transmis aux adjudicataires pour jouir des » biens comme les fermiers en ont joui ou dû jouir. »

---

(1) Voy. *Elém. de jur. adm.*, tom. 1.er, chap. 8, sect. 3, § 3, et spécialement page 335, n.° 57 ; pag. 37, n.° 63 ; pag. 342, n.° 80 ; pag. 343 et 434, n.° 82. — Décret du 11 décembre 1813, Sénaire. *Jur. du C. d'Et.*, tom. 2, pag. 471. — Ordonn. du 23 avril 1818, Jullien, *ibid.*, tom. 4, pag. 294.

(2) Voy. *Elém. de jur. adm.*, tom. 1.er, pag. 347, n.° 91. — Décret du 17 janvier 1814. Mercier, *Jur. du C. d'Et.*, tom. 2, pag. 498.

Le 5 octobre 1813, le sieur Bornèque se rend adjudicataire de ce pâturage. En 1818, le sieur Bornèque coupe quelques arbres et fait paître ses troupeaux sur un terrein situé au-delà de son pré, et contigu à la forêt de Bitchwiller. Il est, pour ce fait, traduit à la police correctionnelle au nom de la commune, comme coupable d'un délit forestier à son égard. La commune se fonde sur ce que cette portion de terrein a été, par le procès-verbal du 3 juin 1813, distraite du pâturage.

Le sieur Bornèque excipe de son droit de propriétaire; sur cette question les juges correctionnels renvoient les parties devant qui de droit.

L'affaire portée au Conseil de préfecture, celui-ci rend, le 8 février 1820, un arrêté, par lequel il déclare que, « Le » pâturage dit *Thannerhubel* a été vendu, le 5 octobre » 1813, avec les limites et la contenance déterminées par le » procès-verbal d'arpentage du 3 juin 1813. »

Le sieur Bornèque défère cet arrêté au Conseil d'État: il l'attaque pour cause d'incompétence et pour mal jugé.

A l'appui de son moyen d'*incompétence*, il dit que l'acte d'adjudication n'énonçant aucun tenant ni aboutissant, ne fixant aucunes limites, étant par suite insuffisant pour reconnaître l'étendue de l'adjudication du 5 octobre 1813, le Conseil de préfecture aurait dû s'abstenir de prononcer, et que la difficulté ne pouvant être résolue que par les anciens baux ou le témoignage des anciens fermiers pour savoir comment ils ont joui, elle rentrait dans la pleine juridiction des tribunaux ordinaires. Il invoque à cet égard l'autorité de la jurisprudence, et entr'autres ordonnances celles des 21 octobre 1819 et 16 février 1820, rendues dans les affaires *Dubouvot*, contre la commune de *Chauvirey*, et *Jacquart* contre la duchesse *de Bavière*.

Pour preuve du *mal jugé*, il articule que l'arrêté du 8 février 1820 a restreint sa propriété à une contenance moindre que n'est en effet le *Thannerhubel*, qui lui a été adjugé pour en jouir tout ainsi qu'en ont joui ou dû jouir les fermiers.

Sur la *compétence*, la commune de Bitchville répond, qu'en règle générale, le contentieux des Domaines nationaux est soumis à la juridiction des Conseils de préfecture; que dans l'espèce, il s'agissait de procéder à l'interprétation d'un contrat de vente administratif; que l'acte d'adjudication n'énonçait pas, il est vrai, la contenance et les limites de l'objet vendu; mais que l'art. 6 du cahier des charges se référait à cet égard, aux plans et procès-verbaux qui pourraient avoir été dressés; que celui du 3 juin 1813 l'avait été d'après les ordres de l'autorité; qu'ainsi l'acte d'adjudication du 5 octobre suivant se l'était fait propre; que les droits de l'adjudicataire devaient donc être réglés d'après ce titre; que, faisant corps avec l'acte de vente nationale, le Conseil de préfecture avait pu l'apprécier et s'en servir pour résoudre la difficulté.

La commune ajoute que le sieur *Bornèque* n'avait pu ignorer l'existence de ce procès-verbal du 3 juin 1813, puisqu'il avait été dressé en présence de trois membres du Conseil municipal par lui désignés pour cet effet, alors qu'il était maire de la commune; qu'en outre, le terrein contesté n'avait jamais été compris dans les baux du *Thannerhubel*, et qu'enfin, d'après l'art. 2 de la loi du 20 mars 1813, ce terrein, étant planté de bois, n'avait pu être vendu.

La commune repousse les décisions invoquées par le sieur Bornèque, en disant que, dans les espèces sur lesquelles ces ordonnances sont intervenues, il n'existait aucun acte administratif qui eût fixé les confronts ni la contenance des propriétés vendues.

Quant à la *justice* de l'arrêté du 8 février 1820, la commune la démontre en rappelant que l'administration n'a garanti au sieur Bornèque rien autre chose que la contenance énoncée au procès-verbal du 3 juin 1813; que s'il avait eu moins que ce qui est porté en cet acte, il lui aurait été dû indemnité; et qu'il n'a pas le droit de réclamer une seule perche d'excédant.

Voici la teneur de l'*Ordonnance* qui prononce sur ce débat.

LOUIS, etc.

Sur le rapport du comité du contentieux de notre Conseil d'Etat,

Vu la requête à nous présentée au nom du sieur *Bornèque*, enregistrée au secrétariat-général de notre Conseil d'Etat, le 8 mai 1820, et tendant à l'annulation d'un arrêté du Conseil de préfecture du département du Haut-Rhin, du 8 février 1820, lequel décide que le pâturage de *Tannerhubel* a été vendu, le 5 octobre 1813, avec les limites et la contenance déterminées par un procès-verbal d'arpentage du 3 juin 1813;

Vu l'arrêté attaqué;

Vu l'acte d'adjudication du 5 octobre 1813;

Vu le procès-verbal d'arpentage et d'expertise, dressé le 3 juin 1813, et portant que le terrein dont il s'agit contient trente-trois hectares cinquante ares, et a pour confins, au nord, la forêt de Willer; au midi, la forêt de Bitchwiller; au levant, sur un chemin le long des forêts de Bitchwiller; au couchant, la chaume de Bourbach;

Vu la requête en réponse de la *commune de Bitchwiller*, enregistrée audit secrétariat le 19 octobre 1820;

Ensemble toutes les pièces respectivement produites et jointes au dossier:

Considérant que le contrat du 5 octobre 1813 n'indique ni la contenance, ni les confins des objets vendus; mais qu'il se réfère, dans son article 6, aux procès-verbaux d'arpentage qui auraient pu être dressés antérieurement à la vente;

Considérant qu'il existe, dans l'espèce, un procès-verbal d'arpentage et d'expertise du 3 juin 1813, qui désigne clairement la contenance et les limites de la chaume de *Tannerhubel*, et que le Conseil de préfecture a justement renfermé l'adjudicataire dans les limites fixées par ledit procès-verbal :

Notre Conseil d'Etat entendu,

Nous avons ordonné et ordonnons ce qui suit :

Art. 1.er La requête du sieur *Bornèque* est rejetée.

Art. 2. Le sieur *Bornèque* est condamné aux dépens.

Art. 3. Notre Garde-des-sceaux et notre Ministre de l'intérieur sont chargés, chacun en ce qui le concerne, de l'exécution de la présente ordonnance.

M. de Cormenin, maître des req., *rapport.* — M.es Guichard, père, et Chauveau-Lagarde, *avocats.*

EMIGRÉS. — AMNISTIE. — ACTES ANTÉRIEURS INATTAQUABLES.

Les héritiers d'un émigré amnistié sont-ils recevables à demander l'annulation d'actes administratifs antérieurs à l'amnistie prononcée en faveur de leur auteur? Rés. nég. (1).

(4138. — 2 février 1821. — Bœcklin et consorts c. Struck et Zurheim.

François-Antoine de *Zurheim,* grand prieur de Worms, et *François-Pierre* de *Zurheim,* commandeur de Malte, son

---

(1) Voy. le sénatus-consulte du 6 floréal an 10, art. 16, et la loi du 5 décembre 1814, art. 1.er — *Elém. de jur. adm.*, tom. 2, pag. 34, 35 et suiv. — Décrets des 30 thermidor an 12, au bulletin. — 22 décembre 1811, Charbon V.e de Cosne, *Jur. du C. d'Et.*, tom. 1.er, pag. 565. — 29 décembre 1812, Bizot *ibid.*, tom 2, pag. 162. — 14 février 1813 (1204). — Ordonnances des 3 février 1819, Ducheyla. — 8 septembre 1819, Paroy de Lurcy c. Nevers, Gallais et autres.

frère, possédaient de grands biens en Alsace: ils furent inscrits sur la liste des émigrés.

Leurs neveux, *Maximilien* et *Frédéric* de *Zurheim*, échappèrent à cette mesure.

Cependant le séquestre fut apposé sur tous les biens des différentes branches de la famille de Zurheim, situés à Niedermorschwiller (Haut-Rhin).

Maximilien et *Frédéric* de *Zurheim* réclamèrent; et, par divers arrêtés qui se sont succédés depuis le mois de germinal an 3 jusqu'à celui d'août 1808, ils furent envoyés en possession non seulement des biens qui leur étaient propres; mais encore de la plus grande partie des biens de leurs oncles *François-Antoine* et *François-Pierre*: biens que l'administration leur abandonna pour les remplir des droits qu'elle reconnut leur appartenir, d'après d'anciens actes de famille, tels que testamens, substitutions, liquidations, partages.

Ces deux oncles étaient décédés, leurs héritiers s'occupèrent du soin de faire prononcer leur amnistie, et d'obtenir la main levée du séquestre qui pesait sur leurs biens.

L'un et l'autre furent accordés, et les héritiers *Zurheim* se hâtèrent de porter devant les tribunaux une demande en partage, dirigée contre les frères *Maximilien* et *Frédéric*.

Ceux-ci avaient vendu tous leurs droits au sieur Struck; ce particulier se présenta pour eux, et il opposa les actes administratifs qui les avaient envoyés en possession des biens de leurs oncles, ou du moins d'une partie considérable de ces biens.

Par jugement du 27 janvier 1813, le tribunal d'Altkirch; saisi de la demande en partage, renvoya les *héritiers Zurheim* à se *pourvoir administrativement* pour le rapport des arrêtés administratifs opposés par Struck.

Le 18 octobre 1816, le préfet du département du Haut-Rhin, auquel ces héritiers s'étaient adressés, leur répondit que, « d'après l'amnistie de MM. les émigrés Zurheim,

» et les dispositions de la loi du 5 décembre 1814, le gou-
» vernement ni l'administration n'avaient plus à s'occuper
» de l'examen des arrêtés et de la réclamation dont il s'agis-
» sait ; que c'était devant les tribunaux que les héritiers
» Zurheim, devaient se pourvoir pour faire valoir leurs
» droits contre le sieur Struch, au lieu et place des frères
» Maximilien et Frédéric de Zurheim. »

D'après cette lettre, les *héritiers Zurheim* pensèrent qu'ils pouvaient reprendre, devant le tribunal d'Altkirch, leur demande en partage ; mais ce tribunal trouva, de nouveau, dans les arrêtés subsistans, un obstacle à l'exercice de sa juridiction, et renvoya, pour la deuxième fois, les réclamans à se pourvoir devant l'administration.

En conséquence, les *héritiers Zurheim* se sont présentés devant le Conseil d'Etat, pour demander l'annullation de tous les arrêtés administratifs dont il a été parlé, et le renvoi des parties devant les tribunaux ordinaires, afin d'y donner suite à leur demande en partage.

MM. *Maximilien* et *Frédéric* de *Zurheim* demeurant dans le grand duché de Wurtzbourg, les héritiers de leurs oncles ont demandé préalablement que le Roi daignât les autoriser à les assigner au domicile de l'officier du ministère public de S. M. qu'il lui plairait désigner ; et, le 10 août 1819, M. le Garde-des-sceaux, a permis qu'ils fussent assignés en la personne de M. le procureur-général près la cour royale de Paris. Cette ordonnance de *soit communiqué* a, en même temps, et en vertu de l'article 4 du réglement du 22 juillet 1806 (1), fixé à 4 mois le délai dans lequel les intimés auraient à fournir leurs défenses.

Les *héritiers* de *Zurheim* ont, au surplus, présenté les moyens suivans :

(1) » et à l'égard des colonies et des pays étrangers, les délais seront réglés, ainsi qu'il appartiendra, par l'ordonnance de *soit communiqué*. »

Le Conseil d'Etat (ont-ils dit) a constamment annullé les arrêtés administratifs qui, en excédant les bornes de leur compétence, s'étaient permis de statuer sur les intérêts privés des citoyens, autrement qu'en interprétant les actes de ventes nationales, pour déterminer les objets qui y avaient été compris; le principe était le même relativement aux biens détenus par la nation comme ayant apartenu à des émigrés; telle était la disposition de l'article 2 de la section 5 de là loi du 25 juillet 1793 qui s'exprime ainsi: « les actions quelconques appartenant aux émigrés *seront exercées devant les tribunaux* qui auraient dû en connaître, si lesdits émigrés avaient eux-mêmes exercé leurs droits.

Il résulte de-là que l'administration du département du Haut-Rhin ne pouvait pas se permettre, de connaître de la réclamation de MM. *Maximilien* et *Frédéric* de *Zurheim*, de Wurtzbourg, en ce qui concernait l'exécution du testament et de la prétendue créance en vertu des quels ils ont exercé leur action.

Ces questions devaient être renvoyées aux tribunaux, pour y être jugées contradictoirement avec l'administration des Domaines, qui n'aurait pas manqué d'opposer et de faire triompher les fins de non-recevoir, et les moyens de droit qui militaient en faveur de MM. de *Zurheim*, inscrits sur la liste des émigrés.

Tout ce que pouvait faire l'administration, c'était de lever le séquestre, en ce qui concernait les *biens particuliers* de MM. *Maximilien* et *Frédéric*; mais elle ne pouvait se permettre de disposer, à leur profit, des biens particuliers de MM. *François-Antoine* et *François-Pierre*, leurs oncles.

En rendant les arrêtés que l'on attaque, on ne peut pas dire que M. le préfet ait fait *des actes* dans le sens de ceux maintenus par le sénatus-consulte du 6 floréal an 10, à l'égard des amnistiés; il a rendu de véritables jugemens sur des points contentieux.

Ces arrêtés auraient pu être annulés par l'autorité supérieure ; les émigrés amnistiés, ou leurs héritiers, peuvent donc les attaquer, comme l'Etat aurait pu le faire en leur nom ; surtout depuis la lettre du préfet, du 18 octobre 1816, qui déclare que : « D'après l'amnistie des héritiers Zurheim, » et les dispositions de la loi du 5 décembre 1814, le gou- » vernement n'a plus à s'occuper de l'examen des arrêtés et » de la réclamation dont il s'agit. »

Après cet exposé général de leurs moyens, les héritiers Zurheim ont repris successivement chacun des arrêtés attaqués, pour faire remarquer les vices qu'ils renfermaient, non-seulement sous le rapport de la compétence, mais encore sous celui du fond des dispositions.

Le sieur *Struck*, auquel se sont joints MM. *Maximilien* et *Frédéric de Zurheim*, ont repoussé l'attaque des héritiers. Leur réponse a été celle-ci :

Quand deux parties contradictoires, jouissant de tous leurs droits civils, sont en présence pour discuter la valeur des actes qui leur paraissent établir leurs droits, l'autorité administrative ne doit prononcer que sur les titres de propriété émanés d'elle, et renvoyer aux tribunaux l'examen de ceux qui lui sont étrangers ; mais ici l'autorité administrative était elle-même partie, c'est-à-dire qu'elle représentait les émigrés *François-Antoine* et *François-Pierre de Zurheim*, dont les biens étaient devenus la propriété de l'Etat. « Les émigrés, avait dit la loi du 28 mars 1793, sont *morts civilement* ; leurs biens sont acquis à la république. » C'était (d'après la loi du 25 juillet 1793) l'administration départementale, et depuis, par la loi du 28 pluviose an 8, le préfet, qui représentaient l'émigré dans tous ses droits actifs et passifs. Ainsi, tous les actes passés entre l'administration départementale ou le préfet, et les sieurs *Maximilien* et *Frédéric de Zurheim*, sont des actes administratifs compétens. La loi du 25 juillet 1793, déjà citée, avait d'ailleurs statué (art. 13 et 14 du § II de la section 5) que toutes les actions à exercer contre les émigrés seraient réglées par les directoires de district et de département; contradictoirement avec les préposés de la Régie; l'article 15 avait même interdit textuellement tout recours aux tribunaux.

Les actes attaqués sont donc fondés sur les lois relatives à l'émigration. Les droits des réclamans ont été discutés avec le plus grand soin; mais ces actes seraient aussi vicieux qu'ils sont réguliers, aussi contraires aux intérêts du gouvernement alors propriétaire, qu'ils sont sages et justes, qu'il n'appartiendrait pas aux adversaires de venir les critiquer. Les biens de l'émigré qu'ils représentent ayant été acquis à l'Etat par la loi du 28 mars 1793, il a pu en disposer contre son propre intérêt; et il n'appartient pas aux émigrés amnistiés de venir rechercher si l'Etat n'a point abusé pendant tout le temps qu'il a été propriétaire, lorsque surtout le sénatus-consulte, en vertu duquel ils ont obtenu leur amnistie, leur a imposé la loi de n'attaquer, en aucun cas ni sous aucun prétexte, les actes faits antérieurement par l'Etat.

De ces raisonnemens, les défendeurs ont tiré la conclusion que les arrêtés dont se plaignaient les héritiers Zurheim étaient inattaquables.

C'est aussi le jugement qu'en a porté le Conseil d'Etat dans le projet d'ordonnance adopté par S. M., dans les termes suivans :

LOUIS, etc.

Sur le rapport du comité du contentieux de notre Conseil d'Etat,

Vu la requête à nous présentée par les dames *Marie-Anne-Françoise-Euphémie* et *Marie-Louise-Benoît Bœcklin*; la première, ex-doyenne du ci-devant chapitre d'Epinal; la seconde, ex-chanoinesse du même chapitre, demeurant à Epinal, département des Vosges;

Dame *Marie-Euphémie-Ursule Bœcklin*, veuve de feu M. S. *Brodeck*, résidant à Bamberg;

Dame *Françoise Zurheim*, ex-chanoinesse du ci-devant chapitre de Remiremont, résidant à Epinal;

Dame *Marie-Béatrix de Trucksess* et le sieur *Népomucène de Reichenstein*, son mari, demeurant à Inslingen;

Le sieur *Eberhard de Trucksess*, commandeur de Bâle et de Rheinfelden, résidant dans cette ville, le sieur *Guillaume-Antoine de Trucksess*, résidant à Walulback;

Et dame *Marie-Caroline-Françoise d'Andlaw de Hombourg*, veuve de feu M. *Henri Sébastien de Trucksess*, résidant à Wurtzbourg, en qualité de mère et tutrice de *Conrad-François de Trucksess*, son fils, mineur;

Ladite requête, enregistrée au secrétariat-général de notre Conseil d'État, le 13 avril 1819, et tendant à ce qu'il nous plaise annuler les arrêtés de l'administration du département du Haut-Rhin, des 21 germinal an 3 et 16 nivose an 6; l'acte du sieur Rey, du 14 ventose an 6, et les arrêtés du préfet du Haut-Rhin, des 5 juin 1806, 7 et 11 juin 1807, qui ont reconnu et réglé les droits des sieurs *Maximilien* et *Frédéric de Zurheim*, sur les biens des sieurs *François-Antoine de Zurheim*, grand-doyen du chapitre de Worms, et *François-Pierre de Zurheim*, commandeur de l'ordre de Malte, inscrits sur la liste des émigrés et amnistiés le 5 décembre 1808;

Vu l'ordonnance de soit communiqué, rendue par notre Garde-des-sceaux, Ministre de la justice, le 10 août 1819;

Vu les requêtes en défense des sieurs *Maximilien* et *Frédéric Zurheim* et *Struck*, cessionnaires des droits de ceux-ci; lesdites requêtes enregistrées au secrétariat-général de notre Conseil d'Etat, les 11 avril et 1.er mai 1820, et concluant à ce que les arrêtés attaqués soient maintenus, et à ce que les adversaires soient condamnés aux dépens;

Vu la réplique pour les dames *Bœcklin* et consorts, en date du 3 août 1820;

Vu les arrêtés attaqués;

Vu toutes les pièces respectivement fournies;

Vu le sénatus-consulte du 16 floréal an 10;

Considérant que tous les actes attaqués sont antérieurs à l'amnistie prononcée en faveur des sieurs *François-Antoine* et *François-Pierre de Zurheim*, auteurs des réclamans; qu'ils ont été pris contradictoirement avec l'administration des Domaines, qui représentait les émigrés jusqu'au moment de leur amnistie;

Que, par conséquent, les réclamans sont sans qualité pour attaquer ces actes, aux termes de l'article 6 du sénatus-consulte du 16 floréal an 10;

Notre Conseil d'État entendu,

Nous avons ordonné et ordonnons ce qui suit:

Art. 2. La requête des dames *Bœcklin* et consorts est rejetée.

Art. 2. Les dames *Bœcklin* et consorts sont condamnés aux dépens.

Art. 3. Notre Garde-des-sceaux et notre Ministre des finances sont chargés, chacun en ce qui le concerne, de l'exécution de la présente ordonnance.

M. Maillard, maître des requêtes, *rapport.*—M.es Huart Duparc et Huet, *avocats.*

FOURNITURES. — ADMINISTRATION DE LA GUERRE.— QUALITÉ D'UN AGENT. — APPLICATION DES CLAUSES D'UN MARCHÉ. — COMPÉTENCE. — CONFLIT.

L'autorité judiciaire est-elle compétente pour prononcer sur la contestation qui s'élève entre des sous-traitans de fournisseurs et un autre fournisseur touchant l'étendue des pouvoirs d'un agent préposé par celui-ci à l'une des parties de son service? Rés. aff. (1).

---

(1) Voy. Décret du 24 avril 1808, Rief. *Jur. du C. d'Et.*, tom. 1, p. 156.

Est-elle également compétente pour faire, entre ces parties, l'application des prix stipulés dans les marchés passés entre l'administration et les fournisseurs? Rés. nég. (1).

(3756. — 2 février 1821. — Thomas frères c. Ratisbonne.)

Le Ministre de la guerre avait passé des marchés pour les diverses fournitures à faire aux troupes étrangères, entre autres avec le sieur Leleu, pour les vivres-pain, et avec le sieur Rouffio pour les liquides.

Les sieurs Thomas, frères, avaient sous-traité avec ces deux entrepreneurs, pour les départemens du Haut et du Bas-Rhin.

Aux termes de ces marchés, les denrées existantes dans les magasins, à l'époque fixée pour le commencement du service, devaient être livrées aux entrepreneurs, obligés d'en payer la valeur aux propriétaires.

Parmi les magasins compris dans le sous-traité des sieurs Thomas, se trouvait celui d'Erstein, dans lequel existaient quelques denrées appartenant au sieur Ratisbonne, avec lequel le préfet du département du Bas-Rhin, avait passé un marché pour les subsistances du corps d'occupation, le 25 janvier 1816, en vertu de l'autorisation et des ordres du Ministre de la guerre, marché dont l'art. 5 portait: « Que les denrées restant dans les divers magasins, à la fin » de la gestion du sieur Ratisbonne, seraient reprises par » les nouveaux entrepreneurs, et payées comptant au prix » du marché. »

Ce fournisseur avait pour préposé, au magasin d'Erstein, un sieur Dreyfus, auquel les sieurs Thomas s'adressèrent avec une lettre, du 13 février 1816, par laquelle le préfet prescrivait de faire la remise dont il s'agit.

Cette remise fut effectuée le 16 du même mois, après vé-

---

(1) Voy. *Elém. de Jur. adm.*, tom. 2, pag. 197 et suiv.

vérification et inventaire des denrées, entre Dreyfus, agent de Ratisbonne, et l'agent des sieurs Thomas.

Le total du prix réglé s'élevait à la somme de 5347 f. 67 c., que les sieurs Thomas payèrent à Dreyfus, suivant quittance du 30 avril 1816, et pour solde.

Le sieur Ratisbonne désavoua la qualité de Dreyfus, et fit assigner les sieurs Thomas au tribunal de commerce de Strasbourg, pour payer de nouveau la somme ci-dessus fixée par l'inventaire du 16 février.

Vainement les sieurs Thomas ont excipé du paiement qu'ils avaient fait et de la quittance dont ils étaient porteurs: sur l'affirmation, faite par Ratisbonne, que Dreyfus n'avait eu de lui aucun pouvoir de recevoir le prix des denrées et d'en donner quittance, le tribunal de commerce condamna les sieurs Thomas à payer une deuxième fois la même somme.

Le 14 mai 1817, sur l'appel des sieurs Thomas, la Cour royale de Colmar a rendu un arrêt par lequel la quittance délivrée par le sieur Dreyfus a été de nouveau rejetée, pour défaut de justification des pouvoirs de Dreyfus; et les parties ont été renvoyées devant un notaire, à ce commis, pour procéder à la rectification du prix des denrées, d'après ceux portés au marché passé entre le Ministre de la guerre et la compagnie Leleu.

Sur la provocation du sieur Ratisbonne, et le 13 décembre 1817, le préfet du Bas-Rhin a élevé le conflit d'attributions. Les motifs de son arrêté étaient qu'il s'agissait, dans la cause pendante devant la Cour royale de Colmar, entre les sieurs Ratisbonne et Thomas, de porter atteinte à l'exécution d'une stipulation consentie par l'administration civile, au profit du sieur Ratisbonne;

Que cette stipulation, formée sous l'autorité du Ministre de la guerre, aussi bien que toutes les autres clauses portées en l'adjudication du 25 janvier 1816, rendait le gouverne ment garant, en cas de non-exécution, des engagemens pris par le préfet envers le sieur Ratisbonne, et qu'il y avait lieu par conséquent d'élever le conflit, dans l'intérêt du gouvernement, à l'effet de donner une décision de sa part.

Par requête principale, déposée au Conseil d'État le 6 juin 1818, les frères Thomas ont demandé l'annulation de l'arrêté de conflit.

Ils ont commencé par poser, comme principe certain en matière de conflits, qu'ils ne pouvaient plus être élevés, lorsque les tribunaux avaient prononcé définitivement. S'il n'en était pas ainsi, ont-ils dit, il n'y aurait plus que confusion dans l'administration de la justice, et les arrêtés des préfets deviendraient un moyen facile d'éluder la loi qui ne permet pas d'entraver, par des défenses, l'autorité exécutoire et parée des jugemens souverains.

A l'appui du principe posé, les demandeurs ont cité d'abord le décret du 12 novembre 1811, rendu dans l'affaire de la commune de Brest contre les héritiers Lemayer de la Villeneuve, et ensuite l'ordonnance royale du 6 février 1815, deux arrêts du Conseil insérés au bulletin des lois.

Ils en ont fait l'application à l'espèce, et ils ont établi que, par l'arrêt du 14 mai 1817, il y avait *chose souverainement jugée*; ils ont ajouté que le sieur Ratisbonne n'avait plus, contre cet arrêt, que la voie du recours en cassation, *voie qu'en effet il avait prise*.

Appelé devant le Conseil, en vertu d'une ordonnance de *soit communiqué* de Mgr. le Garde-des-sceaux, le sieur Ratisbonne s'est attaché d'abord à prouver que l'arrêt de la Cour de Colmar lésait ouvertement les droits de l'administration, parce que cet arrêt n'ayant mis, à la charge des frères Thomas, qu'une partie du prix stipulé entre le sieur Ratisbonne et l'administration, il avait implicitement condamné celle-ci à payer le surplus.

Répondant ensuite à l'objection tirée de ce que le conflit avait été tardivement élevé, il a repoussé les exemples invoqués, parce que (a-t-il dit), dans ces espèces, la contestation n'intéressait que des particuliers; que le gouvernement n'avait eu que sa juridiction à y défendre; mais que, dans la cause, l'administration était positivement intéressée au procès, et qu'il avait bien fallu qu'elle évoquât la contestation.

Les sieurs Thomas, dans leur réplique, ont combattu cette dernière distinction qu'ils ont déclaré n'avoir vue écrite nulle part; et ils ont donné de nouveaux développemens à cette proposition que, puisque le conflit avait eu principalement pour but la disposition de l'arrêt de Colmar, qui avait adopté le marché Leleu pour régulateur, cette question fondamentale se trouvait *souverainement jugée*, au moment où le conflit a été élevé, et qu'ainsi l'arrêté du préfet était une violation de la chose jugée.

Le dossier de cette affaire a été communiqué au Ministre de la guerre, qui, par une lettre du 30 mai 1820, a témoigné qu'il lui paraissait que l'arrêté de conflit devait être annullé, comme ayant été tardivement élevé, et qu'il ne voyait aucun motif pour le défendre au fond, attendu que l'arrêt de Colmar portait sur un objet entièrement étranger à l'administration, et que, par conséquent, il ne préjudiciait en aucune manière, ni à ses droits ni à ses intérêts; qu'enfin sa juridiction serait sans obstacle exercée, s'il arrivait que le sieur Ratisbonne voulût engager contr'elle une action relative à l'exécution de son marché.

Le Conseil d'Etat n'a pas été pleinement de cet avis, ainsi qu'il résulte de l'ordonnance dont voici la teneur:

LOUIS, etc.,

Sur le rapport du comité du contentieux de notre Conseil d'Etat,

Vu l'arrêt de la Cour royale de Colmar du 14 mai 1817, rendu sur l'appel interjeté par les sieurs *Thomas* frères, d'un jugement du tribunal de commerce de Strasbourg qui les avait condamnés à payer au sieur Ratisbonne une somme de 5,347 fr. 67 c., pour solde de la valeur des denrées qui leur ont été remises pour le compte de ces derniers, dans la place d'Erstein, le 16 février 1816, et qu'ils soutiennent ne pas devoir;

Vu l'arrêté de conflit pris par le préfet du département du Bas-Rhin, le 13 décembre 1817;

Vu les requêtes des sieurs *Thomas*, enregistrées au secrétariat-général de notre Conseil d'Etat, les 5 juin et 31 décembre 1818, et tendant à l'annulation dudit arrêté de conflit;

Vu les requêtes en réponse du sieur *Ratisbonne*, enregistrées audit secrétariat-général de notre Conseil d'Etat, les 7 novembre 1818, 15 juin 1819 et 15 décembre 1820;

Vu la lettre de notre Ministre de la guerrre, du 30 mai 1820;

Vu le marché passé au sieur *Ratisbonne*, le 25 janvier 1816, par le préfet du département du Haut-Rhin;

Ensemble toutes les pièces respectivement produites et jointes au dossier;

Considérant que la Cour royale de Colmar est restée dans les bornes de ses attributions, en prononçant sur la question de savoir si le sieur *Dreyfus*, agent du sieur *Ratisbonne*, avait qualité et pouvoir pour recevoir le paiement que les sieurs *Thomas* frères, sous-traitans de la compagnie *Rouffio* et *Lelcu*, ont effectué entre ses mains;

Mais qu'il ne lui appartenoit pas de faire, pour l'évaluation des denrées reprises au magasin d'Erstein, l'application des prix stipulés dans les marchés passés aux entrepreneurs par l'administration ;

Notre Conseil d'Etat entendu,

Nous avons ordonné et ordonnons ce qui suit :

ART. 1.er L'arrêté du conflit pris par le préfet du département du Bas-Rhin, le 13 décembre 1817, est confirmé.

L'arrêt de la Cour royale de Colmar du 14 mai 1817 est considéré comme non avenu, dans la disposition qui applique les clauses des marchés passés par le département de la guerre.

ART. 2. Les frères *Thomas* sont condamnés aux dépens.

ART. 3. Notre Garde-des-sceaux et notre Ministre de la guerre sont chargés, etc.

M. de Cormenin, maître des requêtes, *rapport.* — MM. de la Grange et Dufour d'Astafort, *avocats.*

FOURNITURES PENDANT LES GUERRES DE 1813 ET 1814. — COMMISSIONS DÉPARTEMENTALES. — EXÉCUTION DES MARCHÉS — PROCÉDURE.

Peut-on présenter en appel, devant le Conseil d'Etat, un chef de demande sur lequel l'autorité de première instance n'a pas prononcé? Rés. nég. (1).

Le pouvoir discrétionnaire, conféré aux commissions départementales, pour arbitrer le prix des denrées fournies par réquisition en 1813 et 1814, est-il applicable aux fournitures faites en vertu de marchés réguliers? Ou, en termes plus généraux, des fournitures peuvent-elles être réglées autre-

---

(1) Voy. *Elém. de jur. adm.*, tom. 1.er, pag. 55, n.° 17, et un grand nombre de décisions y annotées.

ment qu'aux prix et d'après les clauses des marchés consentis par l'administration? Rés. nég. (2).

Est-ce d'après le livre de poste de l'année, que doit être calculée la distance qui doit servir de règle à la dépense des transports militaires effectués en vertu de marchés réguliers? Rés. aff.

(4759. — 2 février 1821. — Niel et Consorts c. le Ministre de l'intérieur.)

Le 15 août 1813, le sieur Niel avait passé, avec le préfet du département des Deux-Sèvres, un marché en vertu duquel il s'était engagé à livrer à Bayonne, ou dans toute autre place qui pourrait lui être indiquée, 650 quintaux métriques de froment et 500 quintaux métriques de seigle. Ces livraisons devaient être effectuées, moitié en grains, moitié en farine, et être payées à raison de 61 fr. par quintal métrique de farine de seigle ou de froment, et 59 fr. par quintal métrique de froment ou de seigle en grain.

Le 11 septembre 1813, le sieur Niel s'était, par un nouveau traité, engagé à livrer à Bayonne ou Podensac, aux agens des subsistances de l'armée d'Espagne, 325 quintaux métriques de farine de froment et 250 quintaux métriques de farine de seigle. Le prix fixé était de 26 fr. 50 c. par quintal métrique, plus 25 c. pour chaque lieue de poste qui se trouve de Niort à l'endroit de sa destination.

Ces fournisseurs réunis avaient strictement rempli leurs obligations et demandé que leur compte fût dressé.

D'après leurs calculs, il s'élevait à la somme de 185,913 fr. 23 c.

La commission départementale en avait retranché une somme de 16,728 fr. 35 c. et le Ministre de l'intérieur avait approuvé sa délibération.

(2) Voy. Ordon. du 14 mai 1817. Moroy. *Jur. du C. d'Ét.*, t. 3, p. 562.

Les sieurs Niel, Daigrier et Charles, réunis, se sont pourvus au Conseil d'Etat contre cette décision. Ils ont divisé leurs réclamations en six chefs de demande.

Par le 1.er, ils ont critiqué la réduction en masse d'une somme de 8,000 fr. sur la totalité des fournitures faites par le sieur Niel; ils ont soutenu que la commission départementale n'avait pas eu le droit d'opérer cette réduction, et qu'elle avait, dans cette circonstance, agi d'une manière tout-à-fait arbitraire; que les conditions d'un traité synallagmatique ne peuvent être changées que d'un commun accord entre les parties, et que, comme ils avaient formellement refusé de consentir à cette réduction, elle n'avait pas pu et ne pouvait avoir lieu.

Par le 2.e chef, ils ont réclamé la somme de 4,207 fr. 7 c. pour compléter le paiement du transport de 1771 hect. 8 k. de Niort à Bayonne. Ils ont démontré qu'il y avait, de l'une de ces villes à l'autre, 115 lieues 1/2 de poste, au lieu de 106 seulement, d'après lesquelles la commission avait cru devoir établir son calcul.

Par le 3.e chef, ils ont également demandé qu'il leur fût alloué la somme de 391 fr. 75 c. pour compléter le paiement de transport de 240 hect. 8 kil. de Niort à Dax.

Le 4.e a eu pour but d'obtenir l'allocation d'une somme de 2,351 fr. 25 c. pour 55 quintaux métriques retenus à Podensac, pour prix de mouture de 325 quintaux qui devaient être livrés *en grains* à Bayonne, et que les agens de l'administration avaient fait convertir en *farine* à Podensac.

Par le 5.e chef, ils ont réclamé 136 fr. 64 c. pour 34 quint. 16 kilogrammes de grains, livrés en exécution du premier traité de 1813, et qui, selon eux, n'avaient été comptés, par le préfet, qu'au prix fixé par le traité suivant.

Enfin le 6.e chef avait pour objet une somme de 1,760 fr. 44 c. retenue pour passe de sacs, et qui depuis avait été allouée.

Cette requête ayant été communiquée à Son Exc. le Ministre de l'Intérieur, M. le directeur-général de l'administration départementale a fourni ses observations, par une lettre du 26 octobre 1820; mais il ne s'est attaché à répondre qu'aux deux premiers points.

Quant aux 8,000 fr., il a dit que le sieur Niel s'était soumis à souscrire un billet de 20,000 fr., pour garantie de l'exécution de son marché avant le 15 septembre 1813; qu'il était constant qu'il n'avait commencé que le 23 ses livraisons, qu'ainsi, il était passible de l'indemnité de 20,000 fr. qu'il aurait dû payer; et qu'en réduisant de 8,000 fr. seulement le prix des fournitures qui n'avaient pas été faites à temps utile, et en ne réclamant point, comme elle en avait le droit, l'amende de 20,000 fr., la commission avait réellement fait une faveur au sieur Niel, dont les prix d'ailleurs étaient trop élevés.

Quant à la distance de Niort à Bayonne, M. le directeur-général a soutenu qu'elle était conforme à *l'ancienne carte envoyée* dans le département par le Ministre de la guerre.

Dans leur réplique, les sieurs Niel et consorts se sont élevés avec force contre le système de défense présenté au nom de S. Exc. le Ministre de l'Intérieur.

Ils ont dit que c'était la première fois, depuis six ans, que le motif du retard de leurs fournitures avait été mis en avant; et ils ont prouvé, par des certificats authentiques, que la dernière avait été livrée à Bayonne, à la date du 16 septembre 1813.

Enfin ils ont rappellé qu'ils avaient produit dans la cause une lettre du Ministre de la guerre, qui avait fait partie de la communication donnée au Ministre de l'intérieur, et par laquelle le premier de ces deux Ministres avait déclaré qu'en effet la dépense des transports effectués en vertu de marchés généraux pour le service de la guerre, était réglée d'après les distances les plus directes, prises sur le livre de poste de l'année à laquelle se rapportait cette dépense, et, qu'en appliquant cette disposition des marchés à l'exercice de 1813, la distance de Niort à Bayonne était en effet de 115 lieues et demie. Ces difficultés ont été résolues par l'ordonnance suivante :

LOUIS, etc.

Sur le rapport du comité du contentieux de notre Conseil d'Etat,

Vu la requête à nous présentée au nom des sieurs *Niel* et *Daigrier*, négocians à Niort, et *Charles*, meûnier à Brelon, département des Deux-Sèvres, ladite requête enregistrée au secrétariat-général de notre Conseil d'Etat, le 12 août 1820, et tendant à ce qu'il nous plaise annuler une décision de notre Ministre secrétaire d'Etat de l'intérieur, confirmative d'un arrêté du préfet du département des Deux-Sèvres, du 11 mars 1820, et ordonner qu'il sera rétabli, au compte des requérans, les six articles qui ont été distraits, et qui s'élèvent ensemble à la somme de *seize mille huit cent quarante-sept francs quinze centimes*, en conséquence, déclarer lesdits sieurs *Niel*, *Daigrier* et *Charles*, créanciers de ladite somme;

Vu les observations fournies sur ladite requête par le conseiller d'État *directeur-général de l'administration départementale et de la police*, sous la date du 26 octobre 1820;

Vu le mémoire en réplique produit par les sieurs *Niel*, *Daigrier* et *Charles*, enregistré audit secrétariat-général, le 7 décembre suivant, et se référant aux précédentes conclusions;

Vu un premier marché, passé le 15 août 1813, entre le préfet du département des Deux-Sèvres et le sieur *Niel*, et suivant lequel ce dernier s'engage à livrer à Bayonne, ou dans telle autre place qui lui serait indiquée par le gouvernement, une quantité déterminée de blé, froment et de seigle, moitié en grains, moitié en farine, dans le délai d'un mois, et moyennant le prix de soixante-un francs par quintal métrique de farine, et cinquante-neuf francs par quintal métrique de blé en grains, le transport jusqu'à Bayonne ou autre place à même distance y compris, avec clause explicative que, dans le cas où la place qui serait indiquée pour livraison serait plus ou moins éloignée que Bayonne, il y aurait augmentation ou diminution du prix de la voiture; pourquoi il fut dit que, dans les prix de soixante-un et cinquante-neuf francs, le prix du transport de Niort à Bayonne était compris à raison de trente-trois francs quatre-vingt-douze centimes par quintal métrique, ou trente-deux centimes par quintal, et par lieue de poste; ledit marché renfermant en outre cette disposition que, si les livraisons n'étaient pas effectuées dans le délai d'un mois, le sieur *Niel*, serait passible d'une retenue ou indemnité de vingt mille francs;

Vu un second marché, passé, le 11 septembre 1813, entre les mêmes parties, et d'après lequel le sieur *Niel* dut verser, entre les mains des agens des subsistances près l'armée d'Espagne, une quantité déterminée de farine, moyennant le prix de vingt-huit francs cinquante centimes par quintal métrique, plus vingt-cinq centimes aussi par quintal et par chaque lieue de poste, depuis Niort jusqu'à l'endroit de la livraison;

Vu un troisième marché passé, le 4 septembre 1813, entre le préfet du département des Deux-Sèvres et les sieurs *Daigrier* et *Charles*, suivant lequel ces derniers s'obligèrent à livrer à Bayonne, ou telle autre place qui leur serait indiquée, la quantité de treize cents quintaux métriques de froment et seigle, dont trois quarts (*neuf cent soixante-quinze quintaux métriques*) en farine, et un quart (*trois cent vingt-cinq quintaux métriques*) en grains, aux prix et conditions du précédent marché;

Vu une première décision de la commission départementale des Deux-Sèvres, du 11 octobre 1814, laquelle opère une réduction de huit mille francs sur les comptes produits par les trois fournisseurs, sur le motif que les prix de leurs marchés étaient trop élevés et trop onéreux pour le département;

Vu deux autres décisions de la même commission, en date des 16 mars et 22 août 1818, lesquelles opèrent encore plusieurs autres réductions dans les comptes des trois fournisseurs;

Vu l'arrêté du préfet du département des Deux-Sèvres, du 11 mars 1820, qui apporte quelques modifications aux décisions de la commission départementale, et qui, ayant été approuvé par notre Ministre-secrétaire d'Etat de l'intérieur, forme aujourd'hui la décision contre laquelle est dirigé le pourvoi;

Vu toutes les pièces produites;

Vu les ordonnances intervenues sur les décisions des commissions départementales, et notamment notre ordonnance du 14 mai 1817, rendue sur la requête du sieur *Moroy*, desquelles il résulte que le pouvoir discrétionnaire conféré à ces commissions, pour arbitrer le prix des denrées fournies par réquisition, n'est point applicable aux fournitures faites en vertu de marchés réguliers, lesquelles doivent être réglées aux prix et d'après les clauses desdits marchés;

Considérant, sur les troisième, cinquième et sixième chefs de réclamation, qu'il n'y a pas lieu de statuer, attendu 1.° que les requérans ne produisent, sur le troisième et cinquième, aucun acte d'administration qui statue en première instance;

2.° Que la retenue pour passe de sacs, formant le sixième chef, a été rétablie au profit des requérans;

Que, dès-lors, il ne reste à prononcer que sur les premier, deuxième et quatrième articles;

Considérant, sur le premier article, que la commission

départementale, en ordonnant la retenue de huit mille francs sur le montant total des fournitures, ne s'est appuyée que sur la trop grande élévation des prix du marché par rapport aux mercuriales, et que cette retenue est contraire aux clauses dudit marché;

Considérant, sur le deuxième article, relatif aux frais de transport de Niort à Bayonne, que ces transports ont été exécutés en vertu des deuxième et troisième marchés, dans lesquels le prix des transports n'a pas été réglé en bloc, mais par lieue de poste, et à raison de vingt-cinq centimes par lieue; que, dès-lors, la réduction de quatre mille deux cent sept francs sept centimes est contraire aux clauses desdits marchés appliquées à la distance réelle de Niort à Bayonne, laquelle, d'après la déclaration de notre Ministre de la guerre, est, pour les transports militaires, de cent quinze lieues et demie de poste;

Considérant, sur le quatrième article, qu'il est reconnu, par les décisions attaquées, que les cinquante-cinq quintaux de grains dont il s'agit faisaient partie des trois cent vingt-cinq quintaux que les fournisseurs, aux termes du marché, n'étaient tenus de livrer qu'en grains; que la conversion desdits grains en farine a été le fait de l'administration militaire; que les réclamans doivent, par conséquent, être payés de cinquante-cinq quintaux qu'ils ont livrés, à Podensac, aux prix et conditions stipulés par leur marché pour les fournitures en grains;

Notre Conseil d'État entendu,

Nous avons ordonné et ordonnons ce qui suit:

Art. 1.er Les requêtes des sieurs *Niel*, *Charles* et *Daigrier* sont rejetées, en ce qui concerne les articles 3, 5 et 6 de leurs réclamations.

Art. 2. Les arrêtés de la commission départementale des Deux-Sèvres, des 16 mars et 22 août 1818, l'arrêté du préfet du même département, du 11 mars 1820, ainsi que la décision de notre Ministre secrétaire d'Etat de l'intérieur, sont annulés, dans les dispositions relatives aux art. 1, 2 et 4 desdites réclamations.

Art. 3. Notre Garde-des-sceaux et notre Ministre de l'intérieur sont chargés, etc.

M. de Maleville, maître des requêtes, *rapporteur.* — M.e Lecousturier, *avocat.*

FOURNITURES. — INVASION ÉTRANGÈRE. — VENTE D'OBJETS APPARTENANT AU GOUVERNEMENT. — INVITATION DE RÉINTÉGRER. — PAIEMENT DESDITS OBJETS.

Durant l'invasion, l'acte de vente, passé par les chefs des troupes étrangères, d'objets appartenant au gouvernement, est-il pour l'acquéreur un titre légal de propriété? et, s'il réintègre lesdits objets, a-t-il droit d'en réclamer du gouvernement le prix qu'il a payé aux étrangers? Rés. nég. (1).

(4612. — 2 février 1821. — Cottavos c. le Ministre de la guerre.)

Durant l'invasion de Grenoble par les troupes alliées, l'arsenal de cette place de guerre avait été dévasté; les bois d'approvisionnement qui s'y trouvaient avaient été mis en vente par les chefs de ces troupes étrangères.

Ces bois avaient été achetés par des négocians français.

Après la retraite des étrangers, le gouvernement avait demandé la réintégration de ces bois dans l'arsenal de Grenoble. Un avis du préfet de l'Isère avait été publié à cet effet dans tout le département; il promettait, au nom du

---

(1) Voy. Ordon. du 23 octobre 1816, Nicolas Jean et Consorts, *Jur. du C. d'Et.*, tom. 3, pag. 414.

gouvernement, de rembourser le prix des bois qui seraient réintégrés.

Le sieur Cottavos avait été l'un des acquéreurs de ces bois. Lorsque l'avis du préfet fut publié, il était absent de sa commune, et n'y était rentré que le 20 avril 1816. Il avait d'ailleurs fait transporter en Provence les bois qu'il avait achetés, et il les y avait vendus en partie.

Dès qu'il avait eu connaissance de l'avis du préfet, il avait rassemblé ceux des bois qui lui restaient encore, et il les avait fait conduire à Grenoble par le Rhône et l'Isère, seul moyen de transport praticable. Ces bois avaient été par lui versés dans les magasins d'artillerie de cette place, le 22 avril 1816.

Il était naturel que le sieur Cottavos en réclamât le prix; il en avait formé la demande; mais une décision du Ministre de la guerre, lui avait refusé son paiement.

D'après le ministre, « Il résultait des renseignemens qui lui avaient été adressés, qu'après avoir acheté ces bois et sachant qu'ils appartenaient au gouvernement, le sieur Cottavos avait cherché à les soustraire à l'action de l'autorité, en les éloignant précipitamment, et en en vendant une partie; que, loin d'avoir satisfait de suite aux invitations du préfet de l'Isère, le sieur Cottavos n'avait déclaré les bois, ainsi achetés par lui, que tardivement, et au moment où ils étaient près d'être trouvés, ce qui (selon le Ministre) établissait que Cottavos n'avait agi, dans cette circonstance, que par des motifs d'une coupable avidité; conduite bien différente (ajoutait le Ministre) de celle de la plupart des autres acquéreurs, qui n'avaient acheté de pareils objets que pour les tenir à la disposition du gouvernement. »

Tels avaient été les motifs de la décision du 27 novembre 1819.

Le 6 mai 1820, le sieur Cottavos l'a déférée à la censure du Conseil d'Etat de S. M., et, devant les magistrats de ce

Conseil, il a exposé que le retard apporté par lui à se conformer à l'invitation donnée par l'autorité administrative n'était pas un motif suffisant pour rejeter sa demande ; que, d'ailleurs, ce retard n'avait été produit que par une circonstance de force majeure, et qu'enfin peu importaient, au fond, les reproches ou le blâme qu'on voulait lui adresser à cet égard ; que les bois réintégrés par lui étaient devenus sa légitime propriété ; que le gouvernement les avait reconnus comme tels, puisqu'il ne les avait redemandés qu'en se soumettant à la condition d'en rembourser le prix ; qu'il avait été loisible à l'administration de les refuser ou les recevoir ; que, les ayant reçus, elle avait encore eu la faculté d'en débattre le prix, et de forcer même le propriétaire à les reprendre ; mais que lui refuser ce prix et garder les bois, c'était d'abord manquer à la promesse du gouvernement, et prononcer ensuite, contre le fournisseur, une véritable confiscation.

Les moyens du sieur Cottavos ayant été communiqués, par voie administrative, au Ministre de la guerre, celui-ci, dans une lettre, en date du 30 juin 1820, adressée à M. le Garde-des-sceaux, les a combattus par d'autres moyens, dont voici la substance :

1.° Les troupes alliées n'ont pas pu vendre les bois qui étaient dans les magasins de l'arsenal de Grenoble ;

2.° Ces ventes eussent-elles eu lieu, et dussent-elles être légales, aucun Français, digne de ce nom, n'a dû se rendre adjudicataire ;

3.° Le sieur Cottavos ne justifiant pas d'un acte de vente en forme, il ne lui est dû aucun prix pour les bois qu'il a consenti à réintégrer dans l'arsenal de Grenoble ;

4°. Il est libre au gouvernement de reprendre ses effets partout où il les trouve ;

5.° Et enfin, il a usé de la faculté d'imposer telles conditions qu'il a jugées à propos, à ceux de qui il attendait la restitution des bois vendus, même celle de leur en payer ou refuser le prix.

Dans sa réplique, le sieur Cottavos a commencé par opposer au Ministre ses propres actes, en lui rappelant qu'un juste paiement avait été accordé à tous ceux qui s'étaient trouvés dans la même position, et que ses droits n'étaient pas moins sacrés que ceux des fournisseurs déjà payés. Ensuite il a soutenu qu'il avait été compris originairement sur l'état de la commune répartition, et que s'il n'avait pas été payé, c'est qu'il avait réclamé contre la faiblesse de la somme qui lui était allouée; et il a demandé si, du refus qu'il avait fait de recevoir la somme offerte, comme insuffisante, il s'en suivait qu'on dût lui refuser tout paiement aujourd'hui? Qu'au surplus, il ne s'agissait pas d'examiner la question de savoir si les troupes alliées avaient pu vendre les bois de construction de l'arsenal de Grenoble; que cette question ne pouvait être raisonnablement agitée dans cette cause; que, du moment où le Ministre de la guerre avait acquitté le prix des bois remis dans cet arsenal à l'un des adjudicataires de ces bois, il avait non-seulement reconnu la validité de la vente, mais encore rendu commune l'application du principe de restitution à tous les autres adjudicataires, sans distinction. « Une fois admis les bois par moi réintégrés (a dit » le sieur Cottavos), le paiement a dû s'en suivre; imaginer » des moyens de l'éluder, c'est chercher à s'emparer, de vive » force, de ma propriété. » A cet égard, il a invoqué les articles 544 et 545 du Code civil, et l'article 10 de la Charte constitutionnelle. « On n'a pas (a-t-il continué) disputé aux » autres particuliers la faculté qu'ils avaient eu de se rendre » adjudicataires des bois mis en vente publique par les » étrangers; on ne leur a pas reproché d'être de mauvais » Français. Pourquoi a-t-on accumulé sur ma seule tête » d'aussi dures improbations?... ».

Le sieur Cottavos a terminé sa réponse au second grief du

Ministre de la guerre, en faisant remarquer que les bois dont il s'agissait auraient été brûlés ou détruits, si des négocians ne s'étaient pas réunis pour les acheter et les conserver ainsi à la France.

Au troisième grief, il a répondu qu'il avait justifié, depuis long-temps, comme tous les autres adjudicataires, de l'achat qu'il en avait fait; et il a produit, à la date du 6 mai 1820, la copie d'un acte de vente à lui passé le 22 septembre 1815 par les chefs des troupes étrangères, moyennant la somme de 10,000 fr. à l'instant comptée.

Sur le quatrième grief, le sieur Cottavos a fait remarquer que le système du Ministre serait admissible, s'il était vrai que des particuliers eussent recélé ou diverti ces bois dans l'intention de se les approprier, sans en avoir payé le prix; mais qu'ici, durant l'invasion, un gouvernement temporaire s'étant substitué à la place du légitime, il avait usé et abusé des pouvoirs envahis; qu'il avait disposé des bois de l'arsenal de Grenoble, comme eût pu le faire l'administration française; que toutes les opérations publiques, consenties dans cet intervalle, ne pouvaient aujourd'hui, sans secousse, être révisées, réformées ou modifiées; et que, puisqu'il en devait être ainsi, il en fallait conclure qu'il n'était pas au pouvoir du gouvernement français de reprendre, sans payer, ce dont avait disposé le gouvernement intermédiaire.

Quant au cinquième grief, le sieur Cottavos a rappelé que l'avis du préfet de l'Isère qui avait invité à réintégrer les bois achetés, avait rendu hommage au principe de la propriété privée, puisqu'il avait annoncé *que le gouvernement paierait le prix des bois qui seraient rapportés*; que, dès ce moment, telle avait été la condition sous laquelle les bois avaient été réintégrés dans l'arsenal; que l'administration n'avait pu s'en affranchir après la livraison; et qu'aucune loi ne donnait au Ministre la faculté d'acquitter ou de refuser, à volonté, le paiement des objets fournis.

Telle a été la réplique du sieur Cottavos; mais, pour repousser sa réclamation, le Ministre de la guerre avait encore invoqué les articles 1131, 1133 et 1599 du Code civil.

Sur ce point, voici quelle a été la réponse du sieur Cottavos :

« Le premier article (1131), consacré à classer les différentes causes qui vicient les obligations, n'est pas applicable à l'espèce, puisque l'administration de la guerre en est réduite à des allégations pour détruire un contrat public passé entre les troupes étrangères et le suppliant.

» On pousse l'erreur jusqu'à prétendre que l'acquisition des bois, en 1815, était illicite, prohibée par la loi, contraire aux bonnes mœurs et à l'ordre public. Mais, pour détruire de nombreux contrats respectés et exécutés, il eût été nécessaire de recourir aux tribunaux, de les saisir par des demandes, des plaintes appuyées de preuves; car l'autorité administrative n'a pas le droit d'annuler les contrats privés, de s'occuper des questions de droit commun, ni de faire l'application des dispositions du Code civil. D'ailleurs, où sont les plaintes portées, les poursuites commencées pour arriver à la juste application des articles cités? Tant qu'on se livrera au vague des assertions, le contrat ne cessera pas d'exister; la propriété transmise résidera toujours sur la tête de celui qui sera porteur d'un acte de vente; et jusqu'à ce que celui-ci ait reçu l'intégralité de son prix, il sera vrai de dire que la vente a été licite. Loin d'être prohibée par la loi, cette loi l'appuie de toute son autorité; elle en réclame la fidèle exécution. Loin surtout d'être contraire aux bonnes mœurs et à l'ordre public, elle a eu pour effet de sauver des bois qui eussent été perdus pour la France, et qui lui sont devenus profitables.

» Il ne manquait plus, pour achever le tableau de dénonciation si bien tracé contre le suppliant, que de citer l'article 1599 du code civil! Sans doute la vente de la chose d'autrui est nulle ; mais il a été prouvé, et on n'a pu contester que les bois ne fussent devenus la propriété de ceux qui en ont disposé ; donc on n'a pas pu dire qu'ils étaient encore la propriété du gouvernement français. Si l'on a pensé le contraire, pourquoi, sous ce second rapport, n'a-t-on pas poursuivi le sieur Cottavos, par action en dommages intérêts, lui qui connaissait l'origine des bois dont il s'est rendu adjudicataire? C'est qu'il n'existait aucun élément pour former une telle action que n'avait pas et que n'a jamais eue le gouvernement français ! . . . . »

Malgré tous ces efforts, la réclamation du sieur Cottavos a été rejetée par l'ordonnance suivante :

LOUIS, etc.

Sur le rapport du comité du contentieux de notre Conseil d'Etat,

Vu la requête à nous présentée, au nom du sieur Louis Georges *Cottavos*, marchand de bois à Saint-Julien de Raz, département de l'Isère, ladite requête enregistrée au secrétariat-général de notre Conseil d'Etat, le 6 mai 1820, et concluant à ce qu'il nous plaise annuller une décision de notre Ministre-secrétaire d'Etat de la guerre, du 13 juin 1816, énoncée dans une lettre du directeur de l'artillerie et du génie, en date du 21 décembre 1819, portant que le sieur Cottavos n'a droit à aucun remboursement pour raison des bois de construction évalués à 7,269 fr. 50 c. qu'il avait achetés en 1815, pendant l'occupation de l'arsenal de Grenoble par les troupes étrangères, et qu'il a restitués plus tard audit arsenal ; ladite requête concluant en outre à ce qu'il nous plaise ordonner que le requérant recevra, comme les autres adjudicataires, le montant des bois par lui rétablis.

Vu la décision attaquée ;

Vu une lettre du 9 juin 1820, par laquelle notre Garde-des-sceaux, Ministre-secrétaire d'Etat de la justice, a communiqué ladite requête à notre Ministre-secrétaire d'Etat de la guerre;

Vu la réponse de notre *Ministre de la guerre*, à ladite communication, enregistrée audit secrétariat-général, le 15 juillet 1820;

Vu la requête en réplique pour le sieur *Cottavos*, enregistrée audit secrétariat, le 30 août 1820, par laquelle il persiste dans ses précédentes conclusions;

Vu toutes les pièces respectivement produites et jointes au dossier de cette affaire.

Considérant qu'il n'est pas contesté que les bois dont il s'agit appartenaient à l'arsenal de Grenoble, et que le sieur *Cottavos* a lui-même reconnu ce fait en les y restituant, le 22 avril 1816;

Considérant qu'*aucun acte légal* n'a dépossédé l'Etat de la propriété desdits bois, et qu'ainsi le sieur *Cottavos* n'est pas fondé à réclamer le prix qu'il prétend en avoir payé;

Notre Conseil d'État entendu,

Nous avons ordonné et ordonnons ce qui suit:

Art. 1.er Les requêtes du sieur *Cottavos* sont rejetées.

Art. 2. Notre Garde-des-sceaux et notre Ministre de la guerre sont chargés, chacun en ce qui le concerne, de l'exécution de la présente ordonnance.

M. Héron de Villefose, maître des requêt. *rapport.* — M.e Gérardin, *avocat.*

MISE EN JUGEMENT. — INFORMATION JUDICIAIRE PRÉALABLE. — RECOURS EN REVISION. — PIÈCE NON REPRÉSENTÉE. — POURSUITES A FAIRE A L'EFFET DE L'OBTENIR.

Une demande en autorisation de mettre en jugement un fonctionnaire public, peut-elle être présentée au Conseil d'Etat, avant de l'avoir fait précéder d'une information judiciaire? Rés. nég.

Pour qu'une partie soit fondée à former, devant le Conseil d'Etat, un recours par la voie de requête civile, contre une ordonnance royale antérieure, est-il nécessaire qu'elle rapporte la pièce qu'elle prétend avoir été retenue par son adversaire, ou que du moins elle en prouve l'existence? Rés. aff. (1)

(4849. — 2 février 1821. — Meynard c. d'Albizzi.)

Au mois de février 1814, deux bateaux chargés de vins, acheminés sur Paris et arrêtés à Joigny, par le fait de la présence des troupes étrangères dans cette ville et aux environs, ont été requis par le maire de Joigny, pour satisfaire à la demande expresse et écrite d'un général étranger.

Les vins furent entièrement consommés, et l'un des bateaux fut brûlé.

Le dommage, souffert par la compagnie des coches, à laquelle ils appartenaient, s'élevait à 46,280 fr., selon son calcul.

Cette compagnie s'est pourvue d'abord devant le préfet de l'Yonne, et sa réclamation a été renvoyée à la commission départementale créée, en vertu de la loi du 28 avril 1816; cette commission a rejeté la requête de la compagnie des coches, par une délibération du 18 octobre de la même année.

Une décision du 18 décembre suivant, rendue par le Ministre de l'intérieur, a approuvé cette délibération.

---

(1) Voy. l'art. 32 du régl. du 22 juillet 1806. — *Elém. de jur. adm.*, tom. 1.er, p. 85 et 86. — Ordon. des 4 juin 1816. Suremain de Flamerans. *Jur. du C. d'Et.*, t. 3, p. 307, et Lefèvre et Germain, *ibid.*, t. 1, p. 301. — 26 février 1817. Leroy c. Delassus, *ibid.*, t. 3, p. 522. — 2837, 20 juin 1816 (arch. du comité du contentieux).

La compagnie s'est pourvue au Conseil d'Etat, qui, par un projet d'ordonnance adopté par S. M., le 8 septembre 1819, a rejeté la requête de la compagnie. Cette ordonnance a énoncé, comme principal motif, que la réquisition du 14 février 1814 n'avait pu avoir pour objet *les vins eux-mêmes*.

Postérieurement, la compagnie, dans le dessein d'obtenir la revision de cette ordonnance, a présenté à M. le Président du Conseil des Ministres, une nouvelle requête qui a été renvoyée à M. le Garde-des-sceaux, et par ce dernier soumise au Comité de législation.

Une lettre de ce Ministre, en date du 27 septembre 1820, a indiqué à la compagnie que le Comité de législation était d'avis « qu'elle devait se pourvoir au Conseil, en la forme contentieuse; et que, quant à la pièce (la demande expresse du général étranger) dont elle plaidait la retenue par le maire de Joigny, indépendamment des moyens légaux que la compagnie avait de contraindre le maire à la lui communiquer, elle devait solliciter de S. Exc. le Ministre de l'intérieur le secours de son autorité, pour lui faire obtenir du maire cette pièce dont l'absence aurait pu empêcher de rendre à la compagnie pleine et entière justice. »

L'affaire étant dans cet état, la compagnie des coches s'est pourvue au Conseil d'Etat; par requête, déposée le 16 novembre 1820, elle y a d'abord demandé le rapport de l'ordonnance du 8 septembre 1819, et le paiement de la somme réclamée; et, par une requête subsidiaire, elle a sollicité l'autorisation de mettre en jugement, devant les tribunaux ordinaires, le sieur d'Albizzy, qui, dans cette affaire, avait agi en qualité de maire de la ville de Joigny, afin d'obliger ledit sieur d'Albizzi, à représenter la pièce retenue, ou d'obtenir contre lui une condamnation en dommages intérêts, tels que de droit, s'il persistait à ne point représenter ladite pièce, ou s'il déclarait qu'elle n'existait pas.

C'est sur cette instance, qu'il a été prononcé par l'ordonnance dont la teneur suit :

LOUIS, etc.

Sur le rapport du comité du contentieux de notre Conseil d'État,

Vu le pourvoi en révision à nous présenté au nom du sieur Henry *Meynard*, au nom et comme liquidateur de l'ancienne compagnie des coches de la Haute et Basse-Seine, Yonne et canaux; ladite requête enregistrée au secrétariat-général de notre Conseil d'État, le 16 novembre 1820, et tendant à ce qu'il nous plaise rapporter notre ordonnance du 8 septembre 1819, et ordonner que le requérant sera remboursé, soit par la ville de Joigny, soit par le département de l'Yonne, de la somme de *quarante-deux mille deux cent quatre-vingts francs*, pour la valeur des vins qui ont été mis en réquisition, sur la compagnie des coches, par le maire de la ville de Joigny, le 14 février 1814, pour être livrés aux troupes étrangères, et de la somme de *quatre mille francs* pour le prix des bateaux qui ont servi à conduire ces vins dans la ville de Pont-sur-Yonne; et dans le cas où la réquisition faite par le sieur d'*Albizzi*, exécutant les fonctions de maire de Joigny, n'aurait pas été motivée sur un ordre donné par une autorité compétente, renvoyer l'exposant et le sieur d'*Albizzi*, devant les tribunaux pour faire prononcer sur les dommages et intérêts résultant de cette réquisition illégale;

Vu les conclusions subsidiaires présentées par le requérant, le 21 décembre 1820, et tendant à ce qu'il nous plaise l'autoriser à mettre le sieur d'*Albizzi*, ayant exercé les fonctions de maire de Joigny, en jugement devant les tribunaux, pour abus dans l'exercice de ses fonctions;

Vu l'article 32 du réglement du 22 juillet 1806;

Vu l'article 3 du décret du 9 août 1806, duquel il résulte que les informations judiciaires doivent précéder toute démande devant le Conseil-d'État pour autorisation de mise en jugement des fonctionnaires publics; (1)

Considérant, sur la requête en revision, qu'elle n'est fondée que sur une pièce que le sieur *Meynard* ne rapporte pas et dont il ne prouve pas même l'existence;

Considérant, sur la demande en autorisation de traduire devant les tribunaux l'adjoint du maire de la commune de Joigny, pour le contraindre à produire la réquisition qui aurait été adressée au maire par le général des alliés;

Que cette pièce, si elle existe, doit faire partie des archives de la mairie; qu'il appartenait à l'autorité administrative de vérifier préalablement si la pièce a existé; si elle est restée en la possession de l'adjoint, et s'il refuse de la rétablir aux archives de la mairie;

Que le réclamant ne justifie d'aucune plainte qui ait saisi les tribunaux, ni même d'aucun pourvoi devant l'autorité administrative, pour obtenir communication de ladite pièce;

Notre Conseil d'État entendu,

Nous avons ordonné et ordonnons ce qui suit:

Art. 1.er Les requêtes du sieur *Meynard* sont rejetées.

Art. 2. Notre Garde-des-sceaux et notre Ministre de l'intérieur sont chargés, etc.

M. Maillard, maître des requêtes, *rapporteur.* — M.e Rochelle, *avocat.*

MISE EN JUGEMENT. — Soustraction. — Calomnie. — Irrégularités d'administration.

Des habitans sont-ils recevables à demander au Conseil d'Etat l'autorisation de poursuivre devant les tribunaux un magistrat pour raison d'un fait dont le reproche public les

---

(1) Voir ce décret au Bulletin des Lois, t. 5 de la 6.e série, n.° 111.

a déjà fait condamner envers lui comme calomniateurs? Rés. nég.

(4108. — 2 février 1821. — Botte, Cany et autres c. Bour.)

LOUIS, etc.

Sur le rapport du comité du contentieux de notre Conseil d'Etat,

Vu la requête à nous présentée au nom des sieurs *Jean Botte*, *Michel Cany*, *André Houth*, membres du Conseil municipal, *Pierre Leiner*, *Tissier*, *Jacob Ocks*, laboureur, *Jean Cany*, militaire pensionné, et *Jacob Botte*, tous habitans de la commune Guervillers, canton de Sarguemines, département de la Moselle, ladite requête enregistrée au secrétariat-général de notre Conseil d'État, le 18 mars 1819, et tendant à ce qu'il nous plaise les autoriser à poursuivre devant les tribunaux le sieur *Bour*, maire de ladite commune de Blus Guervillers, qu'ils accusent entr'autres choses :

1.° De s'être approprié une somme de cent deux francs destinée pour les pauvres de la commune ;

2.° D'avoir injustement dispensé des contributions deux maisons appartenant aux sieurs Georges et Nicolas Cany ses parens ;

3.° D'avoir enlevé de vive force un bœuf au sieur Michel Cany ;

4.° De n'avoir point tenu compte du produit de la vente des affouages ;

Vu les renseignemens recueillis par le Préfet du département de la Moselle et ceux qu'offre l'information judiciaire faite le 8 décembre 1820, renseignemens desquels il résulte que c'est à tort que les requérans accusent le maire :

1.° D'avoir détourné à son profit la somme de cent

deux francs qu'il aurait touchée du gouvernement pour les pauvres de sa commune;

2.° D'avoir exempté de contributions des maisons appartenant à deux de ses parens; puisque, d'une part, d'après ces renseignemens, la commune n'a obtenu aucun secours pour les indigens, et que, de l'autre, en ne comprenant point les maisons dont il s'agit sur le rôle des contributions des portes et fenêtres, le maire n'a fait que se conformer aux règlemens qui dispensent les propriétaires de constructions nouvelles de payer, pendant trois ans, ces sortes de contributions;

3.° Que les réquisitions reprochées au maire ont été faites dans des circonstances impérieuses, et que le prix du bœuf enlevé au sieur Cany a d'ailleurs été payé à ce dernier sur les indemnités de guerre;

4.° Que le maire a exactement porté en recette le prix des bois d'Affouage;

Vu les observations de notre Ministre-secrétaire d'État de l'intérieur et de notre procureur-général près la Cour royale de Metz;

Vu l'article 61 de la loi du 14 décembre 1789, l'article 13 de celle du 24 août 1790, l'article 75 de la loi du 22 frimaire an 8 et les articles 127 et 129 du Code pénal;

Considérant, en ce qui touche la somme de cent deux francs, que les requérans accusent le maire de s'être appropriée au préjudice des indigens : qu'à l'époque où ils ont formé leur demande en autorisation, deux d'entr'eux, attaqués en calomnie par le sieur Bour, à raison des propos qu'ils s'étoient permis de tenir publiquement contre lui relativement à ladite somme, avaient déjà été condamnés par jugement du tribunal de première instance de Sarguemines, comme convaincus de calomnie envers ce magistrat;

Considérant, sur les autres faits, que ni le procureur-général, ni le préfet, ni notre Ministre-secrétaire d'État de l'intérieur ne sont d'avis de poursuivre le maire, attendu que lesdits faits ne constituent que des irrégularités dans son administration, lesquelles ne pourraient donner lieu à aucune action judiciaire;

Notre Conseil d'Etat entendu,

Nous avons ordonné et ordonnons ce qui suit:

Art. 1.er Il n'y a pas lieu à autoriser les requérans à poursuivre le sieur Bour, maire de la commune de Blus Guervillers, département de la Moselle, à raison des faits ci-dessus mentionnés.

Art. 2. Notre Garde-des-sceaux et notre Ministre de l'intérieur sont chargés, chacun en ce qui le concerne, de l'exécution de la présente ordonnance.

M. Jauffret, maître des requêtes, *rapporteur*. — M.e Odilon-Barrot, *avocat*.

MISE EN JUGEMENT. — ARRESTATION. — INSULTE D'UN MAIRE DANS L'EXERCICE DE SES FONCTIONS.

Par cette ordonnance, le Roi, en Conseil d'Etat, a refusé d'accorder l'autorisation de mettre en jugement un maire qui, dans une émeute, et provoqué par des mutins, les avait fait arrêter pendant une demi-heure; le Conseil d'Etat a pensé que le maire a eu un motif légitime de réprimer la résistance et les provocations, et qu'ainsi cette arrestation *n'avait pas eu le caractère de violence qui l'aurait rendu coupable.*

(4904. — 2 février 1821. — Ziger et Schneider c. Halstermeyer.)

LOUIS, etc.

Sur le rapport du comité du contentieux de notre Conseil d'Etat,

Vu l'instruction commencée contre le sieur *Halstermeyer*, maire de la commune de Saingrist, département du Bas-Rhin, de laquelle il résulte que ce maire a été insulté dans l'exercice de ses fonctions par les sieurs *Ziger* et *Schneider*; que, s'il a fait arrêter lesdits sieurs *Ziger* et *Schneider*, pendant une demi-heure au plus, cette arrestation provisoire avait pour but de rétablir l'ordre troublé dans la commune par la résistance et les voies de fait desdits sieurs *Ziger* et *Schneider*;

Vu les rapports de notré Ministre-secrétaire d'État de l'intérieur, et de notre procureur-général près la Cour royale de Colmar qui ne sont pas d'avis de poursuivre;

Vu l'art. 61 de la loi du 14 décembre 1789, l'art. 13 de celle du 24 août 1790, l'art. 75 de la loi du 22 frimaire an 8 et les art. 127 et 129 du Code pénal;

Considérant que les faits reprochés au sieur *Halstermeyer* ne présentent pas le caractère de violence et que ce maire avait un motif légitime de réprimer la résistance et les provocations des plaignans;

Notre Conseil d'État entendu,

Nous avons ordonné et ordonnons ce qui suit:

Art. 1.er Il n'y a pas lieu de poursuivre le sieur *Halstermeyer*, maire de la commune de Saingrist, département du Bas-Rhin, à raison des faits ci-dessus énoncés.

Art. 2. Notre Garde-des-sceaux et notre Ministre de l'intérieur sont chargés, etc.

M. Tarbé, maître des req., *rapport.*

MISE EN JUGEMENT. — PRÉVARICATION ET CONCUSSION. — MAIRE.

Par cette ordonnance, le Roi, en Conseil d'Etat, autorise la continuation des poursuites commencées devant les tri-

bunaux, contre deux maires prévenus de prévarication et de concussion dans l'exercice de leurs fonctions.

(4806. — 2 février 1821. — Le directeur général de l'adm. département. et de la police c. Bailleux et Mugnerot-Roy.)

LOUIS, etc.

Sur le rapport du comité du contentieux de notre Conseil d'Etat,

Vu la lettre du 25 septembre 1820, par laquelle le conseiller d'État, directeur-général de l'administration départementale et de la police transmet à notre Garde-des-sceaux, Ministre-secrétaire d'État au département de la justice, les pièces de la procédure commencée contre les sieurs *Bailleux*, maire de la commune de Gurgy-le-Château et *Mugnerot-Roy*, maire de celle de Buxerolles, prévenus de prévarication et de concussion dans l'exercice de leurs fonctions, et demande qu'il soit accordé l'autorisation nécessaire pour continuer les poursuites commencés;

Vu l'arrêté du préfet du département de la Côte-d'Or, du 29 juillet 1819, qui, sur la plainte formée par plusieurs habitans des communes de Gurgy-le-Château, Buxerolles et Chambain, à l'occasion de ventes de bois illégalement faites par les maires de ces communes, annule lesdites ventes et ordonne le renvoi de toutes les pièces y relatives à notre procureur près le tribunal de première instance, séant à Châtillon, afin qu'il soit informé sur les faits établis dans la plainte;

Vu l'information faite par le juge d'instruction près ledit tribunal, les 5, 6, 7, 8 et 11 novembre 1819;

Vu l'ordonnance de la Chambre du Conseil, du 10 janvier 1820, portant que les pièces de la procédure seront transmises à notre procureur-général, près la Cour royale de Dijon, afin qu'il puisse solliciter l'autorisation nécessaire pour mettre en jugement les sieurs *Bailleux* et *Mugnerot Roy*;

Vu la lettre de notre procureur-général près la Cour royale de Dijon à notre Garde-des-sceaux, tendant à ce que ladite autorisation soit accordée;

Vu l'art. 61 de la loi du 14 décembre 1789, l'art. 13 de celle du 24 août 1790, l'art. 75 de la loi du 22 frimaire an 8 et les articles 127 et 129 du Code pénal;

Notre Conseil d'État entendu,

Nous avons ordonné et ordonnons ce qui suit:

Art. 1.er Notre procureur-général près la Cour royale de Dijon est autorisé à continuer les poursuites commencées contre les sieurs *Bailleux*, maire de la commune de Gurgy-le-Château, et *Mugnerot-Roy*, maire de la commune de Buxerollès, à raison des faits qui leur sont imputés.

Art. 2. Notre Garde-des-sceaux et notre Ministre de l'intérieur sont chargés, etc.

M. de Maleville, maître des req., *rapport.*

MISE EN JUGEMENT. — PRÉVARICATION. — GARDE-FORESTIER.

Par cette ordonnance, le Roi, en Conseil d'Etat, a autorisé le ministère public à continuer les poursuites commencées contre deux gardes-forestiers accusés de prévarication dans l'exercice de leurs fonctions.

(4882. — 2 février 1821. — M. le procureur-général près la Cour de Toulouse c. Lachaume et Tapie.)

LOUIS, etc.

Sur le rapport du comité du contentieux de notre Conseil d'Etat,

Vu la lettre écrite, le 29 avril 1820, par notre procureur-général près la Cour royale de Toulouse à notre Garde-des-sceaux Ministre-secrétaire d'État au département de la justice, et par laquelle il lui transmet l'information extra-judiciaire faite sur les délits imputés au sieur *La Chaume* et *Tapie*, gardes-forestiers de la commune de Bagnères de Luchon, et demande l'autorisation nécessaire pour mettre ces gardes en jugement;

Vu la délibération du Conseil d'administration de l'enregistrement et des Domaines et forêts, concluant à ce que lesdits gardes forestiers ne soient pas mis en jugement;

Vu l'enquête, faite le 2 avril 1820, pardevant le sieur Bertrand Saint-Martin, juge-de-paix du canton de Bagnères de Luchon;

Vu l'article 61 de la loi du 14 décembre 1789, l'article 15 de celle du 24 août 1790, l'article 75 de la loi du 22 frimaire an 8, et les articles 127 et 129 du Code pénal;

Notre Conseil d'État entendu,

Nous avons ordonné et ordonnons ce qui suit:

Art. 1.er Notre procureur-général près la Cour royale de Toulouse est autorisé à continuer les poursuites contre les nommés *La Chaume* et *Tapie*, gardes-forestiers à Bagnères de Luchon, département de la Haute-Garonne, pour les faits qui leur sont imputés.

Art. 2. Notre Garde-des-sceaux et notre Ministre de l'intérieur sont chargés, chacun en ce qui le concerne, de l'exécution de la présente ordonnance.

M. Maillard, maître des requêtes, *rapporteur.*

PESAGE ET MESURAGE.—Ferme de ces droits.—Contravention. — Indemnité.

Pour être admis à réclamer de la ville où ils exercent, une indemnité pour le prétendu dommage qui leur aurait été causé dans les lieux publics, les fermiers du mesurage doivent-ils justifier des poursuites dirigées par eux contre les contrevenans? Rés. aff.

Si, par leur contrat, ils n'ont reçu le droit de faire le mesurage chez les particuliers que quand ils en sont requis, sont-ils recevables à se plaindre de celui qui s'y fait par d'autres qu'eux? Rés. nég.

(4664. — 2 février 1821. — David c. la ville d'Avignon.)

Depuis long-temps les sieurs David, frères, se rendaient annuellement adjudicataires de la ferme du mesurage des grains à Avignon.

En 1818, des courtiers, nommés par le préfet pour fixer les mercuriales de la vente du blé, abusant de leur qualité, s'immiscèrent dans le mesurage et fraudèrent ainsi les droits du fermier.

L'abus fut dénoncé par les sieurs David, et, par un arrêté du Conseil de préfecture, il leur fut alloué une somme de douze cents francs, à payer par la ville, à titre d'indemnité.

Les abus se multipliant, le maire d'Avignon crut devoir prendre un arrêté ainsi conçu :

« Vu les arrêtés des 7 brumaire an 9 (1) et 6 prairial an 11, (2) relatifs à l'établissement de bureaux publics de pesage, mesurage et jaugeage;

» Considérant que l'on doit inférer de l'esprit de ces arrêtés que les personnes qui exploitent au profit de la ville les différentes fermes, doivent jouir exclusivement des droits qui y sont attachés, et qu'ainsi à eux seuls appartient de peser, mesurer et jauger dans la circonscription de l'établissement des bureaux;

---

(1) Voir le Bulletin des Lois, t, 2, 3.e série, n.° 50.

(2) *Ibid*, t. 8, 3.e série, n.° 281.

» Que cette disposition résulte textuellement de la décision de son Exc. le Ministre de l'intérieur, du mois de thermidor an 12, conçue en ces termes : « Nul n'est forcé de » faire mesurer sa marchandise; nul n'est empêché de la me» surer lui-même. La régie ne peut percevoir le prix d'un » mesurage, s'il n'est pas effectué par ses agens; mais aussi » il est défendu à tous autres que les préposés de la régie, de » faire les fonctions de peseur, mesureur et jaugeur public, » soit à domicile, soit dans les halles, marchés, places et » ports, soit gratuitement, soit moyennant salaire, sous les » peines portées par les réglemens (1). »

« Considérant cependant que plusieurs individus, non autorisés par les fermiers, vont dans les maisons particulières pour peser, mesurer et jauger des marchandises, en prétendant que le droit desdits fermiers ne s'étend pas au-delà des halles, places, marchés et ports, prétention qui est condamnée par l'esprit et la lettre des arrêtés et décision du Ministre sus-mentionnés;

» Considérant que l'abus résultant de cette fausse explication tend à priver les fermiers du pesage, mesurage et jaugeage de la ville d'Avignon, des droits qui leur sont concédés tant par lesdits arrêtés que par leur contrat d'adjudication, et que dès-lors l'administration municipale doit s'empresser de leur assurer la jouissance entière de leur bail, afin de ne point laisser avilir, au détriment de la ville, les fermes qu'ils régissent;

» Arrête : Art. 1.er Tout citoyen est libre de peser, mesurer et jauger lui-même sa marchandise, sauf à employer le ministère des peseurs, mesureurs et jaugeurs publics, dans le cas de contestation entre le vendeur et l'acheteur.

» Art. 2. Il est expressément défendu à tous individus, autres que ceux autorisés par les fermiers, de faire les fonc-

(1) Voy. Code administ., par Fleurigeon, *Police*, t. 2, p. 206 et suiv.

tions de peseur, mesureur et jaugeur dans les halles, marchés, places, rues, ports, et même à domicile.

» Art. 3. Les contrevenans à l'art. 2 seront traduits devant les tribunaux pour être condamnés aux peines portées par les lois et au paiement des dommages-intérêts qui seront reconnus être dûs aux fermiers; et les instrumens qui leur auront servi dans leurs opérations seront confisqués.

» Art. 4. MM. les commissaires de police sont chargés de l'exécution, etc. »

Sur la foi de cet arrêté, approuvé par le préfet de Vaucluse, le 22 juillet 1818, les sieurs David se sont rendu de nouveau adjudicataires de la ferme du poids public, pour l'année 1819.

Mais leurs droits ont encore été frustrés, et voici, selon eux, quel moyen a été employé: tous ou presque tous les négocians en grains ont imaginé de donner la qualification de *leur domestique* à l'individu qu'ils ont journellement employé à mesurer les marchandises qu'ils ont vendues.

Les sieurs David en ont porté plainte à la police administrative; elle a prétendu qu'elle ne pouvait rien à cet égard.

Ils ont eu recours au tribunal d'Avignon; il les a déboutés de leur demande.

Ne conservant plus l'espoir de faire punir les contrevenans, les fermiers n'ont vu d'autre moyen de salut que dans une nouvelle réclamation d'*indemnité* contre la ville, puisque le maire, en cette qualité, s'était obligé à *faire tenir l'effet du bail.*

Le conseil municipal et le conseil de préfecture ont successivement rejeté leur demande; alors ils se sont pourvus au Conseil d'État.

En principe général (ont-ils dit) le bailleur est tenu de faire jouir paisiblement, de la chose louée, le preneur, pendant la durée du bail ; et si, par le fait du bailleur ou sa négligence, la jouissance du preneur est troublée ou anéantie, une indemnité proportionnée au dommage est due à celui-ci par le bailleur.

Or, par le bail du poids public d'Avignon, le maire avait loué *la chose* de la communauté d'habitans à laquelle il préside, les lois du royaume autorisant les communes à établir des bureaux de poids public, et à en percevoir les revenus à leur profit, soit en les exploitant, soit en les affermant.

Le maire de la ville d'Avignon avait, de plus, en ses mains, comme autorité administrative, le pouvoir nécessaire pour faire exécuter, dans l'étendue de son territoire, les lois, et réglemens qui veulent que nul ne puisse, sans contravention, exercer la profession de mesureur public, et qui ne permettent qu'aux marchands eux-mêmes, *en personne*, de mesurer leurs marchandises dans les lieux publics.

Déjà même, ainsi qu'on l'a vu, le maire avait pris, en 1818, un arrêté pour cet objet ; il avait senti alors qu'il était de son devoir de mettre obstacle aux fraudes qui pouvaient se commettre à cet égard, et d'en réprimer les abus. En 1819, c'était encore à l'autorité municipale qu'il appartenait d'y porter remède, de poursuivre correctionnellement les contrevenans, et de prendre enfin toutes les mesures nécessaires pour que le fermier auquel la commune avait loué *sa chose* ne se trouvât pas, en définitif, n'avoir reçu qu'un vain droit de perception auquel le public échappait.

L'administration municipale doit donc s'imputer de n'avoir pas entièrement rempli son obligation de faire *tenir l'effet du bail*. Elle doit maintenant une indemnité aux fermiers, comme elle leur en a dû payer une en 1818. Comment ce qui était juste l'année précédente, ne le serait-il plus aujourd'hui, dans les mêmes circonstances et pour la même cause ?

Tels étaient, en substance, les moyens développés à l'appui de leur demande.

Dans sa défense, la commune d'Avignon a reconnu le principe établi par l'art. 1719 du Code civil, dans lequel il est écrit que le bailleur doit faire jouir paisiblement le preneur de l'objet affermé. Elle a reconnu également que le maire d'Avignon s'était, pour elle, engagé à faire tenir l'effet du bail de la ferme du mesurage; mais elle a déclaré qu'elle ne s'en croyait pas moins dispensée d'accorder une indemnité aux fermiers.

Ceux-ci (a-t-elle dit) n'apportent aucune preuve des contraventions sur lesquelles ils fondent leur demande. Cependant la preuve du dommage doit être établie avant que les dommages-intérêts soient réclamés. On ne saurait accorder une indemnité à celui qui se contente d'alléguer que cette indemnité lui est due.

Il y a plus : les contraventions seraient constantes, que la commune ne devrait pas d'indemnité aux fermiers; car l'autorité municipale a fait tout ce qui dépendait d'elle pour leur procurer une jouissance paisible.

La commune a invoqué, à cet égard, et l'arrêté de 1818, et l'assistance qu'elle avait constamment prêtée aux fermiers contre les fraudeurs; elle a dit ensuite que cette assistance ne leur aurait point manqué, dans la circonstance particulière, si, ne voulant point poursuivre directement les contrevenans devant les tribunaux correctionnels, aux termes de l'article 182 du Code d'instruction criminelle, ils les eussent au moins dénoncés au maire. Les fermiers n'ont pris ni l'un ni l'autre parti; et si les fraudes leur ont occasionné des pertes, ils doivent l'imputer à leur seule négligence, dont la commune ne saurait souffrir.

Le système de cette défense a été consacré par l'ordonnance dont la teneur suit :

LOUIS, etc.

Sur le rapport du comité du contentieux de notre Conseil d'Etat,

Vu la requête introductive et le mémoire ampliatif à nous présentés au nom des sieurs *Pierre* et *Jean David*, fermiers du mesurage public des grains de la ville d'Avignon, enregistrés au secrétariat-général de notre Conseil d'État, les 10 juin et 5 août 1820, et tendant à ce qu'il nous plaise annuler un arrêté du Conseil de préfecture du département de Vaucluse, du 9 mars précédent, qui rejette la demande en indemnité formée par les supplians, pour les pertes qu'ils ont éprouvées pendant le cours de l'année 1819, par suite des abus qui se sont introduits dans cette partie du service public, renvoyer lesdits fermiers à faire arbitrer ladite indemnité devant ledit Conseil de préfecture, et condamner la ville d'Avignon aux dépens;

Vu le mémoire en défense pour *le maire de la ville d'Avignon*, enregistré audit secrétariat-général, le 16 octobre 1820, par lequel il conclut à ce qu'il nous plaise ordonner que l'arrêté du Conseil de préfecture du département de Vaucluse sortira son plein et entier effet, et condamner les sieurs *David* aux dépens;

Vu l'article XI du cahier des charges, par lequel la ville et les fermiers stipulent qu'en cas de contestations elles seront jugées par le Conseil de préfecture;

Vu les articles 2 et suivans dudit cahier qui déterminent les droits et obligations des fermiers, relativement au mesurage dans les lieux publics et chez les particuliers;

Vu le procès-verbal d'adjudication du mesurage des grains pour l'année 1819;

Vu l'arrêté attaqué;

Vu toutes les pièces produites;

Considérant, sur le mesurage dans les lieux publics, que les fermiers ne justifient d'aucunes plaintes et poursuites relatives aux contraventions qu'ils prétendent leur avoir causé un dommage;

Considérant, sur le mesurage chez les particuliers, que l'article 4 du cahier des charges ne donne aux fermiers le droit de faire ce mesurage que quand ils en sont requis;

Qu'ainsi, sous aucun de ces rapports, les fermiers ne sont fondés à réclamer une indemnité;

Notre Conseil d'Etat entendu,

Nous avons ordonné et ordonnons ce qui suit :

Art. 1.er La requête des sieurs *David* est rejetée.

Art. 2. Les sieurs *David* sont condamnés aux dépens.

Art 3. Notre Garde-des-sceaux et notre Ministre de l'intérieur, sont, chacun en ce qui le concerne, chargés de l'exécution de la présente ordonnance.

M. Brière, maître des req., *rapport.* — M.es Joffroy et Ch. Roger, *avocats.*

PRISES. — INDEMNITÉ. — CONVENTION DIPLOMATIQUE DES 25 AVRIL ET 25 JUIN 1818.

Le propriétaire d'un navire étranger, capturé pour cause d'utilité publique, avant la convention conclue à Paris le 25 avril 1818 et ratifiée le 25 juin, même année, entre la France et les puissances étrangères, est-il aujourd'hui recevable à réclamer la valeur de ce bâtiment et une indemnité égale à la perte de son fret? Rés. nég.

(3005. — 2 février 1821. — Pinto de Vasconcellos.)

Le brick portugais l'*Éléonore*, frété à Porto, destiné pour Nantes, où il devait prendre un chargement de grains, se trouva, le 8 juillet 1815, en vue de Belle-Isle en mer, vers laquelle il se dirigeait pour y prendre un pilote.

Belle-Isle était en état de siége; la garnison reçut l'ordre de tirer sur le brick; il amena son pavillon et fut conduit au port de Souzon, ayant à bord garnison française.

Par suite de cette capture, le bâtiment et son chargement se perdirent.

Le 16 août 1816, le capitaine du brick, Pinto de Vasconcellos, s'est pourvu au Conseil d'État, pour demander que la capture fût déclarée nulle et invalide, et qu'on lui restituât la valeur de son bâtiment et une indemnité pour la perte du fret.

Le 17 février 1817, le Ministre de la marine a répondu que le gouverneur de Belle-Isle n'avait pas eu l'intention de capturer le brick, et que s'il l'avait retenu, c'était uniquement dans la crainte que le capitaine n'instruisît de la faiblesse de sa garnison, les Anglais qui bloquaient l'île.

Le sieur Pinto de Vasconcellos a répliqué que le navire ayant été préhendé de force, détourné de sa route, soustrait à l'autorité de son capitaine, il y avait nécessairement eu capture, dans le sens du droit des gens et de nos lois positives; que, puisque cette capture et le dommage causé par son résultat avaient eu pour motif le besoin de pourvoir à la sûreté de Belle-Isle, c'est-à-dire, une cause d'intérêt public, le dommage devait être réparé, comme, dans d'autres circonstances, l'avait été celui de la *Nancy*, bâtiment détruit par le même motif.

Voici l'Ordonnance par laquelle ce débat s'est terminé :

LOUIS, etc.

Sur le rapport du comité du contentieux de notre Conseil d'Etat,

Vu la requête à nous présentée au nom du sieur *Thomé*

Guedes Pinto de Vasconcellos, ci-devant capitaine du brick l'*Éléonore*, ladite requête enregistrée au secrétariat-général de notre Conseil d'État, le 16 août 1816, et tendant à ce qu'il nous plaise déclarer illégale la capture faite du brick l'*Éléonore*, par la garnison de Belle-Isle sur mer, le 8 juillet 1815; ordonner que la valeur constatée dudit brick et de son chargement, ensemble une indemnité égale aux frais encourus et au fret perdu seront payés au suppliant;

Vu la lettre du général comte Treilhard, ci-devant gouverneur de Belle-Isle sur mer, et celle de notre Ministre de la marine, en réponse aux communications qui leur ont été données, par notre Garde-des-sceaux, de ladite requête;

Vu les nouvelles observations du sieur *Pinto de Vasconcellos*, enregistrées audit secrétariat-général, le 12 octobre 1820;

Vu la convention conclue à Paris, le 25 avril 1818 et ratifiée le 25 juin, même année, entre la France et les puissances étrangères;

Considérant que, par suite de ladite convention, le gouvernement français a été libéré de toutes réclamations des sujets des puissances alliées contre la France;

Notre Conseil d'Etat entendu,

Nous avons ordonné et ordonnons ce qui suit:

Art. 1.er La requête du sieur *Pinto de Vasconcellos* est rejetée.

Art. 2. Notre Garde-des-sceaux, et notre Ministre de la marine et des colonies sont, chacun en ce qui le concerne, chargés de l'exécution de la présente ordonnance.

M. Maillard, maître des req. *rapport.* — M.e Delagrange, *avocat.*

PROCÉDURE. — TIERCE-OPPOSITION. — REQUÊTE CIVILE. — ACQUIESCEMENT. — RECOURS TARDIF.

Est-on recevable à recourir au Conseil d'État contre une décision souveraine intervenue sur un débat dans lequel on n'était pas partie? Rés. aff. (1).

Le moyen de faux dont une partie argue contre un acte doit-il être pris en considération, lorsque l'adversaire consent à être jugé sur la copie de cet acte produite par le plaignant? Rés. nég.

Pour être admis à exercer la requête civile contre une ordonnance royale rendue en Conseil d'État, sous prétexte de pièces retenues par le fait de la partie adverse, est-il besoin que ces pièces soient décisives? Rés. aff. (2).

Est-on recevable, si l'on ne se fonde que sur des pièces déjà jugées par la décision que l'on attaque? Rés. nég. (3)

Le particulier qui a volontairement acheté des biens jusque là litigieux entre son vendeur et lui, est-il recevable à demander l'annulation des décisions qui ont jugé la contestation favorablement à ce vendeur? Rés. nég. (4).

---

(1) Voy. l'art. 37 du réglem. du 22 juillet 1806. — *Elém. de jur. adm.*, tom. 1.er, p. 82, n.° 95. — Décret du 31 juillet 1812. Decotte. *Jur. du C. d'Et.*, tom. 2, pag. 119.

(2) Voy. l'art. 32 du même réglem. — *Elém. de jur. adm.*, tom. 1.er, p. 84, n.° 102. — Ordon. des 4 juin 1816. Lefèvre et Germain. *Jur. du C. d'Et.*, t. 3, p. 301. — 26 février 1817. Leroi c. Delassus, *ibid.*, tom. 3, p. 522. — Voy. aussi décret du 6 décemb. 1813. Bianco, *ibid.*, tom. 2, p. 466. — Ordon. des 23 décemb. 1815. Lizet, *ibid.*, tom. 3, p. 188. — 6 mars 1816. Pacaut, *ibid.*, t. 3, p. 236. — 4 juin 1816. Suremain de Flamerans, *ibid.*, t. 3, p. 307.

(3) Voy. *Elém. de jur. adm.*, t. 2, tit. 2, ch. 6, sect. 1 et 2. — Décret du 11 juin 1811. Finet, Moisset et autres (*arch. du comité*). — Ordon. du 7 août 1816. Chabran et consorts. *Jur. du C. d'Et.*, t. 3, p. 384.

(4) Voy. *Elém. de jur. adm.*, t. 1.er, p. 70, n.° 59 et suiv. — Avis app.

Est-il également recevable, s'il a obéi aux sommations qui lui ont été faites, en vertu de ces décisions, pour la nomination d'experts à l'effet de faire estimer les fruits du bien induement possédé par lui ? Rés. nég. (1).

Lorsque ces sommations ont été faites à des tiers, doivent-ils se pourvoir dans le délai de trois mois, contre les décisions souveraines portées ainsi à leur connaissance? Rés. aff. (2).

(4194). — 2 février 1821. — Habitans de Bischoffsheim c. Teutsch et Consorts.

LOUIS, etc.

Sur le rapport du comité du contentieux de notre Conseil d'Etat,

Vu la requête (3) enregistrée au secrétariat-général de

---

du 25 ventose an 13 (*arch. du conseil*).—Décret du 13 juin 1813. Luneau et Harscouet. *Jur. du C. d'Et.*, t. 2, p. 393. — Ordon. des 20 novembre 1815. Lenfant. *ibid.*, t. 3, p. 150. —31 mars 1819. Humbert c. le Dom. (*arch. du comité*). —7 avril 1819. *ibid.*, Fichet des Grèves c. le Domaine.

(1) Toutes les décisions ci-dessus rapportées en la note 4, et ordon. du 1.er décemb. 1819. Herbelot c. la com. de Metz (*arch. du comité*).

(2) Voy. *Elém. de jur. adm.*, tom. 1.er, p. 83, n.° 100. — Ordon. des 4 juin 1816. Duval, Delavacquerie et consorts. *Jur. du C. d'Et.*, tom. 3, p. 310,—17 juillet 1816. Com. de Marmoutiers, c. Schott, Muller et consorts. *ibid.*, t. 3, p. 340. — 9 avril 1817. Fabrique de Cambrai c. Venture et Morval. *ibid.*, t. 3, p. 545.

(3) Les circonstances du litige nous ayant paru suffisamment exposées par le *visa* des requêtes et pièces produites devant le Conseil, et l'analyse que nous en aurions pu présenter devant, malgré tous nos efforts, dépasser de beaucoup les limites du plan que nous nous sommes tracé, nous avons cru devoir supprimer la narration des faits et nous borner à indiquer, en tête, les solutions qui nous paraissent avoir été données dans cette contestation.

Nous n'ajouterons qu'un mot, relatif à un incident assez grave qui a notre Conseil d'État, le 26 décembre 1817, sous le n.° 3536, à nous présentée par :

Adam-Jean Wolgmutz et autres.

Ladite requête tendant à les recevoir tiers opposans aux décrets des 13 novembre 1810 et 18 mai 1815 ; reviser et annuler lesdits décrets, et déclarer nulle et de nul effet la vente passée aux sieurs *Teutsch*, *Mennet*, et *Prost*, par contrat du 20 janvier 1807, laquelle vente a été confirmée par ces décrets ;

Vu la requête enregistrée audit secrétariat-général le 11 avril 1818, à nous présentée par *Chretien Littermann* et autres ;

---

donné lieu à l'exercice du pouvoir discrétionnaire de Monseig. le Garde-des-sceaux, en sa qualité de président du comité du contentieux ; et, comme il peut être utile de connaître la physionomie de l'ordonnance émanée de Sa Grandeur, en cette occasion, nous avons cru devoir la transcrire textuellement :

« Nous, *Etienne-Denis* PASQUIER, Garde-des-sceaux de France, Ministre-secrétaire d'Etat de la Justice ;

» Vu la lettre à nous adressée par le préfet du départ. du Bas-Rhin, dans laquelle il expose que deux pièces relatives à un procès pendant au Conseil d'Etat entre les acquéreurs du domaine national de Bischoffsheim et plusieurs habitans de cette commune ont été induement retirées des archives de la préfecture dudit départ. et déposées au comité du contentieux du Conseil d'Etat ;

» Vu la lettre à nous adressée par M.e *Dejean*, avocat aux Conseils du Roi, occupant pour l'une des parties, lequel a déposé lesdites pièces au greffe du comité du contentieux, tendant à ce qu'elles restent au nombre des pièces produites dans la cause, pour que les parties respectives en prennent communication ;

» Vu l'avis du comité du contentieux qui pense « que ces pièces appar-
» tiennent à la préfecture du Bas-Rhin ; qu'ayant été communiquées *sous*
» *récépissé* à l'abbé *Gaspari*, il devait les rétablir dans les archives de la
» préfecture, et non les déposer au secrétariat du Conseil ; que cepen-
» dant le secrétaire du Conseil en est responsable envers les parties au

Ladite requête tendant à ce qu'il nous plaise recevoir les requérans tiers-opposans aux décrets de 1810 et 1815; annuler lesdits décrets et déclarer nulle et de nul effet la vente passée, auxdits sieurs *Mennet* et *Prost*, de tous les articles du contrat du 20 janvier 1807, qui comprennent les biens dont les réclamans et consorts jouissent à divers titres;

Vu la requête en défense, enregistrée audit secrétariat-général, le 30 décembre 1818, à nous présentée 1.° par le sieur *Jean-François-Joseph Mennet*, agissant tant en son nom qu'en qualité de tuteur de Louis-Antoine et Jean-François *Prost*, enfans mineurs de feu Louis-Balthazard-Fréderic Prost, et ses héritiers en partie; 2.° Elisabeth-Joséphine-Pierrette *Prost*, épouse du sieur Bernard-Michel Champy, en qualité d'héritière en partie dudit feu sieur Prost, son père; 3.° ledit sieur *Champy*; 4.° et le sieur Georges-Frédéric *Teutsch*;

» nom de qui le dépôt en a été fait par leur avocat qui ne consent pas à » ce qu'elles soient renvoyées à la préfecture du Bas-Rhin; qu'il faut par » conséquent prendre des précautions qui déchargent le secrétaire du Con» seil, l'avocat des parties, et les parties elles-mêmes. »

» Vu lesdites pièces désignées ainsi qu'il suit:

» 1.° Le livre terrier de la commune de Bischoffsheim, de 1687,

» 2.° La minute du contrat de vente du 20 janvier 1807;

» Considérant que c'est par abus que ces deux pièces ont été retirées des archives de la préfecture du Bas-Rhin; que la seconde notamment, qui forme le titre original de la vente du domaine de Bischoffsheim, ne devait, sous aucun prétexte, être délivrée à des tiers; nous avons ordonné et ordonnons ce qui suit:

» Le secrétaire du Conseil d'Etat prendra les mesures nécessaires pour que les pièces sus-mentionnées soient remises au préfet du Bas-Rhin, moyennant quoi il en sera valablement déchargé; et sera notre présente ordonnance notifiée à M.° Dejean, avocat, qui demeurera pareillement déchargé desdites pièces. »

Fait en notre hôtel, ce 3 juillet 1818.

Signé PASQUIER.

Ladite requête tendant au rejet de la tierce-opposition, par fin de non recevoir, et subsidiairement par les moyens du *fond*;

Vu la requête d'intervention, enregistrée audit secrétariat le 29 avril 1819, à nous présentée par Jacques *Ledermann* et autres; ladite requête tendant aux mêmes fins que celles à nous présentées les 26 décembre 1817 et 11 avril 1818;

Vu la requête enregistrée audit secrétariat-général, le 24 mai 1819, à nous présentée par 1.° Martin *Kirmann* et autres; 2.° *Zorn de Bulach* et autres, ladite requête tendant à ce qu'il nous plaise les recevoir dans leurs pourvois en revision des décrets de 1810 et 1815, fondant leur demande sur ce que les décrets ont été rendus dans l'absence de pièces soustraites par leurs adversaires ou sur pièces fausses;

Vu la requête en réplique, enregistrée audit secrétariat le 5 juin 1819, à nous présentée au nom du sieur *Chrétien Ledermann* et autres individus déjà dénommés dans les précédentes requêtes et par laquelle ils persistent dans leurs premières conclusions;

Vu les conclusions motivées, enregistrées audit secrétariat, à nous présentées au nom du sieur *Mennet*, des héritiers *Prost* et du sieur *Teutsch*, et tendant à ce que l'instance en tierce-opposition soit jugée, sans la lier au sort du pourvoi en revision;

Vu les conclusions motivées, enregistrées audit secrétariat, le 30 juin 1819, à nous présentées au nom des sieurs *Hoffmann*, *Ledermann* et consorts et tendant à ce qu'il nous plaise joindre l'instance en tierce-opposition à leur demande en revison;

Vu le précis enregistré audit secrétariat, le 2 novembre 1819, à nous présenté au nom du sieur *Pierre Clauss* et autres, déjà dénommés dans les précédentes requêtes, par lequel ils résument les moyens déjà présentés et persistent dans leurs premières conclusions;

Vu la requête additionnelle, enregistrée audit secrétariat le 29 février 1820, à nous présentée au nom des mêmes, et tendant à protester contre les conséquences d'un aveu inséré dans un précédent mémoire;

Vu une requête enregistrée audit secrétariat, le 23 mars 1820, à nous présentée pour les mêmes et tendant à justifier d'une propriété à titre patrimonial ou immémorial;

Vu un nouveau précis pour les mêmes, enregistré audit secrétariat, le 22 avril 1820, tendant à de nouvelles justifications de propriété, à titre soit patrimonial et immémorial, soit même national;

Vu la requête à nous présentée au nom des mêmes, enregistrée audit secrétariat, le 26 mai 1820, et tendant à ce qu'il nous plaise accorder un sursis à l'exécution des décrets de 1810 et 1815;

Vu le deuxième mémoire, enregistré audit secrétariat, le 12 juin 1820, à nous présenté au nom des sieurs *Mennet*, des héritiers *Prost* et du sieur *Teutsch*;

Vu la dernière requête, enregistrée audit secrétariat-général, le 4 juillet 1820, à nous présentée et intitulée *courte réplique* pour les nombreuses parties intéressées aux instances de *Bischoffsheim*;

Vu toutes les pièces respectivement produites;

Vu notamment les actes de signification dudit décret, faite aux requérans, et les actes de vente passés, par les sieurs *Mennet*, *Prost* et *Teutsch*, à une grande partie des requérans des biens qu'ils réclament;

Vu les actes pour nomination d'experts, par suite du décret de 1815, en date des 1.er, 2 août et 9 septembre 1817;

Vu le décret du 13 novembre 1810, qui confirme l'acte de vente passé le 20 janvier 1807, par le préfet du département du Bas-Rhin, aux sieurs *Mennet*, *Prost* et *Teutsch*, de différens biens soumissionnés le 18 messidor an 4, et, en conséquence, rejette la requête des sieurs *Kirmann* et consorts, qui demandaient la nullité de la vente, fondée sur ce qu'on y avait compris des biens qu'ils disaient leur appartenir;

Vu le décret du 19 mai 1815, qui rejette les requêtes en opposition et en intervention contre les susdits décrets;

1.° En ce qui touche les réclamans dont les noms suivent *Martin Kirmann* et autres:

Considérant que les susnommés étaient parties en l'instance jugée par le décret du 13 novembre 1810, lequel était contradictoire à leur égard; mais qu'ils n'étaient pas parties dans l'instance terminée par le décret du 19 mai 1815 (1); qu'il y a lieu dès-lors à statuer sur leurs divers moyens de revision des décrets de 1810 et 1815, conformément à l'article 32 du réglement;

Que leur demande en revision desdits décrets est fondée 1.° sur trois moyens de faux, relatifs à la soumission du 18 messidor an 4, à l'arrêté du Conseil de préfecture du 30 messidor an 12, et à la copie du contrat de vente; 2.° Sur des pièces prétendues décisives qui n'auraient pas été produites lors des premières instances;

Considérant, en ce qui concerne le premier moyen de faux, opposé à la soumission du 18 messidor an 4, et déjà allégué dans l'instance de 1815:

Que les sieurs *Mennet* et *Prost* consentent, comme ils l'ont fait en 1815, à être jugés sur la copie de la soumission produite par les requérans, d'où il résulte que ce moyen est sans objet.

En ce qui concerne le second moyen de faux opposé à l'arrêté du Conseil de préfecture du 30 thermidor an 12:

Que le changement reproché a été inscrit et approuvé sur la minute, de la main d'un conseiller de préfecture, et ne présente aucun caractère de faux.

En ce qui concerne le contrat de vente:

---

(1) Voir ce décret dans Sirey. *Jur. du C. d'Et.*, t. 3, p. 114.

Que l'omission reprochée à l'expédition du contrat de vente s'applique à des biens caducs, précédemment vendus, qui avoient été mentionnés par erreur dans la minute du contrat, et sur lesquels les sieurs *Mennet* et *Prost* n'élèvent aucune prétention.

En ce qui concerne les pièces prétendues décisives qui sont, 1.° une déclaration faite par l'agent de *Bischoffsheim* en l'an 7; 2.° une protestation des habitans de *Bischoffsheim* en l'an 6:

Considérant qu'elles ne sont pas décisives, et que les requérans ne prouvent pas qu'elles aient été retenues par les adversaires;

Que, par conséquent, les susnommés sont non-recevables.

2.° En ce qui touche les réclamans dont les noms suivent, *Zorn de Bulach* et autres :

Considérant qu'ils étaient parties dans l'instance en revision, jugée par le décret du 19 mai 1815, lequel a rejeté leur réclamation ;

Que, dans leur nouvelle demande en revision, il faut distinguer les moyens tirés des pièces déjà jugées par le décret de 1815, de ceux qu'ils puisent des pièces non jugées par le décret;

Qu'à l'égard des pièces déjà jugées par le décret de 1815, ils sont non-recevables, aux termes de l'article 36 du réglement du 22 juillet 1806;

Qu'à l'égard des pièces sur lesquelles il n'a pas été statué par ledit décret et qui se trouvent être les mêmes que celles dont il vient d'être fait mention, sur la réclamation des sieurs *Kirman* et *Consorts:*

Leur demande en revision, conformément à l'article 32 du réglement est mal fondée par les motifs exprimés ci-dessus.

3.° En ce qui touche les requêtes en opposition et intervention;

Considérant que, parmi les individus qui y figurent, les

requérans dont les noms suivent: *Adam-Jean Wolgmutlz* et autres, réclament des biens sur lesquels les sieurs *Mennet* et *Prost* déclarent, dans leurs réponses, n'élever aucune prétention.

4.° En ce qui touche les réclamans dont les noms suivent, *J. Kirmann* et autres:

Considérant qu'ils ont volontairement acquis, par contrat notarié, les biens litigieux, et que, par conséquent, ils ont acquiescé auxdits décrets.

5.° En ce qui touche les réclamans dont les noms suivent, *Jacques Lédermann* et autres:

Considérant qu'ils ont obéi aux sommations pour la nomination d'experts, à l'effet de faire estimer les fruits; qu'ainsi ils ont volontairement acquiescé auxdits décrets.

6.° En ce qui touche les réclamans dont les noms suivent, *Chretien Littermann* et autres:

Considérant qu'ils ont reçu des sommations pour nomination d'experts, à l'effet d'exécuter lesdits décrets, et qu'ils ne se sont pas pourvus au Conseil d'État contre lesdits décrets dans les trois mois voulus par le réglement du 22 juillet 1806; qu'ainsi ils sont non-recevables dans leur pourvoi;

Notre Conseil d'État entendu,

Nous avons ordonné et ordonnons ce qui suit:

Art. 1.er Les requêtes ci-dessus visées, enregistrées au secrétariat-général de notre Conseil d'État, les 26 décembre 1817, 11 avril 1818, 29 avril, 24 mai, 5, et 30 juin et 2 novembre 1819, 29 février, 23 mars, 22 avril, 26 mai, et 4 juillet 1820, sont rejetées.

Art. 2. Les requérans sont condamnés aux dépens.

Art. 3. Notre Garde-des-sceaux et notre Ministre des finances sont, chacun en ce qui le concerne, chargés de l'exécution de la présente ordonnance.

M. Maillard, maître des req., *rapport.* — M.es Dejean, Rochelle et Odilon-Barrot, *avocats.*

COMMUNES. — Action correctionnelle. — Autorisation de poursuivre.

Est-il besoin de l'autorisation du Conseil de préfecture, pour être admis à intenter, contre une commune, une action correctionnelle à raison d'enlèvement de bois dans une forêt particulière? Rés. nég. (1).

(4906. — 22 février 1821. — Laroque contre les communes de Hèches, Labarthe et autres).

Le sieur Laroque possédait, dans le territoire de Hèches, une forêt grévée d'un droit d'usage en faveur des communes de Hèches, Labarthe et autres.

Au mois de novembre 1819, ces communes obtinrent, du tribunal de Bagnères, l'autorisation de faire une coupe, dont le produit était destiné au chauffage des habitans et à la confection de leurs instrumens aratoires.

La coupe fut effectuée; mais il fut commis, dans la forêt, beaucoup de dilapidations sur les arbres de réserve.

Il était dû une réparation au sieur Laroque; dans la vue de l'obtenir, il crut devoir préalablement s'adresser au Conseil de préfecture pour faire autoriser ses poursuites contre les communes usagères.

Ce Conseil a repoussé sa demande par un arrêté du 23 septembre 1820, ainsi conçu :

« Attendu qu'il n'existe ni lois, ni réglemens supérieurs qui fassent peser quelque responsabilité sur la tête des communes, *en corps moral*, à raison des délits qui auraient été commis dans les forêts communales ou particulières, quel que soit d'ailleurs le nombre des délinquans; que dès-lors les

(1) Voir l'arrêté du 17 vendémiaire an 10, au Bulletin; et *Élém. de Jur. adm.*, t. 1.er, tit. 3, chap. 3, sect. 3.

maires, qui représentent les communes tant pour leurs actions actives que passives, ne peuvent être poursuivis en cette qualité, et que, par suite, la demande du sieur *Laroque* ne peut être accueillie;

» Arrête qu'il n'y a pas lieu d'accorder l'autorisation réclamée ».

Le sieur Laroque a déféré cette décision à la censure du Conseil d'État. *Mal jugé, incompétence*, tels sont les deux moyens par lesquels il en a démontré le vice.

Sur le premier: si les communes (a-t-il dit) ont abusé de l'exercice du droit d'usage, pour commettre des dégradations dans la forêt de B[illegible]nes, elles doivent nécessairement faire raison, au propriétaire, du préjudice qu'il a souffert. Il n'est pas besoin d'une loi spéciale ou de réglemens particuliers qui le prescrivent ainsi; leur obligation à cet égard dérive naturellement du principe que celui qui, par son fait, a causé du dommage à autrui est tenu de le réparer, principe d'éternelle équité, textuellement consacré par le Code civil, articles 1382, 1383, 1384, et à l'application duquel les communes ne peuvent pas plus se soustraire que les individus.

Quant à l'incompétence, voici la manière dont il l'a établie.

Quel était ici le fond du procès? Il s'agissait de savoir si les communes usagères devaient indemniser le sieur *Laroque* des dégradations qui avaient accompagné l'exploitation autorisée.

C'était là, sans contredit, une question ordinaire de propriété, essentiellement régie par le droit commun, et sur laquelle ne s'étendait point la juridiction administrative. Or, comment le Conseil de préfecture motive-t-il son refus d'autorisation de plaider? en déclarant qu'*en général les communes ne sont pas responsables des délits commis dans les forêts, quel que puisse être le nombre des délinquans.* En absolvant ainsi les communes, le Conseil de préfecture juge évidemment la contestation toute entière; et, en dernière analyse, il résout un point de droit commun et décide une véritable question de propriété, quand il n'avait à statuer que sur un point de forme.

Le Conseil d'État a donné cours à l'action du sieur *Laroque*, mais il s'est décidé par d'autres motifs.

LOUIS, etc.

Sur le rapport du comité du contentieux de notre Conseil d'Etat;

Vu la requête à nous présentée au nom du sieur *Laroque*, enregistrée au secrétariat-général de notre Conseil d'État, le 16 janvier 1821, et tendant à l'annulation d'un arrêté du Conseil de préfecture du département des Hautes-Pyrénées, du 23 septembre 1820, lequel déclare qu'il n'y a lieu à accorder l'autorisation demandée par le sieur *Laroque*, à l'effet de poursuivre devant les tribunaux les maires des communes *de Hèches*, *La Barthe*, *Izaux*, *Lortet*, *Bazus saint Aroman*, *Mazonais* et *Gazave*, en restitution de bois enlevés au requérant, dans une forêt qui lui appartient, par les habitans desdites communes;

Vu l'arrêté attaqué;

Vu toutes les pièces jointes au dossier;

Considérant qu'il ne s'agit pas, dans l'espèce, d'une action civile et mobilière, mais d'une action correctionnelle intentée contre les communes usagères;

Que dès-lors, il n'y avait pas lieu à l'application de l'arrêté du gouvernement du 17 vendémiaire de l'an 10;

Que l'arrêté du Conseil de préfecture ne fait point obstacle à ce que le sieur *Laroque* suive ladite action devant les tribunaux, et à ce que les communes fassent valoir, s'il y a lieu, les exceptions mentionnées dans ledit arrêté;

Notre Conseil d'Etat entendu,

Nous avons ordonné et ordonnons ce qui suit :

Art. 1.er La requête du sieur *Laroque* est rejetée.

Art. 2. Notre Garde-des-sceaux et notre Ministre de l'intérieur sont chargés, chacun en ce qui le concerne, de l'exécution de la présente ordonnance.

M. de Cormenin, maître des req. *rapport.* — M.e Darrieux, *avocat.*

COMMUNES. — AUTORISATION DE PLAIDER. — TIERS SANS QUALITÉ POUR L'ATTAQUER. — SOL DES HALLES. — PROPIÉTÉ. — COMPÉTENCE.

Des tiers sont-ils recevables à recourir au Conseil d'Etat contre l'ordonnance par laquelle le Roi a autorisé une commune à plaider, devant les tribunaux civils, sur une question de propriété? Rés. nég. (1).

Les questions relatives à la propriété du sol des halles, entre les communes et les particuliers, sont-elles du ressort de l'autorité administrative? Rés. nég. (2).

(4920. — 22 février 1821. — Le Pelletier de Morfontaines et autres héritiers de Bacqueville c. la commune de Bacqueville.)

Un arrêté du Conseil de préfecture du département de la Seine-Inférieure, en date du 11 août 1806, avait maintenu MM. Le Pelletier et Momet dans la propriété et possession

---

(1) Voy. *Elém. de jur. adm.*, tom. 1.er, p. 152, n.° 23. — Ordon. du 23 décemb. 1815, Vanier c. la com. de Saint-Gatien. *Jur. du C. d'Et.*, tom. 3, p. 203.

(2) Voy. *Elém. de jur. adm.*, tom. 2, pag. 124, n.° 2. — Décret du 5 mars 1814, Bosredon c. la com. de Herment (arch. du com., n.° 19 9).

de la place du marché de Bacqueville, halles, hallettes et autres bâtimens élevés sur cette place,

En 1814, et le 26 septembre, le Roi, en Conseil d'Etat, et sans que les héritiers Bacqueville eussent été appelés, avait annulé (1) cet arrêté, pour cause d'incompétence, et autorisé la commune de Bacqueville à revendiquer, devant les tribunaux, la propriété de ce terrein.

En janvier 1821, les héritiers du marquis de Bacqueville ont formé, par la voie du comité du contentieux, un recours en opposition contre cette ordonnance royale.

D'après la loi du 28 pluviose an 8, la faculté de donner ou de refuser aux communes l'autorisation de plaider en justice ordinaire appartient aux conseils de préfecture, le Conseil d'État n'est donc pas autorité compétente en pareille matière. Sans doute le recours est ouvert devant lui; mais, avant d'arriver à ce second degré de l'ordre administratif, il faut avoir subi l'épreuve du conseil de préfecture. Cette condition nécessaire ne se trouve point dans l'espèce actuelle. D'où il résulterait que si le Conseil d'État avait réellement accordé l'autorisation, il aurait décidé *ultrà petita*. Mais il est probable que, par le renvoi devant les tribunaux, l'ordonnance royale du 26 septembre 1814 a seulement déclaré que la question agitée était du ressort de l'autorité judiciaire; malgré ce renvoi il appartient donc encore au conseil de préfecture d'examiner les titres de la commune et la question du litige, et de décider si le vœu de cette commune a été émis dans la forme légale et s'il a pour objet un intérêt réel. Reconnaître au Conseil d'État la faculté d'autoriser les actions judiciaires des communes, sans que préalablement les conseils de préfecture aient manifesté leur opinion, ce serait suppri-

(1) Il peut être utile de remarquer que, dans l'espèce actuelle, cette annulation avait été prononcée par le Roi, en Conseil d'Etat, sur le rapport du Ministre de l'intérieur, et non sur celui du comité du contentieux.

mer un des degrés de la juridiction administrative, et par conséquent, ôter aux communes et aux particuliers à la fois une garantie créée par le législateur.

Tels étaient les moyens sur lesquels les héritiers Bacqueville avaient fondé leur recours.

Postérieurement, et par une requête subsidiaire, ils ont pris les conclusions suivantes :

« Vu les articles 7, 24 et 25 du décret du 11 juin 1806, sur l'organisation du Conseil d'État ;

» Vu le décret du 22 juillet 1806, contenant réglement sur les affaires contentieuses portées au Conseil d'État ;

» En fait : Considérant que l'arrêté du Conseil de préfecture du département de la Seine-Inférieure, en date du 11 août 1806, a été attaqué par une simple pétition des habitans de Bacqueville, adressée à son Excellence le Ministre de l'intérieur ;

» Que ni les moyens ni les pièces de la commune n'ont été communiqués aux supplians ;

» Que l'ordonnance royale du 26 septembre 1814 a été rendue sur le simple rapport de son Exc. M. l'abbé de Montesquiou, Ministre-secrétaire d'État au département de l'intérieur, sans que le comité du contentieux ait émis un avis préparatoire ;

» En droit : Considérant que toute requête en pourvoi doit être signée d'un avocat aux Conseils ;

» Considérant, abstraction faite de l'irrégularité de la requête, qu'un arrêté de Conseil de préfecture, en matière contentieuse, ne peut être légalement déféré au Conseil d'État, qu'après avoir subi l'épreuve du comité du contentieux ; — Considérant, qu'on ne pourrait, sans de graves inconvéniens, accorder aux Ministres le droit exorbitant de proposer à Votre Majesté des ordonnances *de propre mouvement* qui annuleraient les arrêtés des Conseils de préfecture, pris en matière contentieuse et sur des intérêts privés ; — Considérant que ce serait méconnaître le texte et l'esprit des lois et réglemens, et enlever aux citoyens les avantages et les garanties qui résultent d'une discussion régulière et contradictoire :

» Par ces motifs, rapporter l'ordonnance royale du 26 septembre 1814, laquelle sera considérée comme non avenue.»

Le Conseil d'État n'a pas cru devoir se prononcer sur ces nouveaux moyens; il s'est décidé par d'autres motifs, ainsi qu'on va le voir.

LOUIS, etc.

Sur le rapport du comité du contentieux de notre Conseil d'État,

Vu les requêtes à nous présentées au nom de la dame *Le Pelletier de Morfontaines et Consorts,* enregistrées au secrétariat-général de notre Conseil d'État, les 16 janvier et 14 février 1821, et tendant à ce qu'il nous plaise rapporter notre ordonnance du 26 septembre 1814, laquelle a annulé, pour cause d'incompétence, un arrêté du Conseil de préfecture du département de la Seine-Inférieure, qui avait maintenu les sieurs Le Pelletier et Momet dans la propriété du sol et de la place du marché de la commune de Bacqueville, réclamée par cette commune, et a autorisé ladite commune à revendiquer devant les tribunaux la propriété de ce terrein;

Vu notre susdite ordonnance;

Considérant que les réclamans ne contestent pas que les questions relatives à la propriété du terrein en litige sont de la compétence des tribunaux ordinaires, et qu'ils sont sans qualité pour discuter l'autorisation donnée par nous à la commune de défendre ses droits devant les tribunaux;

Notre Conseil d'État entendu,

Nous avons ordonné et ordonnons ce qui suit :

Art. 1.er La requête de la dame *Le Pelletier de Morfontaines* et *consorts* est rejetée.

Art. 2. Notre Garde-des-sceaux et notre Ministre de l'intérieur sont chargés de l'exécution, etc.

M. de Cormenin, maître des req., *rapport.* — M.e Rochelle, *avocat.*

COMMUNES. — Dette antérieure au 24 aout 1793. — Déchéance. — Bouche d'égout nuisible a une propriété privée. — Indemnité.

Les communes sont-elles encore tenues des dettes par elles contractées avant la loi du 24 août 1793 ? Rés. nég. (1).

(3416. — 22 février 1821. — Molinos c. la ville de Paris, et l'administration des Domaines.)

LOUIS, (2) etc.

Sur le rapport du comité du contentieux de notre Conseil d'Etat,

Vu les requêtes introductive et ampliative à nous présentées au nom des sieurs *Molinos* et *Legrand*, architectes; lesdites requêtes enregistrées au secrétariat-général de notre Conseil d'Etat, les 9 septembre, et 25 novembre 1817, et tendant à ce qu'il nous plaise annuler la décision prise par notre Ministre-secrétaire d'Etat au département des finances, ordonner que les arrêtés du préfet du département Seine, des 21 juin 1807 et 21 janvier 1809, qui reconnaissent le droit des sieurs *Molinos* et *Legrand* à une indemnité, continueront d'être exécutés selon leur forme et teneur, moyennant quoi, les exposans seront libérés du solde résultant

---

(1) Voir ci-dessus, pag. 4 et 77.

(2) Cette décision ne faisant que confirmer le principe déjà posé dans les affaires *Vinot*, et *David-Bellety*, nous avons cru inutile d'offrir l'analyse des faits et des moyens des parties dans celle-ci. Nous agirons ainsi dans les occasions analogues, afin de ne pas grossir inutilement le volume.

du décompte dressé le 29 juillet 1807, sauf leur droit pour l'excédant de leur créance, après compensation du montant dudit décompte; condamner en outre la régie des Domaines aux dépens, sous la réserve de tous moyens et exceptions des exposans;

Vu l'acte d'adjudication du 13 mars 1791, portant cession, par le Domaine de la ville de Paris, au sieur Mignouville, d'un terrein et de bâtimens situés au coin des rues Saint-Honoré et Saint-Florentin, et la déclaration de command y jointe aux noms des sieurs Molinos, Legrand, Gaultier, Delle et Hérault;

Vu l'acte d'adjudication et partage, entre les cinq acquéreurs susnommés, du 25 mai 1791;

Vu la demande adressée au préfet du département de la Seine par les sieurs Legrand et Molinos, le 10 octobre 1806, à l'effet d'obtenir une indemnité réclamée par eux sur le prix de la vente, en considération du rapprochement d'une bouche d'égout nuisible à leur propriété;

Vu l'arrêté du préfet du département de la Seine, du 23 juin 1808;

Vu le rapport des experts du 3 septembre suivant, constatant qu'il y a lieu à accorder une indemnité de *dix-sept mille cent francs*;

Vu l'arrêté du préfet du département de la Seine, du 21 janvier 1809;

Vu la signification dudit arrêté, faite par les sieurs Molinos et Legrand, à la régie des Domaines, le 27 novembre 1817;

Vu l'avis du Comité des finances, approuvé le 3 août 1817, par notre Ministre des finances;

Vu le mémoire en défense pour la *direction générale de l'enregistrement des Domaines et forêts*, ledit mémoire enregistré au secrétariat-général de notre Conseil d'État, le 29 avril 1819, et tendant à ce qu'il nous plaise ordonner la rectification des qualités des réclamans, les déclarer non recevables dans leur pourvoi, ordonner que la décision de notre Ministre des finances, du 5 août 1817, sera exécutée selon sa forme et teneur, condamner les adversaires aux dépens;

Vu la réplique du sieur Molinos, enregistrée au secrétariat-général de notre Conseil d'Etat, le 31 août 1819, par laquelle il conclut à être admis seul à défendre aux demandes dirigées par la direction de l'enregistrement et des Domaines et forêts, contre lui et le sieur *Legrand;*

Vu de nouvelles observations du sieur *Molinos*, enregistrées audit secrétariat-général de notre Conseil d'État, le 20 octobre 1819;

Vu le deuxième mémoire en défense pour la *direction de l'enregistrement et des Domaines et forêts*, enregistrée audit secrétariat-général, le 22 avril 1820, par lequel elle persiste dans ses précédentes conclusions;

Vu une réplique du sieur *Molinos*, enregistrée audit secrétariat-général, le 5 juillet 1820;

Ensemble toutes les pièces produites;

Vu la loi du 24 août 1793;

Considérant que le rapprochement de la bouche d'égout, en raison duquel le sieur *Molinos* a réclamé une indemnité, a eu lieu en 1790, et que, par conséquent, dans la supposition où cette demande en indemnité serait fondée, l'origine de la créance est antérieure à la loi du 24 août 1793, qui a déclaré nationales les dettes des communes;

Considérant que la créance du sieur *Molinos* a été frappée de déchéance par le décret du 25 février 1808 et la loi du 15 janvier 1810;

Notre Conseil d'Etat entendu,

Nous avons ordonné et ordonnons ce qui suit:

Art. 1.er La requête du sieur *Molinos* est rejetée.

Art. 2. La décision de notre Ministre des finances, du

5 août 1817, continuera d'être exécutée selon sa forme et teneur.

Art. 3 Le sieur *Molinos* est condamné aux dépens.

Art. 4. Notre Garde-des-sceaux et notre Ministre des finances sont, chacun en ce qui le concerne, chargés de l'exécution de la présente ordonnance.

M. Villemain, maître des requêtes, *rapporteur*. — M.es Delagrange et Huart-Duparc, *avocats*.

COMMUNES. — ABONNEMENT AUX DÉPENSES DU CASERNEMENT. — EXÉCUTION DE LA LOI DU 15 MAI ET DE L'ORDONNANCE ROYALE DU 5 AOUT 1818.

La loi du 15 mai 1818 et l'ordonnance royale du 5 août suivant ont-elles mis à la charge du département de la guerre toutes les dépenses de casernement faites pendant l'exercice 1818? Rés. aff.

Les communes doivent-elles payer les dépenses qui auraient eu lieu par suite d'un défaut de réparations dans les exercices antérieurs? Rés. nég.

Les communes peuvent-elles actionner en répétition le département de la guerre, pour les dépenses qu'elles auraient évitées pour l'avenir par des constructions neuves ou un entretien régulier? Rés. nég.

(4710. — 22 février 1821. — La ville de Toulouse c. le Ministre de la guerre.)

Le décret du 3 avril 1810 avait remis aux villes la propriété des bâtimens militaires, à la charge de leur entretien, et les avaient obligées à porter, dans leur budjet, une somme au moins égale à celle indiquée pour les réparations annuelles.

Ce décret avait été exécuté, en particulier, par la ville

de Toulouse. En 1815 et 1817, des crédits avaient été ouverts pour le paiement de réparations assez considérables à faire aux casernes; les travaux avaient été exécutés conformément aux devis; et, tout paiement fait, la ville avait eu un *boni*, dont elle avait dû profiter, comme de tous les excédens de crédit.

En 1818, sur la demande et les devis des officiers du génie, de nouvelles réparations ont été jugées nécessaires; mais la ville n'ayant point de crédit ouvert à cet effet, le préfet a ordonné que le paiement aurait lieu sur le restant des crédits de 1815 et 1817 : ce qui a été exécuté.

Peu de temps après, la loi du 15 mai 1818 et l'ordonnance du 15 août suivant ont converti en un abonnement de 7 fr. par homme et de 3. fr. par cheval, toutes les charges que les villes supporteraient pour casernement, champs de manœuvre et autres. Ce mode a été ainsi réglé, pour l'entier exercice de 1818, par l'article 14 de l'ordonnance du 15 août qui veut que les dépenses de cette nature, que les communes justifieraient avoir faites pendant l'année 1818, leur soient imputées sur le montant de l'abonnement.

La ville de Toulouse a donc demandé cette imputation; le Ministre de la guerre l'a refusée, et la ville a formé recours au Conseil d'État contre sa décision.

Elle s'est bornée d'abord à prendre de simples conclusions, qui ont été communiquées au Ministre de la guerre.

Son Excellence, par une lettre adressée à Monseig.[r] le Garde-des-sceaux, sous la date du 7 septembre 1820, les a repoussées de la manière suivante :

Des dispositions (ci-dessus rapportées) du décret du 3 avril 1810, et du considérant de l'ordonnance royale du 5 août 1818 (1), il résulte, d'une part, que, pendant le temps que

(1) « En exécution de l'art. 46 de la loi du 15 mai précédent, il sera tenu compte aux villes, des dépenses de casernement et d'occupation des

le casernement a été à la charge des villes, elles ont été obligées de consacrer, à l'entretien des établissemens militaires, une somme dont le minimum était fixé à l'avance; et que, de l'outre, aux termes de la loi du 15 mai et de l'ordonnance du 5 août 1818, le Ministère de la guerre n'est tenu de rembourser que les dépenses faites *sur l'exercice de* 1818, et non pas toutes les dépenses quelconques faites depuis le 1.er janvier 1818. Si donc, pendant le temps que la ville était chargée de son casernement, l'administration municipale a négligé de faire faire, sur les fonds du budjet des différens exercices, toutes les réparations nécessaires; si ces réparations sont ensuite devenues tellement considérables, qu'elles n'ont pu être supportées sur les fonds du budjet de l'exercice de 1818, et qu'alors, s'appercevant qu'il restait des fonds disponibles sur les budjets antérieurs, l'administration municipale a jugé à propos de faire exécuter ces réparations sur ces fonds, il est bien évident que les dépenses, quoique faites en 1818, n'appartiennent pas à cet exercice, et par conséquent ne rentrent pas dans la catégorie de celles qui doivent rester à la charge du ministère de la guerre.

La ville de Toulouse a, par une réplique, développé ses moyens en répondant à ceux du Ministre.

Que résulte-t-il, a-t-elle dit, du rapprochement de la loi du 15 mai 1818 et du décret du 3 avril 1810? Que la loi du 15 mai, suivie de l'ordonnance royale du 5 août 1818, a entièrement abrogé le décret de 1810; que conséquemment toutes les dépenses relatives au casernement, qui ont été ordonnées et exécutées postérieurement au 31 décembre 1817, rentrent dans les attributions du Ministre de la guerre, et doivent rester à la charge de son département. Si donc, vu l'urgence, la ville, sur l'ordre donné par le préfet a été obli-

---

« lits militaires qu'elles ont pû faire, suivant l'ancien mode, sur le pré- » sent exercice ».

gée d'acquitter des dépenses militaires, prescrites et exécutées en 1818, ce paiement doit être considéré comme une simple avance qui doit être remboursée à la ville par le Ministre de la guerre, ou imputée sur le prix de l'abonnement.

C'est, en effet, ce que le Conseil d'État a été d'avis qu'il fallait statuer.

LOUIS, etc.

Sur le rapport du comité du contentieux de notre Conseil d'État,

Vu la requête à nous présentée au nom de notre bonne *ville de Toulouse*, enregistrée au secrétariat-général de notre Conseil d'État, le 11 juillet 1820, et tendant à ce qu'il nous plaise réformer une décision rendue par notre Ministre-secrétaire d'État de la guerre, le 30 juillet 1819, et transmise au préfet du département de la Haute-Garonne, par lettre du directeur-général de l'administration départementale et de la police, du 23 septembre 1819, et ordonner que la somme de *trois mille francs*, payée des fonds de la ville, pour les dépenses faites en exécution de procès-verbaux dressés par l'officier du génie chargé du service du casernement, sera imputée sur son abonnement pour 1818;

Vu la lettre adressée, le 7 septembre 1820, à notre Garde-des-sceaux, par notre *Ministre de la guerre*, en réponse à la communication qui lui a été faite de la requête ci-dessus visée;

Vu le mémoire en réplique pour notre bonne *ville de Toulouse*, enregistré audit secrétariat-général, le 27 décembre 1820, et qui se réfère aux précédentes conclusions;

Vu divers actes émanés de la préfecture de Toulouse, et constatant que, par procès-verbaux de visite, dressés les 19 janvier, 12 mars et 22 juillet 1818, par l'officier du génie chargé du service du casernement à Toulouse, il fut reconnu qu'il y avait lieu à faire exécuter sur-le-champ des travaux, soit à la toiture de la caserne des Jacobins, soit à la salle des bains de l'Hôpital militaire, soit à la caserne de Calvet, pour le rétablissement d'un puits; que chacune de ces réparations fut évaluée à la somme de *mille francs*, et que, sur la demande du maire, le préfet en autorisa l'exécution, pour les dépenses être imputées sur le résidu des crédits accordés en 1815 et 1817, pour réparations extraordinaires des bâtimens militaires de la ville;

Vu la lettre du 25 novembre 1818, par laquelle le commandant du génie informait le maire que, conformément aux ordres de notre Ministre de la guerre, il ne devait faire entrer dans les toisés de la ville que les dépenses non prévues, de simple entretien, et rejeter celles qui auraient pour objet de grosses réparations à l'arriéré ou sur des fonds appartenant à des crédits antérieurs à 1818; qu'en conséquence, il ne pouvait comprendre au nombre des dépenses imputables sur l'abonnement de la ville, la somme de *trois mille francs* employée aux travaux ci-dessus indiqués;

Vu la lettre du directeur-général de l'administration départementale et de la police, adressée au préfet du département de la Haute-Garonne, le 25 septembre 1819, et par laquelle, répondant aux réclamations formées par la ville de Toulouse, il le prévient que notre Ministre de la guerre, persistant dans son premier avis, avait décidé que la dépense dont il s'agit ne pouvait être imputée sur l'abonnement de la ville, exercice 1818, attendu qu'elle ne pouvait être rangée au nombre de celles qui, aux termes de la loi du 15 mai 1818 et de l'ordonnance du 5 août suivant, devaient être acquittées ou remboursées sur les fonds d'abonnement;

Vu l'article 46 de la loi de finances pour l'exercice 1818, qui interdit tout prélèvement sur les revenus des communes pour dépenses de casernement, à l'exception de l'abonnement limité par ledit article à *sept francs* par homme et *trois francs* par cheval, pendant la durée seulement de l'occupation des bâtimens militaires par les troupes en garnison ;

Vu notre ordonnance du 5 août 1818, qui règle l'exécution de l'article 46 de la loi du 15 mai, et spécialement le préambule et les articles 4 et 8, 14 et 15, desquels il résulte :

1.° Que l'abonnement a été porté au *maximum* déterminé par la loi, et qu'en conséquence de cet abonnement, toutes les dépenses relatives au service principal ou accessoire du casernement ont été mises à la charge du département de la guerre, à compter de l'exercice 1818;

2.° Qu'il y avait lieu de tenir compte aux villes, par voie d'imputation sur l'abonnement dont le produit a été calculé et porté aux recettes de l'exercice de 1818, des dépenses de casernement qu'elles ont pu faire, suivant l'ancien mode, sur ledit exercice;

Qu'à cet effet, les dépenses desdites quittances, duement vérifiées, ont été déclarées admissibles par la Régie des Domaines, en paiement des feuilles de décompte de l'abonnement :

Considérant qu'aux termes de la loi et de l'ordonnance ci-dessus visées, l'abonnement des communes aux dépenses du casernement a été établi, comme une règle nouvelle et fixe, pour toutes les dépenses de ce genre, à compter de l'exercice 1818;

Que la loi et l'ordonnance ont mis par conséquent à la charge du département de la guerre toutes les dépenses de casernement faites pendant l'exercice 1818; qu'elles n'ont excepté ni les dépenses qui auraient eu lieu par suite d'un défaut de réparations dans les exercices antérieurs, ni celles que les communes auraient évitées pour l'avenir par des constructions neuves ou un entretien régulier, et qu'elles n'ont conféré aucun droit de répétition, à cet égard, soit au département de la guerre, soit aux communes;

Notre Conseil d'État entendu,

Nous avons ordonné et ordonnons ce qui suit:

Art. 1.er La décision de notre *Ministre de la guerre*, du 30 juillet 1819, est annulée, et les quittances, duement vérifiées, des paiemens faits par la *ville de Toulouse*, dans les premiers mois de l'exercice 1818, pour dépenses de casernement, seront admises en paiement des décomptes de son abonnement pour ledit exercice, conformément aux articles 14 et 15 de notre ordonnance du 5 août 1818.

Art. 2. Notre Garde-des-sceaux et notre Ministre de la guerre sont chargés, chacun en ce qui le concerne, de l'exécution de la présente ordonnance.

M. de Maleville, maître des requêtes, *rapport*. — M. Naylies, *avocat*.

COMPTABLES. — Commis préposé aux vivres de la marine. — Débet. — Mode de poursuite. — Compétence. — Conflit.

Est-ce aux tribunaux que l'administration de la marine doit s'adresser pour obtenir l'exécution d'une décision ministérielle qui constitue un commis en débet, comme agent-comptable de la marine? Rés. nég. (1).

Lorsque, dans le dispositif de son jugement, le tribunal saisi s'est borné à déclarer son incompétence sur le fond de la contestation, et à refuser à la décision ministérielle son

(1) Voyez *Elém. de jur. adm.*, tom. 1., pag. 203 et suiv. — Décrets des 6 juillet 1810. Costes c. Mazars. *Jur. du C. d'Et.*, tom. 1.er, pag. 385. — 29 décembre 1810. Cocural. *ibid.*, tom. 1.er, pag. 453. — 3 janvier 1813. Lebel et De Lahaye. — *ibid.*, tom. 2, pag. 166. — Arrêt du 19 octobre 1814. Ribérolles. *ibid.*, tom. 3, pag. 4.

exequatur, *ce jugement fait-il obstacle à ce que l'administration fasse exécuter ladite décision, et le préfet doit-il élever le conflit?* Rés. nég.

(4942. — 22 février 1821. — L'administration de la marine c. Samson.)

Le sieur Samson avait été placé sur le vaisseau *le Nestor*, en qualité de commis aux vivres, depuis l'année 1810, jusques et y compris le 20 juillet 1814. Au désarmement du vaisseau, ce commis a rendu ses comptes de gestion, et ils ont été soumis à l'examen du conseil d'administration de la marine, qui, par délibération du 28 octobre 1815, a déclaré ce commis en débet d'un compte en matières évaluées provisoirement, d'après le tableau de 1815, à une somme de 6,000 fr. 52 c.

Le 28 novembre suivant, il a été pris, au bureau de la conservation des hypothèques de Brest, une inscription jusqu'à concurrence de cette somme, sur les biens immeubles de ce comptable.

Par une lettre du 19 décembre suivant, adressée au préfet maritime à Brest, le Ministre-secrétaire d'État de la marine a déclaré qu'il approuvait la délibération du 31 octobre, pour la somme de 5,397 fr., 23 c., à laquelle il réduisait le déficit, en l'appréciant, non d'après le tableau de 1815, mais d'après celui de 1814, puisque le désarmement du vaisseau s'était opéré dans cette année.

En exécution de la délibération du 31 octobre 1815, modifiée par la décision ministérielle du 19 décembre, le sieur Samson a été sommé et mis en demeure de verser, dans la caisse de la marine, cette somme de 5,397 fr., 23 c., montant du déficit.

Le 15 juillet 1816, nouvelle réclamation au conseil de la marine, qui, par délibération du 22, a persisté dans celle du 31 octobre. Le Ministre de la marine a revêtu de son approbation cette délibération nouvelle.

Après plusieurs réclamations du sieur Samson, dont la dernière a été rejetée par délibération du 15 avril 1817, il a été assigné le 12 juillet suivant, à la requête du contrôleur de la marine, pour être condamné au versement de la somme de 5,397 fr., 23 c., avec intérêts, et aux dépens.

Le sieur Samson, après avoir fait valoir ses exceptions, déjà présentées au conseil de marine, qui l'en avait débouté, en le déclarant en débet, a soutenu que le tribunal n'était point lié par les délibérations de ce conseil. Il a prétendu en outre que, dans l'espèce, la délibération du 15 avril 1817 seule pouvait être prise en considération, puisque le Ministre avait anéanti, par le fait, ce qui avait précédé; que cette délibération elle-même n'était nullement revêtue de la décision du Ministre, qu'il avait trois mois pour recourir contre cette délibération, après la notification; que dès-lors la demande du contrôleur non-seulement était précipitée, mais n'était fondé sur aucun titre valable.

Le tribunal était-il compétent pour connaître, au fond, de la réalité du débet réclamé par la marine, contre le sieur Samson, pour raison de ses comptes de gestion à bord du vaisseau *le Nestor?*

Le sieur Samson devait-il être condamné conformément aux délibérations du conseil de marine?

Ces délibérations étaient-elles en forme probante, et assez authentiques pour servir de base au jugement du tribunal?

Telles étaient les questions qui se présentaient alors.

Le tribunal, par jugement du 3 mai 1820, s'est déclaré incompétent pour connaître du fond de la contestation, a débouté le contrôleur de la marine de ses conclusions contre le sieur Samson, et l'a condamné aux dépens.

L'intendant de la marine à Brest a fait interjeter appel de ce jugement devant la Cour royale de Rennes, et le Ministre, informé de l'état de l'affaire, a pensé qu'il était convenable de se pourvoir contre ce jugement pour cause d'incompétence, et invité le préfet à élever le conflit. Celui-ci, en conséquence, a revendiqué la connaissance de l'affaire.

Les motifs du conflit ont été : « Que le réglement des comptes du sieur Samson était une opération purement administrative dans la forme, ainsi que dans le fond, dont le tribunal de Brest ne pouvait connaître; que l'autorité judiciaire n'était pas moins incompétente pour juger de la validité des pièces que pour statuer sur le débet d'un comptable; que la loi indiquait au sieur Samson l'autorité vers laquelle il devait se pouvoir, s'il se croyait fondé à réclamer contre l'arrêté de ses comptes ou contre la régularité des pièces par l'omission des formalités prescrites par des ordonnances;

» Qu'on opposerait vainement, relativement au jugement du 3 mai, que les parties avaient procédé volontairement devant le tribunal de Brest, puisque les incompétences prononcées par les lois et puisées dans l'ordre public ne se couvrent pas; que si le procureur du Roi près le tribunal de 1.re instance de Brest n'avait pas rempli les obligations qui lui étaient imposées par l'arrêté du 13 brumaire an X, rien ne pouvait dispenser l'administration de celles que lui prescrit l'article du 4 de ce même arrêté. »

Les pièces de ce conflit ayant fait l'objet d'un rapport de M. le Garde-des-sceaux au Roi, ont été renvoyées au comité du contentieux, le 9 janvier 1821; et c'est sur l'instruction et l'examen que l'affaire y a subie, que le conseil d'Etat a proposé et S. M. a rendu l'ordonnance dont la teneur suit :

LOUIS, etc.

Sur le rapport du comité du contentieux de notre Conseil d'État,

Vu l'arrêté de conflit de juridiction élevé entre les autorités judiciaire et administrative, par le préfet du département du Finistère, le 7 novembre 1820, au sujet d'une contestation existante entre l'administration de la marine et le sieur *Samson*, ex-commis comptable des vivres à bord du vaisseau *le Nestor*, constitué débiteur, envers ladite administration, par décision du Ministre de la marine, d'une somme de *cinq mille trois cent quatre-vingt-dix-sept francs, vingt-trois centimes* pour valeur du déficit des vivres trouvé dans sa gestion;

Vu le jugement rendu, dans cette contestation, par le tribunal de 1.re instance séant à Brest, le 3 mai 1820;

Ensemble toutes les pièces jointes au dossier;

Considérant que c'est mal à propos que l'administration de la marine s'est adressée aux tribunaux, pour obtenir l'exécution de la décision ministérielle qui constitue en débet le sieur *Samson*, comme agent-comptable de la marine;

Que cette décision et les pièces à l'appui auraient dû être transmises, par notre Ministre de la marine à notre Ministre des finances, à l'effet de procéder au recouvrement dudit débet, par voie de contrainte dans les formes ordinaires;

Que le tribunal de Brest s'étant borné, dans son dispositif, à déclarer son incompétence sur le fond de la contestation, et à refuser à ladite décision son *exequatur*, dans l'état actuel de l'affaire ne fait pas obstacle à ce que l'administration de la marine fasse exécuter la décision dont il s'agit, conformément au mode ci-dessus rappelé;

Notre Conseil d'État entendu,

Nous avons ordonné et ordonnons ce qui suit:

Art. 1.er L'arrêté de conflit pris par le préfet du département du Finistère, le 7 novembre 1820, est annulé.

Art. 2. Notre Garde-des-sceaux et notre Ministre de la marine et des colonies sont chargés, etc.

M. de Cormenin, maître des requêtes, *rapporteur*.

CONTRIBUTIONS DIRECTES. — PATENTE. — DEUX DOMICILES OU ÉTABLISSEMENS. — DROIT FIXE. — NULLITÉ D'UN ARRÊTÉ DE CONSEIL DE PRÉFECTURE.

Le patentable qui a son domicile dans une commune voisine d'une ville chef-lieu où il est dans l'usage de vendre sa marchandise sur étal, est-il censé n'avoir pas d'établissement dans cette ville, et doit-il y être affranchi du droit fixe? Rés. nég. (1).

Doit-il payer deux droits proportionnels? Rés. aff. (2).

Un arrêté signé par deux des membres seulement d'un conseil de préfecture est-il valable? Rés. nég. (3).

(4716. — 22 février 1821. — Le Ministre des finances c. Lavigne et Horgues.)

Les sieurs Lavigne et Horgues, exerçant la profession de bouchers, habitaient la petite commune de Bizanos, située à deux kilomètres de la ville de Pau. Leur abattoir était dans Bizanos; mais ils venaient tous les jours vendre leur viande à Pau, sur des étaux ambulans.

Ils ont été, pour 1819, imposés à la patente dans les deux communes à la fois; mais à un droit fixe plus élevé dans celle de Pau, parce que ce droit est établi d'après la population de la commune où s'exerce l'industrie.

Ils ont réclamé contre cette double taxe, et le conseil de

---

(1) Voyez ci-dessus pag. 7, Ordonnance du 10 janvier 1821, et les annotations.

(2) Voy. *ibid.*

(3) Voyez arrêté du gouvernement du 19 fructidor an 9, au bulletin des lois—*Elém. de jur. adm.*, tom. 1.er, pag. 21, n.° 59.—Décret du 22 janvier 1808. Turgniet. *Jur. du C. d'Et.*, tom. 1.er, pag 144. — Ordon. Conflans d'Armentières c. Babaud de Marcillac (arch. du Comité). — M.r *Fleurigeon*, dans son *Code administratif*, tom. 1.er, pag 110, émet une opinion contraire et se fonde sur l'art. 90 de la constitution de l'an 8.

préfecture, contre l'avis du maire de la commune de Pau, contre l'avis du contrôleur et du directeur des contributions directes, contre l'avis du préfet remplissant les fonctions de sous-préfet dans l'arrondissement chef-lieu, a maintenu les taxes portées au rôle de la commune de Bizanos, et a prononcé la décharge de celles établies au rôle de la ville de Pau.

Son arrêté, du 26 janvier 1820, a été fondé sur ces motifs :

« Les réclamans ne sont point sujets à deux patentes ;

» L'article 61 de la loi du 15 mai 1818, invoqué par le maire de la ville de Pau, ne leur est point applicable, puisqu'il est avéré qu'ils n'ont point d'établissement dans cette ville, où ils ne font que vendre de la viande sur étaux, dans des lieux de passage ;

» L'article 65 de ladite loi les dispense même, dans ce cas, de tout droit, comme marchands de comestibles. »

Par une lettre du 27 juin 1820, adressée à M. le Garde-des-sceaux, le Ministre des finances a déféré cet arrêté au conseil d'Etat (4), et il en a demandé la réforme, par la raison qu'établissant une doctrine contraire aux principes qui régissent l'imposition des patentes, il pouvait être d'une conséquence nuisible aux intérêts du trésor.

Voici de quelle manière le Ministre a développé ses moyens de recours.

D'abord, il n'est pas vrai de dire, comme le fait l'arrêté du 26 janvier, que le droit de patente n'est dû que dans une seule commune. La patente se divise en droit fixe et en droit proportionnel. Le droit fixe n'est dû que dans une seule commune, celle où il est le plus élevé ; mais le droit proportionnel, calculé sur la valeur locative de l'habitation du patentable et de tous les lieux servant à l'exercice de son industrie, est dû dans toutes les communes où il en occupe.

Ainsi, en admettant que les sieurs Lavigne et Horgues

(4) Voy. l'art 16 du règlem. du 22 juillet 1806.

eussent leur établissement à Pau, ils devaient y être taxés au droit fixe, et à Bizanos au droit proportionnel, sur le pied de la valeur locative de leur habitation et de leur abattoir, et c'est véritablement à Pau qu'ils ont leur établissement.

L'article 27 de la loi du 1.er brumaire an 7 (22 octobre 1798) semblait n'assujétir le patentable au droit fixe, que dans la commune de son domicile; une disposition de la loi des finances de 1817, reproduite dans l'article 61 de celle du 15 mai 1818, exprime que, dans le cas où un patentable a plusieurs établissemens, il doit payer le droit fixe dans celui où ce droit est le plus élevé. Or, en supposant que l'on puisse admettre que l'abattoir d'un boucher soit une partie de son établissement, une autre partie, et la plus importante sans doute, est l'étal où il débite sa viande; et comme c'est à Pau que les sieurs Lavigne et Horgues font leur vente sur étaux, c'est à Pau qu'ils doivent payer le droit fixe, puisque c'est la commune dont la population donne le droit le plus élevé.

L'article 64 de la loi du 15 mai 1818 assujétit les colporteurs à acquitter le montant total de leur patente au moment où elle leur est délivrée.

L'article 65 étend cette obligation à tous les marchands vendant en ambulance, autres que les marchands de comestibles; ce n'est pas dire, comme le conseil de préfecture l'établit dans l'un des considérans de son arrêté, que les marchands de comestibles sont affranchis de la patente; mais seulement qu'ils ne sont pas obligés d'en payer le montant total au moment de la délivrance; et s'il était possible d'en tirer cette induction, il faudrait encore convenir, que le conseil de préfecture aurait été inconséquent de reconnaître d'abord que les marchands de comestibles, vendant en ambulance, sont affranchis de la patente, et de maintenir tout à la fois la taxe portée au rôle de Bizanos.

L'article 29 de la loi du 1.er brumaire an 7 fait une

exception en faveur de quelques marchands vendant en ambulance; mais ils les désigne nommément : ce sont les marchands de fruits, de légumes, de beurre, d'œufs, de fromage et autres menus comestibles. Les bouchers n'y sont pas désignés.

C'est d'après ces considérations que le Ministre a demandé l'annulation de l'arrêté du 26 janvier 1820. Elle a été prononcée, en effet, par l'ordonnance suivante, par défaut, quoique le conseil eût jugé à propos d'appeler devant lui les parties intéressées.

LOUIS, etc.

Sur le rapport du comité du contentieux de notre Conseil d'Etat,

Vu la lettre de notre *Ministre-secrétaire d'Etat au département des finances* à notre Garde-des-sceaux, en date du 27 juin 1820, et le rapport y joint, tendant à l'annulation d'un arrêté du conseil de préfecture du département des Basses-Pyrénées, du 26 janvier 1820, qui décharge les sieurs *Lavigne* et *Horgues* de la patente à laquelle ils ont été imposés dans la ville de Pau, attendu qu'ils la paient dans la commune de Bizanos;

Vu la communication faite aux sieurs *Lavigne* et *Horgues*, lesquels n'ont pas répondu;

Vu l'arrêté attaqué du conseil de préfecture du département des Basses-Pyrénées, ledit arrêté délibéré par deux membres seulement;

Vu la lettre du préfet du département des Basses-Pyrénées à notre Ministre-secrétaire d'Etat au département des finances, du 19 mai 1820;

Ensemble toutes les pièces produites;

Considérant, dans la forme, que l'arrêté du conseil de préfecture du département des Basses-Pyrénées, n'étant signé que de deux membres seulement, a été rendu en contravention à l'arrêté du gouvernement du 19 fructidor an 9, qui exige la présence de trois membres au moins;

Considérant, au fond, qu'il résulte des pièces que les sieurs *Lavigne* et *Horgues*, bouchers, habitant la commune de Bizanos, font tout leur commerce dans la ville de Pau, et que, bien qu'ils fassent ce commerce sur des étaux, on ne peut leur appliquer l'article 65 de la loi du 1.er brumaire an 12, lequel n'a pas compris les étaux de bouchers parmi ceux des marchands en ambulance qu'il a nommément exceptés de l'imposition de la patente;

Considérant que, d'après l'article 28 de la loi du 8 brumaire an 7, et l'article 61 de la loi des finances du 15 mai 1818, dans le cas de deux domiciles ou de plusieurs établissemens appartenant à un même individu patenté, le droit fixe doit être perçu au lieu où il est le plus élevé;

Notre Conseil d'Etat entendu,

Nous avons ordonné et ordonnons ce qui suit:

Art. 1.er L'arrêté du conseil de préfecture du département des Basses-Pyrénées, du 26 janvier 1820, est annulé pour vice de forme.

Et statuant au fond:

Art. 2. Les sieurs *Lavigne* et *Horgues* seront rétablis sur le rôle des patentes de la ville de Pau, tant pour le droit fixe que pour le droit proportionnel, sans préjudice du droit proportionnel qu'ils doivent payer dans la commune de Bizanos.

Art. 3. Notre Garde-des-sceaux et notre Ministre des finances sont chargés, etc.

M. Villemain, maître des requêtes, *rapporteur*.

CONTRIBUTIONS DIRECTES. — ARRIÉRÉ. — CONTRAINTE. — RÉALITÉ DU DÉBET. — RÉGULARITÉ DES POURSUITES. — COMPÉTENCE. — CONFLIT.

Est-ce aux tribunaux qu'il appartient de connaître des questions de savoir : 1.° Si, en matière de recouvrement de contributions directes arriérées, les poursuites qui ont précédé le commandement sont régulières (1)? *2.° Si le contribuable est réellement débiteur* (2)? Rés. nég.

(4936. — 22 février 1821. — De Villenouvette c. Demnié.)

Un commandement avait été décerné, le 5 avril 1820, par le percepteur de la commune de Plaigne, arrondissement de Castelnaudary, département de l'Aude, contre le sieur de Villenouvette, contribuable en retard de payer ses contributions de 1819, et les termes échus de 1820.

Le sieur Villenouvette n'ayant pas satisfait à ce commandement, il a été exercé sur lui une saisie-exécution, et la vente a été affichée.

Le sieur Villenouvette a formé opposition au commandement et à la saisie, sur le fondement que les poursuites n'avaient pas été précédées de la sommation gratuite; que les bulletins des garnisaires n'avaient pas été visés par le maire;

---

(1) Voy. *Elém. de Jur. adm.*, tom 1.er, pag. 259 et suiv. — Et par analogie, un décret du 19 mars 1808. Commune de Wolferswellers. *Jur. du C. d'Et.*, tom. 1.er, pag. 153. — Dans cette dernière affaire, il s'agissait non pas de contributions publiques, mais de la répartition d'une taxe que devaient payer plusieurs communes pour la jouissance de biens communaux qui n'avaient pas été affermés durant une année.

(2) Voy. *Elém. de Jur. adm.*, tom. 1.er, pag. 261., n.° 10. — Décret du 18 juillet 1809. — Paga-Langle c. le percepteur de Picquecos. — *Jur. du C. d'Et.*, tom. 1.er, pag. 294.

et en outre qu'il ne devait rien au percepteur. Par le même acte, il a cité ce dernier devant le tribunal de Castelnaudary, pour voir annuler tant le commandement que le procès-verbal de saisie.

Le percepteur a conclu à être renvoyé de l'opposition et autorisé à continuer les poursuites.

Un jugement, prononçant sur l'opposition, et donnant défaut contre l'opposant qui n'avait point comparu, a ordonné la continuation des poursuites.

Sur l'appel du sieur Villenouvette, la Cour royale de Montpellier a renvoyé au Conseil de préfecture la question de savoir si les poursuites étaient régulières, et s'est réservé de statuer sur le fond.

Par arrêté du 2 décembre 1820, le préfet a élevé le conseil d'attributions. Les motifs de cet arrêté : sont que mal-à-propos le tribunal de Castelnaudary a été saisi de la connaissance de l'opposition formée par le sieur Villenouvette contre des actes d'un agent de l'autorité administrative, agissant pour l'exécution de titres émanés de la même autorité;

Que la connaissance de ces sortes de contestations est dévolue au Conseil de préfecture par les lois des 11 septembre 1790, 2 messidor an 7, 28 pluviose an 8, et par l'arrêté du 24 floréal de la même année;

Que la Cour royale de Montpellier, en se réservant la connaissance du fond, a empiété sur les attributions du pouvoir administratif, puisqu'il ne s'agit que de savoir si toutes les poursuites qui ont précédé le commandement sont régulières, et si le contribuable est réellement débiteur : questions ressortissant toutes deux du Conseil de préfecture, et dont la solution ne laisse rien à juger au pouvoir judiciaire, qui, en définitif, ne peut statuer que sur la validité des saisies-arrêts, et non sur toute autre question en matière de contributions directes.

Ce conflit a paru bien fondé à Monseigneur le Garde-des-sceaux qui, dans un rapport fait au Roi, au mois de janvier 1821, a été d'avis que, d'après l'article 4, de la loi du 28 pluviose an 8, les tribunaux n'avaient pas le droit de connaître d'une semblable contestation qui était entièrement du ressort de l'autorité administrative.

C'est aussi ce qu'a jugé le Conseil d'État, et ce qui a été déclaré par l'ordonnance qui suit :

LOUIS, etc.

Sur le rapport du comité du contentieux de notre Conseil d'État,

Vu l'arrêté de conflit pris par le préfet du département de l'Aude, le 2 décembre 1820, dans une contestation existante, devant la Cour royale de Montpellier, entre le sieur de *Villenouvette* et le sieur *Demnié*, percepteur de la commune de Plaigne, au sujet des poursuites exercées par ledit percepteur contre le sieur de *Villenouvette*, pour le paiement de ses contributions directes arriérées;

Vu l'arrêt de la Cour royale de Montpellier du 13 juillet 1820;

Ensemble toutes les pièces jointes au dossier;

Considérant, dans l'espèce, que le sieur de *Villenouvette* fonde le motif de son opposition aux contraintes décernées contre lui, par le percepteur *Demnié*, pour le recouvrement de ses contributions arriérées, sur ce que lesdites contraintes n'ont pas été visées par le maire de Plaigne;

Considérant que le préfet s'est borné à élever le conflit sur la question de savoir si les poursuites qui ont précédé le commandement sont régulières et si le contribuable est réellement débiteur, qu'ainsi le conflit a été bien élevée;

Notre Conseil d'État entendu,

Nous avons ordonné et ordonnons ce qui suit :

Art. 1.er L'arrêté pris par le préfet du département de l'Aude, le 2 décembre 1820, est confirmé.

Art. 2. L'arrêt de la Cour royale de Montpellier, du 13 juillet 1820, est considéré comme non avenu.

Art. 3. Notre Garde-des-sceaux et notre Ministre des finances sont chargés, etc.

M. de Cormenin, maître des requêtes, *rapporteur.*

CONTRIBUTIONS DIRECTES. — USINES. — SURTAXE. — EXPERTISE. — DÉGRÈVEMENT.

Y a-t-il lieu d'accorder un dégrèvement au propriétaire d'une usine, lorsqu'il résulte de l'instruction de l'affaire que cette usine est placée dans une position défavorable, qu'elle est d'un mécanisme moins perfectionné que les établissemens de même nature situés dans les communes voisines, ou que, par d'autres circonstances, telles que la construction d'usines nouvelles, elle a éprouvé une diminution considérable dans son produit? Rés. aff.

(4323. — Les princes d'Aremberg et de Schwartzemberg c. le Ministre des finances.)

Les princes d'Aremberg et de Schwartzemberg possèdent, dans la commune de Houplines, arrondissement de Lille, plusieurs usines, telles que moulins à bled, moulins à tan, foulons et moulins à huile.

En 1817, ils se sont pourvus auprès du conseil de préfecture du département du Nord, et se sont plaints: 1.° De ce que leurs moulins étaient énormément sur-imposés, comparativement aux usines de même nature qui existaient dans les environs; 2.° de ce que, abstraction faite de toute comparaison, il n'y avait point de proportion entre la somme imposée et le revenu de la propriété, qui se trouvait considérablement réduit depuis quelques années : ils attribuaient ce dernier effet à la réduction du territoire français par la réunion de la Belgique aux Pays-Bas, et à la survenance récente de plusieurs établissemens du même genre qui avaient introduit une concurrence fatale aux premiers.

Sur ces deux points, ils ont demandé une vérification d'experts.

Le conseil de préfecture n'a pas jugé à propos d'adopter cette mesure, et, par un arrêté du 2 septembre 1817, il a rejeté la réclamation, en donnant pour motif : que les circonstances invoquées par les réclamans étaient dénuées de fondement et ne pouvaient être prises en considération.

Les princes d'Aremberg et de Schwartzemberg ont déféré cette décision au Conseil d'Etat, devant lequel ils ont fait valoir les mêmes moyens, et en ont appelé de nouveau à une expertise contradictoire, pour procéder à la vérification tant du fait que de la quotité de la surtaxe dont ils se plaignaient.

Leur requête a été communiquée au Ministre des finances, lequel, après avoir demandé les observations du préfet du département, a répondu à monseigneur le Garde-des-sceaux, le 11 janvier 1820, que les évaluations des moulins dont il s'agissait, lors de l'expertise cadastrale qui avait eu lieu en 1817, sur le plan de Masses, avaient été proportionnelles et mises en rapport, non-seulement avec les autres usines, mais encore avec les propriétés foncières de toute nature, situées dans le canton ; que la séparation de la Belgique n'avait pu causer de *moins-valeur* aux moulins à blé d'Houplines, parce que la circulation avait toujours été libre entre les deux pays, si l'on en exceptait l'année 1817, durant laquelle elle avait pu être momentanément gênée, et que les habitans belges, voisins d'Houplines avaient toujours eu la faculté de faire moudre leurs grains dans les moulins de cette commune ; que la séparation de la Belgique n'avait pas eu plus d'influence sur le revenu des moulins à fouler, attendu qu'il n'existait précédemment aucune fabrique de draps sur toute la rive belge qui règne le long de la Lys, et que ces foulons n'avaient jamais été alimentés que par les fabriques établies dans les communes françaises, notamment celles situées aux environs de Lille; qu'enfin la séparation de la Belgique n'avait pu occasionner aucun préjudice au moulin à huile, l'activité des usines de cette espèce étant subordonnée aux facultés pécunières et aux spéculations de celui qui les fait valoir; et que, sous ce rapport, on ne pouvait contester que la prospérité du commerce des huiles, dans l'arrondissement de Lille, n'eût contribué à augmenter la valeur locative des usines employées à leur fabrication.

Par une réplique, déposée le 27 mars 1820, les princes d'Aremberg et de Schwartzemberg ont contredit chacune des propositions du Ministre; ils ont invoqué des déclarations portant que les relations au-dehors de la France entraient, pour un grand tiers, dans le produit des diverses branches d'exploitation; ils ont ajouté qu'on ne pouvait révoquer en doute que l'établissement d'une douane intermédiaire, et l'énormité des droits d'entrée perçus par le gouvernement des Pays-Bas, n'eussent rendu extrêmement difficiles les anciennes communications entre les deux rives de la Lys, et qu'il importait donc peu que les Belges eussent toujours conservé la faculté de venir moudre à Houplines; autant eût valu qu'ils ne l'eussent pas eue, alors que leur intérêt mettait obstacle à ce qu'ils en usassent.

Le 19 mai 1820, M. le Garde-des-sceaux, en vertu de l'article 14 du réglement du 22 juillet 1806, et considérant que les faits n'étaient pas suffisamment éclaircis, a ordonné que, par une expertise contradictoire, il serait procédé à leur vérification.

Le résultat de cette expertise a été favorable aux réclamans, puisqu'il a été reconnu que leurs usines avaient éprouvé un préjudice notoire dans leur valeur vénale et dans leur produit locatif; et c'est sur les documens les plus précis et les mieux circonstanciés que l'ordonnance suivante a été rendue.

LOUIS, etc.

Sur le rapport du comité du contentieux de notre Conseil d'Etat,

Vu la requête à nous présentée au nom des princes d'*Aremberg* et de *Schwartzemberg*, domiciliés à Vienne (Autriche), poursuite et diligence du sieur Parmentier, leur procureur fondé, demeurant à Oignies, département du Pas-de-Calais, ladite requête enregistrée au secrétariat-général de notre Conseil d'État, le 10 septembre 1819, et tendant à ce qu'il nous plaise casser et annuler un arrêté du Conseil de préfecture du département du Nord, du 2 septembre 1817, qui rejette leur demande en réduction du revenu imposable assigné à diverses usines qu'ils possèdent sur le territoire d'Houplines;

Subsidiairement, et dans le cas où nous ne jugerions pas dès à présent pouvoir ordonner le dégrèvement qu'ils sollicitent, il nous plaise, avant faire droit, ordonner que, par experts respectivement nommés par le préfet et par les exposans, il sera procédé en présence des parties et aux frais de celle qui succombera, à une vérification tant du fait que de la quotité de la surtaxe dont ils se plaignent;

Vu la lettre de *notre Ministre-secrétaire d'État des finances*, en date du 11 janvier 1820, en réponse à la communication qui lui a été faite par notre Garde-des-sceaux, de ladite requête par laquelle il conclut au maintien du susdit arrêté du 2 septembre 1817;

Vu le mémoire en réplique desdits princes d'*Aremberg* et de *Schwartzemberg*, enregistré audit secrétariat-général, le 27 mai 1820;

Vu le certificat de M.e Baggio, notaire à Bourg-de-Carvin, département du Pas-de-Calais, constatant que les usines en question étaient louées, par bail passé devant notaires, à Lille le 17 juin 1810, pour la somme de *quatre mille neuf cent quarante quatre francs, vingt-centimes*, tandis que, par un autre bail passé devant lui et son collègue, le 28 mars 1817, elles ont été accordées à louage, pour le terme de neuf ans, moyennant la somme de *trois mille francs;*

Vu l'ordonnance de notre sous-secrétaire d'État au département de la justice, chargé du portefeuille, sous la date du 19 mai 1820, par laquelle il prescrit qu'il sera procédé à une enquête, en présence du préfet du département du Nord, ou de tel autre commissaire qu'il aura désigné, et du sieur Parmentier, procureur fondé des princes d'Aremberg et de Schwartzemberg;

Vu le procès-verbal d'enquête, rédigé par le sieur Boussemaer, notaire à Armentières, le 21 septembre 1820, commissaire nommé par notre sous-secrétaire d'État au département de la justice, duquel il résulte :

« Que l'évaluation du moulin à eau à farine, portée à *douze cen· quatre-vingt francs*, doit être réduite *des deux cinquièmes;*

» Que l'évaluation des moulins à fouler, portée à *quatre cent soixante francs*, doit être réduite *de moitié;*

» Que l'évaluation du moulin à eau à huile, portée à *cinq cents francs*, doit être *maintenue;*

» Que l'évaluation du moulin à eau à drap et à écorce, portée à *huit cents francs*, doit être réduite *de moitié;*

» Que l'évaluation du moulin à eau à farine, portée à *quatre-vingts francs*, doit être *maintenue;*

» Que l'évaluation du moulin à vent existant au milieu d'une prairie, portée à *deux cent quatre-vingts francs*, doit être réduite *des deux tiers;*

Vu la lettre de notre Garde-des-sceaux, du 30 novembre 1820, par laquelle il donne communication dudit procès-verbal d'enquête à notre Ministre des finances;

Vu la lettre en réponse de notre dit Ministre des finances, sous la date du 12 décembre suivant;

Considérant, en ce qui concerne le moulin à eau de seconde classe, situé hors de la rivière de la Lys et le moulin à huile :

Qu'il résulte du procès-verbal ci-dessus visé, que l'évaluation du revenu imposable desdites usines n'est point susceptible de réduction;

Considérant, en ce qui concerne le moulin à vent, les moulins à farine, à fouler le drap et à écorce, situés sur la Lys :

Qu'il résulte dudit procès-verbal que lesdites usines sont placées dans une position défavorable sur ladite rivière, qu'elles sont d'un mécanisme moins perfectionné que les établissemens de même nature, situés dans les communes voisines;

Que ces usines ont été imposées proportionnellement au taux de leur revenu à l'époque où elles ont été évaluées, mais qu'elles ont éprouvé postérieurement une diminution considérable dans leur produit, tant par la construction d'usines nouvelles, que par la séparation de la Belgique du territoire français;

Notre Conseil d'État entendu,

Nous avons ordonné et ordonnons ce qui suit :

Art. 1.er L'arrêté du Conseil de préfecture du département du Nord, du 2 septembre 1817, est confirmé en ce qui concerne :

Le moulin à eau à farine de 2.e classe situé hors de la rivière de la Lys, et estimé *quatre-vingts francs*.

Le moulin à huile, évalué *cinq cents francs*.

Art. 2. Ledit arrêté est annulé en ce qui concerne :

Le moulin à eau à farine, évalué *douze cent quatre-vingts francs* : ladite évaluation est réduite *des deux cinquièmes*.

Le moulin à vent à blé, évalué *deux cent quatre-vingts francs* : ladite évaluation est réduite *des deux tiers* ;

Les moulins à fouler le drap, évalués *quatre cent soixante francs* chaque : ladite évaluation est réduite *de moitié* ;

Le moulin à écorce estimé *huit cents francs* : ladite évaluation est réduite *de moitié*.

Art. 3. Notre Garde-des-sceaux et notre Ministre des finances sont chargés, etc.

M. Brière, maître des requêtes, *rapporteur*.

DOMAINES NATIONAUX. — COMMUNES. — VENTE DE BIENS. — LOI DU 20 MARS 1813. — INTERPRÉTATION. — LIMITES. — BORNAGE ET RESTITUTION DE FRUITS. — COMPÉTENCE.

Lorsque, dans une vente de biens communaux, faite conformément aux règles tracées par la loi du 20 mars 1813, l'objet vendu a été limité par des confins fixes et déterminés, l'acquéreur est-il fondé à s'emparer d'un terrein situé au-delà des limites assignées par son contrat ? Rés. nég. (1).

Les conseils de préfecture sont-ils compétens pour prononcer sur les questions de bornage qui intéressent les acquéreurs de biens communaux vendus nationalement (2), *et sur les*

---

(1) Voy. ci-dessus. pag. 100. *Bornèque*, et la note 2. — Voy. encore, ordon. royale du 20 octobre 1819. Robert David c. Mallet de Mailly. (*arch. du Comité*).

(2) Voy. ci-dessus. pag. 91. *Géru*, et la note.

demandes en restitution de fruits formées contre eux? Rés. nég. (1).

(4316. — 22 fév. 1821. — Comynet c. la ville d'Avalon.)

Le 28 juin 1813, le sieur Comynet s'était rendu acquéreur d'une pièce de pré, appelée le *Pré de la queue de l'Etang;* cette pièce provenait de la ville d'Avalon, et avait été vendue au nom de la caisse d'amortissement. Elle était limitée, au contrat, par des tenans et aboutissans fixes et déterminés; enfin elle était annoncée comme *louée à François Bouin, par bail du 2 mars 1812.*

Après la vente, le sieur Comynet voulut, à la faveur d'un bornage amiable entre la ville et lui, s'emparer d'un terrein régnant dans presque toute la longueur de l'étang. La ville d'Avalon réclama, et le conseil de préfecture du département de l'Yonne déclara, le 29 avril 1819, que le terrein litigieux n'avait pas été vendu, annula le bornage, et ordonna la restitution des fruits perçus par le S.r Comynet.

Celui-ci s'est pourvu, par appel, devant le Conseil d'Etat; il a demandé l'annulation de l'arrêté du 29 avril, pour cause d'*incompétence* et pour *mal jugé.*

C'est (a-t-il exprimé) un principe incontestable en matière de ventes nationales, qu'une adjudication consentie d'*après bail,* comprend tout ce dont a joui le fermier; or, comme l'adjudication du 28 juin 1813 a eu lieu d'après *un bail passé au sieur Bouin,* j'ai droit à tout ce dont celui-ci jouissait. Mais comme la possession du sieur Bouin ne peut être reconnue et fixée qu'à l'aide d'anciens titres et d'actes

---

(1) Voy. *Elém. de jur. adm.*, tom. 1.er, pag. 320, n.° 16. — Décret du 18 mars 1813. Devillar c. l'adm. des Dom. *Jur. du C. d'Et.*, tom. 2, pag. 293. — Ordon. roy. des 20 novembre 1815. Taulera c. Puclearnisy. *ibid.*, tom. 3, pag. 177. — 27 mai 1816. adm. des Dom. c. Richardot. *ibid.*, tom. 3, pag. 293.

de la juridiction ordinaire, tels qu'enquêtes, rapports d'experts, etc., la contestation aurait dû être renvoyée aux tribunaux.

Au fond, le sieur Comynet s'est efforcé de prouver que les fermiers avaient toujours joui du terrein réclamé par la ville.

La ville d'Avalon a combattu chacun des moyens d'appel. — Pour elle il a été dit que l'adjudication de 1813 n'avait pas eu lieu d'*après bail ;* qu'il faudrait pour cela qu'on eût dit : Pré de la queue de l'Etang *tel qu'il est loué au sieur Bouin par bail du.....*, ou *tel qu'en jouit le sieur Bouin par bail du....*, sans exprimer ni contenance, ni tenans, ni aboutissans ; — mais qu'il n'en était pas ainsi ; que la contenance et les aboutissans étaient clairement énoncés en la vente ; qu'ainsi il n'était pas nécessaire de recourir à l'interprétation du bail de 1812 ; qu'enfin ce procès-verbal d'adjudication portait que le pré vendu était circonscrit dans des confins clairement désignés, et qu'en déclarant usurpation tout acte de propriété sur un autre terrein, le conseil de préfecture avait sagement interprété l'acte de vente.

C'est, en effet, ce qu'a jugé le Conseil d'Etat.

LOUIS, etc.

Sur le rapport du comité du contentieux de notre Conseil d'État,

Vu la requête et le mémoire ampliatif à nous présentés au nom du sieur *Comynet* fils, propriétaire à Avalon, département de l'Yonne, enregistrés au secrétariat-général de notre Conseil d'Etat, les 1.er septembre 1819 et 2 novembre 1820, et tendant à ce qu'il nous plaise :

1.° Casser et annuler un arrêté du conseil de préfecture de ce département du 29 avril 1819, lequel décide que le Pré de la queue de l'Etang, adjugé au père du suppliant, ne comprend pas les rives latérales de cet étang dans toute leur longueur jusqu'à la chaussée; qu'il sera tenu de rentrer dans les limites fixées par le procès-verbal d'adjudication, et de se désister du terrein qui a été l'objet d'un bornage approuvé le 18 décembre 1818, par délibération du Conseil municipal de la ville d'Avalon; et qui déclare nuls et comme non avenus lesdits bornage et délibération, sauf à l'indemniser des améliorations par lui faites sur le terrein que lui attribuait ledit bornage, par la compensation des fruits perçus, ou par estimation fixée par experts respectivement nommés;

2.° De déclarer que les rives orientale et occidentale de l'Etang, telles qu'en avait joui le sieur Bouin, sont comprises dans l'adjudication, comme la partie supérieure dudit pré;

3.° Dans le cas où nous ne croirions pas devoir statuer sur les limites de ce pré, d'après le bail passé audit sieur Bouin, renvoyer, pour la fixation de ces limites, devant les tribunaux, et condamner la ville d'Avalon aux dépens;

Vu l'ordonnance de soit communiqué et le mémoire en défense du maire de la *ville d'Avalon*, enregistrés audit secrétariat-général, le 16 juin 1820, par lequel il conclut à ce qu'il nous plaise débouter le sieur *Comynet* de ses demandes et ordonner que l'arrêté du 29 avril 1819, sera exécuté selon sa forme et teneur, le tout avec dépens;

Vu un mémoire en réplique du sieur *Comynet*, du 6 novembre 1820, par lequel il persiste dans ses précédentes conclusions;

Vu un deuxième mémoire du *maire d'Avalon*, du 12 décembre 1820;

Vu un troisième mémoire du maire de ladite ville, intitulé *précis*, du 15 janvier 1821;

Vu l'arrêté attaqué;

Vu le cahier des charges et le procès-verbal d'ajudication, du 28 juin 1813, d'une pièce de pré contenant *un hectare trente-quatre ares*, appelée le pré de la Queue de l'Etang aux Ducs ou des Minimes, sise au territoire d'Avalon, provenant de ladite commune, tenant d'un bout aux héritiers de Pierre Gautier de Montréal, d'autre à Pierre Darmes, cordonnier à Avalon; d'une part au sieur Bonnard, et à la veuve Goudoier, louée pour neuf ans, à François Bouin, cultivateur à Charligny, moyennant cinquante francs par an, suivant bail reçu par M.e Houdaille, notaire à Avalon, le 2 mars 1812;

Vu les baux dudit pré des 16 ventose an 11 et 2 mars 1812;

Vu le bail de l'Étang des Minimes, des 16 ventose an 11 et 2 mars 1812;

Vu le procès-verbal rédigé, le 2 mai 1817, par le sieur Caristie, architecte-voyer de la ville d'Avalon, contenant bornage de la rive de l'Étang des Minimes le long de la propriété acquise par le sieur *Comynet*, le 28 juin 1818;

Vu la délibération du Conseil municipal de la ville d'Avalon, du 18 décembre 1818, qui adopte ledit procès-verbal de bornage;

Vu le rapport du sous-préfet d'Avalon au préfet de l'Yonne, du 2 février 1819, par lequel il demande l'annulation de ladite délibération, comme contraire aux intérêts de ladite ville;

Vu les plans des lieux;

Vu toutes les pièces produites et réunies au dossier de cette affaire;

Considérant que le procès-verbal d'adjudication ci-dessus visé, vend une pièce de pré louée au sieur Bouin et lui donne, des deux côtés litigieux, des confins fixes et déterminés; que, dès-lors, l'acquéreur n'était pas fondé à s'emparer des rives orientale et occidentale de l'Etang appartenant à la ville d'Avalon, au-delà des limites qui lui sont assignées par son contrat;

Considérant, sur le bornage et la restitution des fruits perçus sur le terrein litigieux, que ces questions sont du ressort des tribunaux ordinaires, et que le Conseil de préfecture a excédé sa compétence en prononçant sur ces deux points;

Notre Conseil d'Etat entendu,

Nous avons ordonné et ordonnons ce qui suit:

Art. 1.er L'arrêté du Conseil de préfecture du département de l'Yonne, du 29 avril 1819, est confirmé dans la disposition qui déclare que le pré de la Queue de l'Etang, adjugé au sieur *Comynet* père, le 28 juin 1813, ne comprend pas les rives latérales de cet étang dans toute leur longueur jusqu'à la chaussée, et qu'il s'arrête du côté du couchant à l'extrêmité méridionale de pré des héritiers Gauthier, et du levant à celle du pré de Pierre Darmes.

Art. 2. Ledit arrêté est annulé en ce qui concerne le bornage et la restitution des fruits; et les parties sont renvoyées, pour faire prononcer sur ces deux points, devant les tribunaux, si elles s'y croient fondées.

Art. 3. Le sieur *Comynet*, fils, est condamné aux dépens.

Art. 4. Notre Garde-des-sceaux et notre Ministre des finances sont chargés, etc.

M. Brière, maître des requêtes, *rapporteur.* — M.es Mathias et Levacher du Plessis, *avocats.*

DOMAINES NATIONAUX. — Acte d'adjudication. — Interprétation. — Limites.

Un ancien émigré est-il recevable à réclamer un terrein qui se trouve renfermé dans les limites générales, fixées par le contrat de vente nationale de ses biens? Rés. nég. (1).

---

(1) Voy. Ordon. du 20 octobre 1819. Robert David c. Mallet de Mailly. (*arch. du Comité*). — Et l'ordon. *Comynet* qui précède.

(4911. — 22 février 1821. — Sanlèque c. Kob.)

En l'an 5, un corps de biens ayant appartenu au sieur Sanlèque, alors émigré, avait été adjugé au sieur Kob.

Postérieurement à la loi du 5 décembre 1814, le sieur Sanlèque, de retour en France, intente contre l'acquéreur une action en revendication d'une pièce de vigne qu'il prétend ne lui avoir point été vendue. Portée d'abord devant le tribunal civil de Strasbourg, cette demande est revendiquée à l'autorité administrative, et une ordonnance royale du 23 décembre 1819, approuve l'arrêté par lequel le préfet du Bas-Rhin a élevé le conflit.

La contestation est alors soumise au Conseil de préfecture, qui rejette la demande du sieur Sanlèque, en déclarant que la pièce de vigne litigieuse a fait partie de la vente passée au sieur Kob.

Le sieur Sanlèque forme appel dans le comité du contentieux du Conseil d'Etat.—Le contrat de vente du sieur Kob, a-t-il dit, contient une énumération précise et très-détaillée de chaque pièce de terre, pré ou vigne vendus, et celle dont il s'agit n'y est pas comprise; aucun des articles de cette vente ne peut même s'y appliquer. Il y a une dissemblance totale, quant à la situation indiquée, et dans les tenans et confins respectifs. Cette pièce était donc restée *invendue*. Elle devait donc être rendue à l'exposant. L'avoir attribuée aux héritiers Kob, contre la teneur expresse de leur contrat, c'est avoir commis un acte purement arbitraire, violé la Charte et la loi du 5 décembre 1814.

Le Conseil d'Etat, qui a cru voir que le terrein réclamé était renfermé dans les limites générales fixées au contrat, n'a pas jugé que la réclamation du sieur Sanlèque fût fondée.

LOUIS, etc.

Sur le rapport du comité du contentieux de notre Conseil d'Etat,

Vu la requête à nous présentée au nom du sieur Charles *Sanlèque*, enregistrée au secrétariat-général de notre Conseil d'Etat, le 9 janvier 1821, et tendant à l'annulation d'un arrêté du Conseil de préfecture du département du Bas-Rhin, du 27 mai 1820, lequel a déclaré qu'une pièce de terre, de la contenance de 10 ares environ, a fait partie du domaine national vendu au sieur *Kob*, le 30 nivose an 5, par l'administration du département du Bas-Rhin ;

Vu ledit arrêté ;

Vu l'acte de vente passé au sieur Kob, le 30 nivose an 5, et portant, sous le n.° 38, la désignation qui suit :

« Deux quarts et demi de vigne, au canton dit *indher-*
» *Bitzen*, d'un côté, Joseph Holtzmann, de l'autre Mar-
» tin Scharch ; par en haut, un aboutissant ; par en bas, des
» traversons ; »

Vu le plan des lieux ;

Ensemble toutes les pièces jointes au dossier ;

Considérant que le Conseil de préfecture s'est borné à déclarer que la pièce de terre dont la désignation est ci-dessus rappelée, a été vendue au sieur Kob, dans les limites fixées par le contrat du 30 nivose an 5, que, par conséquent, la réclamation du sieur Sanlèque contre ledit arrêté est inadmissible ;

Notre Conseil d'État entendu,

Nous avons ordonné et ordonnons ce qui suit :

Art. 1.er La requête du sieur Sanlèque est rejetée.

Art. 2. Notre Garde-des-sceaux et notre Ministre des finances sont chargés, etc.

M. de Cormenin, maître des requêtes, *rapporteur*.

DOMAINES NATIONAUX. — PAIEMENT EN MANDATS POUR ASSIGNATS, VALEUR NOMINALE. — RÉDUCTION AU COURS. — DÉCOMPTE RÉGULIER.

Un paiement de bien national fait, en l'an 4, en mandats, pour assignats, valeur nominale, doit-il, d'après le décret du 22 octobre 1808, être réduit au cours du jour du versement? Rés. aff. (1).

(3642. — 22 février 1821. — Mioche c. l'administration des Domaines.)

En 1791, le sieur Mioche s'était rendu adjudicataire d'un domaine national dans le département du Puy-de-Dôme; le prix de cette vente était de 41,200.

Au moyen de divers paiemens successifs, faits depuis 1791, jusqu'en l'an 4, il n'était plus, au 1.er thermidor de cette année, débiteur que de 4,816, qu'il versa, en mandats, à cette époque, entre les mains du receveur des Domaines.

En 1811, l'administration établit et lui fit signifier un décompte par lequel, en vertu de l'article 3 du décret du 22 octobre 1808, il fut déclaré redevable de 8,132 fr. Le sieur Mioche réclama près du préfet, et ensuite près du Ministre des finances; mais le décompte fut confirmé.

Il a déféré la décision de celui-ci au Conseil d'Etat, et il a soutenu, devant lui, que le paiement du 1.er thermidor an 4 était valable et libératoire, d'après la loi du 15 germinal

---

(1) Voy. ci-dessus, pag. 21. aff. *Garnier.* — Et *Elém. de jur. adm.*, tom. 1.er, pag. 372, n.° 163 et suiv. — Décret du 5 février 1814. Fossy Detrémont. *Jur. du C. d'Et.*, tom. 2, pag. 512. — Arrêt du conseil du 6 février 1815. Rousseau. *Jur. du C. d'Et.*, tom. 3, pag. 69. — Ordonnances des 14 mai 1817. Morval (*arch. du Comité.*). — 22 juillet 1818, Leloutre, *ibid.* — 9 septembre 1818. De Bernard, *ibid.*

an 4, nonobstant l'art. 3 du décret du 22 octobre 1808, qui ne pouvait pas avoir un effet rétroactif, et ne s'appliquait tout au plus qu'aux paiemens faits depuis la loi du 29 messidor an 4, qui avait abrogé celle du 15 germinal précédent.

L'administration des Domaines a répondu que la loi du 15 germinal an 4 était inapplicable à l'espèce, où il s'agissait d'un paiement fait à l'Etat; que ce paiement n'aurait dû être fait qu'en *assignats*, d'après la loi du 3 nivose de la même année, qu'ayant été effectué en *mandats*, il était soumis au mode d'imputation déterminé par le décret du 22 octobre 1808, et que plusieurs décomptes réglés dans ce sens avaient été confirmés par le Conseil d'Etat.

Dans sa réplique, le sieur Mioche a fait valoir un nouveau moyen; il a énoncé que sa quittance ne faisait pas mention des valeurs versées; que, par suite, il y avait *présomption de droit* que le paiement avait été fait en *assignats*, conformément à la loi du 3 nivose an 4; et que dès-lors l'art. 3 du décret du 22 octobre 1808 ne devait pas être appliqué.

Sans vouloir tirer avantage de l'aveu géminé du sieur Mioche devant le préfet, le Ministre des finances et dans ses premières requêtes devant le Conseil d'Etat, que le paiement du 1.er thermidor an 4 avait été effectué en mandats, l'administration des domaines a produit, au pied de l'extrait certifié du sommier de compte ouvert, la copie littérale et figurée de l'enregistrement en recette, du 1.er thermidor an 4, sur le registre (2) d'après lequel le receveur a compté des sommes versées entre ses mains. Il était expressément énoncé, dans cet enregistrement, que le paiement avait été effectué

(2) Le Conseil d'Etat a déjà admis plusieurs fois la preuve tirée des registres de recette. — Voy. Décret du 13 juillet 1813. Cordier, (*arch. du Comité*). — Ordon. roy. du 14 mai 1817. Morval. *ibid.*

en mandats ou valeurs fixes ; et l'administration des Domaines a expliqué qu'il existait, à cette époque, des *promesses* de mandats, des *rescriptions* admissibles comme mandats, et que le tout était désigné sous la dénomination de *valeurs fixes*, dans la comptabilité. Elle en a conclu que la présomption dont excipait le sieur Mioche était détruite (1) par la preuve fournie que le paiement du 1.er thermidor an 4 avait été fait valeur *mandats* et non pas valeur *assignats*.

Le Conseil a admis cette preuve et basé, sur elle, l'arrêt qu'il a proposé au Roi.

LOUIS, etc.

Sur le rapport du comité du contentieux de notre Conseil d'Etat,

Vu la requête à nous présentée au nom du sieur Jean-Gaspard *Mioche*, enregistrée au secrétariat-général de notre Conseil d'Etat, le 6 mars 1818, et tendant à l'annulation d'une décision de notre Ministre des finances, du 8 novembre 1817, approbative d'un décompte dressé par l'administration des Domaines, et dont le résultat a constitué le requérant débiteur de la somme de *sept mille huit cent cinquante trois francs, trente centimes* en capital et intérêts, au 8 février 1811, sur le prix du domaine national de Vananse, à lui adjugé le 8 février 1791;

Vu la décision attaquée;

Vu les mémoires en défense de *l'administration des Domaines*, enregistrée audit secrétariat, les 2 décembre 1818, et 29 septembre 1819;

Vu toutes les pièces jointes au dossier;

Considérant, dans l'espèce, que le paiement du 1.er ther-

(1) Voy. Ordonnance du 3 février 1819. Bilate. c. l'adm. des Dom. (*arch. du Comité.*)

midor an 4, ayant été fait par le sieur *Mioche*, en mandats, pour assignats, valeur nominale, a dû être réduit au cours de cette date, conformément aux dispositions de l'article 3 du décret du 22 octobre 1808; que le décompte est régulier, et qu'il n'y a pas lieu de le réformer;

Notre Conseil d'État entendu,

Nous avons ordonné et ordonnons ce qui suit:

Art. 1.er La requête du sieur *Mioche* est rejetée.

Art. 2. Le sieur *Mioche* est condamné aux dépens.

Art. 3. Nos Ministres de la justice et des finances sont chargés, etc.

M. de Cormenin, maître des requêtes, *rapporteur*. — M.e Lassis, *avocat*.

ÉMIGRÉS (ANCIENS). — PARTAGE EN NATURE DE BIENS INDIVIS. — FIN DE NON RECEVOIR.

Les héritiers d'un ancien émigré sont-ils aujourd'hui recevables à attaquer un partage de biens indivis, fait entre un tier et l'Etat représentant alors ledit émigré? Rés. nég. (1).

(4930. — 22 février 1821. — Héritiers de Montmort c. Gerbau).

Devant le Conseil d'Etat, et par une requête déposée le 25 janvier 1821, les héritiers de Montmort ont exposé:

Que le marquis de Montmort, leur auteur, était, avant la révolution, seigneur de la commune qui porte encore ce nom dans le département de la Marne;

Qu'il y possédait des biens indivisément avec le sieur Gerbaut;

Que cette propriété se trouvant dans ladite seigneurie, le

---

(1) Voy. ci-dessus, pag. 104. *Dœcklin* et Consorts, et la note.

marquis de Montmort avait usé de la faculté du *retrait censuel,* alors autorisé par les lois, et que, par contrat du 17 octobre 1773, le sieur Gerbaut lui avait rétrocédé sa portion moyennant le remboursement du prix;

Qu'à la faveur des lois de la révolution, et durant l'émigration du marquis de Montmort, les héritiers Gerbaut avaient demandé la restitution des domaines ainsi rétrocédés; que leurs conclusions avaient été adoptées par un jugement arbitral du 5 vendémiaire an 3, rendu contradictoirement avec l'agent national du district;

Qu'après avoir payé, entre les mains du receveur des Domaines, le prix des biens qu'ils avaient ainsi recouvrés, les héritiers Gerbaut avaient demandé et obtenu de l'administration, par un arrêté du 14 fructidor an 5, le partage de leur portion indivise (1) avec la succession de Montmort, à cette époque aux mains de l'Etat;

Et qu'enfin l'administration centrale du département de la Marne avait, par un arrêté du 14 prairial an 7, autorisé la remise en possession des héritiers Gerbaut, et ordonné en leur faveur le paiement de la partie qui leur revenait à raison de la valeur moindre du lot que le tirage au sort leur avait attribué.

C'est de l'arrêté du 14 fructidor an 5 que les héritiers Montmort ont demandé l'annulation; ils ont dit que, lorsque l'administration centrale avait accueilli la demande en partage faite par les hérit. Gerbaut, ils étaient *en déchéance,* et qu'en le faisant, elle avait excédé ses pouvoirs et violé le texte positif des lois.

LOUIS, etc.

Sur le rapport du comité du contentieux de notre Conseil d'État,

Vu la requête à nous présentée au nom des héritiers *de*

(1) Voy. les lois des 1.er floréal an 3 et 30 thermidor an 4.

Montmort, enregistrée au sécrétariat-général de notre Conseil d'Etat, le 25 janvier 1821, et tendant à obtenir l'annulation d'un arrêté de l'administration centrale du département de la Marne, en date du 14 fructidor an 5, qui a ordonné le partage en nature des biens prétendus indivis entre la succession du sieur marquis *de Montmort*, dévolue à l'Etat comme représentant ses héritiers émigrés, et les sieurs *Gerbaut* et consorts;

Vu l'arrêté attaqué;

Vu la lettre du Ministre des finances, du 7 fructidor an 5, adressée à l'administration centrale du département de la Marne, et portant qu'il y a lieu à accueillir la demande en partage formée par les sieurs *Gerbaut* et consorts;

Ensemble toutes les pièces jointes au dossier;

Considérant que l'arrêté de l'administration centrale qui ordonne le partage, en nature, des biens indivis dont il s'agit, a été pris entre les sieurs *Gerbaut* et l'Etat, représentant les sieurs de *Montmort* alors émigrés, et que ledit arrêté a reçu sa pleine et entière exécution, en présence du Domaine et de son consentement;

Considérant que l'article 16 du sénatus-consulte du 6 floréal an 10 interdit aux émigrés ou à leurs héritiers de revenir contre les actes et arrangemens passés pendant leur absence, entre l'Etat, qui les représentait, et des tiers;

Notre Conseil d'État entendu,

Nous avons ordonné et ordonnons ce qui suit:

Art. 1.er La requête des héritiers de *Montmort* est rejetée.

Art. 2. Notre Garde-des-sceaux et notre Ministre des finances sont chargés, etc.

M. de Cormenin, maître des requêtes, *rapporteur.* — M.e Collin, *avocat.*

FOURNITURES. — PRODUCTION DE PIÈCES — DÉCHÉANCE. — CONSIDÉRATIONS D'ÉQUITÉ. — VOIE DE RECOURS.

Un fournisseur qui n'a pas produit, dans les délais fixés par son marché, les pièces nécessaires à sa liquidation, et qui, pour cette raison, a été déclaré en déchéance, est-il recevable à recourir devant le Conseil d'Etat, par la voie contentieuse, s'il ne peut faire valoir que des considérations d'équité en sa faveur? Rés. nég. (1).

(4907. — 22 février 1821. — Leleu c. le Ministre de la guerre.)

Par un traité passé avec le Ministre de la guerre, la compagnie Leleu s'était chargée, en 1816, du service des vivres près l'armée d'occupation.

Aux termes de ce traité, si la compagnie éprouvait des pertes par force majeure, elle était obligée d'en justifier, dans le délai d'un mois, devant le Ministre de la guerre.

L'évènement prévu est arrivé, mais les fournisseurs n'ont pu produire leurs pièces justificatives qu'après un intervalle de près de deux ans.

Le Ministre a rejeté leur demande. Ils ont fait valoir des considérations d'équité, telles que les difficultés du service en 1816, et les pertes déjà éprouvées par eux. Le Ministre a persisté. Ils se sont pourvus au Conseil d'Etat : la décision

---

(1) Le recours au Conseil d'Etat contre les décisions des Ministres n'est admissible que dans les cas où ces décisions ont porté atteinte à des droits ou des intérêts privés. — Voy. ordonnances des 17 juillet 1816, de Potter, *Jur. du C. d'Et.*, tom. 3, pag. 343. — 31 janvier 1817. Godefroy, Dosberg. *ibid.*, tom. 3, pag. 499. — 27 octobre 1819. Lescalier. *arch. du Comité.* — Voy. aussi *Elém. de jur. adm.*, tom. 1.er, pag. 64, n.o 45, et *Thémis*, tom. 2, pag. 329 et suiv.

du Ministre a été maintenue, en tant surtout que, dans la position où ils se trouvaient, les fournisseurs n'auraient pas dû se pourvoir par la voie contentieuse, puisqu'ils n'avaient pas de droit positif à exercer.

LOUIS, etc.

Sur le rapport du comité du contentieux de notre Conseil d'Etat,

Vu la requête à nous présentée au nom de la compagnie *Leleu*, chargée en 1816, du service des vivres près l'armée d'occupation, ladite requête enregistrée au secrétariat-général de notre Conseil d'Etat, le 8 janvier présente année, et tendant à ce qu'il nous plaise réformer une décision de notre Ministre de la guerre, du 28 novembre 1820, et faire maintenir, au crédit du compte de la compagnie, la somme de 3,563 fr. 21 c., pour dépense par elle réellement faite, mais dont elle n'a pu produire les pièces justificatives dans les délais fixés par son marché;

Vu la lettre du 8 décembre 1820, par laquelle notre *Ministre-secrétaire d'Etat de la guerre*, informe la compagnie *Leleu* qu'il n'a pu faire droit à ses réclamations, tendant à ce que les décisions rendues par ses prédécesseurs, les 20 mars 1817, 15 et 22 septembre 1819, fussent réformées, et que ces décisions étant motivées sur la déchéance que la compagnie avait encourue, pour n'avoir pas produit ses pièces dans les délais prescrits par son marché, il ne pouvait que confirmer lesdites décisions;

Considérant que la compagnie *Leleu* reconnaît elle-même que les retards qu'elle a mis à produire ses pièces, lui rendent applicables les dispositions de l'article 24 de son marché, et que les motifs d'excuse qu'elle allègue aujourd'hui, n'étant fondés que sur des considérations d'équité, ne peuvent être l'objet d'un recours par la voie contentieuse;

Notre Conseil d'Etat entendu,

Nous avons ordonné et ordonnons ce qui suit :

Art. 1.er La requête de la compagnie *Leleu* est rejetée ; la décision de notre Ministre de la guerre, du 23 novembre 1820, sera exécutée selon sa forme et teneur.

Art. 2. Notre Garde-des-sceaux et notre Ministre de la guerre sont chargés, etc.

M. de Maleville, maître des requêtes, *rapporteur.* — M.e Naylies, *avocat.*

HALLES. — DÉPOSSESSION. — REVENUS DÉPOSÉS. — DROITS DES COMMUNES. — FORMES A SUIVRE. — BASE DE L'EXPERTISE.

Une transaction passée entre une commune et un particulier, et qui n'a été que provisoirement *approuvée par le Ministre de l'intérieur, doit-elle être regardée comme ayant ôté à la commune, le droit qui lui est donné, par la loi du 28 mars 1790, d'acquérir ou de louer les halles ?* Rés. nég. (1).

Est-ce d'après les formes prescrites par la loi du 8 mars 1810, que doit être fixé le prix de vente ou de location desdites halles ? Rés. aff. (2).

Un Conseil de préfecture, peut-il ordonner de déposer dans une caisse publique, les revenus desdites halles, aupara-

---

(1) Voy. arrêté du 21 frimaire an 12, au bulletin des lois, et code civil, article 2045. — *Elém. de jur. adm.*, tom. 1.er, pag. 155, n.o 29. — Décret du 18 janvier 1813. Juchault Desjamonières. *Jur. du C. d'Et.*, tom. 2, pag. 224.

(2) Voy. *Elém. de jur. adm.*, tom. 2, pag. 123 et suiv. — Ordonnances royales des 2 juin 1819. Brichet c. la commune de Launion, au Bulletin des lois ; et 9 juillet 1820. Vendeuvre c. la commune de Putanges, (*arch. du Comité.*)

vant que le propriétaire ait reçu sa juste indemnité ? Rés. nég. (1).

(4389. — 22 février 1821. — La duchesse de Beaumont c. la commune de Cany.)

Madame la duchesse de Beaumont, était propriétaire du sol et des bâtimens des halles de la commune de Cany.

Postérieurement à la promulgation de la loi du 28 mars 1790, qui a supprimé sans indemnité tous les droits féodaux connus sous le nom de *coutume, hallage* et autres, et autorisé les communes à acquérir ou prendre à loyer les halles appartenant à des particuliers, il y avait eu plusieurs projets d'arrangemens entre la commune et madame de Beaumont. Enfin, le 24 mai 1809, par une transaction passée entr'eux et approuvée par le préfet et le Ministre de l'intérieur, la commune avait renoncé à exercer les facultés que la loi du 28 mars 1790 lui accordait, et madame de Beaumont s'était engagée à lui payer une indemnité annuelle de 600 francs.

En 1815, la commune de Cany, délibérant de nouveau sur cet objet, s'est résolue à prendre les halles à loyer ; et, sur l'opposition apportée à ce projet par madame de Beaumont, le Conseil de préfecture du département de Seine-Inférieure a pris, le 8 septembre 1819, un arrêté portant que : « Les deniers provenant des droits de coutume, hallage etc., attribués par la loi aux municipalités, qui étaient perçus par madame de Beaumont pour prix de location des halles de Cany, en vertu d'un tarif approuvé par l'autorité administrative, le 7 juillet 1809, seront et continueront d'être recouvrés à l'avenir et provisoirement au profit de la municipalité de Cany, toutes choses en état, sauf à la com-

(1) Décret du 26 mars 1814. Delamarre c. la commune de Vielharcourt. *Jur. du C. d'Et.*, tom. 2, pag. 533.

mune à remplir les formalités prescrites par les lois pour acquérir ou louer les halles dont il s'agit. »

Madame de Beaumont a déféré cet arrêté à la censure du Conseil d'Etat. Elle y a soutenu, en thèse générale :

1.° Que les droits de hallage, havage, cohue et autres droits qui se percevaient, avant la révolution, sur les denrées, pour la seule permission de les exposer dans les places publiques, ont été abolies par la loi du 28 mars 1790, tant au regard des municipalités que des ci-devant seigneurs;

2.° Qu'il faut bien distinguer entre les halles et marchés établis d'ancienneté sur les places publiques des villes, et ceux établis dans des enclos dont le sol, aussi bien que les bâtimens, est prouvé avoir toujours été la propriété patrimoniale des ci-devant seigneurs ou autres particuliers;

3.° Qu'à l'égard des halles de la première espèce, bâties par les anciens seigneurs sur les places publiques, dans le temps où ces places publiques étaient réputées, de droit, appartenir à la *seigneurie*, il est incontestable que les municipalités ont pu, depuis la loi de mars 1790, revendiquer les halles et s'en mettre en possession, en remboursant seulement la valeur des bâtimens; c'était la conséquence de l'abolition du régime féodal et de l'application du principe consacré par l'art. 555 du code civil: *Edificium solo cedit;*

4.° Mais qu'à l'égard des halles et marchés de la seconde espèce, ni la loi de mars 1790, ni aucune autre n'autorise les municipalités à s'en emparer contre le gré du propriétaire, même avec offre de rembourser la valeur intrinsèque du sol et des bâtimens; encore moins celui d'en déposséder le propriétaire par voies de fait et sans indemnité préalable; qu'en effet, cette dernière proposition se trouve justifiée par le texte même de la loi du 28 mars 1790, par un *décret du Conseil des anciens*, du 17 *germinal an* 7, par l'art.

545 du Code civil et les articles 9 et 10 de la Charte constitutionnelle.

En thèse particulière, madame de Beaumont a tenté d'établir que l'existence de la transaction du 24 mai 1809 était un obstacle à ce que la commune de Cany pût désormais exercer contre elle la faculté qui lui était donnée par la loi de mars 1790 ; elle a prouvé enfin, que l'arrêté du 8 septembre 1819 avait commis un excès de pouvoir et violé les lois protectrices de la propriété, en la dépouillant du produit des halles avant que son expropriation eût été ordonnée, et qu'elle eût reçu l'indemnité prescrite par les lois.

Cette requête ayant été communiquée à la commune, et celle-ci n'ayant pas jugé à propos d'y fournir ses moyens de défense, le comité du contentieux a désiré d'avoir, sur cette affaire, l'avis du Ministre de l'intérieur, qui, par l'organe de M. le directeur-général de l'administration départementale, a fourni, le 31 juillet 1820, les observations suivantes.

Sur la question de savoir si les lois sur les halles ont jamais été interprétées dans le sens de la distinction énoncée aux numéros 2, 3 et 4 ci-dessus, et s'il y a des faits d'administration qui confirment une telle interprétation :

« La loi du 28 mars 1790, qui a prononcé l'abolition des droits de hallage, en laissant aux communes, la faculté de traiter avec les propriétaires pour l'acquisition ou la location des bâtimens, n'a fait aucune distinction d'où l'on puisse inférer que cette faculté s'applique exclusivement aux édifices construits sur des fonds communaux. Cette distinction eût été, en effet, presque sans application, puisque, par une conséquence nécessaire de l'abolition des droits féodaux, les communes se trouvaient naturellement réintégrées dans la possession des immeubles dont elles n'avaient été dessaisies que par l'exercice de ces droits. Il en est de même de la loi du 11 frimaire an 7, qui, rangeant le produit des locations des places dans les halles et marchés au nombre des revenus municipaux, n'a point excepté les bâtimens assis sur les fonds particuliers, et a implicitement confirmé, dans toute sa latitude, en faveur des communes, le droit exclusif de jouir de ces propriétés, conséquemment celui de contraindre les propriétaires des fonds, à leur en faire l'abandon, comme moyen de jouissance nécessaire.

» Cette faculté des communes est, d'ailleurs, indépendante des dispositions législatives spécialement appliquées aux halles, foires et marchés; elle se trouve comprise dans le droit de dépossession consacré par le code civil et la loi du 8 mars 1810. Ainsi quelqu'interprétation que l'on donne aux lois antérieures, notamment à celle dont madame de Beaumont invoque ici les prétendues distinctions, une commune a incontestablement le droit de provoquer la dépossession d'un propriétaire de halle, (1) dès que l'utilité publique réclame cette mesure. L'opinion contraire supposerait un privilége (2) singulier d'exception en faveur des propriétaires de halles; et il est inutile d'ajouter que ce privilége ne saurait exister.

» Quant au moyen tiré de l'existence de l'acte du 24 mai 1809, je remarque d'abord que la renonciation de la commune n'était que temporaire ou du moins fondée sur un défaut de

---

(1) Nous avons cru devoir embrasser une opinion contraire : le propriétaire d'une halle ne peut jamais en perdre la propriété contre sa volonté; il a toujours la faculté de préférer le louage.—Notre opinion est fondée sur les expressions que le législateur a consignées au nombre 2, du chap. 3, de la loi, en forme d'instruction, des 12-20 août 1790. — Voy. notre dissertation, dans la *Thémis*, tom. 3, pag. 215.

(2) Ce n'est pas un *privilége*, c'est une garantie de la propriété, garantie établie par la loi : cette loi veut seulement que le propriétaire de halles, soit tenu d'en consentir le louage. — La question ne s'agite d'ailleurs ici, qu'entre le propriétaire et la commune; autre chose serait entre l'Etat et le propriétaire.

ressources momentanées, qui pouvait faire présumer et justifier un changement futur de dispositions. Tel est aussi le caractère de l'approbation provisoire du Ministre, qui paraît avoir été révoquée depuis. Cet acte, qualifié de transaction, stipule, en effet, des concessions mutuelles, d'autant plus délicates qu'elles détruiraient, pour la commune, le bénéfice d'une loi. Aux termes de l'arrêté du 21 frimaire an 12, un traité de cette nature ne pouvait lier définitivement les parties qu'autant qu'après avoir été soumis à 3 avocats et aux délibérations du Conseil de préfecture, il aurait reçu l'approbation de l'autorité souveraine. Aucune de ces formalités n'ayant été remplie, la transaction du 24 mai 1809 ne fut jamais qu'un projet réglé sur une situation temporaire, projet qui n'est plus admissible, parce que cette situation a changé depuis onze ans, et qui, privé de force et de vie par le défaut d'approbation nécessaire, ne saurait être opposé contre la commune, à la force des lois dont elle réclame le bénéfice.

» Il suit de ces observations que la requête de madame de Beaumont ne serait pas fondée, en ce sens qu'elle tendrait à lui assurer, pour l'avenir, la possession et jouissance des halles en litige.

» Toutefois on ne peut se dissimuler que l'arrêté du 8 septembre 1819 ne soit dans le cas d'être attaqué sur plusieurs points.

» En principe, nul ne peut être dépossédé de sa propriété sans avoir été indemnisé. Madame de Beaumont, propriétaire de la halle de Cany, ne pouvait donc en être privée, ou, ce qui est la même chose, perdre la jouissance des fruits, qu'après avoir reçu l'indemnité de droit, ou la garantie résultant d'un traité. Sous ce premier rapport, le Conseil de préfecture n'aurait pas dû la dessaisir de sa jouissance, avant l'accomplissement de ces antécédens. En vain objecterait-on qu'il n'a entendu lui retirer que l'excédant du revenu légal. Il n'appartenait ni à cette autorité ni au Conseil municipal de régler d'office la ventilation dont le revenu présumé illégal pouvait être susceptible. Si le tarif accordé, en 1809, à madame de Beaumont consacrait des droits abusifs, de l'espèce de ceux qui ont été supprimés, c'était au préfet à en suspendre provisoirement la perception, et à la faire modérer au taux légal, sans préjudice des moyens à prendre par l'autorité municipale pour se faire mettre en possession du fonds. La décision du Conseil de préfecture serait d'autant plus irrégulière qu'elle implique une dépossession de fait, et que, d'après le refus que fait ce propriétaire de vendre ou même de louer, cette mesure ne pourrait être ordonnée que par les tribunaux ordinaires.

» C'est sur ces principes que le comité du contentieux a fondé ses décisions relatives à la jouissance des halles, et notamment les dispositions de l'ordonnance du 2 juin 1819, portant annulation d'un arrêté du Conseil de préfecture des Côtes-du-Nord, confirmatif d'un acte du préfet qui interdisait la perception du droit de location des halles de Lannion, au profit des propriétaires, et ordonnait qu'il serait continué pour le compte de la commune.

» J'ajouterai que les mêmes principes ont été l'unique base des instructions ministérielles sur la matière, depuis le rétablissement du gouvernement royal. (1)

» En conséquence, je pense qu'il y aurait lieu d'annuler l'arrêté du 8 septembre 1819, et, sans avoir égard aux moyens de la requérante sur son maintien en possession irrévocable, renvoyer la commune à se pourvoir devant l'autorité compétente, conformément aux lois sur l'utilité publique, pour raison de la jouissance ou de la dépossession qu'elle serait fondée à poursuivre. »

---

(1) Voy. et comparez les deux circulaires ministérielles, des 8 avril 1813 et 21 septembre 1814. Cette matière est l'une de celles sur lesquelles la jurisprudence du Ministère de l'intérieur a le plus varié.

Par des observations subséquentes, madame la duchesse de Beaumont a soutenu que la commune de Cany ne pourrait être admise à faire ordonner son expropriation forcée qu'autant qu'elle justifierait que cette aliénation est *commandée par l'utilité publique ;*

Que *l'utilité publique*, dans le sens de la loi du 8 mars 1810, ne doit pas s'entendre de cela seulement que la municipalité trouverait un avantage *pécuniaire* à exproprier;

Que dans le sens de cette loi, de l'art. 548 du code civil, et de l'art. 10 de la Charte constitutionnelle, les causes d'utilité publique ne peuvent s'entendre que des cas où la sûreté des habitans, la salubrité de l'air, la commodité de la circulation exigeraient impérieusement qu'une propriété particulière fût cédée, à l'effet de l'employer à une autre destination, comme pour en faire une place publique, un égoût, une rue indispensable ;

Qu'il était libre enfin à la commune de fonder un autre marché, dans un autre local, si celui dont il s'agissait ne lui convenait pas, si elle voulait absolument en avoir un qui lui fût propre.

L'ordonnance suivante a prononcé ainsi sur cette importante affaire.

LOUIS, etc.

Sur le rapport du comité du contentieux de notre Conseil d'Etat,

Vu la requête à nous présentée au nom de la dame *Armande-Louise-Marie de Bec-de-Lièvre de Cany, duchesse de Beaumont*, épouse non commune en biens de M. Anne Christian de *Montmorency Luxembourg, duc de Beaumont*, pair de France, ladite requête enregistrée au secrétariat-général de notre Conseil d'Etat, le 13 novembre 1819, et tendant à ce qu'il nous plaise annuler l'arrêté du Conseil de préfecture du département de la Seine-Inférieure, en date du 8 septembre 1819, qui a ordonné que les deniers provenant du droit de halle, dans la commune de Cany, seraient et continueraient d'être perçus au profit de la commune et seraient versés dans la caisse municipale, pour être de suite déposés par le receveur municipal dans la caisse de service près le trésor royal, toutes choses tenant état, sauf à la municipalité à remplir les formalités voulues par la loi pour parvenir tant à l'adjudication des droits de halle qu'à l'exécution des dispositions de la loi relatives à l'expertise exigée pour l'achat ou la location des bâtimens et terreins destinés au service desdites halles,

Ledit arrêté attaqué par la requérante, sur le motif qu'il est contraire aux lois et à la transaction passée entre elle et la commune de Cany, le 24 mai 1809, par laquelle celle-ci a renoncé, moyennant une rente de 600 francs par an, à la faculté qui lui était attribuée, par la loi du 28 mars 1790, d'acquérir ou de louer les halles appartenant à la requérante;

Vu ledit arrêté;

Vu l'acte de transaction passé, le 24 mai 1809, entre la dame de Beaumont et la commune de Cany, ladite transaction approuvée par le Ministre de l'intérieur;

Vu la délibération du Conseil municipal de la commune de Cany, en date du 1.er janvier 1815, par laquelle la commune a décidé qu'elle prendrait à loyer les halles appartenant à madame de Beaumont;

Vu la loi du 28 mars 1790;

La loi du 8 mars 1810;

Le décret du 6 août 1811, et notre ordonnance du 2 juin 1819;

Vu toutes les pièces respectivement fournies;

Considérant, 1.° que la transaction passée, le 24 mai 1809, entre la commune de Cany et la dame de Beaumont, n'ayant été que provisoirement approuvée par le Ministre de de l'intérieur, ne peut avoir ôté à la commune le droit qui lui est donné, par la loi du 28 mars 1790, d'acquérir ou de louer ces halles;

Considérant 2.° que si, aux termes de la loi du 28 mars 1790, les communes ont le droit de louer ou d'acquérir les halles établies sur leurs territoires, le prix de la vente ne peut en être fixé que d'après les formes prescrites par la loi du 8 mars 1810, c'est-à-dire par convention amiablement arrêtée entre les parties, ou par autorité de justice, en se conformant aux bases établies par l'avis du Conseil d'Etat du 6 août 1811;

Que le Conseil de préfecture, en ordonnant le dépôt, dans une caisse publique, des revenus des halles de la commune de Cany, appartenant à la dame de Beaumont, est contrevenu à l'article 545 du Code civil et à la loi du 8 mars 1810, qui veulent que personne ne soit dépossédé de sa propriété sans indemnité préalable;

Notre Conseil d'État entendu,

Nous avons ordonné et ordonnons ce qui suit:

Art. 1.er L'arrêté du Conseil de préfecture du département de la Seine-Inférieure, en date du 8 septembre 1819, est annulé, et les sommes déposées en vertu de cet arrêté seront restituées à madame de Beaumont.

Art. 2. Le prix de vente ou de location (1) des halles de Cany sera établi suivant les formes prescrites par la loi du 8 mars 1810, conformément aux règles établies par l'avis du Conseil d'Etat du 6 août 1811.

Art. 3. Notre Garde-des-sceaux et notre Ministre de l'intérieur sont chargés, chacun en ce qui le concerne, de l'exécution de la présente ordonnance.

M. Maillard, maître des requêtes, *rapporteur*.—M.e Guichard père, *avocat*.

---

(1) Il faut bien remarquer ces termes: *Le prix de vente ou de location.. sera établi suivant les formes prescrites par la loi du 8 mars 1810*, etc. — Nous en tirons la conséquence que le Conseil d'Etat n'indique la loi du 8 mars 1810, comme règle à suivre, que pour le *réglement du prix*, mais qu'il ne veut pas dire, par là, que la commune a le droit d'*exproprier* selon les formes tracées par cette loi.

HALLES. — PROPRIÉTÉ. — COMPÉTENCE. — INDEMNITÉ. — PROVISION. — ÉMIGRÉS. — DROIT EXERCÉ EN LEUR ABSENCE.

La question de propriété qui s'engage, à l'occasion d'une halle, entre un particulier et une commune, est-elle du ressort des tribunaux ordinaires? Rés. aff. (1).

Est-ce à l'administration que doivent s'adresser les propriétaires dépouillés, pour réclamer l'indemnité qui leur est due? Rés. nég.

Devant quelle autorité ces propriétaires doivent-ils former leur demande en provision? Est-ce devant les tribunaux? Rés. aff.

(928. — 22 février 1821. — Poret de Blosseville et consorts c. la commune de Buchy.)

LOUIS, etc.

Sur le rapport du comité du contentieux de notre Conseil d'État,

Vu les requêtes à nous présentées au nom des sieurs *Poret de Blosseville* et consorts, enregistrées au secrétariat-général du Conseil d'Etat, les 9 septembre 1809 et 17 mai 1820, et tendant à l'annulation :

1.° D'un arrêté du conseil de préfecture du département de la Seine-Inférieure, du 9 mai 1808, lequel a débouté les requérans de leurs prétentions à la propriété des places et terreins du marché de Buchy;

2.° De deux autres arrêtés du même conseil de préfecture, en date des 6 et 9 août 1819, lesquels ordonnent le dépôt, dans la caisse de service près le trésor royal, du produit des halles de Buchy, versé par le sieur Vauquelin,

(1) Voy. l'affaire précédente : *Beaumont* c.ᵉ *Cany*.

fermier et adjudicataire desdits droits, dans la caisse municipale de cette commune ;

Vu les arrêtés attaqués ;

Vu l'ordonnance *de soit communiqué*, en date du 27 mai 1820, à laquelle la *commune de Buchy* n'a pas répondu dans les délais du réglement ;

Ensemble toutes les pièces jointes au dossier ;

Considérant, sur le terrein des places et marchés que la commune et les réclamans soutiennent respectivement leur appartenir, que cette question de propriété est du ressort des tribunaux ;

Considérant, sur la jouissance des halles, qu'à l'époque où les sieurs de *Blosseville* ont été mis en possession de tous leurs biens, la commune avait usé du droit que lui conférait la loi du 28 mars 1790, de reprendre les halles, sauf indemnité de vente ou de location ; qu'ainsi les sieurs de *Blosseville* avaient droit de réclamer ladite indemnité, laquelle doit être réglée avec la commune, soit à l'amiable, soit par les tribunaux, conformément à la loi du 8 mars 1810, et d'après les bases posées dans le décret du 6 août 1811 ;

Considérant que les deux derniers arrêtés du Conseil de préfecture, en date des 6 et 9 août 1819, ne font point obstacle à ce que les tribunaux statuent tant sur les questions de propriété et d'indemnité, que sur celles de provision, si les réclamans se croient fondés à les former ;

Notre Conseil d'Etat entendu,

Nous avons ordonné et ordonnons ce qui suit :

Art. 1.er L'arrêté du Conseil de préfecture du département de la Seine-Inférieure, du 9 mai 1808, est annulé pour cause d'incompétence.

Les parties sont renvoyées à faire statuer, conformément à la loi du 8 mars 1810 et au décret du 6 août 1811, sur les questions de propriété, d'indemnité et de provision.

Art. 2. Les dépens sont compensés entre les parties.

Art. 3. Notre Garde-des-sceaux et notre Ministre de l'intérieur sont chargés, etc.

M. de Cormenin, maître des requêtes, *rapporteur*.

LIQUIDATION. — CRÉANCES ET TRAITES DE SAINT-DOMINGUE. — FOURNITURES. — COMMISSION DE REVISION. — DÉCISIONS DÉFINITIVES.

Les porteurs de titres de créances contractées par l'administration de St.-Domingue sont-ils recevables à en demander aujourd'hui la liquidation au Gouvernement? Rés. nég. (1).

(4299. — 22 févr. 1821. — Dat c. le Ministre de la marine.)

Les sieurs Dat et Brocard avaient été chargés, comme entrepreneurs, du service des hôpitaux dans les départemens du Sud et de l'Ouest de Saint-Domingue, depuis le 22 ventose an 10 jusqu'à la fin de la même année.

L'entreprise était devenue générale en l'an 11; on leur avait confié le service des hôpitaux sur tous les points que nous occupions dans la colonie.

Au titre d'entrepreneur des hôpitaux, dont il était déjà pourvu, le sieur Dat, en nom privé, avait ajouté, le 24 messidor an 10, celui de régisseur-général du service des subsistances des armées et de toutes les places où il y avait garnison.

Les sieurs Dat et Brocard, se prétendant créanciers de sommes considérables, adressèrent leurs pièces au Ministre de la marine.

---

(1). Voy. *Elém. de jur. adm.*, tom. 2, pag. 138, n.° 6. — Ordon. du 11 décembre 1816. Crevel et Legay D'Arcy. *Jur. du C. d'Et.*, tom. 3, pag. 455.

La dette de Saint-Domingue avait été soumise à une liquidation particulière; cette opération avait été confiée, le 22 messidor an 12, à une commission de trois conseillers d'État.

Le Ministre de la marine présenta au chef du Gouvernement, le 14 février 1810, le résultat encore incomplet de la liquidation : quelques mois après, le 26 juin, il fut créé une seconde commission pour reviser le travail de la première.

Les trois services distincts qui avaient été confiés à MM. Dat et Brocard, donnèrent lieu à trois comptes dont les résultats furent approuvés, les 3 décembre 1811 et 25 janvier 1812, par la commission de revision.

Ce fut le 14 mars 1812 que cette commission arrêta son rapport définitif sur toutes les créances dont les titres avaient été produits. Les évènemens de cette époque en firent différer la présentation; mais enfin, dans un Conseil de finances, tenu le 2 février 1813, le Gouvernement, adoptant les conclusions de la commission, établit un fonds spécial en inscriptions pour solder les créances reconnues. (7,129,185 fr. Voyez le moniteur du 4 février).

La créance du sieur Dat n'était pas de ce nombre. Il a réclamé contre les résultats de ses comptes, et a pressé le Ministre de faire procéder à une nouvelle liquidation de cette créance. Le Ministre s'y est refusé, et il a maintenu ces décisions rendues par la commission de revision : il a pensé que ces décisions, sanctionnées par l'ancien Gouvernement, avaient acquis la force de la chose jugée, et qu'il ne lui appartenait pas plus qu'à aucune autre autorité de les révoquer, ni même de les modifier.

Le sieur Dat s'est pourvu, par appel, devant le comité du contentieux du Conseil d'Etat; et, pour parvenir à faire ordonner une nouvelle liquidation, il s'est efforcé de démontrer l'irrégularité, l'injustice, l'insuffisance du travail de la commission de revision.

« *L'irrégularité* : La commission n'avait pas qualité pour *liquider*, mais seulement pour *reviser* des liquidations déjà faites; sa décision ne consiste que dans l'approbation du rapport non ordonné d'un simple chef de bureau.

» *L'injustice* : Le créancier a été jugé sans être appelé, sans être prévenu, sans avoir pu, en conséquence, fournir aucuns renseignemens pour suppléer les pièces que des circonstances de force majeure avaient fait disparaître.

» *L'insuffisance* : La commission a prononcé sans procéder à aucun résultat de compte (ce sont ses propres termes), ce qui était le caractère d'une véritable liquidation à sa décision, dont le principal objet n'a été que l'annulation pure et simple des traites données en à-compte au sieur Dat. »

Par des observations du 24 décembre 1819, le Ministre de la marine a discuté et combattu ces moyens; mais Son Exc. a surtout insisté sur ce que la liquidation de Saint-Domingue devait être considérée comme ayant la force de la chose jugée; que tout ce qui s'y rapportait était désormais irrévocable, et que ce ne pouvait être que par un renversement de principes, qu'on en remettrait en question la moindre partie.

Telle a été aussi l'opinion du Conseil d'État.

LOUIS, etc.

Sur le rapport du comité du contentieux de notre Conseil d'État,

Vu la requête à nous présentée au nom du sieur *Dat*, enregistrée au secrétariat-général de notre Conseil d'Etat, le 13 août 1819, et tendant à l'annulation d'une décision du Ministre de la marine, du 23 juillet 1819, approbative de deux liquidations de créances appartenant au requérant, lesquelles liquidations ont été faites par la commission de revision des créances de Saint-Domingue, les 3 décembre 1811 et 25 janvier 1812;

Vu la lettre en réponse du *Ministre de la marine*, en date du 24 décembre 1819;

Vu toutes les pièces jointes au dossier;

Considérant que la liquidation des créances susmentionnées, a été terminée définitivement par les décisions de la commission de revision des dettes de Saint-Domingue, des 3 décembre 1811, et 25 janvier 1812, décisions confirmées par le Gouvernement;

Considérant que le Ministre de la marine s'est borné à déclarer que lesdites décisions sont définitives, et qu'ainsi le le sieur *Dat* n'est pas recevable à attaquer ladite décision;

Notre Conseil d'État entendu,

Nous avons ordonné et ordonnons ce qui suit :

Art. 1.er La requête du sieur *Dat* est rejetée.

Art. 2. Notre Garde-des-sceaux et notre Ministre de la marine et des colonies sont chargés, etc.

M. de Cormenin, maître des requêtes, *rapporteur*. — M.e Duclos, *avocat*.

LIQUIDATION. — DÉCHÉANCE. — DÉCRET DÉFINITIF.

Un particulier est-il recevable à réclamer par la voie contentieuse contre un décret impérial qui a rejeté la liquidation d'une créance sur l'Etat, antérieure à l'an 6 *et réclamée en l'an* 12? Rés. nég.

(4917. — 22 février 1821. — Duchesne veuve Mahuet.)

Avant 1790, le sieur Mahuet avait acheté de MONSIEUR, aujourd'hui ROI, un terrein dépendant du palais du Luxembourg.

Ce terrein fut compris dans le séquestre apposé sur les biens du Prince. Une partie en fut vendue, l'autre fut livrée à la voie publique.

En l'an 12, le sieur Mahuet justifia de sa propriété, et réclama une indemnité. Le préfet de la Seine accueillit sa demande et fixa cette indemnité. Son arrêté fut soumis au Ministre des finances, qui, sans appeler le sieur Mahuet, porta l'affaire au Conseil d'Etat. Un décret ne tarda pas à intervenir, qui considéra le sieur Mahuet comme engagiste d'un bien dépendant de l'ancien domaine, déclara son titre d'engagement révoqué par la loi du 14 ventose an 7, et le renvoya devant le liquidateur-général pour être liquidé, conformément à la loi du 24 frimaire an 6, des sommes qu'il justifierait avoir été payées par lui au trésor de MONSIEUR.

Le 13 janvier 1821, la dame veuve Mahuet a formé opposition à ce décret, rendu sans celui qu'elle représentait, et sans même qu'il eût été appelé.

Son recours a été rejeté par l'ordonnance qui suit :

LOUIS, etc.

Sur le rapport du comité du contentieux de notre Conseil d'Etat,

Vu la requête à nous présentée au nom de la dame *Duchesne*, veuve du sieur *Mahuet*, ladite requête enregistrée au secrétariat-général de notre Conseil d'état, le 13 janvier 1821, et tendant à l'annulation d'un décret du 23 fructidor an 13, lequel a renvoyé le sieur Mahuet à la liquidation générale, pour être liquidé, conformément à la loi du 24 frimaire an 6, des sommes qu'il justifierait avoir été payées, soit par lui, soit par ceux qu'il représente, à notre trésor particulier, avant notre avénement à la couronne ;

Vu ledit décret ;

Vu toutes les pièces jointes au dossier ;

Considérant qu'il s'agit, dans l'espèce, de la liquidation d'une créance sur l'état, réclamée en l'an 12, par le sieur Mahuet et rejetée par le décret définitif du 23 fructidor an 13 ;

Notre Conseil d'État entendu,

Nous avons ordonné et ordonnons ce qui suit :

Art. 1.er La requête de la dame veuve Mahuet est rejetée.

Art. 2. Notre Garde-des-sceaux et notre Ministre des finances sont chargés, etc.

M. de Cormenin, maître des requêtes, *rapporteur.* — M.e Coste, *avocat.*

LIQUIDATION. — DETTE PUBLIQUE. — ARRÊTÉS DU CONSEIL DE LIQUIDATION. — RECOURS. — INCOMPÉTENCE DU CONSEIL.

Est-on recevable à attaquer, par la voie contentieuse, devant le Conseil d'Etat, les arrêtés (même provisoires) du Conseil de liquidation de la dette publique ? Rés. nég. (1).

(3417. — 22 février 1821. — Ouvrard c. le trésor.)

LOUIS, etc. (2).

Sur le rapport du comité du contentieux de notre Conseil d'Etat,

Vu la requête à nous présentée, au nom du sieur *Ouvrard*, banquier à Paris, ladite requête enregistrée au secré-

---

(2) Voy. *Elém. de jur. adm.*, tom. 2, pag. 131 et 132, — 136. n.º 2. Décret du 4 mai 1815. Dejoie c. l'adm. des Dom. *Jur. du C. d'Et.*, tom. 3, pag. 107. — Ordonnances des 18 mars 1816. Charles Ruault, *ibid.*, tom. 3, pag. 262. — 11 juin 1817. Gosselin, Saint-Même et consorts. *ibib.*, tom. 4, pag. 38.

(2) L'art. 7 du réglement du 22 juillet 1806 et l'art. 6 de l'ordonnance du 23 août 1815, sont si formels à l'égard de la question décidée dans cette espèce, que nous n'avons pas cru devoir présenter l'analyse des moyens du réclamant, qui, d'ailleurs, ne s'est point attaché à combattre le principe de l'incompétence du Conseil en cette matière, et, qui a eu pour principal objet d'établir que l'arrêté du Conseil de liquidation contre lequel il réclamait, n'était que *provisoire*, et que le Ministre des finances n'avait pu lui donner le caractère et les effets d'une décision *définitive.*

tariat-général de notre Conseil d'Etat, le 12 septembre 1817, et tendant à ce qu'il nous plaise le recevoir appelant d'un arrêté rendu le 13 floréal an XII, par le Conseil de liquidation de la dette publique, ainsi que d'une décision de notre Ministre-secrétaire d'Etat des finances, du 25 avril 1817, qui a rendu ledit arrêté exécutoire; ordonner, au provisoire, la communication du présent recours à nos Ministres-secrétaires d'Etat de la marine et des finances, afin de les mettre à même de vérifier l'exactitude des faits par lui allégués; et, au principal, annuler purement et simplement lesdits arrêté et décision, et décharger le requérant de toutes répétitions relatives à la garantie par lui contractée au profit du trésor, comme caution de la compagnie Ragneau;

Vu le mémoire en défense fourni par *l'agent judiciaire du trésor*, ledit mémoire enregistré au secrétariat-général de notre Conseil d'Etat, le 20 octobre 1818, et tendant à ce qu'il nous plaise déclarer le pourvoi du sieur *Ouvrard*, non recevable en la forme, et au fond le déclarer mal fondé;

Vu le mémoire en réplique produit par le sieur *Ouvrard*, enregistré le 22 décembre 1820, et reproduisant les précédentes conclusions;

Vu les conclusions additionnelles du sieur *Ouvrard*, enregistrées le 27 janvier 1821, et tendant à ce qu'il nous plaise annuler la décision de notre Ministre des finances, et renvoyer les parties à procéder devant la Cour des comptes, conformément au décret du 13 décembre 1809;

Vu l'arrêté du Conseil de liquidation du 13 floréal an XII, qui a constitué provisoirement la compagnie Ragneau débitrice envers le trésor d'une somme de *cent-vingt-huit mille neuf cent trente-deux francs cinquante centimes*, au paiement de laquelle somme et des intérêts à 5 °/。 à compter dudit jour, elle serait contrainte même par corps;

le même arrêté déclarant aussi les sieurs Boyer-Fonfrèdé et *Ouvrard*, tous deux cautions de la compagnie Ragneau, contraignables solidairement et par corps, au paiement de ladite somme; ledit arrêté prescrivant en outre à la compagnie Ragneau de produire, dans le délai de trois mois, le compte général de sa gestion, à défaut de quoi elle y serait contrainte aux termes de la loi du 2 messidor an 6;

Vu la décision de notre Ministre-secrétaire d'Etat des finances, du 25 avril 1817, qui a ordonné l'exécution de l'arrêté précité, ladite décision signifiée au sieur *Ouvrard*, le 12 juin suivant;

Vu le décret du 23 prairial an 12, article 14, qui a approuvé l'arrêté du Conseil de liquidation dans les termes suivans:

« Ragneau et compagnie,

» En vertu, 1.° d'un marché passé, le 14 messidor an 4, » pour la fourniture de cinq mille quintaux de salaisons » dans le port de Brest; 2.° du traité passé avec le Minis- » tre des finances, le 13 frimaire an 5; 3.° du marché fait » avec le Ministre de la marine, pour fourniture de six » mille quintaux de vin rouge de Provence; 4.° du mar- » ché fait, le 27 nivose an 5, pour la fourniture de soixante » mille quintaux de farine, et de trente mille sacs de toile; » ledit Ragneau a reçu tant du trésor public que du » Ministère de la marine, *trois millions sept cent* » *soixante dix-huit mille trente-trois livres dix sols*; » ci.................................3,778,033 liv. 10 s.

» Les fournitures faites par cette com- » pagnie s'élèvent à *trois million six* » *cent quarante-sept mille quatre cent* » *vingt-neuf livres dix-huit sous*; ci...3,647,489 liv. 18 s.

130,543 fr. 12 s.

» Cette compagnie reste débitrice de *cent trente mille cinq* » *cent quarante-trois livres, douze sous*; ci. 130,543. liv. 12 s. »

Vu l'article 6 de notre ordonnance du 12 août 1815, sur l'organisation de notre Conseil d'Etat, portant que le comité du contentieux doit connaître de tout le contentieux des divers départemens ministériels, d'après les attributions assignées à la commission du contentieux par les réglemens des 11 juin et 22 juillet 1806;

Vu l'article 7 du réglement du 11 juin 1806, qui excepte du nombre des affaires contentieuses dont la connaissance est attribuée au Conseil d'Etat, celles qui concernent la liquidation de la dette publique;

Considérant que la décision de notre Ministre des finances, du 25 avril 1817, n'a fait qu'ordonner l'exécution de l'arrêté du Conseil de liquidation, du 13 floréal an 12;

Considérant que l'arrêté du Conseil de liquidation, du 13 floréal an 12, approuvé par le décret du 23 prairial an 12, ne peut, aux termes des articles précités de notre ordonnance du 23 août 1815 et du réglement du 11 juin 1806, être attaqué par la voie contentieuse devant notre Conseil d'Etat;

Notre Conseil d'Etat entendu,

Nous avons ordonné et ordonnons ce qui suit:

Art. 1.er La requête du sieur *Ouvrard* est rejetée.

Art. 2. Notre Garde-des-sceaux et notre Ministre des finances sont chargés, etc.

M. de Maleville, maître des requêtes, *rapporteur*. — M.e Scribe, *avocat*.

MISE EN JUGEMENT. — Ex-maire. — Démolition prétendue arbitraire. — Responsabilité couverte.

Par cette ordonnance, le Roi, en Conseil d'Etat, refuse d'accorder l'autorisation de poursuivre devant les tribunaux, un ex-maire, pour fait d'une démolition ordonnée par lui et prétendue arbitraire.—Le Conseil d'Etat a considéré que l'arrêté du maire ayant reçu l'approbation de l'autorité supérieure, sa responsabilité se trouvait, par ce seul fait, à couvert.

(4928. — 22 février 1821. — Josse c. Jéhanne.)

En 1790, le sieur Josse, père, maréchal-ferrant, avait élevé, sans autorisation, sur une place publique du bourg de Plélan, au bord de la grande route, une boutique en planches dans laquelle il plaça une forge. Cette barraque, voisine de plusieurs maisons du bourg, en obstruait l'arrivée; et sa cheminée trop basse menaçait de causer des incendies.

La famille Josse prétendait avoir la propriété du terrein; mais il ne paraît pas qu'elle en ait justifié.

Cependant des plaintes réitérées furent portées devant l'autorité locale qui prit successivement, pour la démolition, plusieurs arrêtés qu'elle laissa toutefois sans exécution.

Au mois de mai 1808, une nouvelle pétition adressée au maire réclama la suppression de la barraque. Le 12 juillet suivant, le maire enjoignit aux héritiers Josse de la démolir, sous le délai de 2 mois. Son arrêté fut approuvé par le préfet; il fut notifié le 20 septembre.

D'après le refus des héritiers Josse, et le 16 décembre de la même année, le maire fit procéder à la démolition, par des ouvriers réquis sur son ordre : la gendarmerie fut chargée de surveiller l'exécution.

En 1809, les héritiers Josse réclamèrent du préfet l'indemnité du dommage qui leur avait été causé. Le préfet fut d'avis de la refuser, il en référa cependant au Ministre qui approuva son refus. Cette décision fut transmise au maire, avec injonction d'en instruire les héritiers.

Depuis lors et récemment, ce mode d'exécution employé par le maire ayant paru, à l'un des héritiers Josse, peu conforme aux règles établies en pareil cas, celui-ci a demandé l'autorisation de poursuivre, pour ce fait, devant les tribunaux, ce fonctionnaire, en retraite à cette époque.

Voici la décision rendue sur sa requête :

LOUIS, etc.

Sur le rapport du comité du contentieux de notre Conseil d'Etat,

Vu le rapport de notre Garde-des-sceaux, Ministre-secrétaire d'État de la justice, sur la demande formée par le sieur *Josse*, officier en retraite, chevalier de l'ordre royal de la Légion-d'Honneur, demeurant à Rennes; ladite demande ayant pour objet d'obtenir l'autorisation de poursuivre, devant les tribunaux, le sieur *Jéhanne*, ex-maire de la commune de Plélan, département d'Ille-et-Vilaine, qui, par arrêté du 12 juillet 1808, a prescrit la démolition d'une boutique en planches élevée, par le père du réclamant, sur une place publique, au bord de la grande route;

Vu la pétition du sieur *Josse*;

Vu l'arrêté du maire, et la lettre de notre directeur-général de l'administration départementale et de la police;

Considérant qu'il résulte de la lettre de notre directeur-général que l'arrêté pris par le maire, en matière de voirie, et qui prescrit la démolition dont se plaint le réclamant, a reçu, dans le temps, l'approbation du préfet et celle du Ministre de l'intérieur;

Notre Conseil d'Etat entendu,

Nous avons ordonné et ordonnons ce qui suit :

Art. 1.er Il n'y a pas lieu à accorder la demande en autorisation formée par le sieur *Josse*.

Art. 2. Notre Garde-des-sceaux et notre Ministre de l'intérieur sont chargés, etc.

M. Jauffret, maître des requêtes, *rapporteur*.

MISE EN JUGEMENT. — Officiers de police judiciaire. — Autorisation inutile.

Est-il besoin de l'autorisation royale pour poursuivre, devant les tribunaux, deux officiers de police judiciaire, prévenus d'un délit commis dans l'exercice de leurs fonctions? Rés. nég.

(4905. — 22 février 1821. — Le ministère public c. Faubonne et Chol).

LOUIS, etc.

Sur le rapport du comité du contentieux de notre Conseil d'Etat,

Vu la lettre de notre procureur-général près la Cour royale de Lyon, adressée à notre Garde-des-sceaux, Ministre-secrétaire d'Etat au département de la justice, le 19 août 1820, par laquelle il demande l'autorisation de poursuivre les sieurs *Faubonne*, adjoint au maire de la commune de Saint-Clément, et *Chol*, premier suppléant du juge-de-paix du canton de Tarare, département du Rhône, inculpés d'avoir, dans l'exercice de leurs fonctions, laissé soustraire des cotons d'origine étrangère, saisis au préjudice du sieur *Dubost*, négociant à Lyon;

Vu le réquisitoire de notre procureur près le tribunal de 1.re instance de l'arrondissement de Ville-Franche;

Vu l'information commencée par le juge de paix du canton de Tarare, dûment délégué à cet effet par le juge d'instruction dudit tribunal de 1.re instance;

Vu la lettre de notre directeur-général de l'administration départementale et de la police, du 8 décembre 1820;

Vu toutes les pièces produites;

Considérant que les inculpés ont agi comme officiers de police judiciaire, et qu'en cette qualité ils peuvent être poursuivis directement, aux termes de l'article 483 du Code d'instruction criminelle, sans autorisation ;

Notre Conseil d'Etat entendu,

Nous avons ordonné et ordonnons ce qui suit :

Art. 1.er Il n'y a lieu à statuer sur la demande en autorisation formée par notre procureur-général près la Cour royale de Lyon.

Art. 2. Notre Garde-des-sceaux et notre Ministre de l'intérieur sont chargés, etc.

M. Brière, maître des requêtes, *rapporteur.*

MISE EN JUGEMENT. — GARDE-FORESTIER. — ASSASSINAT.

Par cette ordonnance, le Roi, en Conseil d'Etat, autorise le Ministère public à continuer les poursuites commencées contre un garde-forestier, prévenu d'avoir, étant dans ses fonctions, tiré un coup de fusil sur un citoyen.

(4948. — 22 février 1821. — Legris.)

LOUIS, etc.

Sur le rapport du comité du contentieux de notre Conseil d'Etat,

Vu la lettre de notre procureur-général près la Cour royale d'Amiens, adressée à notre Garde-des-sceaux, le 7 septembre 1820, par laquelle il transmet les pièces de la procédure commencée contre le nommé *Félix-Legris*, garde-forestier à Crécy, département de la Somme, inculpé d'avoir, étant dans l'exercice de ses fonctions, tiré un coup de fusil sur le sieur *Florimont Mallet* ;

Vu les procès-verbaux dressés, les 4 et 5 juillet 1820, par les maire et adjoint de la commune de Muchy, et par le brigadier de la gendarmerie ;

Vu le réquisitoire de notre procureur près le tribunal de première instance de l'arrondissement d'Abbeville ;

Vu l'information commencée par le juge d'instruction, près ledit tribunal ;

Vu l'interrogatoire subi par le garde-forestier *Félix-Legris*, devant l'agent forestier local ;

Vu la lettre des administrateurs des forêts, adressée à notre Garde-des-sceaux, le 16 janvier 1821 ;

Vu toutes les pièces produites ;

Vu l'article 61 de la loi du 14 décembre 1789, l'article 13 de celle du 24 août 1790, l'article 75 de la loi du 22 frimaire an 8, et les articles 127 et 129 du Code pénal ;

Notre Conseil d'Etat entendu,

Nous avons ordonné et ordonnons ce qui suit :

Art. 1.er Notre procureur-général près la Cour royale d'Amiens est autorisé à continuer les poursuites commencées contre le garde-forestier *Legris*, à raison du fait qui lui est imputé.

Art. 2. Notre Garde-des-sceaux et notre Ministre des finances sont chargés, etc.

M. Brière, maître des requêtes, *rapporteur.*

MISE EN JUGEMENT. — GARDES-FORESTIERS. — CONCUSSION.

Par cette ordonnance, le Roi, en Conseil d'Etat, autorise le Ministère public, à continuer les poursuites commencées contre trois gardes-forestiers, prévenus de concussion dans l'exercice de leurs fonctions. (1).

---

(1) Voy. ci-dessus, pag. 140. *Bailleux* et *Mugnerot-Roy.*

(4856. — 22 février 1821. — Guibert, Plantier et Barre.)

LOUIS, etc.

Sur le rapport du comité du contentieux de notre Conseil d'Etat,

Vu la lettre de notre procureur-général, près la Cour royale de Montpellier, du 21 octobre 1818, par laquelle il transmet à notre Garde-des-sceaux, les pièces de la procédure commencée contre les nommés Benoit *Guibert* et David *Plantier*, gardes-forestiers et Antoine *Barre*, garde champêtre dans l'arrondissement de Sainte-Affrique, accusés de concussion dans l'exercice de leurs fonctions;

Vu le procès-verbal dressé le 21 avril 1818, par le brigadier de gendarmerie du pont de Camares, relativement à des faits de concussion, imputés aux nommés Benoit *Guibert* et Antoine *Barre*;

Vu le réquisitoire du procureur-général, en la Cour royale de Montpellier, contre les nommés Benoit *Guibert* et Antoine *Barre*;

Vu l'information faite, le 10 septembre 1818 et jours suivans par devant le juge du tribunal de première instance, de Sainte-Affrique, à ce délégué, de laquelle il résulte que des faits de concussion sont imputés par plusieurs témoins, aux nommés Benoit *Guibert*, Antoine *Barre* et *Plantier*, gardes-forestiers;

Vu la lettre du directeur-général des Domaines à notre Garde-des-sceaux, et le rapport fait au Conseil de l'administration des Domaines, le 25 octobre 1820;

Ensemble toutes les pièces produites;

Vu l'article 61 de la loi du 14 décembre 1789, l'article 13 de celle du 24 août 1790, l'article 75 de la loi du 22 frimaire an 8, et les articles 127 et 129 du Code pénal;

Notre Conseil d'Etat entendu,

Nous avons ordonné et ordonnons qui ce suit :

Art. 1.er Notre procureur-général près la Cour royale de Montpellier est autorisé à continuer les poursuites commencées contre les nommés *Guibert*, *Barre* et *Plantier*, à raison des faits ci-dessus mentionnés.

Art. 2. Notre Garde-des-sceaux et notre Ministre des finances sont chargés, etc.

M. Villemain, maître des requêtes, *rapporteur.*

MISE EN JUGEMENT. — DIRECTEUR DE LA MONNAIE DES MÉDAILLES. — RESPONSABILITÉ. — PROCÉDURE. — DEMANDES PRINCIPALE ET SUBSIDIAIRE. — RENVOI.

Est-on recevable à poursuivre personnellement un fonctionnaire public dont l'acte inculpé a été approuvé par l'autorité supérieure? Rés. nég. (1).

A l'occasion de la demande en autorisation de poursuivre ce fonctionnaire, peut-on demander l'annulation de la décision approbative, émanée de l'autorité supérieure? Rés. nég.

(4837. — 22 février 1821. — Lambert c. Puymaurin.)

Au mois de février 1820, le sieur Lambert, homme de lettres, avait ouvert une souscription pour une médaille, ayant pour objet, disait-il, de rappeler l'inviolabilité de la loi fondamentale du royaume, et qu'il avait qualifiée du titre de *constitutionnelle.*

Le prospectus avait annoncé que le produit de la souscription était destiné à la fondation de plusieurs écoles d'enseignement mutuel.

D'un côté, la médaille devait représenter une table d'airain entourée de deux rameaux, l'un d'olivier, l'autre de chêne, et sur laquelle devaient être écrits ces mots : *Charte*

---

(1) Voy. ci-dessus, pag. 233, Josse c. Jébanne.

constitutionnelle, et plus bas, en deux colonnes : 1.° « Louis XVIII l'a donnée aux Français, le 4 juin 1814, et a promis solennellement de lui être fidèle ;—2.° « Le Roi, les princes, les pairs, les députés, tous les fonctionnaires publics ont juré de la maintenir. » — On devait mettre pour légende : « Le dépôt de la Charte et de la liberté publique est confié à la fidélité et au courage de l'armée, des gardes nationales et de tous les citoyens. (Loi du 15 mars 1815.) » — Au bas : « Elle a fermé l'abîme des révolutions. » — De l'autre côté, la médaille devait représenter une couronne de chêne placée entre ces mots : « *aux députés de la nation, défenseurs de ses droits.* 12 juin 1820. » — devaient suivre, sur deux colonnes, les noms de 96 députés, audessous desquels se trouvait cette devise : « Libertés constitutionnelles, union et oubli. »

Un arrêté consulaire du 6 germinal an 12, appuyé sur d'anciennes ordonnances, dont la plus récente remonte à 1702, a voulu, sous des peines très-sévères, que les médailles publiées par des particuliers soient frappées dans les ateliers de la monnaie ; mais, en même temps, il a soumis cette publication aux lois générales sur la presse.

Le 22 juillet 1816, par une ordonnance non insérée au bulletin des lois, le Roi a renouvelé ces dispositions ; l'art. 14 est ainsi conçu : « Les médailles et jetons appartenant à des » particuliers ne peuvent être frappés qu'avec l'approbation » du directeur de la monnaie des médailles, qui juge si les » types et les inscriptions n'ont rien qui blesse les lois, les » bonnes mœurs ou la morale publique. »

L'éditeur de la médaille dite *Constitutionnelle* a dû s'adresser à M. le baron de Puymaurin, chef de l'administration de la monnaie des médailles, et membre de la chambre des députés.

Examen fait des clichés de la médaille, M. le directeur a refusé de la faire frapper.

Le sieur Lambert s'est adressé successivement à LL. Exc. les Ministres de l'intérieur et de la maison du roi. Cette dernière démarche a été faite, par la raison que la monnaie des médailles dépend uniquement de la liste civile. (1)

Le 15 septembre 1820, ce dernier Ministre a répondu dans les termes suivans :

« L'arrêté du gouvernement du 5 germinal an 12 porte, art. 4 : « Les particuliers qui feront frapper des médailles ou » jetons seront assujettis aux lois et réglemens généraux de » police qui concernent les arts et l'imprimerie. »

» Cette disposition de l'arrêté du 5 germinal an 12 n'ayant été abrogée par aucune ordonnance subséquente, lorsque le directeur de la monnaie juge qu'il peut y avoir motif de se refuser à la publication d'une médaille dont les coins lui sont présentés par des particuliers, il en réfère au Ministre chargé de l'exécution des lois et réglemens généraux de police.

» Telle a dû être et telle a été la conduite de M. le directeur de la monnaie, au sujet de la médaille dont il s'agit; or, M. le Ministre de l'intérieur a, par décision du 15 du mois dernier, comfirmé le refus qu'avait provisoirement fait le directeur de monnaie, de la frapper.

» Si donc vous croyez qu'il y ait à contester et à revenir sur ce refus, c'est vers M. le Ministre de l'intérieur, seul, que doivent se diriger vos instances. »

Le sieur Lambert ayant appris, par cette lettre, l'existence de la décision du 15 août 1820, a porté de nouveau ses réclamations devant M. le Ministre de l'intérieur; et S. Exc. ayant gardé le silence, le sieur Lambert a cru devoir recourir au Conseil d'État contre le déni de justice qu'il prétendait lui avoir été fait par M. de Puymaurin, et il a demandé

---

(1) Lettre du 11 août 1820 écrite par S. Exc. le Ministre des finances à M. le baron de Puymaurin, directeur.

l'autorisation de le traduire devant les tribunaux, en vertu de l'art. 185 du code pénal.

Voici quels ont été ses moyens :

Ce n'est qu'en 1810, par son décret du 5 février, que le gouvernement impérial a établi la censure. Dès-lors le gouvernement a été le maître d'empêcher la publication des médailles comme des livres. — Mais, quand la presse a été rendue, en 1814, par une disposition expresse de la Charte, à toute sa liberté, il est évident que les médailles ont dû jouir de la même franchise.

Lorsque, dans cette même année, la législature s'est occupée de fixer la liste civile, la monnaie des médailles ne faisait pas partie de la proposition originaire, qui se renfermait d'abord dans le cercle de la liste civile établie pour Louis XVI. — La chambre des pairs, animée du désir de porter la munificence nationale aussi haut qu'elle pouvait aller, a proposé d'y ajouter d'autres immeubles, qu'elle n'a pas désignés. La chambre des députés s'est chargée de cette désignation, et la monnaie des médailles, qui avait été transférée des galeries du Louvre à l'hôtel des monnaies, y a été comprise. (1)

Par suite, la liste civile s'est mise en possession des richesses métalliques que renfermait cet établissement, et du bénéfice de la fabrication des médailles, jetons, pièces de plaisir et autres, que l'arrêté du 5 germinal obligeait d'y apporter. Elle a, de plus, établi dans l'hôtel de la monnaie, un bureau de vente des médailles.

Toutefois, en remettant à la liste civile la fabrication des médailles, a-t-on entendu lui donner le droit de rejeter toutes celles qui ne lui conviendraient pas ?

Nous n'avons rien trouvé de semblable dans la loi ; nous y voyons, au contraire, très-formellement, que la publica-

---

(1) Voy. l'historique de cette addition, dans le rapport fait à la chambre des députés, par M. le baron Sylvestre de Sacy, le 5 octobre 1820.

tion des médailles est soumise aux lois et aux réglemens sur la police des arts et sur l'imprimerie. — Nous croyons qu'elles peuvent être déférées aux tribunaux, si on les trouve coupables; mais nous affirmons qu'il ne serait qu'un moyen d'en empêcher la publication, c'est de prouver que la loi de la presse les soumettrait à une censure préalable. — Or, les médailles sont soumises à une législation spéciale; il n'existe pour elle aucune loi de censure; elles doivent donc continuer à jouir de la franchise qui est le droit commun de la France.

En substituant sa volonté à celle de la loi, en refusant d'obtempérer aux réquisitions qui lui ont été adressées, en persévérant dans son déni de justice, M. le baron de Puymaurin, directeur de la monnaie des médailles, a commis une véritable forfaiture, et en conséquence il a encouru la peine de 2 à 500 fr. d'amende, et de l'interdiction de toutes fonctions publiques, depuis 5 ans jusqu'à 20 ans, portée en l'art. 185 du code pénal, etc.

Cette requête ayant été communiquée à S.Exc. le Ministre de l'intérieur, celui-ci, sous la date du 31 décembre 1820, a répondu dans les termes suivans :

« Avant d'examiner si l'autorisation de poursuivre doit être accordée, je crois nécessaire d'exposer les motifs qui ont déterminé le refus dont se plaint le sieur Lambert.—Le modèle de la médaille présente, d'un côté, la Charte constitutionnelle et plusieurs inscriptions tirées de divers actes du gouvernement. Assurément ce n'est pas là ce qui a paru répréhensible; mais le revers porte seulement les noms des membres de la minorité de la chambre des députés, avec le titre de *députés de la nation, défenseurs de ses droits.* Que sont donc, a-t-on dû demander, les membres de la majorité? Confirmer, par une médaille, le titre exclusif donné à la minorité, n'est-ce pas faire une insulte à la représentation nationale? N'est-ce pas établir, pour le présent, un signe de ralliement, et préparer, pour l'avenir, un décret de proscription contre des députés fidèles?

— C'est par ces raisons que M. le baron de Puymaurin a cru devoir refuser de frapper la médaille; et par ma lettre du 15 août, j'ai approuvé ce refus : — 1.° Parce que, d'après l'art. 4 de l'arrêté du 5 germinal an 12, les médailles me paraissent être un genre d'impression soumis à toutes les règles de la presse, et devoir être rangées parmi les dessins qui, aux termes de l'art. 8 de la loi du 31 mars 1820, ne peuvent être publiés, exposés, distribués ou mis en vente, sans l'autorisation du gouvernement; — 2.° Parceque, dans aucuns cas, un établissement royal ne peut se prêter à des publications qui blessent les convenances et portent l'empreinte de l'esprit de parti; — Enfin, parce que c'est sous ce rapport, aussi bien que sous celui de la conservation de l'art, que l'arrêté précité du 5 germinal an 12 défend de frapper des médailles, ailleurs qu'à la monnaie.

» Le sieur Lambert est-il bien fondé, dans cet état de choses, à demander l'autorisation de poursuivre M. le baron de Puymaurin, d'après l'art. 185 du code pénal? Est-ce au mépris de l'injonction contraire qui lui aurait été faite, que M. le baron de Puymaurin a persévéré dans son refus? Loin de là, ce refus a été approuvé par l'autorité supérieure compétente. Il a donc dû y persévérer, et l'article dont on voudrait se prévaloir reste sans application à son égard. »

Le Ministre assumant, de cette manière, la responsabilité de l'acte de M. de Puymaurin, approuvé par la décision du 15 août, le sieur Lambert a formé incidemment la demande de l'annulation de cette décision; et, rattachant cette nouvelle demande à l'ordonnance royale du 22 juillet 1816, ci-dessus mentionnée, il a présenté les conclusions suivantes :

« Attendu que la censure des médailles n'a pas pu être établie par une ordonnance; — Attendu que cette ordonnance n'est pas un simple réglement intérieur d'administration publique, puisqu'elle statue sur les droits des tiers, et qu'elle établit une prohibition qui n'existait pas dans nos lois ; — Attendu qu'en faisant graver les coins de sa médaille, le sieur Lambert ignorait qu'une ordonnance secrète permettait à l'administation de la monnaie de s'opposer à sa publication ; — Attendu que les ordonnances ne peuvent être obligatoires pour les citoyens qu'autant qu'elles sont insérées au Bulletin des lois ; — Casser et annuler la décison ministérielle du 15 août 1820, etc. »

C'est sur ce débat important que l'ordonnance suivante a été rendue :

LOUIS, etc.

Sur le rapport du comité du contentieux de notre Conseil d'Etat,

Vu la requête à nous présentée au nom du sieur Charles-Auguste *Lambert*, demeurant à Paris, ladite requête enregistrée au secrétariat-général de notre Conseil d'Etat, le 9 novembre 1820, et tendant à ce qu'il nous plaise autoriser l'exposant à traduire le sieur baron de *Puymaurin*, directeur de la monnaie des médailles, devant les tribunaux, pour y être informé, comme d'un déni de justice, sur le refus par lui fait de frapper une médaille à la demande dudit sieur *Lambert*, et être ensuite, par la partie publique, requis l'application de la loi pénale, et par le sieur *Lambert*, partie civile, la condamnation à tels dommages et intérêts qu'il appartiendra ;

Vu la lettre du directeur-général de notre maison, au sieur *Lambert*, en date du 15 septembre 1820 ;

Vu l'arrêté du 5 germinal an 12 ;

Vu une nouvelle requête du sieur *Lambert*, enregistrée au secrétariat-général de notre Conseil d'Etat, le 31 janvier 1821, par laquelle, rectifiant ses premières conclusions, il conclut à ce qu'il nous plaise annuler une décision de notre Ministre de l'intérieur, du 15 août 1820, approbative du refus fait par le directeur de la monnaie des médailles; ordonner que le directeur de la monnaie des médailles sera tenu de frapper la médaille dont il s'agit, moyennant la consignation des frais de fabrication; condamner la liste civile, à trois mille francs de dommages-intérêts et aux dépens;

Considérant que le refus fait par le directeur de la monnaie des médailles, de frapper une médaille sur la réquisition du sieur *Lambert*, a été approuvé par décision de notre Ministre-secrétaire d'Etat de l'intérieur, en date du 15 août 1820; qu'ainsi le sieur *Lambert* n'est pas fondé à poursuivre personnellement le directeur de la monnaie des médailles;

En ce qui touche les conclusions subsidiaires, ayant pour objet de se pourvoir contre la décision de notre Ministre de l'intérieur, approbative de la conduite du directeur de la monnaie des médailles:

Considérant que cette demande introduit incidemment une action contre la décision de notre Ministre de l'intérieur, à l'occasion d'une première demande en autorisation de poursuivre judiciairement le sieur baron de *Puymaurin*;

Considérant que cette requête, contre la décision de notre Ministre, ne peut être subsidiaire à celle d'être autorisé à poursuivre le fonctionnaire qui aurait exécuté cette décision, puisqu'au contraire, elle exclut toute responsabilité inférieure, et par conséquent toute poursuite contre ledit fonctionnaire;

Notre Conseil d'État entendu,

Nous avons ordonné et ordonnons ce qui suit:

Art. 1.er La requête du sieur *Lambert* est rejetée, sauf à lui à se pourvoir, par action principale, contre la décision susmentionnée.

Art. 2. Notre Garde-des-sceaux et notre Ministre de l'intérieur sont chargés, etc.

M. Villemain, maître des requêtes, *rapporteur*. — M.e Isambert, *avocat*.

PENSION DE RETRAITE. — CUMUL. — CHEVALIERS DE MALTE.

Les chevaliers de Malte peuvent-ils jouir à la fois de plusieurs pensions ou traitemens, dont la réunion excède 2,500 francs? Rés. nég.

(4691. — 22 février 1821. — Le vicomte de Pina.)

Le sieur de Pina, chevalier de Malte, s'était trouvé à Malte, lors de la capitulation de cette île, après le siége entrepris par l'armée française qui se rendait en Egypte. — Par cette capitulation et les traités, il avait été accordé aux chevaliers présens, une pension viagère et intégrale de 700 fr. Le v.te de Pina avait suivi l'expédition en Egypte, avec les troupes maltaises qu'il commandait; il avait successivement été nommé intendant de la province de Massoure, directeur des douanes du Caire, et à son retour en France, inspecteur divisionnaire de cette administration en Piémont. — Il avait perdu son emploi en 1814; sa pension, comme fonctionnaire civil, avait été liquidée, sur le pied de 12 ans de service, à 975 fr., et il en jouissait. — Il touchait en outre sa pension de chevalier de Malte, et enfin une pension militaire de 1525 fr., pour 43 ans d'activité, dont 31 ans de service sous les drapeaux. — Le 1.er octobre 1819, il a reçu la notification d'une ordonnance royale qui a réduit sa pension civile à 275 fr., au lieu de 975 fr., à partir de la date de la loi des finances du 14 juillet 1819, de telle sorte que les trois pensions réunies ne formassent pas au-delà d'une somme de 2,500 fr.

Cette ordonnance ayant été rendue par défaut contre lui,

le sieur de Pina a cru devoir y former opposition devant le comité du contentieux du Conseil d'État. Voici l'analyse de ses moyens.

La pension accordée aux chevaliers de Malte, présens à la capitulation, est moins une récompense qu'une indemnité donnée pour l'abandon de leurs biens et la perte de leur état : tel est l'esprit général de la loi du 23 frimaire an 8. — L'art. 13 de l'ordonnance du 27 août 1814 a permis de cumuler la solde de retraite *avec tout autre traitement que la solde d'activité.* Le sieur de Pina peut donc cumuler sa pension de 1525 fr., comme une récompense de ses services militaires, avec celle de 700 fr., comme indemnité accordée aux chevaliers de Malte; et même on doit reconnaître qu'il n'y a point ici *cumul* proprement dit, puisqu'il s'agit de deux objets de nature très-différente. — Il faut ainsi retrancher de tout calcul l'indemnité maltaise, et ne laisser subsister, comme terme de comparaison, que la retraite militaire. — Ceci posé, la réduction de la pension civile est en opposition avec la loi du 25 mai 1818, (art. 12), et par suite avec celle du 14 juillet 1819 (art. 6).—De la conférence et de la combinaison de ces deux articles, il résulte que les traitemens de retraite irrévocablement fixés, ne peuvent être modifiés. — D'ailleurs ces deux dernières pensions ne forment pas le maximum déterminé. — Enfin la pension civile n'est que le résultat des retenues qui ont été faites sur les appointemens d'activité du suppliant, qui ne demande rien au trésor, mais seulement à retirer le revenu du capital qu'il a laissé dans la caisse des douanes.

C'est avec l'appui de ces moyens que le sieur de Pina a demandé le rapport de l'ordonnance royale du 8 septembre 1819.

Le Ministre des finances a répondu par l'envoi de l'avis du comité des finances qui avait préparé la décision royale : Il peut être utile d'en faire connaître une partie.

« Le comité des finances : — Vu un avis, en date du 6 septembre 1816, dans lequel le comité émettait l'opinion que la pension dont jouissait M. de Pina, en sa qualité d'ancien chevalier de Malte, ne faisait point obstacle à la liquidation de sa pension, pour raison de ses services dans les douanes ; — Considérant que les lois postérieures des 15 mai 1818, et 14 juillet 1819, ont limité textuellement la faculté du cumul laissée aux anciens chevaliers de Malte, au cas où leurs pensions et traitemens réunis n'excéderaient pas 2,500 fr. ; — Considérant que la pension proposée par le Conseil d'administration des douanes, est fixée conformément aux lois et réglemens sur la matière ; — Est d'avis : — 1.° Qu'il y a lieu de liquider, au profit du sieur de Pina, une pension de 905 fr. sur la caisse des retraites des douanes ; — 2.° Que ce pensionnaire ne doit jouir que jusqu'à concurrence de 2,500 fr., des trois pensions montant ensemble à 3,130 fr., dont il va se trouver titulaire ; etc. » (30 juillet 1819.)

Le sieur de Pina, dans sa réplique, a insisté sur le dernier des moyens exposés dans sa requête, et il a dit : qu'il n'était point dans la classe des pensionnaires ordinaires ; qu'il fallait suivre uniquement le mode de régularisation de pension tracé par la loi du 2 floréal an 5, et que sa pension des douanes étant le résultat des retenues faites sur son traitement d'activité, il ne pouvait être privé de la somme qui lui était acquise ; — Qu'enfin il était en possession, et que la réduction combattue serait l'exercice d'une rétroactivité contre lui.

L'ordonnance suivante a repoussé tous ses moyens.

LOUIS, etc.

Sur le rapport du comité du contentieux de notre Conseil d'Etat,

Vu la requête à nous présentée au nom du sieur Simon-Louis-François *De Pina*, ladite requête enregistrée au secrétariat-général de notre Conseil d'Etat, le 27 juin 1820, et tendant à ce qu'il nous plaise le recevoir opposant à l'ordonnance rendue par défaut, le 8 septembre 1819, et en même temps appelant de la décision de notre Ministre-secrétaire d'Etat au département des finances du 1.er avril 1820; faisant droit, tant sur cette opposition que sur cet appel, déclarer ladite ordonnance comme non avenue, ainsi que la décision rappelée, ordonner que le suppliant continuera de toucher les trois parties distinctes de traitement qui lui ont été accordées depuis 1814, et dont il n'a cessé de jouir, attendu, quant à sa pension comme chevalier de Malte présent à la capitulation de l'île, qu'elle ne pouvait être assimilée à aucun traitement et devait être cumulée; attendu, quant à sa retraite militaire, qu'elle ne peut être également comparée à un traitement d'activité; attendu, quant à sa pension sur les douanes, qu'il a concouru à la former par les retenues annuelles et mensuelles sur ses appointemens, et que d'ailleurs cette pension, réunie à sa retraite militaire, ne forme pas le *maximum* indiqué par les lois des finances; ce faisant, autoriser le payeur-caissier des pensions sur les douanes, à verser dans ses mains le montant de son brevet de liquidation et les arrérages retenus contrairement aux lois;

Vu notre ordonnance du 8 septembre 1819;

Vu la lettre de notre Ministre-secrétaire d'Etat des finances, du 1.er avril 1820, au sieur de *Pina*;

Vu les copies légalisées par le maire de la Rochelle, du certificat attestant que le sieur de *Pina* est inscrit au livre des pensions pour une somme annuelle de 1,525 fr. et d'un autre certificat attestant que le sieur de *Pina*, ancien chevalier de Malte, est inscrit au livre des pensions pour une somme annuelle de 700 fr.;

Vu l'extrait du registre d'inscription et de liquidation des préposés des douanes admis à la pension de retraite;

Vu la lettre de notre Ministre des finances à notre Garde-des-sceaux, du 4 août 1820, et l'avis du comité des finances, du 30 juillet 1819;

Vu la réplique du sieur *De Pina*, enregistrée audit secrétariat-général de notre Conseil d'Etat, le 11 décembre 1820;

Considérant qu'il résulte de l'art. 6 de la loi des finances du 14 juillet 1819, et l'art. 14 de celle du 15 mai précédent, que le cumul de toute pension de retraite et de tout traitement quelconque, avec la pension dont jouissaient les chevaliers de Malte, est limité au cas où la réunion de ladite pension et de toute autre pension et traitement n'excéderait pas 2,500 fr.;

Considérant que notre ordonnance du 8 septembre 1819 a fait une application littérale des dispositions précitées;

Notre Conseil d'État entendu,

Nous avons ordonné et ordonnons ce qui suit:

Art. 1.er La requête du sieur *de Pina* est rejetée.

Art. 2. Notre Garde-des-sceaux et notre Ministre des finances sont chargés, etc.

M. Villemain, maître des requêtes, *rapporteur*. — M.e Gérardin, *avocat*.

PROCÉDURE. — Exception. — Renvoi. — Décision souveraine.

(Art. 40 du réglement du 22 juillet 1806.)

Les décisions rendues en Conseil-général d'administration, par le chef du gouvernement impérial, étaient-elles susceptibles d'être attaquées par la voie de la commission du contentieux ? Rés. nég.

(3566 et 3665. — 22 février 1821. — Benoist, Gamot et consorts c. le trésor royal.)

En l'an 10, le gouvernement avait eu de sérieuses inquiétudes sur la subsistance de la France et surtout de la capitale. Des mesures avaient été prises pour faire arriver des blés de l'étranger, et pour les diriger sur les points qui en manquaient. — Les agens qui avaient été employés pour les transports, emmagasinages, moutures, avaient un compte à rendre à l'Etat. — Le compte général de l'approvisionnement de l'an 10 avait été soumis, en 1806, à un Conseil d'administration intérieure, en la présence et sous la présidence du chef du gouvernement. De l'examen et de l'apurement de ce compte, il était résulté que 7 particuliers, qui avaient été chargés de diverses parties de ce service, avaient été déclarés débiteurs ensemble d'une somme de 810,027 fr. 90 c. — Le résultat de la délibération de ce conseil, du 14 février 1806, avait été approuvé par le chef du gouvernement, qui avait en même temps prescrit au Ministre du trésor public, de décerner des contraintes contre les réliquataires. — Un extrait de cette délibération avait été transmis en 1808, à ce Ministre, par le Ministre-secrétaire d'Etat, pour que l'exécution en fût opérée. — Sur la réclamation des divers débiteurs, cette exécution préparée avait été suspendue. — Une correspondance avait été suivie à cet égard, à divers intervalles, entre les Ministres du trésor, de l'intérieur, du commerce et des finances. — Enfin, en 1817, ce dernier Ministre avait décerné des contraintes contre les 7 particuliers déclarés débiteurs.

Cinq d'entr'eux se sont pourvus séparément au Conseil, formant opposition aux contraintes et à la délibération du 14 février 1806, qu'ils ont affirmé ne pas connaître et dont ils ont demandé la communication.

Dans le développement de leurs moyens, les sieurs Benoist et Truffault ont énoncé, que, d'après l'avis qui leur avait été donné, en 1808, de la décision du 14 février 1806, ils s'étaient pourvus au Conseil d'Etat, et que le comité du contentieux s'était déclaré incompétent, par délibération du 31 mars 1808.

L'agent judiciaire du trésor, dans sa défense, a pris acte de cet aveu, et il en a conclu que, puisqu'en 1808 le comité, sur la même demande, avait déclaré son incompétence, il ne lui appartenait pas de revenir sur sa décision.

Par un autre motif, l'agent judiciaire a soutenu les demandeurs non-recevables.

« L'acte principal, fondamental, unique même dont les requérans se plaignent, a-t-il dit, est la délibération du Conseil d'administration générale, approuvée par le chef du gouvernement. La contrainte qui l'a suivie n'est que le moyen d'exécution de cette délibération, dont elle ne change ni la nature ni les effets. Or, cette délibération a acquis, par la sanction de l'autorité souveraine, le caractère d'irrévocabilité et de chose jugée, de même que cela a lieu pour tous les actes de liquidation générale approuvés par décret. — Les Conseils d'administration générale, composés des Ministres, et de quelques Conseillers d'Etat qui y étaient admis, présidés par le chef du gouvernement, étaient supérieurs à toutes les administrations; nul n'était et n'est encore investi du droit de juger et de réformer leurs actes. Une ordonnance seule du Roi pourrait, en abandonnant, par grâce spéciale, la chose jugée, la remettre en question devant des commissaires choisis par elle, qui seraient chargés de vérifier et liquider de nouveau. Tant que cette ordonnance ne sera pas intervenue, les demandeurs sont non-recevables, et la chose jugée doit être exécutée. »

Les demandeurs ont répliqué que la délibération du 14 février 1806 n'était pas définitive; qu'elle avait été rendue d'office; qu'en 1808, il n'y avait pas eu de contradicteur devant le comité du contentieux; qu'aujourd'hui, l'agent judiciaire étant intervenu, tout prétexte d'incompétence s'était évanoui; qu'au surplus, la délibération du comité du contentieux, du 31 mars 1808, était restée dans les termes d'un simple avis, et qu'elle n'avait pas été soumise, en la forme ordinaire, à l'examen et l'approbation du Conseil d'Etat. Ils ont surtout insisté sur ce que la délibération de 1806 n'avait pu les condamner sans les entendre.

Delà, l'ordonnance dont la teneur suit :

LOUIS, etc.

Sur le rapport du comité du contentieux de notre Conseil d'Etat,

Vu les requêtes diverses à nous présentées par les sieurs *Benoist*, *Gamot*, *Clerc*, *Truffault*, et veuve *Pontois*, lesdites requêtes enregistrées au secrétariat-général de notre Conseil d'Etat, les 23 janvier, 2, 18 et 26 février, et 21 mars 1818, et tendant à ce qu'il nous plaise les recevoir opposans à la décision du Ministre des finances, en date du premier septembre 1817, et aux contraintes qui en ont été la suite et par lesquelles les requérans sont poursuivis pour le paiement de sommes auxquelles ils ont été condamnés par décision prise en Conseil d'administration de l'intérieur du 14 février 1806 ;

Dire que cette décision, si elle a existé, a été rapportée et annulée, ou au moins n'a pas été rendue contradictoirement, et ordonner qu'il sera provisoirement sursis à toute exécution ultérieure dudit arrêté du premier septembre 1817, et des contraintes décernées en exécution, juqu'à ce que, par nous, en Conseil d'Etat, il en ait été autrement ordonné;

Vu la copie conforme du procès-verbal du Conseil d'administration de l'intérieur, en date du 14 février 1806;

Vu copie de la lettre du Ministre-secrétaire d'Etat en date du 28 septembre 1807, et par laquelle il transmet l'extrait de ce procès-verbal au Ministre du trésor, pour en assurer l'exécution ;

Vu les lettres écrites à plusieurs requérans, par le Conseiller d'Etat rapporteur de cette affaire au Conseil d'administration, et par lesquelles, au mois de septembre 1806, plus de six mois après la décision, il demande aux requérans leurs observations sur le travail de la commission;

Vu des notes remises, en 1808, à l'administration du trésor, par le même Conseiller d'Etat, desquelles il résulte que la décision n'a pas été rendue contradictoirement, et que les comptables, jugés par défaut, peuvent y former opposition;

Vu la lettre du Ministre de l'intérieur au Ministre du trésor, pour lui annoncer que les dénommés dans le procès-verbal du Conseil d'administration réclament contre la décision du 14 février 1806, comme n'ayant pas été entendus;

Vu la lettre, en date du 24 février 1808, par laquelle le Ministre du trésor annonce à celui de l'intérieur, que les réclamans paraissent devoir s'adresser à la commission du contentieux du Conseil d'Etat;

Vu les pourvois exercés, en 1808, par plusieurs des réclamans auprès de ladite commission du contentieux, pourvois sur lesquels il n'a pas été prononcé;

Vu les décisions et contraintes du 1.er septembre 1817, contre lesquelles se sont pourvus les réclamans;

Vu la lettre de notre Ministre des finances qui transmet la réponse de l'*agent judiciaire* à la communication qui lui a été donnée des requêtes ci-dessus visées;

Vu toutes les pièces respectivement fournies;

Considérant que les décisions rendues en Conseil-général d'administration, par le chef du gouvernement, n'étaient pas susceptibles d'être attaquées par la voie de la commission du contentieux;

Notre Conseil d'Etat entendu,

Nous avons ordonné et ordonnons ce qui suit:

Art. 1.er La requête des réclamans est rejetée, sauf à eux

à se pourvoir, *s'ils s'y croient fondés*, conformément à l'article 40 du réglement du 22 juillet 1806. (1).

Art. 2. Notre Garde-des-sceaux, notre Ministre de l'intérieur et notre Ministre des finances sont chargés, etc.

M. Maillard, maître des req., *rapporteur*. — M.es Darrieux, Chauveau-Lagarde, Reboul, de Lagrange et Mario, *avocats*.

---

(1) Sur la nouvelle requête que les cinq réclamans ont collectivement présentée au Roi, le 10 mars 1821, et sur le rapport de S. Exc. le Ministre de l'intérieur, il est intervenu, le 23 mai 1821, une ordonnance ainsi conçue :

Art. 1.er Une commission du Conseil d'Etat se fera présenter, par les sieurs Gamot, Clerc, Truffault, Benoist et Pontois, les originaux, ou, à leur défaut, les copies de leurs comptes, tels qu'ils les ont remis, signés d'eux, au conseil supérieur d'administration qui les a jugés le 14 févr. 1806. Elle examinera ces comptes, ainsi que les réclamations élevées par les parties sur les réductions de dépenses et forcemens de recettes, prononcés par ledit conseil. Elle dressera son avis sur le parti à prendre, soit pour confirmer la décision qui les a constituées reliquataires, soit pour y proposer les modifications qui seraient reconnues équitables, tant dans l'intérêt de notre trésor royal, que dans celui des parties elles-mêmes.

Art. 2. Elle se fera apporter tous les documens, quelque part qu'ils se trouvent, qui pourront servir à éclairer et fixer son opinion.

Art. 3. Elle présentera, dans le plus bref délai possible, son rapport à notre Ministre de l'intérieur, pour nous être ensuite présenté en notre Conseil d'Etat; et, dans le cas où elle jugerait qu'il y a lieu à modifier les arrêtés de compte des cinq comptables ci-dessus dénommés, elle joindra à son rapport un projet de réglement définitif de chacun des cinq comptes, accompagné des explications qui justifieront les modifications proposées.

Art. 4. Sont nommés, pour former cette commission, les sieurs Ramond, conseiller d'état; de Bellisle et Feutrier, maîtres des requêtes.

Art. 5. Jusqu'à ce qu'il ait été définitivement statué sur l'ensemble de chacun desdits comptes, et jusqu'à ce que les débiteurs soient exonérés légalement, les inscriptions prises sur leurs biens, pour sûreté du paiement de leurs reliquats, sont maintenues; et néanmoins il sera sursis provisoirement à l'exécution des contraintes, en attendant que la situation finale de chacun d'eux ait été arrêtée de nouveau.

PROCÉDURE. — RECOURS DIRECT AU CONSEIL D'ETAT CONTRE UN ARRÊTÉ PAR DÉFAUT. — TIERCE-OPPOSITION. — RENVOI. — SURSIS.

La partie qui n'a pas été entendue lors de la reddition d'un arrêté de Conseil de préfecture, est-elle recevable à y former tierce-opposition? Rés. aff. (1).

Est-ce devant le Conseil d'Etat qu'elle doit se pourvoir d'abord pour faire réformer cet arrêté? Rés. nég. (2).

En renvoyant la partie devant le Conseil de préfecture dont émane l'arrêté, le Conseil d'Etat peut-il surseoir à son exécution? Rés. aff. (3).

(4955. — 22 février 1821. — Le Ministre de la Guerre c. la ville de Lyon.)

Dans l'intérêt de plusieurs établissemens dépendant du Ministère de la Guerre, le Ministre s'était pourvu devant le Conseil de préfecture du département du Rhône, pour faire

---

ART. 6. Les inscriptions prises sur les sieurs Granier et Brunet (*) et les poursuites exercées contre eux continueront de recevoir leur effet.

ART. 7. Nos Ministres-secrétaires d'Etat aux départemens de l'intérieur et des finances sont chargés, chacun en ce qui le concerne, de l'exécution de la présente ordonnance. — *Signé :* LOUIS.

(1) Voy. *Elém. de Jur. adm.*, tom. 1.er, pag. 23, n.° 45. — Décret du 22 septembre 1812. (*arch. du Comité*, *n.°* 1434).

(2) Voy. *Elém. de jur. adm.*, tom. 1.er, p. 42, n.° 108; p. 55, n.° 17 et 56, n.° 22 et 23. — Ordon. roy. des 7 mai 1816. Ginoux et consorts c. Courbec. *Jur. du C. d'Et.*, t. 3, p. 295, — et 26 février 1817. V.e Tabaret c. v.e Bernard et consorts. *ibid.*, tom. 3, p. 519.

(3) Un tribunal d'appel peut-il surseoir à l'exécution d'un jugement de première instance dont l'appel est par lui déclaré irrégulier?

(*) Ces deux particuliers ne se sont pas pourvus, dans les délais, contre la contrainte qui leur a été signifiée.

régler l'effet d'une clause d'un contrat de vente nationale, passé à un tiers.

Le Conseil de préfecture avait prononcé favorablement à la demande du Ministre.

La ville de Lyon s'est postérieurement adressée au Conseil de préfecture, sous le prétexte de faire interpréter une expression du contrat, reproduite dans l'arrêté; et cette interprétation a été donnée, par un nouvel arrêté non contradictoire, dans un sens qui détruisait les prétentions du Ministre.

Celui-ci, par un rapport au Roi (1), envoyé à M. le Garde-des-sceaux et soumis à l'examen du comité du contentieux, le 12 février 1821, a demandé l'annulation du nouvel arrêté, et, avant tout, *le sursis* à son exécution.

Cette dernière demande a été accueillie sans délai; mais comme l'arrêté qu'il attaquait avait été rendu sans le Ministre ou ses agens, le Conseil d'Etat a cru nécessaire de le renvoyer à prendre la voie de la tierce-opposition devant le même Conseil de préfecture.

LOUIS, etc.

Sur le rapport du comité du contentieux de notre Conseil d'Etat,

Vu le rapport à nous présenté par notre Ministre de la guerre, tendant à ce qu'il nous plaise: 1.° Annuler un arrêté du Conseil de préfecture du département du Rhône, en date du 22 novembre 1820, lequel déclare que la réserve des eaux, faite dans l'adjudication du clos de Sainte-Marie-des-Chaînes, n'a eu lieu que pour la ville de Lyon;

2.° Que, par urgence, il soit sursis, en attendant le jugement du fond, à l'exécution dudit arrêté;

Considérant que notre Ministre de la guerre n'a pas été

(1) Voy. *Elém. de jur. adm.*, tom. 1.er, p. 54, n.os 79 et 80.

entendu, lorsque le Conseil de préfecture a pris l'arrêté attaqué, et qu'ainsi il peut se pourvoir par opposition, devant le Conseil de préfecture, contre ledit arrêté;

Considérant, 2.° que l'exécution dudit arrêté pourrait nuire au service militaire, et que d'ailleurs, dans l'intérêt même de la ville de Lyon, il importe que l'autorité municipale ne fasse point, pour une prise de possession, des dépenses qui deviendroient inutiles, si l'arrêté attaqué n'était pas maintenu;

Notre Conseil d'Etat entendu,

Nous avons ordonné et ordonnons ce qui suit:

Art. 1.er Il est sursis à l'arrêté du Conseil de préfecture du département du Rhône, en date du 22 novembre 1820.

Art. 2. Notre Ministre de la guerre est renvoyé à se pourvoir, par tierce-opposition, contre ledit arrêté [illegible] le Conseil de préfecture du département du Rhône.

Art. 3. Notre Garde-des-sceaux et notre Ministre de l'intérieur sont, chacun en ce qui le concerne, chargés de l'exécution de la présente ordonnance.

M. Maillard, maître des requêtes, *rapporteur*.

SOLDE MILITAIRE D'ACTIVITÉ. — Rappel pour le temps d'une détention arbitraire.—Indemnités.

Un officier injustement détenu pour un crime ou délit dont il a été honorablement acquitté, peut-il réclamer sa solde d'activité et les indemnités attachées à son grade, pour tout le temps qui s'est écoulé depuis le jour de son arrestation jusqu'au jour de son acquittement? Rés. aff.

(4630. — 22 février 1821. — Fabry c. le Ministre de la guerre).

Le sieur Fabry était quartier-maître du dépôt-général des conscrits réfractaires.

Il fut accusé d'avoir détourné diverses sommes appartenant à ce dépôt; il fut condamné aux fers et à la restitution de ces sommes.

La revision de sa comptabilité et de son jugement ayant eu lieu, il fut honorablement acquitté par jugement rendu à l'unanimité, le 30 septembre 1819.

L'ordre fut donné de poursuivre ses lâches et coupables dénonciateurs.

Il réclama, du Ministre de la guerre, le rappel de sa solde d'activité, à partir du 7 octobre 1813, jour de son arrestation, jusqu'au 30 septembre 1819.

Par décision des 9 février et 15 mars 1820, le Ministre de la guerre a statué que ce rappel n'aurait lieu que jusqu'au 20 août 1818, jour auquel Son Exc. avait prononcé définitivement sur la comptabilité de cet officier.

Le sieur Fabry s'est pourvu devant le Conseil d'État, et il a demandé l'annulation de cette partie de la décision ministérielle.

Le 2 août 1820, le Ministre, auquel sa requête a été communiquée, a répondu : — Qu'en général les militaires de tout grade ne peuvent prétendre à la solde d'activité pour un temps postérieur au licenciement du corps dont ils faisaient partie; que, d'après ce principe, on arrivait à connaître que le sieur Fabry n'avait droit aux émolumens de son emploi que jusqu'au jour de la dissolution du dépôt des réfractaires de Strasbourg, auquel il appartenait; mais que le Ministre avait dû considérer que les poursuites injustes dirigées contre le réclamant, n'avaient pu le mettre dans une position moins favorable, sous le rapport de la solde, que les autres officiers comptables des corps licenciés en 1814 et 1815; que cette classe particulière d'officiers avait toujours été considérée comme étant à la disposition du départem. de la guerre, pour l'apurement de leurs comptes, et que le traitement d'activité de leur grade leur avait été accordé jusqu'au jour de l'arrêté définitif de la comptabilité des corps qu'ils représentaient; — Que ce n'était donc que par analogie qu'il lui avait été possible de juger du mérite de la demande du sieur Fabry; et que, dans la fâcheuse position où la procédure intentée contre lui l'avait placé, il avait regretté de ne pouvoir s'appuyer sur *aucune disposition des réglemens existans*, qui permît de lui allouer le traitement qu'il réclamait, pendant tout le temps qu'avait duré sa détention.

Le Ministre a ajouté: Que la portion du rappel comprise dans les dépenses payables en valeur de l'arriéré, étant soumise au mode de travail qui régit cette partie du service dépendant du Ministère de la guerre, il n'avait pas été possible d'assurer à cet égard l'entière exécution de sa décision du 15 mars 1820; mais que toutes les mesures étaient prises pour faire cesser les inquiétudes du sieur Fabry, aussitôt qu'une disposition législative aurait assuré les fonds nécessaires à l'acquit de sa créance, et de celles qui, comme la sienne, n'ayant été reconnues que postérieurement au délai fixé par la loi des finances du 25 mars 1817, ne pouvaient être acquittées que par un supplément de crédit à demander aux chambres.

A la première partie de cette réponse, le sieur Fabry a répliqué qu'il ne lui était pas difficile d'indiquer le réglement que Son Exc. aurait pu appliquer à sa demande, et que c'était celui du 2 février 1818 (art. 60). (Voy. ci-après dans le texte de l'ordonnance.)

Il a, en outre, fait remarquer que, si le rappel de solde accordé par le Ministre n'avait pas assez d'étendue *quant au temps*, il n'en avait pas non plus assez quand *à la quotité*, et qu'il lui était dû également les indemnités de fourrage et de logement.

Dans sa replique du 9 décembre 1820, le Ministre est convenu que l'art. 60 du réglement provisoire du 2 février 1818 serait, en effet, le seul applicable à l'espèce; mais il a soutenu que l'application littérale n'en pourrait être faite au sieur Fabry, que s'il n'avait pas cessé d'appartenir aux cadres constitutifs de l'armée. « Or, a demandé le Ministre, est-il possible, pendant plus de 5 années qu'a duré sa détention, de le considérer comme ayant fait partie d'un corps quelconque; quand, depuis le 1.er mai 1814, le dépôt des réfractaires auquel il était attaché se trouvait dissous, et lorsque postérieurement à cette époque, deux organisations de l'armée ont successivement eu lieu, sans qu'il ait été rien spécifié relativement aux officiers qui, pour des causes indépendantes de leur volonté, ne pouvaient concourir à ces deux organisations? »

Quant aux indemnités de logement et de fourrage, le Ministre a exprimé que le décret du 19 juillet 1810, cité par le sieur Fabry n'était d'aucun secours pour résoudre la question; qu'il réglait seulement le mode de paiement du traitement et des indemnités accessoires, mais qu'il n'avait rien statué quant à la quotité du traitement, ni relativement à la position qui détermine les droits à la totalité ou à une portion quelconque de ce traitement.

Dans de nouvelles observations, le sieur Fabry a fait remarquer que les chaînes qui pesaient sur lui l'avaient seules empêché de concourir à la réorganisation de l'armée, et que ce n'était pas après la déclaration solennelle de son innocence, que le Ministre pouvait argumenter contre lui du fait de sa détention.

Reprenant enfin le dernier paragraphe de la première réponse du Ministre, le sieur Fabry a démontré qu'il devait être payé conformément à la loi du 28 avril 1816, et que, par conséquent, il devait recevoir des bons de liquidation portant intérêt à compter du 5 mai de cette même année.

Toutes les demandes du sieur Fabry ont été accueillies par l'ordonnance qui suit :

LOUIS, etc.

Sur le rapport du comité du contentieux de notre Conseil d'État,

Vu la requête à nous présentée au nom du sieur *Fabry*, enregistrée au secrétariat-général de notre Conseil d'Etat, le 15 janvier 1821, et tendant à l'annulation de deux décisions rendues par notre Ministre de la guerre, les 9 février et 15 mars 1820, lesquels ont déclaré que le sieur *Fabry* n'était admissible au rappel de son traitement d'activité que depuis le jour où il a cessé d'être payé, jusqu'à celui où ses comptes ont été définitivement approuvés;

Vu lesdites décisions;

Vu les lettres en réponse de notre *Ministre* de la *guerre*, des 10 novembre 1819 et 9 février 1820;

Vu l'article 60 du réglement provisoire du 2 février 1818, ainsi conçu :

« Les officiers de troupes ou sans troupes et les employés » qui seraient mis en jugement, reçoivent, pendant le temps » de leur détention et jusqu'au jour du jugement définitif, » le tiers de la solde qui leur est attribuée sur le pied de » paix.

» S'ils sont acquittés, ils seront rappelés après leur retour » à leur corps ou à leur poste, du surplus de leur solde » pour le temps de leur détention; s'ils sont condamnés, ils » n'auront droit à aucun rappel; »

Vu le jugement du 30 septembre 1819, rendu par le premier Conseil de guerre permanant de la première division militaire, qui a acquitté à l'unanimité le sieur Jean Fabry, ex-quartier maître du dépôt-général des conscrits réfractaires, de l'accusation d'avoir détourné diverses sommes appartenant audit dépôt, et ordonné sa mise en liberté;

Considérant que la décision ministérielle qui a statué définitivement sur la comptabilité du sieur *Fabry*, en libérant cet officier sous les rapports administratifs, ne le dispensait pas de justifier de sa gestion devant le tribunal militaire désigné par la Cour de cassation, que cette obligation n'a cessé pour ledit sieur *Fabry*, que par le jugement qui l'a honorablement acquitté; que dès-lors, il est juste et conforme au réglement ci-dessus cité, de lui allouer, jusqu'au jour dudit jugement, sa solde et ses indemnités de quartier-maître;

Considérant que les sommes qui peuvent lui être dues, pour le temps antérieur à l'exercice 1816, doivent lui être payées conformément aux dispositions des lois des 28 avril 1816 et 25 mars 1817;

Notre Conseil d'Etat entendu,

Nous avons ordonné et ordonnons ce qui suit:

Art. 1.er Les décisions de notre Ministre de la guerre, des 9 février et 15 mars 1820, sont annulées. En conséquence, il sera procédé, par notre dit Ministre de la guerre, à la liquidation de la solde d'activité et des indemnités dues au sieur Fabry, en sa qualité de quartier-maître, depuis le 13 décembre 1813 jusqu'au 30 septembre 1819.

Il sera également payé des sommes qui peuvent lui être dues, à raison dudit traitement pour les exercices 1813, 1814 et 1815, conformément aux lois des 28 avril 1816, et 25 mars 1817.

Art. 2. Notre Garde-des-sceaux et notre Ministre de la guerre sont chargés, etc.

M. de Cormenin, maître des req., *rapporteur*. — M.e Sirey, *avocat*.

SOLDE MILITAIRE. — CRÉANCIERS D'OFFICIERS. — SAISIE-ARRÊT. — RETENUE D'UN 5.e — COMPÉTENCE.

Est-ce à l'administration qu'il appartient de faire l'application de la loi du 19 pluviose an 3, dans une contestation engagée entre le créancier privé d'un officier, et le Conseil d'administration du corps envers lequel cet officier a été déclaré responsable, pour sa part, d'un déficit survenu dans la caisse? Rés. nég.

(4356. — 22 février 1821. — Le Dunois c. Seignan de Serre, et le Ministre de la guerre.)

Une décision du Ministre de la guerre, en date du 5 mai 1817, avait assujéti le sieur Seignan de Serre, ancien inspecteur-général de la gendarmerie, à une retenue d'un 5.e sur son traitement, au profit de la caisse de la gendarmerie du département des Hautes-Pyrénées, pour le remboursement de sa portion dans un déficit de 13,775 fr., existant à cette compagnie. Les retenues avaient été exercées; mais, par suite d'une opposition faite, le 10 septemb. 1817, au nom du S.r Le Dunois, créancier particulier du S.r Seignan de Serre, pour une somme de 6,925 fr., et en vertu d'un jugement par défaut, rendu contre ce dernier, le 30 décembre 1817, les fonds qui provenaient de ces retenues, au lieu d'être remis à la compagnie, avaient été déposés dans la caisse du receveur-général du département de la Haute-Garonne.

Le préfet de ce département a, sur les instructions du Ministre de la guerre, pris, le 19 août 1819, un arrêté par lequel il a revendiqué la connaissance de cette affaire.

Les motifs de cette arrêté étaient : que les retenues, objet de la réclamation faite par la gendarmerie, avaient été opérées par suite de décisions ministérielles, dont la 1.re remontait au 9 avril 1810; qu'elles étaient ordonnées pour couvrir la caisse de la gendarmerie des Hautes-Pyrénées, d'une portion de déficit dont le sieur Seignan de Serre avait été déclaré responsable, en la qualité qu'il avait alors de chef-d'escadron, chargé de la surveillance de la comptabilité de la compagnie, et de président du conseil d'administration; que, dans le cas de malversation d'un comptable, proprement dit, le Gouvernement exerce, sans contradiction, son privilège sur les fonds de ses agens; et que, pour l'objet actuel, le recours de l'État devait avoir la même force, puisque les fonds des caisses de compagnie sont considérés comme des dépôts dont les membres des Conseils d'administration deviennent responsables, concurremment avec les quartiers-maîtres; que, sous ce rapport, les retenues pour déficit de caisse ne peuvent-être détournées de leur destination spéciale par des créanciers privés, et qu'on est fondé à invoquer, à ce sujet, par analogie, les dispositions du Code civil sur les dépôts; qu'on pouvait objecter enfin que, sans l'action du Gouvernement, les fonds de retenue n'auraient pas existé; et que la partie privée n'était pas en droit de s'emparer des fonds recueillis par voie administrative, à des époques où elle n'avait point recouru à des voies judiciaires; qu'enfin, par tous ces motifs, la contestation était du ressort de l'autorité administrative.

Mgr. le Garde-des-sceaux a pensé que le conflit était bien élevé, et Sa Grandeur s'est surtout appuyée sur un décret du 8 janvier 1810, qu'on peut lire au tom. 1.er pag. 350 de la jurisprudence du Conseil d'État, par M. Sirey.

Devant le comité du contentieux, le sieur Le Dunois a soutenu, au contraire, que le conflit était mal élevé, et il s'est attaché à combattre chacun des motifs énoncés dans l'arrêté du préfet de la Haute-Garonne :

1.° Le Code civil et la loi du 16 septembre 1807 reconnaissent le privilège du trésor public sur les biens des *comptables;* mais le sieur Seignan de Serre n'avait pas cette qualité; comme membre et chef du Conseil d'administration, il était seulement, pour sa part, responsable du déficit du quartier-maître, et, par conséquent, sujet à la retenue du 5.° de son traitement. — 2.° Le sieur Seignan de Serre n'était pas plus *dépositaire* qu'agent comptable; on n'est pas plus dépositaire par analogie qu'agent comptable par supposition. — 3.° Dès que le saisi n'était pas un comptable public, proprement dit, la contestation sur les saisie et opposition, sur leur validité, sur la contribution à faire, s'il y a lieu, entre le sieur Le Dunois et le Conseil de la compagnie de gendarmerie, n'était plus du ressort de l'autorité administrative : elle appartenait au droit commun et au pouvoir judiciaire.

Tels ont été ses moyens, en substance.

De son côté, et dans l'intérêt du corps de gendarmerie, le Ministre de la guerre a fait observer d'abord que la loi du 10 juillet 1791, en voulant laisser à des créanciers privés les moyens de poursuivre leurs débiteurs, soldés par l'État, n'a pas entendu (1) que, pour les intérêts du trésor, le Gouvernement n'eût pas, avant tout, le droit d'exercer, dans la plus grande latitude, son action contre ses propres agens; — Qu'ensuite la distinction établie par le sieur Le Dunois entre un comptable public, et un officier débiteur ordinaire, n'était pas fondée pour M. Seignan de Serre, qui était président du Conseil d'administration et se trouvait, en outre, par ses fonctions de chef-d'escadron, spécialement chargé de la surveillance de la comptabilité de cette compagnie et responsable des dommages que sa négligence pouvait occa-

(1) Tit. 3, art. 64. — « Les actions résultant d'obligations contractées par un militaire en activité, ne pourront être poursuivies que devant les magistrats civils, et seront par eux jugés conformément aux lois civiles, sans que ni les officiers ni les juges militaires puissent en prendre connaissance, si ce n'est à l'armée et hors du royaume, sans qu'ils puissent non plus apporter aucun obstacle, soit à la poursuite, soit à l'exécution du jugement. »

Art. 65. — «...Leurs appointemens ne pourront non plus être saisis, que pour ce qui excédera la somme de 600 liv., laquelle leur demeurera réservée, sans préjudice aux créanciers à exercer leurs droits sur les autres biens, meubles et immeubles de leurs débiteurs, suivant les règles et les formes prescrites par la loi. »

sionner; — Qu'enfin le sieur Le Dunois tirait une fausse conséquence de ce que le sieur Seignan de Serre n'avait pas été poursuivi dans ses biens; qu'il n'était fait aucune différence entre les membres du Conseil d'administration et les trésoriers des compagnies, non-seulement dans le cas de malversation, mais lorsqu'il devient très-urgent de faire rembourser les déficits aux officiers à qui l'on ne peut imputer d'avoir profité des fonds détournés; que plusieurs exemples le prouvent, et que si la quotité des retenues qu'avait dû supporter M. Seignan de Serre n'eût pas donné la garantie d'un remboursement suffisamment prompt de sa portion du déficit, il eût été exercé contre lui des poursuites par l'intermédiaire de l'agent du trésor.

Ces diverses questions éclairées, il s'agissait encore, pour le Conseil d'Etat, de connaître si la retenue avait été ordonnée sur le 5.e que la loi du 19 pluviose an 3 a déclaré susceptible d'être grévé d'opposition par les créanciers particuliers des militaires, ou sur les 4/5.mes insaisissables par ces mêmes créanciers.

Le Ministre de la guerre, consulté, a répondu « que les décisions ministérielles rendues à diverses époques n'offraient pas de solution à cet égard, et qu'ordinairement il n'est établi, dans de semblables affaires, aucune distinction entre le 5.e susceptible d'être grévé d'oppositions et les 4/5.mes insaisissables; mais que, comme il n'y a pas de dispositions formelles qui aient autorisé, depuis la loi du 19 pluviose an 3, une réserve excédant le 5.e du traitement, même lorsqu'il s'agit des intérêts du gouvernement contre des comptables ou agens responsables, il était hors de doute que les prélèvemens sur la solde de M. Seignan de Serre, avaient porté sur la seule portion que cette loi permet d'atteindre pour dettes ». Enfin, S. Ex. a fait remarquer qu'en ce point la loi du 10 juillet 1791 lui semblait devoir être considérée comme abrogée par la législation postérieure.

« L'art. 65 de cette loi (a dit ce Ministre), autorise à saisir, sur les traitemens, tout ce qui excède la somme de 600 fr.; or, un traitement de 6,000 fr., par exemple, pourrait supporter une retenue de 5,400 fr., et suivant la loi du 19 pluviose an 3, la retenue ne serait que de 1,200 fr.: il est bien évident que ces deux dispositions sont inconciliables, et que la dernière abroge, de toute nécessité, celle qui lui est antérieure ».

Ce sont les explications ainsi données par le Ministre qui ont déterminé le réglement de la compétence.

LOUIS, etc.

Sur le rapport du comité du contentieux de notre Conseil d'Etat,

Vu l'arrêté du préfet du département de la Haute-Garonne, du 19 août 1819, par lequel il revendique, comme étant du ressort de l'autorité administrative, la connaissance de la contestation qui existe entre le Conseil d'administration de la gendarmerie-royale du département des Hautes-Pyrénées, le sieur *Le Dunois*, créancier du sieur *Seignan de Serre* et ledit sieur *Seignan de Serre*, dont l'instance est engagée devant le tribunal de première instance de l'arrondissement de Toulouse;

Vu la requête présentée au nom du sieur *Louis le Dunois*, marchand mercier au pont Saint-Hébert, commune d'Erglandes, département de la Manche; ladite requête enregistrée au secrétariat-général de notre Conseil d'Etat, le 7 février 1820, et tendant à ce qu'il nous plaise déclarer non avenu l'arrêté de conflit, du 19 août 1819, et ce qui s'en est suivi, renvoyer la cause et les parties intéressées devant le tribunal civil séant à Toulouse, sous la réserve des droits et moyens respectifs des parties; condamner les adversaires aux dépens;

Vu la lettre de notre Ministre de la guerre, du 18 mai 1820, contenant des observations sur l'objet du présent conflit;

Vu le second mémoire du sieur *Le Dunois*, enregistré audit secrétariat-général, le 8 juillet 1820, et tendant au maintien de ses précédentes conclusions;

Vu la lettre de notre Ministre de la guerre, du 24 novembre 1820, et les pièces y annexées;

Vu le jugement par défaut du tribunal civil séant à Toulouse, du 30 décembre 1819, qui déclare valable la saisie-arrêt du 17 septembre 1817, faite au profit du sieur *Le Dunois*, contre le sieur *Seignan de Serre*, jusqu'à la concurrence de cinq mille neuf cent vingt-cinq francs, quatre-vingt-treize centimes, ensemble les intérêts et frais qui seront dûs au jour du paiement; ordonne en conséquence que le payeur de la dixième division militaire versera, entre les mains dudit sieur *Le Dunois*, toutes ou chacune des sommes qu'il a ou pourra avoir à l'avenir appartenant audit sieur *Seignan de Serre*, jusqu'à due concurrence, suivant la retenue qu'il en aura faite ou qu'il en fera, et condamne le sieur *Seignan de Serre* aux dépens;

Vu le rapport de notre Garde-des-sceaux, du 1.er octobre 1819;

Vu la loi du 19 pluv. an 3, portant que « la trésorerie est autorisée à faire payer aux officiers de troupes, aux commissaires des guerres et à tous autres employés dans les armées, les quatre cinquièmes de leurs appointemens, et que le cinquième restant sera réservé aux créanciers qui pourront d'ailleurs exercer leurs droits sur les autres biens de leurs débiteurs »;

Vu les autres pièces produites;

Considérant que notre Ministre de la guerre reconnaît, dans sa lettre du 24 novembre 1820, que les retenues subies par le sieur Seignan de Serre ont été prescrites sous la règle de la loi du 19 pluviose an 3;

Considérant que le sieur Le Dunois réclame l'application de ladite loi ;

Considérant que cette application est du ressort des tribunaux ordinaires ;

Notre Conseil d'État entendu,

Nous avons ordonné et ordonnons ce qui suit :

Art. 1.er L'arrêté de conflit du préfet du département de la Haute-Garonne, du 19 août 1819, est annulé.

Art. 2. Notre Garde-des-sceaux et notre Ministre de la guerre sont chargés, etc.

M. Tarbé, maître des requêtes, *rapport.* — M. Leroy de Neufvillette, *avocat.*

TRAVAUX PUBLICS. — ENTREPRENEUR. — CRÉANCIERS. — DÉFAUT DE QUALITÉ. — RÉSILIATION DE MARCHÉ. — QUESTION NON CONTENTIEUSE. — COMPÉTENCE. — DÉLAI. — FORMES D'ÉVICTION. — INDEMNITÉ. — INTÉRÊTS.

Les bailleurs de fonds et autres créanciers d'un entrepreneur de travaux publics ont-ils qualité pour intervenir, en leurs noms, dans le pourvoi exercé par leur débiteur contre les arrêtés qui ont réglé ses comptes avec l'administration ? Rés. nég. (1).

Une entreprise de travaux publics peut-elle être mise en régie et l'adjudication être résiliée, lorsqu'il est constant que l'entrepreneur ne remplit pas les obligations qui lui sont imposées par son contrat ? Rés. aff. (2).

Lorsqu'une disposition de ce contrat a soumis l'entrepreneur à être toujours en avance d'une quotité déterminée des dépenses à faire durant la campagne, l'administration des

---

(1) Voy. *Elém. de jur. adm.*, tom. 1.er, p. 67 et suiv.

(2) Voy. *Jur. du C. d'Ét.*, tom. 3, p. 36 et 522, les deux affaire *Bissé.*

ponts et chaussées peut-elle considérer des extractions, approvisionnemens et tailles ou façons de matériaux non mis en place, comme des travaux exécutés ou comme faisant partie des dépenses à la charge de l'état, durant la campagne? Rés. nég. (1).

Est-ce au Conseil de préfecture qu'il appartient de prononcer la mise en régie et la résiliation de l'adjudication passée à l'entrepreneur, dans les cas prévus par le contrat? Rés. nég. (2).

Lorsque le préfet a prononcé ces mises en régie et résiliation, est-ce devant le Ministre de l'intérieur que l'entrepreneur doit être admis à réclamer, et peut-il ensuite recourir au Conseil d'Etat contre la décision du Ministre? Rés. aff. (3).

Si les formes ordinaires n'ont pas été observées lors de l'éviction d'un entrepreneur, et si ses droits ont été lésés, est-il fondé à réclamer une indemnité, et le Conseil d'Etat est-il compétent pour l'arbitrer? Rés aff. (4).

(3319. — 22 février 1821. — Dubournial et autres c. l'administration des ponts et chaussées.)

L'adjudication des travaux à faire pour la construction

---

(1) Voy. Ordon. du 7 avril 1819. Bissé (*arch. du Comité.*)

(2) Voy. *Elém. de jur. adm.*, tom. 2, p. 257, n.° 1. — Ordonnance du 8 septemb. 1819. Gignoux (*arch. du Comité*).

(3) Voy. ci-dessus, p. 117, l'ordon. Niel et consorts. — *Elém. de Jur. adm.*, tom. 1.er, p. 55, n.° 18. — Décrets des 29 décemb. 1812. Cavallo c. Mongenet. *Jur. du C. d'Et.*, tom. 2, p. 160. — 21 janv. 1813. Carbonnel, *ibid.*, tom. 2, p. 237. — 12 janvier 1812 et 18 janvier 1813. Campagne, *ibid.*, p. 4 et 252. — 12 juin 1813. Reuleaux et consorts *ibid.*, tom. 2, p. 371. — 6 janvier 1814. Arbilleur, *ibid.*, tom. 2, p. 476. — 17 janvier 1814. Castelli. *ibid.*, p. 497, et un grand nombre d'autres décisions.

(4) Voy. *Elém. de jur. adm.*, tom. 2, p. 83 et suiv.

du pont de Sèvres avait été annoncée; le sieur Dubournial l'avait soumissionnée, en 1809; il avait offert le plus fort rabais, et il avait été déclaré adjudicataire. Mais l'adjudication n'avait été homologuée par le directeur-général des ponts et chaussées d'alors qu'à condition que les sieurs Desly, frères, banquiers à Paris, s'engageraient à fournir au sieur Dubournial tous les fonds qui lui étaient nécessaires pour conduire l'entreprise, et se mettraient en avance, en cas de besoin, jusqu'à concurrence des *trois quinzièmes* des fonds destinés aux travaux durant chaque campagne.

Les sieurs Desly s'étaient soumis à tout ce qu'avait exigé le directeur-général des ponts et chaussées.

Le 1.er mai 1810, MM. Desly ont fait une faillitte. — Au mois de juin, les ouvriers employés par le sieur Dubournial ont refusé le travail et abandonné les ateliers.

Dès le 29 mai, M. le préfet de la Seine avait pris un arrêté pour sommer ce dernier à s'expliquer sur les moyens qu'il pourrait avoir pour assurer la continuation des travaux.

Le 22 juin suivant, un nouvel arrêté du préfet a enjoint au sieur Dubournial de réorganiser les ateliers dans un délai de 8 jours, faute de quoi il demeurerait déchu, à compter de la campagne de 1810, de tout droit à l'adjudication, suivant l'art. 97 de son cahier des charges, et il serait procédé à la réorgarnisation des travaux.

Les ingénieurs ont en même temps été autorisés à établir une régie provisoire, à mettre des ouvriers et à faire les approvisionnemens nécessaires.

Le 25 juin, les ingénieurs s'emparent arbitrairement, sans état ni inventaire, de tous les travaux et effets mobiliers du sieur Dubournial, cinq jours avant la signification de l'arrêté, qui n'est faite que le 30 juin.

Le 19 juin 1811, la continuation des travaux est adjugée à de nouveaux entrepreneurs.

Le 20 avril 1812, le Conseil de préfecture du département

de la Seine se livre à l'examen des réclamations du sieur Dubournial et décide : 1.° Qu'il n'y a lieu à prononcer sur sa demande afin d'être réintégré dans l'entreprise du pont de Sèvres, à raison de ce qu'il y a eu une réadjudication suivie d'exécution de la part des nouveaux adjudicataires ; — 2.° Qu'avant de faire droit sur les différentes réclamations du sieur Dubournial, il sera procédé, par experts contradictoirement nommés, à la vérification de ses comptes, dont ils arrêteront la situation au vrai, tant sous le rapport des travaux exécutés, que sous celui des approvisionnemens recevables au 19 juin 1810, époque de la cessation de ses travaux ; que les experts arrêteront également le compte de la régie des ingénieurs, et enfin le compte des matériaux, recevables ou non pour les travaux du pont, mis sous le séquestre, et indiqueront leur quotité et leur valeur à l'époque du séquestre.

Les experts procèdent, font leur rapport, et, le 27 mai 1816, le Conseil de préfecture rend un arrêté définitif par lequel il homologue le rapport d'experts, fixe à 353,059 fr. 21 c., la somme due au sieur Dubournial, et déclare qu'il n'y a pas lieu à prononcer sur ses demandes en indemnité, dont il est, en tant que de besoin, débouté.

Le sieur Dubournial, auquel se sont joints les sieurs Defly et les autres créanciers de cette entreprise, a formé recours au Conseil d'Etat contre le dernier chef seulement de l'arrêté du 27 mai 1816 : le premier chef ayant été acquiescé par toutes les parties.

Ils ont, dans des mémoires très-volumineux, exposé :

Sur la Compétence : que le préfet de la Seine ayant signé le contrat d'adjudication, où il avait figuré, comme partie contractante, au nom de l'administration, avait été radicalement incompétent pour juger et rompre sa propre convention, dont les débats et le jugement étaient essentiellement soumis à la juridiction contentieuse du conseil de préfecture, aux termes de l'art. 4 de la loi du 28 pluviose an 8, et autres lois y relatives, ainsi qu'il a été solennellement décidé par l'ordonnance royale obtenue par le sieur Levacher-Duplessis, le 27 mai 1816, insérée aux Bulletin des Lois, n.° 91; que conséquemment, la résolution de l'adjudication avait été nullement et incompétemment ordonnée;

Sur le Fond: que le motif de cette dépossession avait été que l'entrepreneur était alors débiteur arriéré de 3,000 fr. envers l'administration, suivant les états et rapports des ingénieurs, toujours contestés par le sieur Dubournial, qui demandait une vérification contradictoire de sa situation au 19 juin 1810, et que cette allégation des ingénieurs avait été démontrée fausse et erronée par le procès-verbal régulier d'expertise, homologué par l'arrêté du Conseil de préfecture du 27 mai 1816, approuvé par l'administration elle même, duquel il résultait que l'entrepreneur était exigiblement en avance, au 19 juin 1810, de la somme de 124,062 fr. 5 c, et que s'il eût reçu, à cette époque, l'à-compte de 30,000 fr. qu'il sollicitait alors avec instance depuis plusieurs mois, il aurait pu satisfaire ses ouvriers et fournisseurs, et maintenir l'activité de ses ateliers; que c'était dès-lors par la faute des ingénieurs et par le fait de l'administration, que les ouvriers avaient déserté les travaux le 21 juin 1810, et que l'entrepreneur avait été réduit, à défaut de fonds, à l'impossibilité de réorganiser ses ateliers, en vertu de l'arrêté du préfet du 22 juin 1810; qu'ainsi son éviction forcée, la mise en régie et la déchéance subséquente avaient été indûment prononcées par le préfet de la Seine;

Sur le mode d'exécution: que les mesures du séquestre avaient été illégalement exécutées par les ingénieurs, en ce que, 1.° l'arrêté du 22 juin, qui accordait à l'entrepreneur un délai de huitaine, ne lui avait été signifié que le 30 du même mois, et que cependant, avant l'échéance de ce délai, qui n'expirait que le 8 juillet, et même cinq jours avant la signification de l'arrêté, c'est-à-dire dès le 25 juin, les ingénieurs avaient envahi les ateliers, chantiers, magasins, équipages, outils, instrumens, matériaux et approvisionnemens du sieur Dubournial; en ce que, 2.°, les ingénieurs avaient séquestré et mis en régie l'universalité de ces objets mobiliers, dont la majeure partie était la propriété de l'entrepreneur, sans avoir rédigé aucun inventaire ni état descriptif quelconque pour assurer les droits des parties intéressées, et fixer les bases de leur propre responsabilité et celle de leurs agens et subordonnés introduits dans lesdits travaux; et que c'était une violation manifeste de toutes les règles en matière du séquestre, et un attentat aux droits de propriété du sieur Dubournial et de ses créanciers;

Que dès-lors, et indépendamment de l'injustice de la déchéance au fond, cette double contravention dans le mode d'exécution de l'arrêté du 22 juin 1810 suffisait seule pour motiver l'action en responsabilité, soit contre l'administration, soit contre les ingénieurs, et pour autoriser le propriétaire irrégulièrement expulsé à faire preuve, par commune renommée et documens particuliers, de la consistance et de la valeur effective des choses mobiliaires qui existaient dans ses chantiers et magasins, au jour de son expulsion (Code civil, art. 1348, 1371, 1415, 1442 et 1704);

Sur les réparations et indemnités : qu'aux termes des articles 1382, 1383 et 1384, il était dû au sieur Dubournial et à ses créanciers, restitution des objets indûment envahis sur lui, et réparation des torts et préjudices qu'il avait éprouvés par le fait de l'administration ou des agens dont elle est responsable; et que la somme des dommages-intérêts devait se composer (suivant l'art. 1149 du Code civil) non-seulement de la perte faite par l'entrepreneur, mais encore du gain dont il avait été privé par la résolution illégale et vexatoire du contrat d'adjudication;

Que, sous le rapport des pertes, il avait droit, 1.° aux intérêts à 6 pour 100, taux du commerce, de la somme principale de 125,662 fr. 3 c., qui lui avait été allouée par le rapport des experts, homologué par le conseil de préfecture, révisé, approuvé et acquiescé par l'administration générale des ponts et chaussées, pour prix de ses ouvrages et approvisionnemens duement exécutés au 19 juin 1810, et aux intérêts de cette somme, au taux du commerce; lequel article, déduction faite des sommes payées jusqu'à ce jour, se trouvait établi à la somme de 42,660 fr. 99 c.; —2.° A l'indemnité de la valeur des effets mobiliers de toute nature, attentatoirement envahis par les ingénieurs, en juin 1810, et indûment séquestrés, en juin 1811, par arrêté du préfet, et qui avaient disparu ou dépéri sous la garde à vue des ingénieurs, prescrite par ledit arrêté, suivant l'état détaillé que le sieur Dubournial en avait fourni à la préfecture, le 27 juin 1814, montant à 152,724 fr.; et aux intérêts de cette somme, à compter de l'époque de l'envahissement: lequel article se trouvait établi à la somme de 253,505 francs 24 centimes; —Que, sous le rapport des bénéfices de droit dont l'entrepreneur avait été injustement privé, les dommages-intérêts consistaient: 1.° dans le 10.° de bénéfice et le 40.° de frais d'équipages alloués, par le devis, sur ce qui restait à exécuter de son entreprise; et dans les intérêts de ces bénéfices, à compter des époques où, aux termes du devis, ils auraient dû être payés à l'entrepreneur; lequel article était établi à la somme totale de 138,893 fr. 51 c.; — 2.° Dans les frais, déboursés, voyages et dépenses de toute espèce qu'il avait été obligé de faire, pendant neuf ans, pour obtenir son réglement et son paiement, induement et fallacieusement contestés; dans les pertes incalculables résultaient de sa dépossession arbitraire, de la ruine de son crédit, de la vente forcée et à vil prix de ses biens meubles et immeubles, de la perte absolue de l'emploi de neuf années de son temps, et des procédures coûteuses auxquelles il avait été exposé de la part de ses nombreux ouvriers, fournisseurs et créanciers, suivant la fixation qui en serait faite d'office par le Conseil d'Etat ; et par experts nommés en la forme ordinaire.

Appuyés sur ces moyens, les sieurs Dubournial et autres ont pris les conclusions suivantes :

« Statuant sur la question préjudicielle de compétence déclarer que le séquestre, la mise en régie, la déchéance et la résolution de l'adjudication du pont de Sèvres, faite au sieur Dubournial, par actes des 11 et 12 juillet 1809, ont été nullement et incompétemment prononcées et ordonnées par le préfet du département, qui l'avait signée comme partie contractante.

» Statuant sur le mode d'exécution : déclarer nuls, illégaux et vexatoires, tous les actes faits au nom de l'administration par ses agens, et notamment par les ingénieurs Becquey de Beaupré et Vigoureux, pour opérer la dépossession et expulsion forcées de l'entrepreneur, de tous ses ateliers, chantiers et magasins, soit à défaut d'avoir attendu l'expiration du délai de huitaine, à dater de la signification de l'arrêté du 22 juin 1810, soit à défaut d'avoir fait inventaire ou procès-verbal contradictoire de toutes les choses mobiliaires existantes au jour de l'éviction du sieur Dubournial et de l'entrée en possession des agens du séquestre, soit à défaut de légalité au fond de ladite mesure du séquestre.

» Statuant sur la demande en paiement des travaux exécutés par le sieur Dubournial, ordonner que l'arrêté du Conseil de préfecture du département de la Seine, du 27 mai 1816, portant homologation du rapport des experts qui ont estimé les travaux au 19 juin 1810, continuera d'être exécuté en ce chef seulement, auquel toutes les parties ont acquiescé. En conséquence, condamner l'administration à payer au sieur Dubournial et consorts, suivant les droits de chacun, la somme de 42,660 fr. 99 cent., pour solde du capital et des intérêts du prix des travaux et approvisionnemens exécutés au 19 juin 1810.

» Prononçant sur l'appel interjeté des autres dispositions de l'arrêté du Conseil de préfecture, qui déboute le sieur Dubournial de toutes ses demandes en restitutions et indemnités : infirmer, casser et annuler, sous ce rapport, ledit arrêté ; et, faisant droit au fond, statuant sur la perte des objets manquans depuis le séquestre, et sur la dépréciation de ceux qui ont déjà dépéri ou diminué de valeur par suite de cette mesure, condamner l'administration à payer aux sieurs Dubournial et consorts, pour la valeur des objets manquans ou dépéris, sous la garde à vue des ingénieurs, par suite de leur envahissement attentatoire, la somme de 253,505 fr. 24 c., y compris les intérêts de cette valeur, si mieux n'aime le Conseil d'Etat admettre le sieur Dubournial à faire preuve par commune renommée et documens particuliers.

» Statuant sur les dommages-intérêts, condamner l'administration à payer au sieur Dubournial et consorts, la somme de 158,893 fr. 51 c. pour restitution ou indemnité des bénéfices de droit qui lui étaient alloués sur ce qui restait à exécuter de l'adjudication, dont il a été injustement et fallacieusement évincé.

» Condamner pareillement l'administration en une somme de 100,000 francs, ou telle autre qui sera fixée d'office et par experts, pour indemnités des pertes et préjudice, de toute espèce, qui ont été la suite forcée de l'expulsion illégale de l'entrepreneur.

» Subsidiairement, et statuant sur l'action en responsabilité contre les agens et exécuteurs, autoriser le sieur Dubournial et consorts à poursuivre, devant les tribunaux, les ingénieurs et agens qui, par de faux rapports et états de situation, ont injustement provoqué l'éviction de l'entrepreneur, et ont, en outre, violé les lois relatives au séquestre et au droit sacré de propriété, en s'emparant de toutes ses propriétés mobilinires, sans forme légale, contre le vœu des arrêtés mêmes dont ils suivaient l'exécution, et sans avoir dressé ni inventaire, ni procès-verbal contradictoire, ni même par défaut, de la consistance des choses par eux envahies un an avant d'y être autorisés par l'arrêté du 17 juin 1811, à titre de séquestre. »

Par deux lettres très-détaillées des 25 août 1817 et 7 juin 1818, M. le directeur-général des ponts et chaussées a répondu :

Sur la compétence : Que le Conseil de préfecture n'était point compétent pour statuer; que la loi du 28 pluviose an 8 dit positivement « les Conseils de préfecture prononcent sur les *difficultés* qui peuvent s'élever, entre les entrepreneurs de travaux publics et l'administrtion, *concernant le sens ou l'exécution des clauses de leurs marché* »; mais que, dans l'espèce, il ne s'agissait pas d'interpréter un marché, d'examiner la manière dont les clauses en étaient exécutées, l'avaient été ou devaient l'être; qu'ainsi l'ordonnance citée du 27 mai 1816 était inapplicable; qu'ici il était question d'une exécution entière, d'une impossibilité absolue d'exécuter le traité, par suite de la déconfiture de l'entrepreneur : cas auquel l'intervention du Conseil de préfecture n'est point exigée par la loi et eût été de fait sans objet; que le décret du 16 déc. 1811, qui, quoique rendu après l'éviction du S.r Dubournial, n'en consacre pas moins les principes qui régissent la matière, décide (art. 43) que tout défaut d'accomplissement, dûment constaté, de l'une des conditions imposées par le cahier des charges, entraîne la résiliation des baux; que la compétence de l'administration pour prononcer la résiliation des adjudicataires, dans le cas de non-exécution des traités, ne pouvait être mise en doute aujourd'hui; qu'elle était établie par un usage constant et non interrompu dans l'administration des ponts et chaussées, et qu'on la voyait reconnue par ce même décret, où l'on trouve, au sujet de l'adjudication des travaux des routes (art. 45.) : « La résiliation sera prononcée par le préfet et approuvée par le Ministre de l'intérieur, sur l'avis du directeur-général des ponts et chaussées » ; que le Conseil d'État avait lui-même reconnu cette compétence au sujet du pourvoi des sieurs *Clicot* et *Bissé*, (1) entrepreneurs évincés des travaux des routes de Seine-et-Oise, dont ils étaient adjudicataires; qu'au surplus, par son arrêté du 20 avril 1812, le Conseil de préfecture de la Seine avait déclaré le sieur Dubournial non-recevable à demander d'être réintégré dans son entreprise.

Sur le fond, M. le directeur-général est entré d'abord dans quelques détails sur la nature des avances et des garanties sur lesquelles le sieur Dubournial fondait ses demandes de fonds en 1810. « Les équipages, chantiers, instrumens dont le sieur Dubournial avait besoin et qu'il s'était procurés, forment le mobilier ordinaire des entrepreneurs, et par ce motif, quelle que soit la valeur de ces objets, on ne considère jamais comme avances les frais qu'ils font pour se les procurer.

« Les matériaux de toute espèce qu'un entrepreneur acquiert ne sont et ne peuvent être, aux yeux de l'administration, des valeurs qu'ils puissent produire pour avoir droit à des paiemens, à moins d'une clause expresse dans le traité; il faut que les matériaux soient *employés*, après avoir été reçus par les ingénieurs, pour que l'administration en doive le montant. — Il arrive souvent, dans les grandes entreprises, que l'on accorde aux entrepreneurs, des à-comptes sur les matériaux qu'ils ont approvisionnés, mais c'est seulement lorsque ces entrepreneurs offrent par eux-mêmes une grande garantie à l'administration, qui consent ainsi à se mettre en avance, sans que rien l'y oblige. Les principes d'après lesquels l'administration se dirige, en cela,

(1) Voy. *Jur. du C. d'Et.*, tom. 3, p. 36 et 322.

sont fondés sur la législation même, qui reconnaît comme créanciers privilégiés, en cas de déconfiture d'un entrepreneur, les ouvriers qui ont extrait les matériaux, ceux qui les ont amenés dans les chantiers ou qui les ont vendus. (1) »

Ecartant ainsi les dispositions accessoires, les travaux préparatoires dont le sieur Dubournial, ses créanciers et commettans étayaient leurs prétentions, M. le Directeur-général a passé à l'examen de ce qui pouvait être dû par l'administration, *pour les travaux exécutés* par l'entrepreneur du pont de Sèvres, au moment de son éviction. Il est entré à cet égard dans une discussion très-détaillée, et il en a conclu qu'à l'époque du 19 juin 1810, le sieur Dubournial n'avait droit à aucun paiement, et que cet entrepreneur se trouvant dans l'impossibilité de remplir les conditions de son traité, l'administration avait eu le droit de pourvoir à l'exécution des ouvrages en souffrance, en mettant d'abord des ouvriers aux frais de l'entrepreneur, et en résiliant ensuite l'adjudication, ainsi que le permettait l'article 97 de ce traité.

Sur le mode d'exécution, M. le directeur-général a présenté les observations suivantes : « de l'obligation d'exécuter les travaux en régie, est découlée celle de prendre les matériaux nécessaires dans les chantiers de l'entrepreneur, et d'employer ses machines. On agissait pour son compte, dans

---

(1) Voy. Décret du 5 septemb. 1810. Guyénot-Chateaubourg. *Jur. du C. d'Et.*, t. 1.er, p. 396. Le considérant de ce décret est ainsi conçu : « Considérant que les matériaux dont il s'agit, ayant été portés sur les bords du canal pour y être employés, et leur destination étant évidente, ils doivent être considérés comme faisant déjà partie du canal, par conséquent comme lui insaisissables ; que l'entrepreneur lui-même n'en pouvait plus disposer, puisqu'il avait fait cet approvisionnement en vertu du traité fait avec le Gouvernement ; que la loi du 26 pluviose an 2 assure un privilége aux ouvriers et fournisseurs sur les fonds dûs aux entrepreneurs des travaux publics, etc..... » Voy. *Elém. de jur. adm.*, tom. 2, p. 261, n.° 7.

son intérêt, et il était naturel de profiter des moyens qu'il avait préparés, dont il devait se servir lui-même. Quand il prétend qu'on a tout pris arbitrairement, sans compte ni mesure; qu'on l'a chassé de ses chantiers et ateliers, qu'on a employé des voies de fait pour s'emparer de toutes ses propriétés mobiliaires; qu'on n'a point organisé une régie légale, mais une dilapidation scandaleuse: c'est dans des vues qu'il est inutile d'approfondir. Les comptes de la régie, les vérifications faites de ses chantiers, le réglement des experts prouvent avec quel ordre on a procédé dans ces circonstances et avec quel scrupule on lui a tenu compte de ce qui a été pris et employé. L'inventaire des matériaux, des machines, de tout ce qui lui appartenait était une opération qui ne pouvait se faire du jour au lendemain, qui exigeait beaucoup de soins et beaucoup de temps; on ne peut donc s'étonner qu'on n'y ait pas procédé au moment où la réorganisation des ateliers et les détails de la régie absorbaient entièrement les ingénieurs et les agens sous leurs ordres. — Il ne faut pas d'ailleurs oublier que deux arrêtés de M. le Préfet du département de la Seine, en date des 29 mai et 22 juin 1810 portaient sommation et mise en demeure d'assurer le succès de l'entreprise du pont de Sèvres; et que, d'après le devis, le seul retard apporté dans l'exécution des travaux entraînait la résiliation de plein droit. »

Sur les réparations et indemnités, M. le directeur-général s'est borné à exprimer que la résiliation ayant été légitime, ces répétitions et indemnités devaient être rejetées, ainsi que l'avait décidé le Conseil de préfecture.

Dans tout le cours de cette discussion enfin, M. le directeur-général a fait observer que le sieur Dubourniał n'avait été admis comme entrepreneur du pont de Sèvres, qu'à condition que les sieurs Delly, banquiers, lui fourniraient tous les fonds nécessaires; que ceux-ci s'y étaient formellement engagés envers l'administration des ponts-et-chaussées, et que leur faillite seule avait déterminé le Gouvernement à résilier l'adjudication.

La décision suivante a terminé ce grave débat.

LOUIS, etc.

Sur le rapport du comité du contentieux de notre Conseil d'Etat,

Vu la requête à nous présentée au nom du sieur Henri *Bouchon-Dubournial*, ancien entrepreneur du pont de Sèvres; des sieurs *Desty* frères et *Saint-Jacques*, stipulant tant pour eux que pour les autres créanciers de l'entrepreneur, exerçant les droits de leurs débiteurs; ladite requête enregistrée au secrétariat-général de notre Conseil d'Etat, le 3 juin 1817, et tendant à ce qu'il nous plaise annuler l'arrêté du Conseil de préfecture du département de la Seine, du 27 mai 1816, communiqué seulement le 7 mars 1817, qui déboute le sieur *Dubournial* de ses demandes en restitution, indemnités, dommages et intérêts auxquels il prétend avoir eu droit par suite de son éviction de l'entreprise du pont de Sèvres;

Déclarer que les déchéance, séquestre et mise en régie ont été incompétemment et induement prononcés contre le sieur *Bouchon-Dubournial*, et exécutés par l'arrêté du Préfet de la Seine, en date du 22 juin 1810, et qu'il a droit à une indemnité et à des dommages et intérêts qu'il évalue à une somme de 450,000 fr.;

Vu la réponse faite, le 23 août 1817, par notre directeur-général des ponts-et-chaussées, à la communication qui lui a été donnée de la requête ci-dessus visée, et par laquelle il conclut au rejet de la requête;

Vu la réplique des requérans, enregistrée au secrétariat-général de notre Conseil d'Etat, le 15 décembre 1817;

Vu une deuxième lettre de notre directeur-général des ponts-et-chaussées, en date du 7 juin 1818;

Vu la nouvelle réplique des sieurs *Bouchon-Dubournial* et autres, ci-dessus dénommés, par laquelle ils persistent dans leurs premières conclusions;

Vu l'acte du 12 juillet 1809, par lequel le sieur *Bouchon-Dubournial* est déclaré entrepreneur du pont de Sèvres;

Vu l'approbation donnée à cet acte, le 22 septemb. 1809, par notre directeur-général des ponts-et-chaussées;

Vu les articles 97 et 100 du cahier des charges pour cette entreprise;

Vu l'arrêté du Conseil de préfecture de la Seine, en date du 20 avril 1812, qui a rejeté la demande du sieur *Dubournial* d'être réintégré dans l'entreprise du pont de Sèvres, dont il a été évincé par l'arrêté du Préfet de la Seine du 22 juin 1810;

Vu l'arrêté du Conseil de préfecture du 27 mai 1816, contre lequel le pourvoi est exercé;

Vu toutes les pièces respectivement produites;

Considérant, 1.° que l'adjudication des travaux du pont de Sèvres ayant été passée au sieur *Dubournial* seul, les sieurs *Defly* frères et *Saint-Jacques* sont sans qualité pour intervenir, en leurs noms, dans le pourvoi porté contre l'arrêté du Conseil de préfecture qui a réglé les comptes du sieur *Dubournial*, seul adjudicataire reconnu;

Considérant, 2.° sur la question de savoir si la mise en régie des travaux confiés au sieur *Dubournial*, ainsi que la résiliation de son adjudication, pouvaient être prononcées:

Que, par l'article 100 du cahier des charges de l'adjudication du pont de Sèvres, l'adjudicataire devait toujours se tenir en avance du quinzième des dépenses à faire pendant la campagne;

Que, par l'art. 97 du même cahier des charges, dans le cas où l'entrepreneur ne se mettrait pas en mesure d'exécuter, pendant la campagne, les travaux ordonnés, sans que le retard pût être imputé à un défaut de paiement, il devait être pourvu, par l'ingénieur en chef, à l'exécution des ouvrages en souffrance, et l'adjudication être résiliée de plein droit à la fin de la campagne;

Qu'il résulte des différens états présentés tant par le sieur *Dubournial* que par les ingénieurs des ponts-et-chaussées, qu'au 22 juin 1810, époque où le Préfet a mis en régie les travaux compris dans l'adjudication passée au requérant, celui-ci n'était pas en avance du quinzième des dépenses à faire dans la campagne, que les ouvriers avaient déserté les ateliers pour défaut de paiement, et qu'il se trouvait par conséquent dans le cas de régie prévu par l'art. 97 du cahier des charges; —que le S.r *Dubournial* prétend faire conclure, de l'arrêté du Conseil de préfecture, en date du 27 mai 1816, qu'il était en avance de plus du quinzième des dépenses à faire dans la campagne, puisque ce Conseil l'a reconnu créancier d'une somme de 98,194 fr. 75 c.; mais que cette créance n'est fondée que sur ce que ce Conseil a compris, dans l'actif du sieur *Dubournial*, les exploitations faites dans les carrières, ainsi que les matériaux en approvisionnement ou déjà taillés qui se sont trouvés dans les ateliers, lorsque la régie a été ordonnée; tandis que l'administration des ponts-et-chaussées n'a pu ni dû considérer des extractions, approvisionnemens et tailles ou façons de matériaux non mis en place, comme des travaux exécutés, ni comme faisant partie des dépenses à la charge de l'État pendant la campagne;

Considérant, 3.° sur la question de savoir si c'était au Préfet à prononcer la mise en régie et la résiliation de l'adjudication passée au sieur *Dubournial*:

Que c'est à tort que le requérant se fonde sur l'art. 4 de la loi du 28 pluviôse an 8, pour prétendre que c'était au Conseil de préfecture et non au Préfet à prononcer la mise en régie et la résiliation de son adjudication, parce qu'il ne s'agissait pas ici d'une question contentieuse ou de difficultés élevées entre l'entrepreneur et l'administration, mais seulement d'une mesure administrative prévue par l'art. 97 du cahier des charges, et que c'était au Préfet à l'ordonner; que, d'ailleurs, si le sieur *Dubournial* croyait avoir droit de l'attaquer, il devait se pourvoir devant le Ministre de l'intérieur et par suite au Conseil d'Etat contre cette décision, ce qu'il n'a pas fait dans les délais du réglement du 22 juillet 1806;

4.° Sur les indemnités, dommages et intérêts prétendus par le sieur *Dubournial*, et qu'il veut faire résulter de la reprise irrégulière des matériaux et approvisonnemens, par suite de la régie prononcée par le Préfet, le 22 juin 1810:

Considérant qu'en effet les formes ordinaires n'ont pas été observées lors de l'éviction du sieur *Dubournial*, et qu'ainsi il peut réclamer, pour ce chef, une indemnité;

Qu'il résulte de sa lettre, en date du 24 avril 1817, écrite à notre directeur-général des ponts-et-chaussées, qu'il se soumet à signer son adhésion, sans réserves, à l'arrêté du Conseil de préfecture, moyennant le paiement d'une somme de 8,400 fr. qui, avec une somme pareille, à lui déjà payée par l'administration des ponts-et-chaussées, forme une indemnité de 16,800 fr. à laquelle il réduit ses réclamations; et que le directeur-général des ponts-et-chaussées, dans sa dernière lettre du 7 juin 1818, ne conteste pas la justice de cette demande;

Notre Conseil d'Etat entendu,

Nous avons ordonné et ordonnons ce qui suit:

Art. 1.er Les sieurs *Deſly* frères et *Saint-Jacques* sont déclarés non-recevables dans leur pourvoi.

Art. 2. Il sera payé, sur les fonds des ponts-et-chaussées, au sieur *Dubournial*, ex-entrepreneur du pont de Sèvres, une somme de huit mille quatre cents francs pour compléter l'indemnité à laquelle il a droit.

Cette somme portera intérêt, à compter du 24 avril 1817, date de la lettre par laquelle il en a fait la demande à notre directeur-général des ponts-et-chaussées.

Art. 3. Les autres chefs de la requête du sieur *Dubournial* sont rejetés.

Art. 4. Les dépens sont compensés.

Art. 5. Notre Garde-des-sceaux et notre Ministre de l'intérieur sont chargés, etc.

M. Maillard, maître des req., *rapporteur.*—M. Collin, *avocat.*

VOIRIE. — PLÂTRAGE APPOSÉ SANS AUTORISATION. — APPLICATION DE L'ARRÊT DU CONSEIL DU 27 FÉVRIER 1765.

Les Conseils de préfecture doivent-ils ordonner la suppression d'une œuvre nouvelle (d'un simple plâtrage, par exemple) faite, sans autorisation préalable, à une maison, le long d'une rue? Rés. aff. (1).

(4037. — 22 février 182 . — Legrix-David.)

LOUIS, etc.

Sur le rapport du comité du contentieux de notre Conseil d'Etat,

Vu la requête à nous présentée au nom du sieur *Legrix-David*, marchand de papier, domicilié à Vire, départe-

---

(1) Voy. *Elém. de Jur. adm.*, tom. 2, p. 336 et 352, n.os 18 et 19. — Ordon. des 20 novemb. 1815. Cheradame. *Jur. du C. d'Et.*, t. 3, p. 184. — 6 mars 1816. Viardin. *ibid.*, t. 3, p. 247. — 20 novembre 1816. *ibid.*, tom. 3, p. 423.

ment du Calvados ; ladite requête, enregistrée au secrétariat-général de notre Conseil d'Etat, le 13 janvier 1819, tendant à ce qu'il nous plaise annuler, ou tout au moins réformer, un arrêté du Conseil de préfecture du département du Calvados, du 12 septembre 1818, en tant qu'il aurait ordonné la destruction, en tout ou en partie, du mur sur lequel un plâtrage aurait été apposé ; et au cas où il paraîtrait que cette œuvre nouvelle aurait dû être précédée d'une autorisation, ordonner que le suppliant ne sera tenu de détruire que ledit plâtrage ; — Vu l'arrêté attaqué du 12 septembre 1818 ; — Vu le procès-verbal du commissaire de police de Vire, du 20 avril 1818, constatant la contravention du sieur *Legrix-David* ; — Vu la quittance, en date du 10 novembre 1818, de l'amende payée par le sieur *Legrix-David*, en exécution de l'arrêté du Conseil de préfecture du département du Calvados ; — Vu une lettre de notre directeur-général des ponts-et-chaussées à notre Garde-des-sceaux, ministre-secrétaire d'Etat de la justice, en date du 28 septembre 1820, de laquelle il résulte que l'administration des ponts-et-chaussées ne réclame que la démolition de l'œuvre nouvelle faite sans autorisation ; — Vu une réponse du sieur *Legrix-David*, enregistrée audit secrétariat-général, le 28 novembre 1820, et concluant à ce que l'administration des ponts-et-chaussées soit condamnée aux dépens ;

Considérant que l'arrêté du Conseil de préfecture du département du Calvados, du 12 septembre 1818, n'a ordonné que la suppression de l'œuvre nouvelle, exécutée sans autorisation par le sieur *Legrix-David*, et qu'en cela il a fait une juste application des dispositions de l'arrêt du Conseil du 27 février 1765 ; (1)

---

(1) « Fait défense à tous particuliers, propriétaires ou autres, de construire, reconstruire ou réparer aucuns édifices, poser échoppes ou choses saillantes le long desdites routes, sans en avoir obtenu les alignemens ou

Notre Conseil d'État entendu,

Nous avons ordonné et ordonnons ce qui suit:

Art. 1.er La requête du sieur *Legrix-David* est rejetée.

Art. 2. Le sieur *Legrix-David* est condamné aux dépens.

Art. 3. Notre Garde-des-sceaux et notre Ministre de l'intérieur sont chargés, etc.

M. Villemain, maître des req., *rapporteur*.—M.e Leroy de Neufvillette, *avocat*.

COMMUNES. — OCTROIS. (1) — COMPTES D'UN RECEVEUR. — AUTORITÉ COMPÉTENTE POUR RECEVOIR ET ARRÊTER CES COMPTES. — DROIT DE SURVEILLANCE ET DE CONTRÔLE. — CONFLIT.

L'administration municipale est-elle, d'après les lois nouvelles en matière de comptabilité des octrois, investie des attributions données, par la législation antérieure, au directeur-général des droits réunis? Rés. aff.

---

permissions, à peine de démolition desdits ouvrages, confiscation des matériaux, et de 300 liv. d'amende; et contre les maçons, charpentiers et ouvriers, de pareilles amendes, et même de plus grandes peines, en cas de récidive. » (Voy. cet arrêt au *Dictionnaire de la Voirie*, par Perrot, p. 582; *Dictionnaire général de police*, par Léopold, édit. de 1816, au mot *Bâtiment*, p. 75, etc. »

(1) L'administration des droits-réunis avait été chargée, par un décret du 8 février 1812, de la perception des octrois municipaux; la loi sur les boissons, du 8 décembre 1814, a ordonné (art. 121) qu'à compter du 1.er janvier 1815, l'administration directe et la perception des octrois rentreraient dans les attributions des maires, sous la surveillance immédiate du sous-préfet et sous l'autorité du Gouvernement. —Voy. *Elém. pratiques de l'administ. municipale*, par M. Péchart, p. 280 et suiv., et *Répert. de l'administ. municipale*, par le même auteur, tom. 1.er, pag. 393 et suivantes.

Celui-ci néanmoins conserve-t-il, à cet égard, le droit de surveillance et de contrôle? Rés. aff.

Le Conseil municipal de Paris, en particulier, est-il chargé de recevoir et d'arrêter les comptes d'octroi, sans distinction? Rés. aff. (1).

(4794. — 7 mars 1821. — Herbinot c. la ville de Paris.)

L'art. 1.er de la loi du 27 vendémiaire an 7 a autorisé la ville de Paris à percevoir un octroi municipal et de bienfaisance.

La perception de cet octroi a été confiée, par un arrêté du directoire exécutif du 3 brumaire an 7, à la surveillance de trois régisseurs.

Aux termes de ce même arrêté, les régisseurs ont eu, sous leurs ordres, des inspecteurs, receveurs, contrôleurs, etc.

M. Herbinot, l'un des receveurs de ces droits d'octroi, était, en même temps, payeur-général de toutes les dépenses de l'octroi. Il a cessé l'exercice de ces deux fonctions à la fin de 1814.

Le Préfet de la Seine s'est livré à l'examen de toute la comptabilité; et la liquidation qu'il en a faite a été par lui soumise, le 10 mars 1818, à la revision du Conseil-général du département de la Seine, remplissant les fonctions de Conseil municipal de la ville de Paris.

Par une délibération du 2 juin 1818, ce Conseil s'est déclaré incompétent pour examiner, discuter et arrêter les comptes présentés pour les exercices de l'an 11 et suivans, jusques et y compris 1814. Voici les motifs exprimés à cette occasion :

« Considérant que, d'après l'ordonnance du 23 décem-

---

(1) Voy. *Elém. de jur. adm.*, tom. 1.er, p. 203, n.os 1 et 2 — et décret du 6 juillet 1810. Costes c. Mazars. *Jur. du C. d'Et.*, tom. 1.er, p. 385. — Arrêt du 19 octobre 1814. Riberolles. *ibid.*, tom. 3, p. 4.

bre 1814 c'est seulement à partir de 1814, que le Conseil est appelé à examiner, discuter et arrêter les comptes de l'octroi ; — Considérant que, sur tous lesdits comptes, présentés pour les exercices de l'an 11 et suivans, jusques et compris 1814, il existe des reliquats ou reprises montant à 220,000 fr. environ, et que le payeur principal et les payeurs particuliers des dépenses de l'octroi sont, pour la plupart, en contestation entre eux, sur leurs versemens et sur leurs dépenses ; — Considérant que la liquidation définitive de tous lesdits comptes a été rejetée sur l'exercice 1814, et qu'alors il devient impossible de séparer les comptes de ce dernier exercice, pour les faire arrêter particulièrement par le Conseil ; — Considérant d'ailleurs que les contestations qui existent entre les différens payeurs des dépenses de l'octroi, présentent des points litigieux qu'il n'appartient point au Conseil de juger, et qu'il ne peut, à cet égard, considérer ces payeurs et leurs cautions que comme des tiers ; — Se reconnaît incompétent, etc.... »

Sur le refus du Conseil municipal, le Préfet de la Seine a pris, d'office, quatre arrêtés successifs, aux termes desquels le sieur Herbinot a été déclaré débiteur de la somme de 80,685 fr. 7 c.

Sur le recours du sieur Herbinot devant lui, le Ministre des finances a invité le préfet à rapporter ces arrêtés, et à renvoyer ledit comptable à se pourvoir devant le Conseil de préfecture. — L'ordre du Ministre a été suivi ; le recours indiqué a été exercé, et par un arrêté du 28 juin 1820, le Conseil de préfecture, à son tour, a déclaré son incompétence. Pour motifs il a énoncé : — Que les Conseils de préfecture n'ont d'attributions que celles qui leur sont données par les lois ; — Qu'aucune loi, qu'aucun réglement ne leur attribuent le pouvoir de connaître de la comptabilité des receveurs d'octroi ni des difficultés qui en naissent ; — Que l'administration des octrois est, sous la surveillance de l'administration départementale, dans le pouvoir municipal, auquel les Conseils de préfecture sont étrangers, ainsi qu'il est formellement déclaré par l'art. 8 de la loi du 27 vendém. an 7, qui ordonne la perception d'un octroi pour l'acquit des dépenses locales de la commune de Paris; — Que l'art. 14 de cette loi charge les administrations municipales de vérifier et arrêter les registres de recette des receveurs de leur arrondissement; — Que l'art. 4 de l'arrêté du 29 brumaire an XI porte que les comptes des villes qui ont plus d'un million de revenu seront adressés au Ministre de l'intérieur, pour être arrêtés par lui ou soumis au Gouvernement, s'il y a lieu; — Que l'art. 72 de l'ordonnance du 9 décemb. 1814 dispose que les comptes des octrois seront rendus par les receveurs aux maires, et arrêtés par ces derniers dans les trois mois qui suivront l'expiration de chaque année; — Que par l'art. 7 de l'ordonnance du 23 du même mois, pour l'octroi de Paris, le directeur et les régisseurs de l'octroi doivent présenter le compte-général de la perception et de la dépense au Préfet de la Seine, qui le soumettra au Conseil municipal, avec ses observations, pour être examiné, discuté et arrêté; — Que divers réglemens ayant attribué la vérification et l'arrêté des comptes de l'octroi et de ses receveurs à des autorités spéciales, sans aucune attribution aux Conseils de préfecture, ces Conseils ne peuvent pas en connaître sans excéder leurs pouvoirs; que cette conséquence est surtout consacrée par l'art. 10 de l'ordonnance du 28 janvier 1815, qui soumet aux arrêtés des Préfets, en Conseils de préfecture, les comptes des percepteurs qui touchent les revenus des communes dont S. M. ne règle pas les budjets, et qui, ne devant pas être soumis à la Cour des comptes, n'auraient pas été définitivement arrêtés; — Que l'art. 11 donne la faculté aux comptables et communes de se pourvoir, contre ces arrêtés, pardevant le Cour des comptes; — Que cette attribution aux conseils de préfecture, pour les comptes des communes dont les budjets ne sont pas réglés par le Roi, les exclue nécessairement de toute participation à l'examen des comptes des receveurs des revenus des communes dont S.M. règle le budjet ; — Par ces motifs, etc... »

Dans ces circonstances, il a été recherché s'il ne convenait pas de saisir la Cour des comptes; mais il a été reconnu que cette cour n'a pas d'attributions pour juger les comptes de l'octroi. — A la vérité, les comptes d'octroi doivent être produits à l'appui des comptes des receveurs des revenus municipaux, soumis au jugement de la Cour; ils doivent même être accompagnés des pièces justificatives des recettes et dépenses; mais ce n'est que pour justifier du produit de l'octroi porté en recette au compte du receveur municipal, ou pour faire connaître si le 10.e, qui est porté en dépense, a été prélevé exactement au profit de l'Etat. — Les charges que la Cour est dans le cas de prononcer, à l'occasion du produit de l'octroi et du 10.e, ne s'appliquent qu'au receveur municipal qui en est justiciable, et non au receveur de l'octroi, sur lequel elle n'a pas de juridiction : ainsi, dans l'état actuel de la législation, la Cour de comptes ne peut attirer à elle, par forme de revision ou de toute autre manière, le jugement en dernier ressort des comptes des receveurs de l'octroi.

Sans espoir de trouver des juges compétens dans la Cour des comptes, le sieur Herbinot a pris le parti de faire assigner, devant le tribunal de première instance de Paris, pour faire juger les débats élevés sur la reddition de ses comptes, et le Préfet de la Seine, et les anciens directeurs et régisseurs de l'octroi.

Le Préfet n'a pas tardé à élever le conflit. Son arrêté a été soumis au Conseil d'Etat; Mgr. le Garde-des-sceaux a pensé qu'il était fondé, sans toutefois émettre d'opinion sur les juges administratifs qu'il convenait de saisir. — Le sieur Herbinot et la ville de Paris ont été appelés à présenter leurs observations, et ces deux parties ont exprimé le vœu que la contestation fût renvoyée devant le Conseil de préfecture.

Il en a été autrement ordonné : le Conseil municipal a été reconnu comme le seul juge compétent du débat. — Cet exemple d'une *attribution de juge* à un Conseil municipal est le seul que présentent les annales de la jurisprudence administrative.

LOUIS, etc.

Sur le rapport du comité du contentieux de notre Conseil d'Etat,

Vu le rapport de notre Garde-des-sceaux, sur l'arrêté de conflit pris par le préfet du département de la Seine, d'après la citation judiciaire qui lui a été faite par le sieur *Herbinot*, ex-receveur de l'octroi de Paris, relativement aux difficultés qui se sont élevées sur la gestion de ce comptable, sur l'exercice de l'an 11 et les suivans, jusques et y compris l'année 1814; — Vu les arrêtés du préfet de la Seine, en date des 31 mars 1815, 19 et 30 juin, 26 juillet et 12 décembre 1818, par lesquels il réglait d'office, sur le refus du Conseil municipal, les comptes du sieur *Herbinot*; —Vu la lettre de notre Ministre des finances, par laquelle, en invitant le préfet à rapporter lesdits arrêtés, il lui observe que les comptes du sieur *Herbinot* n'ayant pas été liquidés dans l'origine par les régisseurs de l'octroi, leur examen paraît devoir être soumis au Conseil de préfecture; —Vu les observations du sieur *Herbinot* et celles de notre Conseiller-d'Etat préfet de la Seine; — Vu l'arrêté du Conseil de préfecture qui se déclare incompétent pour connaître de ladite comptabilité; — Vu l'art. 121 de la loi sur les boissons, du 8 décembre 1814, portant qu'à compter du 1.er janvier 1815, l'administration directe et la perception des octrois rentreront dans les attributions des maires sous la surveillance immédiate des sous-préfets et sous l'autorité du Gouvernement; — Vu notre ordonnance du 9 du même mois, renfermant les mesures générales d'exécution qui dérivent de la loi précitée et des lois et réglemens qu'elle maintient, ladite ordonnance portant, art. 102, qu'il sera présenté à notre approbation, par notre Ministre des finances, un réglement particulier d'organisation pour l'octroi de Paris; — Vu notre ordonnance du 23 du susdit mois de décembre, rendue en exécution de la disposition ci-dessus;

Considérant que les lois et les ordonnances précitées ont rendu à l'administration municipale, en matière de comptabilité, les attributions données par la législation antérieure au directeur-général des droits-réunis, réservant à ce dernier seulement le droit de surveillance et de contrôle; — Considérant que, pour l'octroi de Paris, l'art. 7 de notre ordonnance du 23 décembre 1814 charge le Conseil municipal de recevoir et d'arrêter les comptes d'octroi sans distinction;

Notre Conseil d'Etat entendu,

Nous avons ordonné et ordonnons ce qui suit:

Art. 1.er L'arrêté du 14 juin 1820, par lequel le préfet de la Seine élève le conflit entre les autorités administrative et judiciaire, dans l'affaire relative à la comptabilité du sieur *Herbinot*, est confirmé.

Art. 2. Les parties sont renvoyées devant l'autorité administrative, qui *statuera* sur les comptes de cet ex-receveur, conformément aux dispositions de notre ordonnance du 23 décembre 1814.

Art. 3. Notre Garde-des-sceaux et notre Ministre des finances sont chargés, etc.

M. Jauffret, maître des req., *rapporteur*. — M.es Isambert et Rochelle, *avocats*.

COMMUNES. — OCTROIS. — RECEVEUR. — CONTRIBUTIONS INDIRECTES. — FORME D'EXAMEN DU COMPTE. — REVISION APRÈS *quitus* ET MAIN-LEVÉE D'INSCRIPTION. (1).

Sous l'empire du décret du 8 février 1812, a-t-il suffi, pour compléter la libération d'un receveur de l'octroi de Paris, que ses comptes, approuvés par le directeur dudit octroi, fussent confirmés par le directeur-général des droits-réunis, sans que le Conseil municipal eût préalablement examiné et discuté la comptabilité du receveur et donné les résultats de ses délibérations? Rés. nég.

Mais si l'omission de cette formalité n'a point empêché le directeur-général de libérer le comptable, et n'a été l'objet d'aucune réclamation immédiate de l'autorité municipale, peut-elle être opposée à ce comptable, lorsque son compte et ses pièces justificatives ont été altérés ou détruits, après qu'ils avaient cessé d'être en sa possession et par des évènemens auxquels il est resté étranger? Rés. nég.

(4112 et 4235. — 7 mars 1821. — Bouglé c. la ville de Paris.)

Les trois arrêtés de M. le préfet du département de la Seine, des 27 juillet, 30 décembre 1818 et 25 mai 1819, dont nous avons déjà parlé à l'occasion de l'affaire du sieur Herbinot, avaient déclaré le sieur Bouglé, ancien receveur de l'octroi de Paris, débiteur, envers ladite ville, d'une somme de 30,902 fr., par suite de la revision de ses comptes.

S. E. le Ministre des finances ayant approuvé ces arrêtés, le sieur Bouglé a formé son recours devant le Conseil d'Etat.

A la demande des 30,902 fr. dont M. le préfet prétendait le faire déclarer débiteur, le sieur Bouglé a opposé une fin

(1) Voy. l'affaire *Herbinot* ci-dessus, pag. 291 et suiv.

de non recevoir : il a soutenu qu'il ne pouvoit plus être recherché pour aucun des actes de sa gestion, attendu que ses comptes avaient été vérifiés et approuvés par les régisseurs de l'octroi représentant l'autorité municipale; qu'à la suite de ces vérification et approbation, ces régisseurs lui avaient donné un certificat de libération entière et définitive; que ce certificat avait été confirmé par les agens supérieurs de l'administration générale des *droits-réunis*; que décharge définitive lui avait été donnée par cette administration et par suite main-levée générale de toute hypothèque pour faits de sa gestion. Il a soutenu ensuite qu'à cette époque (en 1813), aux termes des décrets des 5 germinal an 12 et 8 février 1812, l'administration des *droits-réunis* étant chargée de la perception des octrois municipaux, les employés des octrois ayant été portés, selon leur grade, dans l'administration des *droits-réunis*, le directeur-général ou ses représentans avaient seuls eu qualité pour vérifier et apurer les comptes des employés des octrois et leur délivrer un *quitus* définitif; que ce *quitus* lui avait été délivré, et que par conséquent il était comptable libéré.

Dans sa réponse à la requête du sieur Bouglé, M. le Préfet de la Seine a prétendu que le *quitus* du sieur Bouglé était nul et de nul effet, comme vicieux dans la rédaction, totalement erroné au fond, et incompétemment délivré. Il a dit que l'administration de l'octroi de Paris avait été placée, par la loi du 27 vendémiaire an 7, dans les attributions municipales; que les lois et décrets rendus pour l'établissement des droits-réunis n'avaient point porté atteinte au droit qui appartenait aux communes de vérifier et apurer les comptes de leur octroi municipal; que notamment le décret du 8 février 1812, invoqué par le sieur Bouglé, portait textuellement (art. 15) que le compte de la perception de l'octroi serait soumis au maire, examiné et discuté en conseil municipal; que, dans le cas particulier, les régisseurs n'avaient pu arrêter et régler le compte du sieur Bouglé, si ce n'est provisoirement, puisque le Conseil municipal, sous la surveillance du préfet, avait seul le pouvoir d'en faire le réglement définitif; que l'administration des droits-réunis n'aurait pu regarder les comptes du sieur Bouglé comme clos et arrêtés qu'après cette formalité remplie; que de ces règles incontestables, il résultait que le certificat de libération ayant été délivré au sieur Bouglé, par les régisseurs de l'octroi, et visé, par la régie des droits-réunis, par le directeur de l'octroi de Paris, sans le concours de l'autorité municipale, ce certificat était radicalement nul, et que tout ce qui s'en était suivi était frappé de nullité.

Entre ces allégations contradictoires, le Comité du contentieux a cherché vainement, dans les lois et réglemens de la matière qui étaient mis sous ses yeux, si le sieur Bouglé était ou non comptable libéré; il a donc été d'avis que de nouveaux documens fussent demandés à M. le directeur-général des contributions indirectes; et par une lettre du 30 juin 1820, Mgr. le Garde-des-sceaux, en sa qualité de président de ce Comité, et chargé de la direction à donner à l'instruction des affaires contentieuses, a invité ce directeur-général à lui transmettre les renseignemens qui seraient en son pouvoir sur les questions suivantes :

« 1.° Par qui étaient nommés, en 1813, les receveurs de l'octroi municipal de Paris? — 2.° Faisaient-ils partie des employés des droits-réunis, et quel était leur rang dans cette hiérarchie administrative? — 3.° Quel était le comptable supérieur, dans la caisse duquel ils faisaient leurs versemens? — 4.° Quelle autorité inspectait, surveillait et vérifiait ces versemens? — 5.° Quelle autorité avait qualité pour recevoir les comptes généraux des receveurs de l'octroi, et leur délivrer *quitus?* — 6.° Quelles lois, quels réglemens servaient de base à cette comptabilité? — 7.° Le sieur Bouglé a-t-il rendu, selon les formes alors prescrites, des comptes en recettes et dépenses, avec pièces à l'appui, à l'autorité qualifiée pour les recevoir? — 8.° Ou bien n'a-t-il délivré à son successeur qu'un simple compte de caisse, et fait remise de pièces et registres? — 9.° Dans le premier cas, le compte régulier a-t-il été débattu et arrêté, et le *quitus* délivré dans les règles? — 10.° Dans le second cas, le compte du prédécesseur au successeur charge-t-il seulement ce dernier, sans opérer la décharge du premier, et sans le dispenser de rendre un compte détaillé à l'administration; ou bien cette remise, en chargeant le successeur, a-t-elle définitivement libéré le sieur Bouglé, tant envers l'administration municipale qu'envers celle des droits-réunis; et, dans ce cas, d'après quel article du réglement ou sur quelles règles est fondée cette libération? »

Le 16 décembre 1820, MM. les membres composant le Conseil d'administration des contributions indirectes, après avoir recueilli avec soin tous les documens qu'ils avaient jugés propres à remplir les intentions du Ministre, les ont exposés suivant l'ordre des questions contenues dans la lettre ci-dessus relatée.

« 1.° Antérieurement au décret du 8 février 1812, qui chargea la régie des droits-réunis de la perception des octrois, les receveurs de l'octroi de Paris étaient tous nommés par le préfet du département de la Seine, et le sieur Bouglé a été de ce nombre. — Depuis le décret précité, le directeur-général des droits-réunis a commissionné directement tous les receveurs de l'octroi de Paris, et cet état de choses a duré jusqu'au 1.er janvier 1815, époque à laquelle, en vertu de la loi du 8 décembre 1814, les octrois ont été replacés sous la direction des administrations municipales. Ainsi, au moment de la cessation de ses fonctions, en 1813, le sieur Bouglé était muni d'une commission du directeur-général des droits-réunis.

» 2.° Conformément aux dispositions de l'art. 2 du décret du 8 février 1812, déjà cité, les receveurs de l'octroi de Paris faisaient partie des employés de la régie des droits-réunis, et ils étaient assimilés aux receveurs particuliers de cette régie.

» 3.° Relativement aux recettes provenant des droits d'octroi, les receveurs de l'octroi de Paris opéraient directement leurs versemens dans la caisse du trésorier de la ville. Quant aux produits des droits d'entrée dont lesdits bureaux de l'octroi étaient aussi chargés de faire la perception, pour le compte du trésor, ils étaient versés, par ces mêmes receveurs, entre les mains du receveur-principal des droits-réunis à Paris.

» 4.° Le directeur et les régisseurs de l'octroi inspectaient, surveillaient et vérifiaient les versemens des recettes d'octroi : ils donnaient les ordres de ces versemens, et le trésorier de la ville leur adressait duplicata de ses récépissés. Le directeur particulier des droits-réunis, à Paris, avait la surveillance des versemens opérés pour le compte du trésor par les receveurs de l'octroi.

» 5.° Le directeur et les régisseurs de l'octroi de Paris avaient seuls qualité pour recevoir les comptes particuliers des receveurs des 30 bureaux de recette de cet octroi. Ils devaient établir, d'après les élémens de ces comptes particuliers, qu'ils avaient eux-mêmes liquidés, le compte général de *fin d'année*, et ils étaient chargés de rendre et de remettre au Préfet le compte général, pour être soumis à l'examen et à la discussion du Conseil municipal. La même marche était établie pour tous les autres octrois de France. Seulement il existait, pour tous ces octrois, un receveur central, dont les fonctions, sous le rapport de la reddition des comptes, étaient remplies, à Paris, par le directeur et les régisseurs de l'octroi. Ce receveur central réglait et apurait lui-même les comptes particuliers des receveurs des différens bureaux placés sous sa surveillance, et il était seul chargé de rendre le compte de fin d'année à l'autorité municipale. — Dans cet ordre de choses, les receveurs particuliers des bureaux d'un même octroi recevaient leur *quitus* de leurs surveillans immédiats, c'est-à-dire des directeurs et régisseurs de l'octroi de Paris, et du receveur-central dans toutes les autres localités. Quant au *quitus* du *compte général*, il devait être délivré à Paris par le Préfet, et dans les autres communes, par le maire, en vertu d'une délibération du Conseil municipal.

» 6.° La loi du 27 vendémiaire an 7, le décret du 8 févr. 1812, et les circulaires du directeur-général des droits-réunis des 16 avril et 20 novembre de la même année, et du 1.er mars 1813, servaient de base à la comptabilité des octrois, en 1813. — Les receveurs des divers bureaux d'un même octroi étaient assimilés aux receveurs particuliers de la régie des droits-réunis, et, par suite de cette assimilation, la libération des uns et des autres était soumise à des formes et à des conditions analogues. Le Conseil municipal de chaque commune était, pour la comptabilité de l'octroi, ce qu'était la cour des comptes pour la comptabilité de la régie des droits-réunis; et, de même que l'administration délivrait *quitus* à ses receveurs particuliers spéciaux, sans attendre le jugement de son compte général par la cour des comptes, de même le directeur et les régisseurs de l'octroi à Paris, et le receveur central partout ailleurs, donnaient décharge aux receveurs particuliers de l'octroi placés sous leur surveillance immédiate, avant que les Conseils municipaux eussent prononcé sur les comptes généraux des octrois.

» 7.° Le sieur Bouglé a cessé ses fonctions le 30 juin 1813; il n'a pas rendu de compte de clerc-à-maître à son successeur; seulement un procès-verbal de remise du service du sieur Bouglé au sieur Groizier, son successeur, a été dressé par un inspecteur de l'octroi. Mais il existe, dans les bureaux de l'administration, des documens positifs d'où il résulte que, le 29 décembre 1813, il a été délivré au sieur Bouglé, par le directeur et les régisseurs de l'octroi, un certificat de libération tant de son compte de l'exercice de 1813 commencé, que de ceux des exercices antérieurs. — La conséquence naturelle de ce fait est que le sieur Bouglé avait rendu tous ses comptes, suivant les formes qui étaient établies. Il est de fait également constant que, sur le vu du certificat de *quitus* dont il s'agit, l'administration générale des droits-réunis fit procéder, en janvier 1814, au remboursement du cautionnement qui avait été fourni par le sieur Bouglé, et en cela elle ne fit que suivre la marche établie, en cette matière, à l'égard des receveurs particuliers de la régie, auxquels les simples receveurs particuliers de bureaux d'octroi avaient été assimilés par suite du décret du 8 février 1812, comme nous l'avons déjà fait observer. — Ainsi le sieur Bouglé a dû être considéré comme comptable libéré jusque vers la fin de l'année 1814, époque à laquelle l'évènement de l'incendie d'une partie des papiers déposés au bureau du sieur Lamy, *dit* Nozan, alors chef de la comptabilité de l'octroi de Paris, fit reconnaître la convenance d'une revision générale de l'arriéré de cette comptabilité. À cette époque, le sieur Bouglé était l'un des receveurs de l'octroi de Paris dont les seuls comptes eussent été apurés; et quoiqu'il eût alors cessé ses fonctions et obtenu sa libération, son ancienne comptabilité pouvait néanmoins être soumise à une revision, attendu qu'il est de règle générale que tout compte ne soit jamais arrêté que sauf erreurs, omissions, faux ou double emploi. La revision était donc de droit, en supposant toutefois que les comptes du sieur Bouglé pussent lui être remis dans l'ancien état où il les avait présentés, accompagnés de toutes les pièces dont il les avait appuyés, afin qu'il pût y reconnaître les erreurs de calcul, les omissions de recette, les faux ou doubles emplois en dépense qui lui auraient été signalés. Mais M. le préfet de la Seine s'étant fait remettre, par les régisseurs de l'octroi, la généralité des registres et papiers qui devaient servir de base à cette opération de revision, la régie des droits-réunis ne put y avoir aucune part et elle dut se borner à prendre, sur les biens du sieur Bouglé, une inscription d'office, indéterminée, pour garantie des charges qui pourraient être imposées à cet ex-comptable, par suite de la revision de ses comptes. »

Par une requête subséquente, le sieur Bouglé a déclaré qu'il employait pour moyens de défense les renseignemens ci-dessus transcrits; et l'instruction étant ainsi complétée, l'ordonnance suivante a été rendue.

LOUIS, etc.

Sur le rapport du comité du contentieux de notre Conseil d'État,

Vu trois requêtes à nous successivement présentées au nom du sieur *Bouglé*, ancien receveur de l'octroi de Paris, lesdites requêtes enregistrées au secrétariat-général de notre Conseil d'Etat, les 13 mars, 25 juin et 17 octobre 1819, et tendant à ce qu'il nous plaise annuler deux décisions de notre Ministre des finances, des 18 décemb. 1818 et 26 mars 1819, et, par voie de conséquence, annuler également trois arrêtés du préfet du dép. de la Seine des 27 juil., 30 déc. 1818, et 25 mai 1819, lesquels ont été la suite ou la base desdites décisions; ordonner que la comptabilité du requérant sera distraite et exceptée de la revision générale à laquelle se livre le préfet du départ. de la Seine, sur l'ancienne comptabilité de l'octroi de Paris, et que ledit requérant sera maintenu dans la qualité de comptable libéré et dans les avantages résultant, pour lui, des main-levée et brevet de pension qui lui ont été octroyés par acte public du 19 janvier 1814 et par décret du 18 septemb. 1813 ; — Vu la lettre du 24 décembre 1819, adressée par notre Ministre des finances à notre Garde-des-sceaux, en réponse à la communication qui lui avait été donnée des requêtes du sieur Bouglé ; — Vu la lettre du préfet du département de la Seine, du 4 mars 1820, également en réponse à la communication desdites requêtes ; — Vu les nouveaux renseignemens transmis par les administrateurs des contributions indirectes et par le préfet de la Seine, sous les dates des 2 août et 16 décembre 1820 ; — Vu le nouveau mémoire produit par le sieur *Bouglé*, enregistré audit secrétariat le 12 janvier 1821, et par lequel le requérant déclare employer, pour sa défense, la lettre de notre Ministre des finances du 24 décemb. 1819 et celle des administrateurs des contributions indirectes du 16 décembre 1820, persistant d'ailleurs dans ses précédentes conclusions ; — Vu les trois arrêtés du préfet de la Seine des 27 juillet, 30 décembre 1818 et 25 mai 1819, dont les deux premiers ont été modifiés par les décisions de notre Ministre des finances des 18 décemb. 1818 et 26 mars 1819 ; — Vu toutes les pièces produites et notamment, 1.° le rapport fait, le 17 janv. 1814, au directeur-général des droits-réunis, tendant à la délivrance de la main-levée de toutes inscriptions prises sur les immeubles du sieur *Bouglé*, attendu sa reddition de compte sans reprise ni débet ; 2.° expédition de ladite main-levée ; 3.° un certificat de radiation au bureau des hypothèques à Corbeil ; — Vu la loi du 27 vendémiaire an 7, le décret du 8 février 1812, et l'arrêté du directeur-général des droits-réunis du 20 juin suivant ;

Considérant qu'aux termes de l'art. 15 du décret du 8 février 1812, les comptes des octrois, avant d'être soumis au directeur-général des droits-réunis, devaient être examinés et discutés en Conseil municipal, et le résultat des délibérations du Conseil adressé au directeur-général ; — Que, dans l'espèce, le *quitus* donné au sieur *Bouglé* par les régisseurs, et approuvé par le directeur de l'octroi, a été confirmé par le directeur-général des droits-réunis, qui a ordonné le remboursement du cautionnement de ce comptable et la main-levée des inscriptions prises sur ses immeubles, sans que le Conseil municipal eût préalablement examiné et discuté sa comptabilité, et donné les résultats de ses délibérations; — Mais que l'omission de cette formalité, qui n'a point empêché le directeur-général de libérer le comptable, et qui n'a été l'objet d'aucune réclamation immédiate de l'autorité municipale, ne peut être opposée au sieur *Bouglé*, lorsque son compte et ses pièces justificatives ont été altérées ou détruites, après qu'elles avaient cessé d'être en sa possession et par des évènemens auxquels il est resté étranger;

Notre Conseil d'État entendu,

Nous avons ordonné et ordonnons ce qui suit:

Art. 1.er Les arrêtés du préfet du département de la Seine, des 27 juillet, 30 décembre 1818 et 25 mai 1819, sont annulés.

Art. 2. Les décisions de notre Ministre des finances, des 18 décembre 1818 et 26 mars 1819, sont pareillement annulées, dans les dispositions relatives à la revision du compte du sieur *Bouglé*.

Art. 3. Notre Garde-des-sceaux et notre Ministre des finances sont chargés, etc.

M. de Maleville, maître des req., *rapporteur*. — M.e Cochin, *avocat*.

COMPTABILITÉ. — GARDE-MAGASIN DES VIVRES. — PERTES ÉPROUVÉES. — PIÈCES JUSTIFICATIVES. — DÉLAI POUR LES PRODUIRE. — DÉCHÉANCE.

Un comptable de l'administration des subsistances de la guerre qui n'a pas produit, dans les délais fixés par les ré-

glemens, les pièces justificatives des pertes éprouvées qu'il demande à faire admettre dans son compte, doit-il être déclaré en déchéance? Rés. aff. (1).

(4381. — 7 mars 1821. — Saint-Martin c. le Ministre de la guerre.)

LOUIS, etc.

Sur le rapport du comité du contentieux de notre Conseil d'Etat,

Vu la requête à nous présentée au nom du sieur Henry-Jean-Baptiste *de Saint-Martin*, propriétaire, ci-devant garde-magasin, manutentionnaire de vivres-pain, à Paris; ladite requête enregistrée au secrétariat-général de notre Conseil d'Etat, le 3 novembre 1819, et tendant à ce qu'il nous plaise annuler une décision de notre Ministre de la guerre, du 30 octobre 1815, notifiée au requérant le 8 octobre 1819, et ordonner que la perte de trois cent vingt-un quintaux soixante-sept kilogram. de farine lui sera allouée comme étant le résultat d'un évènement de force majeure; — Vu la lettre du 19 octobre 1820, adressée, par notre *Ministre de la guerre*, à notre Garde-des-sceaux, en réponse à la communication qui lui a été donnée de la requête ci-dessus visée (2); — Vu le mémoire en replique du sieur *de*

---

(1) Voy. ci-dessus l'ordonnance *Leleu*, du 22 février 1821, p. 211. — et les principes généraux sur les liquidation et déchéance.

(2) Cette lettre porte, entres autres choses, ce qui suit : « Le principe général d'administration des subsistances militaires, dans le ressort du ministère de la guerre, sur les pertes de force majeure, bien connu de tous les comptables, a toujours été et est encore de faire dresser des actes qui les constatent, par les commissaires des guerres, dans les vingt-quatre heures pendant le temps ordinaire, et aussitôt que cela est possible, quand elles surviennent dans des temps d'évènemens extraordinaires, tels que ceux de l'invasion. Le commissaire des guerres est tenu d'adresser, à l'ordonnateur et au Ministre, trois jours après leur rédaction, les procès-

Saint-Martin, enregistré audit secrétariat-général, le 29 novembre 1820, et qui se réfère aux précédentes conclusions; — Vu une lettre adressée à notre Ministre de la guerre, le 14 avril 1815, par l'ordonnateur, commissaire du Gouvernement près la direction de liquidation, ladite lettre donnant avis d'une réclamation formée par le sieur *de St.-Martin*, et tendant à ce que la quantité de 321 quintaux 67 kilogrammes de farines, appartenant à la direction des vivres, et que le réclamant avait déposée chez divers boulangers des communes de Choisy, Vincennes, Pantin, Montrouge, Auteuil, Bourg-la-Reine, Champigny, Pont de St.-Maur et St.-Maur, où elles avaient été enlevées lors de la première invasion par les troupes étrangères, fussent mises à la charge du Gouvernement; ladite réclamation appuyée de neuf certificats délivrés par les maires desdites communes, les 12, 13, 14, 15 et 27 mars 1815, et constatant qu'en effet lesdites farines avaient été la proie des troupes étangères; — Vu la lettre en réponse de notre *Ministre de la guerre*, datée du 30 octobre 1815, et portant que les moyens que l'on a fait valoir, en faveur du sieur *de Saint-Martin*, ne lui ont pas paru suffisans pour justifier le comptable de la manière tardive et irrégulière dont il a fait constater la perte des farines dont il s'agit, et qu'en conséquence il n'a pas cru devoir lui allouer cette perte; — Vu les déclarations des maires des neuf communes ci-dessus désignées, ainsi que toutes les pièces produites; — Vu enfin les décrets des 13 juin et 12 décembre 1806, et la loi de finances du 25 mars 1817;

---

verbaux de perte; et les préposés que ces actes déchargent devaient et doivent les transmettre assez tôt à leur directeur-général, pour que celui-ci les soumette à l'examen du Ministre, avant l'échéance d'un mois depuis leur émission, attendu qu'aucune perte n'est admise au compte que par décision spéciale du Ministre seulement. »

Considérant qu'aux termes des réglemens qui régissent l'administration des vivres de la guerre, les pertes éprouvées par un comptable doivent être constatées, dans les vingt-quatre heures de l'évènement, par un procès-verbal du commissaire des guerres, et que, suivant les décrets des 13 juin et 12 décembre 1806, le même comptable est tenu de produire les pièces justificatives de ses pertes, dans le délai de six mois, sous peine de déchéance; — Considérant, dans l'espèce, que si la force majeure s'opposait à ce que le sieur *de Saint-Martin* fît constater, dans les vingt-quatre heures, l'enlèvement des farines commises à sa garde, rien ne peut excuser le comptable de ne s'être pas plus tard conformé aux réglemens, ni surtout de n'avoir pas produit sa demande et ses pièces, dans le délai fixé par les décrets ci-dessus visés; — Considérant que le sieur *de Saint-Martin*, ayant encouru la déchéance prescrite par lesdits décrets, sa réclamation se trouve encore repoussée par l'art. 5 de la loi du 25 mars 1817, qui a confirmé toutes les déchéances précédemment encourues;

Notre Conseil d'Etat entendu,

Nous avons ordonné et ordonnons ce qui suit:

Art. 1.er La demande du sieur *de Saint-Martin* est rejetée. La décision de notre Ministre de la guerre, du 30 octobre 1815, sera exécutée selon sa forme et teneur.

Art. 2. Notre Garde-des-sceaux et notre Ministre de la guerre sont chargés, etc.

M. de Maleville, maître des req., *rapporteur*. — M.e Loiseau, *avocat*.

CONTRIBUTIONS DIRECTES. — APPEL DES DÉCISIONS DES ANCIENNES ÉLECTIONS ET COURS DES AIDES. — PÉREMPTION. — RENVOI DEVANT LE COMITÉ DU CONTENTIEUX, SUR CONFLIT.

Est-ce devant le Roi, en son Conseil d'Etat, et par la voie contentieuse, que doit être portée la question de savoir si l'appel d'un jugement d'une élection, exercé par la partie condamnée, en matière de contributions directes, est ou n'est pas aujourd'hui périmé ? Rés. aff.

(4943. — 7 mars 1821. — Briot de Varennes c. la commune d'Aizanville).

Les sieurs Briot de Varennes, frères, prétendant qu'ils avaient été injustement imposés aux rôles des tailles de la commune d'Aizanville (Haute-Marne), pendant les années 1785, 6, 7, 8 et 1789, pour la somme totale de 761 fr. 30 c., tandis qu'ils n'étaient pas domiciliés dans cette commune, s'étaient pourvus à *l'élection* de Bar-sur-Aube ; ils y avaient obtenu, le 14 septembre 1790, un jugement contradictoire qui avait prononcé leur décharge, et ordonné la réimposition, à leur profit, des 761 fr. 30 c., sur la commune d'Aizanville.

Le 31 janvier 1820, les sieurs Briot de Varennes ont fait citer la commune devant le tribunal de Bar-sur-Aube, pour voir déclarer prescrit l'appel qu'en 1791 elle avait interjeté de ce jugement, et voir ordonner la décharge de la somme ci-dessus, au moyen d'une réimposition sur la commune et ses habitans.

Le préfet du départ. de la Haute-Marne a élevé le conflit ; ses motifs ont été : qu'il résultait de la déclaration des sieurs Briot, consignée dans leur demande, que la commune d'Aizanville avait interjeté appel du jugement du 14 septembre 1790 ; que, par cet appel, l'effet de ladite sentence avait été paralysé, et qu'elle ne pouvait recevoir, pour le moment, aucune exécution; — Que lors de cet appel, et dès l'année 1789, la nouvelle distinction des pouvoirs avait été déterminée entre les autorités administratives et judiciaires, et leurs attributions respectivement tracées; — Que particulièrement, la loi du 1.er décembre 1790, avait formellement attribué aux corps administratifs la connaissance de toutes les affaires en matière de contribution; que dès-lors la sentence de l'ancienne *élection* de Bar-sur-Aube étant considérée comme non-avenue, au moyen de l'appel formé en 1791, l'affaire sur laquelle elle était intervenue n'était pas de nature à être portée devant aucun tribunal d'appel; qu'elle devait au contraire, à cette époque comme aujourd'hui, être jugée administrativement; — Qu'en vain les sieurs Briot invoquaient, pour appuyer la sentence, qu'ils avaient suivi les dispositions de la loi du 12 octobre 1790; — Que *l'élection* (représentée aujourd'hui par le tribunal de Bar) ayant prononcé, son pouvoir était consommé, qu'il n'y avait plus de procès, et que ce dernier tribunal ne pouvait dès-lors être *compétent* dans aucun cas; et qu'en second lieu, loin que rien prouvât qu'aucun tribunal d'appel eût été saisi du procès, les sieurs Briot prétendaient, au contraire, que l'appel de la commune d'Aizanville devait être déclaré périmé, faut d'avoir été relevé en temps utile.

Mgr. Le Garde-des-sceaux, dans son rapport au Roi, a énoncé que le conflit lui paraissait fondé. Soit qu'il s'agisse (a-t-il dit) de décider si les sieurs Briot doivent être compris sur les rôles des contributions de la commune d'Aizanville, soit qu'il s'agisse de répartir, entre les habitans, la somme qu'ils prétendent leur être due pour les contributions qu'ils y ont mal-à-propos acquittées, c'est toujours à l'autorité administrative qu'il appartient de statuer.

C'est aussi ce qui a été décidé, et le Conseil d'Etat s'est lui-même reconnu compétent sur le fond.

LOUIS, etc.

Sur le rapport du comité du contentieux de notre Conseil d'Etat,

Vu le rapport de notre Garde-des-sceaux, tendant à ce qu'il soit statué sur un conflit élevé, par le préfet de la Haute-Marne, à l'occasion d'une assignation donnée à la commune d'*Aizanville* et à la requête des sieurs *Briot*, devant le tribunal de première instance de Bar-sur-Aube, pour y voir déclarer prescrit l'appel interjeté par ladite commune contre un jugement rendu le 14 septembre 1790, par l'élection de Bar-sur-Aube, lequel jugement prononçait la décharge et ordonnait la réimposition, au profit desdits sieurs *Briot*, de la somme de 761 fr. 30 c., à laquelle ils auraient été induement imposés; — Vu l'exploit d'assignation du 31 janvier 1820; — Vu la délibération du Conseil municipal de la commune d'*Aizanville*, du 21 février suivant, portant que l'objet de la contestation étant, par sa nature, de la compétence de l'autorité administrative, il en sera référé au préfet du département, afin qu'il élève le conflit, tant dans l'intérêt de la commune, que dans celui de la loi; — Vu l'arrêté du 10 octobre de la même année, par lequel le préfet de la Haute-Marne a élevé le conflit; — Vu les articles 1 et 10 de la loi du 11 septembre 1790, dont le premier attribue à l'autorité administrative la connaissance de toutes les contestations en matière de contributions directes, et le second porte qu'au moyen des dispositions qui précèdent, les élections, Cours des aides et autres tribunaux d'exception sont supprimés;

Considérant qu'il résulte des dispositions des articles ci-dessus visés de la loi du 11 septembre 1790, qu'en supprimant les élections et Cours des aides, ladite loi entendit renvoyer à l'autorité administrative la décision des réclamations en matière de contributions alors pendantes devant les tribunaux d'exception, et qu'en conséquence la question de savoir si l'appel interjeté par la commune d'*Aizanville*, contre le jugement de l'élection de Bar-sur-Aube, du 14 septembre 1790, est ou non périmé, ne peut, aux termes de ladite loi, être jugée que par nous, en notre conseil d'Etat;

Notre Conseil d'Etat entendu,

Nous avons ordonné et ordonnons ce qui suit:

Art. 1.er L'arrêté du 10 octobre 1820, par lequel le préfet de la Haute-Marne a élevé le conflit, est confirmé.

Art. 2. Les parties se retireront devant nous, en notre Conseil d'Etat, pour y fournir leurs moyens de défense, en la forme prescrite par le réglement sur les affaires contentieuses.

Art. 3. Notre Garde-des-sceaux et notre Ministre de l'intérieur sont chargés, etc.

M. de Maleville, maître des requêtes, *rapporteur.*

CONTRIBUTIONS DIRECTES. — FONCIÈRE. — DÉCHARGE. — ACQUIESCEMENT. — EXCEPTION APPLIQUÉE AU RECOURS EXERCÉ PAR UN MINISTRE.

Le Ministre des finances est-il recevable à former au Conseil d'Etat, en matière de contributions directes, un recours contre un arrêté de Conseil de préfecture rendu sur le rapport du directeur en cette partie, et exécuté par l'administration, sans aucune réserve de sa part? Rés. nég. (1).

---

(1) Voy. *Elém. de jur. adm.*, tom. 1.er, p. 69, n.os 58 et suiv.—Décrets des 15 juillet 1813. Laneau et Harscouet. *Jur. du C. d'Et.*, t. 2, p. 393.

(4715.—7 mars 1821.—Le Ministre des fin. c. Laroque.)

LOUIS, etc.

Sur le rapport du comité du contentieux de notre Conseil d'Etat,

Vu la lettre adressée, le 27 juin 1820, à notre Garde-des-sceaux, par notre Ministre des finances; ladite lettre, enregistrée au secrétariat-général de notre Conseil d'Etat, le 13 juillet suivant, et tendant à ce qu'il nous soit déféré, par la voie contentieuse, un arrêté du Conseil de préfecture du département du Tarn, du 6 avril 1819, lequel arrêté aurait accordé au sieur *Laroque*, propriétaire à Alby, une décharge de sa contribution foncière, beaucoup plus forte que celle à laquelle il avait droit; — Vu la lettre du 5 août 1820, par laquelle notre Garde-des-sceaux a informé le sieur *Laroque* de la demande formée par notre Ministre des finances; — Vu la réponse du sieur *Laroque*, enregistrée audit secrétariat-général, le 1.er septembre 1820, et dans laquelle, après avoir exposé que l'arrêté du 6 avril 1819 lui paraît avoir acquis l'autorité de la chose jugée, attendu que le pourvoi contre cet arrêté n'a point été formé dans le délai fixé par le réglement, le sieur *Laroque* déclare que, pour éviter des frais, il ne fournira point de défense devant notre Conseil d'Etat (*); — Vu l'arrêté du Conseil de préfecture du département du Tarn, du 6 avril 1819, portant qu'il sera accordé au sieur *Laroque* une ordonnance de décharge de 154 fr. 71 c., montant de sa cote foncière

---

— Ordonnance du 20 novembre 1815. Lenfant. *ibid.*, tom. 3, p. 150. — 10 mars 1809, n.° 493, et 6 janvier 1814, n.° 1855. (*arch. du Comité.*)

(*) Opposer une exception, c'est présenter sa défense. — D'après l'esprit et le texte du réglement du 22 juillet 1806, nulle requête en recours ou en défense ne peut être reçue au Conseil, si elle n'est signée d'un avocat aux Conseils. — D'après cela, la lettre du sieur Laroque devait-elle être visée en l'ordonnance?

pour 1818, sur un revenu évalué à la somme de 539 fr. et consistant en maisons qui auraient été reconstruites à neuf pendant ladite année ; — Vu les observations du directeur des contributions directes du département du Tarn, présentées le 14 mars 1820, à l'occasion d'une nouvelle réclamation du sieur *Laroque*, tendant à obtenir la même remise pour 1819 ; lesdites observations établissant, 1.° que le revenu de 539 fr., pour lequel le sieur *Laroque* figure sur la matrice foncière, est celui de six maisons dont il est propriétaire à Alby ; 2.° que le revenu assigné aux deux propriétés reconstruites ne s'élève qu'à 95 fr., et qu'en 1818 ce revenu, en propriétés bâties, ne payait que 25 fr. 35 c. ; 3.° que la remise à laquelle le sieur *Laroque* avait droit pour 1819 était de 24 fr. 40 c. ; et qu'enfin, en déduisant ces deux sommes, ensemble de 49 fr. 75 c., qui lui sont légitimement dues, de celle de 154 fr. 71 c., qu'il a touchée par erreur, le sieur *Laroque* se trouve avoir reçu de trop celle de 104 fr. 96 c. ; — Vu l'arrêté du 22 mars 1820, par lequel, tout en reconnaissant qu'il s'est en effet glissé une erreur matérielle dans son arrêté du 6 avril précédent, le Conseil de préfecture du département du Tarn, considérant que cet arrêté a reçu son exécution, qu'aucune autorité n'a le droit de réformer ses actes, et qu'aux termes de la loi du 3 frimaire an 7 les propriétés bâties sont exemptes de contribution foncière pendant les deux années qui suivent leur reconstruction, accorde au sieur *Laroque*, sur les fonds de non-valeurs de 1819, un dégrèvement de 24 fr. 40 c. ; — Vu la lettre adressée, le 31 mars 1820, à notre Ministre des finances par le préfet du département du Tarn, qui réclame l'annulation de l'arrêté du 6 avril 1819, pour être à même de faire rembourser, par le sieur *Laroque*, la somme de 129 fr. 36 c. que ce dernier se trouve avoir perçue au-delà de celle à laquelle il avait droit ;

Considérant que l'arrêté du Conseil de préfecture du Tarn, du 6 avril 1819, a été rendu sur le rapport du directeur des contributions directes, et qu'il a été exécuté par l'administration, sans aucune réserve de sa part;

Notre Conseil d'Etat entendu,

Nous avons ordonné et ordonnons ce qui suit :

Art. 1.er L'instance introduite par notre Ministre des finances est rejetée.

Art. 2. Notre Garde-des-sceaux et notre Ministre des finances sont chargés, etc.

M. de Maleville, maître des requêtes, *rapporteur.*

DETTE PUBLIQUE. — ARRIÉRÉ. — VIOLATION DES LOIS. — TRAVAUX PUBLICS. — INDEMNITÉ.

Un Conseil de préfecture peut-il, sans contrevenir aux lois sur l'acquittement de l'arriéré, décider qu'il sera tenu compte, à un créancier de l'Etat, du montant de la perte qu'il a essuyée en réalisant en numéraire les sommes qui lui avaient été payées en valeur d'arriéré ? Rés. nég.

(4825. — 7 mars 1821. — Le Minist. de l'intér. c. Villiés.)

En 1812, le sieur Villiés se rendit adjudicataire des ouvrages à faire pour la construction d'un pont sur la Dordogne, à Souillac, route royale, n.° 23, de Paris à Toulouse; mais l'expérience acquise, pendant plusieurs campagnes, ayant fait connaître la nécessité d'apporter quelques modifications au projet d'abord approuvé, et les dispositions prescrites à ce sujet n'offrant plus à l'entrepreneur tous les avantages qu'il avait compté trouver dans cette circonstance, il a demandé et obtenu la résiliation de son marché.

On s'est occupé, aussitôt après, du réglement du compte du sieur Villiés; mais cet entrepreneur et les ingénieurs n'ayant pu s'accorder sur ce réglement, le tout a été soumis au jugement du Conseil de préfecture, conformément à l'art. 4 de la loi du 28 pluviose an 8.

Par un arrêté du 25 février 1820, ce Conseil, statuant sur les réclamations de l'entrepreneur, a décidé qu'il lui serait tenu compte de 5,290 fr. 48 c., montant de la perte qu'il avait essuyée en réalisant, en numéraire, 11,679 f. 44 c. payés pour la liquidation de son compte en valeur d'arriéré au 1.er avril 1814.

Le Ministre de l'intérieur a déféré cet arrêté, sur ce point seulement, à S. M., en son Conseil d'Etat. Il a paru à S. Exc. que cette décision devait être réformée, par le motif « qu'aucune compensation de ce genre n'est admise par la » loi, et ne pourrait l'être, en effet, sans obliger l'Etat à » payer deux fois. »

Le sieur Villiés ne s'est pas défendu par le ministère d'un avocat (1), et l'ordonnance suivante a été rendue.

LOUIS, etc.

Sur le rapport du comité du contentieux de notre Conseil d'État,

Vu le rapport de notre Ministre de l'intérieur, enregistré au secrétariat-général de notre Conseil d'Etat, le 28 octobre 1820, et tendant à l'annulation d'une disposition d'un arrêté du Conseil de préfecture du département du Lot, en date du 25 février 1820, lequel a statué sur les réclamations du sieur *Villiés*, ancien entrepreneur des travaux de construction du pont de Souillac sur la Dordogne, route royale n.° 23, de Paris à Toulouse; — Vu ledit arrêté; — Vu les lois sur les finances des 23 septembre 1814

(1) Ici, quoique le sieur Villiés eût, comme l'avait fait le sieur Laroque (Voy. ci-dessus, p. 314), écrit à Mgr. le Garde-des-sceaux, sa lettre n'a point été visée dans l'ordonnance.

et 28 avril 1816, en ce qui concerne l'acquittement de l'arriéré;

Considérant que le Conseil de préfecture n'a pu, sans contrevenir aux lois sur l'acquittement de l'arriéré, décider qu'il sera tenu compte, au sieur *Villiés*, des *cinq mille deux cent quatre-vingt-dix francs*, montant de la perte que cet entrepreneur aurait essuyée, en réalisant en numéraire les sommes qui lui ont été payées en valeur d'arriéré au 1.er avril 1814, sur les travaux dont il était chargé;

Notre Conseil d'État entendu,

Nous avons ordonné et ordonnons ce qui suit:

Art. 1.er La disposition de l'arrêté du Conseil de préfecture du département du Lot, qui a accordé au sieur *Villiés* une indemnité de cinq mille deux cent quatre-vingt-dix francs, quarante-huit centimes, pour perte sur les valeurs que, d'après les lois, il a reçues en paiement, est annulée.

Le surplus de l'arrêté sera exécuté selon sa forme et teneur.

Art. 2. Notre Garde-des-sceaux et notre Ministre de l'intérieur sont chargés, etc.

M. Jauffret, maître des requêtes, *rapporteur.*

DOMAINES NATIONAUX. — INTERPRÉTATION. — SERVITUDE ET BORNAGE. — COMPÉTENCE. — RENVOI.

Les Conseils de préfecture peuvent-ils prononcer sur les demandes en bornage, (1) *et en reconnaissance de servitudes* (2), *formées contre des acquéreurs de biens nationaux?* Rés. nég.

---

(1) Voy. ci-dessus, Ordon. Comynet, du 22 février 1821, pag. 197, et ordon. Géru, du 2 février 1821, p. 91.

(2) Voy. *Elém. de Jur. adm.*, tom. 1.er, p. 358, n.os 67 et suiv. — Décrets des 13 août 1811. Porcé c. Bertry. — *Jur. du C. d'Et.*, tom. 1.er,

Lorsqu'un terrein a été vendu tel qu'il se poursuit et comporte, *sans plus ample désignation et sans réserve, l'adjudicataire est-il fondé à soutenir qu'il doit rester propriétaire de tout ce que le domaine possédait à l'époque de l'adjudication ?* Rés. aff.

(4608. — 7 mars 1821. — Audenet c. le Domaine et la commune de Saint-Pierre-des-Corps).

Le sieur Audenet était propriétaire d'une petite île située dans la Loire et nommée *la Clarté* : dans l'origine, elle avait été vendue nationalement en 1791.

La partie supérieure de l'île offrait seule un terrein productif; l'autre partie, restée en nature de grève, était livrée à la vaine pâture, et les fermiers dans les mains desquels la possession de l'île avait passé, paraissaient avoir toléré que les troupeaux des habitans de la commune y vinssent paître. L'adjudicataire avait fait même séparer, par un fossé, la partie inculte et la partie cultivée.

Le sieur Audenet a conçu le projet de défricher et fertiliser la grève : et dès ce moment il a voulu mettre fin au pacage des bestiaux étrangers. L'un des habitans a été traduit, à cet effet, devant le juge de paix sur la possession, puis devant le tribunal au pétoire. La commune est intervenue, et a réclamé le droit de pacage, comme lui appartenant de temps immémorial.

---

p. 524. — 15 juin 1812. Guillot c. Lesterling. *ibid.*, tom. 2, pag. 79. — 20 juin 1812. Barouin. *ibid.*, tom. 2, p. 88. — 24 août 1812. Crévon c. André. *ibid.*, tom. 2, p. 133. — 7 avril 1813. Tisserand c. la com. de Jonchery. *ibid.*, tom. 2, p. 304. — 17 janv. 1814. — Roturier c. Pallardi. *ibid.*, tom. 2, p. 490. — Ordon. des 6 mars 1816. Prousteau de Montlouis. *ibid.*, tom. 3, p. 239. — 20 octobre 1819, com. de Lénoncourt. *Arch. du Comité*, n.° 4336. — 20 octobre 1819. Robert David c. Mallet de Mailly. *ibid.*, n.° 3805. — et plusieurs autres décisions.

De son côté, le directeur des Domaines, a pris part au débat et soutenu que la contestation était administrative. — Le tribunal, accueillant cette exception, s'est déclaré incompétent.

La cause a été portée devant le Conseil de préfecture du département d'Indre-et-Loire qui, par son arrêté du 20 septembre 1819, a 1.° restreint la propriété du sieur Audenet à la portion cultivée de l'île, jusqu'au fossé, autrefois tracé pour la défendre de l'incursion des bestiaux; 2.° ordonné le bornage de cette portion d'après les directions qu'il a indiquées; 3.° déclaré qu'une rampe et un chemin par lesquels on se rendait à la grève et à la rivière étaient des servitudes inhérentes à la propriété du sieur Audenet; 4.° et enfin attribué au Domaine la propriété du surplus de l'île, à titre d'alluvion et d'attérissement.

Le sieur Audenet, a formé recours au Conseil d'Etat: *incompétence* et *mal jugé*, tels ont été ses moyens.

1.° Le Conseil de préfecture ne s'est pas borné, comme le veut la loi, à la pure interprétation de l'acte de vente; les juges ont invoqué un bail de 1783, et un plan de 1787, ils ont cherché les élémens de leur décision jusque dans des actes postérieurs à la vente. Sous ce rapport, ils ont excédé les bornes de leur compétence. — Ils les ont encore méconnues, lorsqu'ils ont statué sur des questions de bornage et de servitude, dont ils n'ont pu trouver de traces ni dans les actes qui ont préparé ni dans ceux qui ont consommé la vente.

2.° Toute l'île appartient au sieur Audenet, car elle a été vendue telle qu'elle se poursuivait et comportait, sans plus ample désignation et sans réserve. Le Conseil de préfecture n'a donc pu déclarer qu'une portion de l'île appartenait encore au Domaine. — Celui-ci d'ailleurs n'avait pas réclamé d'une manière légale; et dans cette disposition particulière, le Conseil a prononcé *ultrà petita*. — Enfin, si le Domaine eût soutenu que la grève était un attérissement ou une alluvion, et, si, à ce titre, il en eût revendiqué la propriété, les tribunaux seuls auraient été compétens pour statuer sur cette difficulté.

L'administration des Domaines, appelée sur ce recours, a déclaré qu'elle ne s'opposait pas à l'annulation de l'arrêté attaqué, et qu'elle n'entendait ni fournir de défense, ni user du bénéfice qui lui avait été accordé, d'office et sans demande de sa part.

LOUIS, etc.

Sur le rapport du comité du contentieux de notre Conseil d'Etat,

Vu la requête à nous présentée au nom du sieur *Martin Audenet*, propriétaire, demeurant à St.-Pierre-des-Corps, canton et arrondissement de Tours, département d'Indre-et-Loire, contre la direction-générale de l'enregistrement et des Domaines, et la commune de *St.-Pierre-des-Corps*, ladite requête enregistrée au secrétariat-général de notre Conseil d'Etat, le 4 mai 1820, et tendant à ce qu'il nous plaise déclarer nul et de nul effet, pour cause d'incompétence, un arrêté du conseil de préfecture dudit département, en date du 20 décembre 1819, lequel attribue au Domaine, partie d'un terrein sur la rivière de Loire, dit l'*Ile de la Clarté*, vendu administrativement aux auteurs du requérant, le 12 novembre 1791; sauf les droits de la commune, s'ils sont fondés; ensemble tout ce qui l'a précédé, suivi et pourrait suivre; subsidiairement seulement, annuler ledit arrêté, comme contraire au procès-verbal; ce faisant, débouter la direction des Domaines et même la commune de *St.-Pierre* de toutes les demandes et réclamations qu'elles ont pu former relativement à la propriété, ou à l'usage de tout ou partie de l'Ile de la Clarté, dans la jouissance et possession de laquelle le sieur *Audenet* sera maintenu, et, en cas de résistance, condamner les adversaires aux dépens ;—Vu l'ordonnance de soit communiqué, 1.° à l'avocat en nos conseils, occupant pour l'*administ. de l'enregistrement et des Domaines*, 2.° à la commune de *St.-Pierre-des-Corps*, en la personne de son maire, qui n'a pas répondu dans les délais du réglement ; — Vu la réponse de l'administration de l'enregistrement et des Domaines, par laquelle elle manifeste l'intention de ne point défendre sur le pourvoi et de ne pas user du bénéfice de l'arrêté attaqué ; — Vu l'acte d'adjudication de l'île de la Clarté et le bail à ferme du 12 janvier 1783, auquel il se réfère ; — Vu l'arrêté attaqué, le plan des lieux et les autres pièces produites ;

Considérant, sur la compétence, que le Conseil de préfecture a excédé les bornes de ses attributions, en statuant sur des questions de servitude et de bornage qui sont du ressort des tribunaux ordinaires ; — Considérant, au fond que, par l'acte du 12 novembre 1791, l'administration a vendu l'île de la Clarté, vis-à-vis Saint-Marc et la maison de l'Hospice, ci-devant affermée au sieur Faguet (Etienne), marchand à Saint-Simphorien, par bail du 12 janvier 1783, expiré à pareil jour 1791, telle qu'elle se poursuit et comporte, sans plus ample désignation, tant sur la contenance que sur le bornage ;

Notre Conseil d'Etat entendu,

Nous avons ordonné et ordonnons ce qui suit :

Art. 1.er L'arrêté du Conseil de préfecture du département d'Indre-et-Loire, du 20 décembre 1819, est annulé, pour cause d'incompétence.

Art. 2. Le sieur *Audenet* est déclaré propriétaire de l'île de la Clarté, en l'état où elle se trouvait entre les mains du Domaine à l'époque de l'adjudication.

Les parties sont renvoyées à se pourvoir devant les tribunaux, pour tout ce qui est relatif aux questions de bornage et de servitude.

Art. 3. Notre Garde-des-sceaux et notre Ministre des finances sont chargés, etc.

M. Jauffret, maître des req., *rap.* — M.e Rochelle, *avocat.*

DOMAINES NATIONAUX. — ACTE DE VENTE. — INTERPRÉTATION. — COURS D'EAU. — SERVITUDES ET PROPRIÉTÉ. — ACTES ET TITRES, ANTÉRIEURS ET POSTÉRIEURS, ÉTRANGERS A L'ADJUDICATION. — COMPÉTENCE. — RENVOI.

Entre deux acquéreurs de biens nationaux, les Conseils de préfecture sont-ils compétens pour statuer sur les droits de propriété ou d'usage d'un cours d'eau, lorsque le contrat de vente ne contient aucune disposition particulière à cet égard, et que les prétentions des parties sont fondées soit sur la clause générale du procès-verbal d'adjudication, relative aux servitudes actives et passives, soit sur d'autres titres? Rés. nég. (1).

Excèdent-ils les bornes de leur compétence, lorsqu'ils basent leurs arrêtés d'interprétation sur des actes postérieurs et étrangers à l'adjudication? Rés. aff. (2).

Sont-ils compétens pour statuer sur les dépendances naturelles et les servitudes actives qui ne sont pas spécialement déterminées par les procès-verbaux d'adjudication? Rés. nég. (3).

---

(1) Voy. ci-dessus l'ordonnance *Audenet*, p. 319.

(2) Voy. ci-dessus l'ordonnance *Carbonneil*, du 20 janv. 1821, p. 11.

(3) Voy. *Elém. de jur. adm.*, tom. 1.er, p. 339, n.os 70, 71 et 72.— Décrets des 25 décembre 1812. Pitout c. Jemois Ponay. *Jur. du C. d'Et.*, tom. 2, p. 151. — 17 janvier 1814. Montfermeil. *ibid.*, tom. 2, p. 493. — 4 mai 1815. Petit-Durécu. *ibid.*, tom. 3, p. 110. — Ordon. du 27 août 1817. Girardet. *ibid.*, tom. 4, p. 124. — Voy. aussi décrets des 14 juillet

Lorsqu'un moulin et ses dépendances ont été vendus tels qu'ils se trouvaient à l'époque de l'adjudication, *ces expressions doivent-elles être considérées comme ayant conféré à l'adjudicataire un droit spécial sur la propriété ou l'usage de l'eau nécessaire à ce moulin?* Rés. nég. (1).

(4611. — 7 mars 1821. — Dreux c. Garnier).

Une compagnie *Bodin*, s'était rendue adjudicataire de l'ancienne abbaye de Cormery et de ses dépendances, vendues nationalement, le 4 thermidor an 7.

Le sieur Breton, l'un des membres de cette compagnie, avait cédé au sieur Dreux, le 16 prairial an 13, la portion qui lui était échue en partage.

Celui-ci, peu de temps après son acquisition, avait établi une tannerie sur le bord de la rivière de l'Indre, qui longeait au nord sa propriété.

Le sieur Garnier était propriétaire de deux moulins, situés sur la même rivière, au-dessous de la propriété du sieur Dreux; il les avait acquis, le 15 juin 1811, du sieur Perraut, qui lui-même les avait achetés de l'Etat, le 24 germinal an 9.

Au mois d'août 1818, le sieur Garnier a fait assigner le sieur Dreux devant le tribunal de première instance de Tours, pour s'y voir contraint à supprimer les ponts, planches, et autres œuvres qu'il avait établis sur le cours d'eau que le sieur Garnier prétendait lui appartenir comme dépendance nécessaire de ses moulins.

1812. Lamoureux c. Lacoste. *ibid.*, tom. 2, p. 115. — 11 janvier 1813 Simon c. Montaud. *ibid.*, tom. 2, p. 198. — Ordon. des 1.er sept. 1819. Foucquet. *Arch. du Comité*, n.° 4277, et 23 janvier 1820. Bard c. Richard de Vesvrotte. *ibid.*, n.° 3631. — Voy. encore Décrets des 26 mars 1812. Theurier. *Jur du C. d'Et.*, tom. 2, p. 52. — 11 janvier 1813. Roques c. Lelièvre. *ibid.*, tom. 2, p. 192.

(1) Voy. *Elém. de jur. adm.*, tom. 1.er, p. 341, n.° 75.

Le sieur Garnier avait précédemment saisi le même tribunal d'une contestation élevée sur la propriété du terrein bordant la rivière de l'Indre et sur lequel le sieur Dreux avait bâti.

Le tribunal, réunissant la demande provisoire et la demande relative à la propriété qui déjà lui était soumise, a déclaré, par jugement du 27 juillet 1819, qu'il y avait lieu de faire décider, par le Conseil de préfecture, la question de savoir si l'administration venderesse avait entendu, d'après le procès-verbal d'adjudication, céder, à l'acquéreur des moulins, le droit de propriété exclusive du bras de rivière en question.

Le tribunal s'est réservé d'ailleurs la solution de tous les autres points de la difficulté, après la décision de l'autorité administrative.

Le 22 décembre 1819, le Conseil de préfecture a déclaré *qu'il était d'avis : « Que l'acte de vente du 22 messidor an 7, n'avait donné aux acquéreurs du couvent et dépendances de l'abbaye, représentés par le sieur Dreux, dans la partie litigieuse, aucun terrein situé au nord, de quelque nature qu'il fût, au-delà des murs de l'ancienne clôture de l'abbaye encore existante ; — Que l'acte de vente du sieur Perraut, auteur du sieur Garnier, lui avait donné la jouissance des biez et arrière-biez ou cours d'eau fourni par la rivière de l'Indre, et sans que, par les riverains, il puisse être établi aucune autre construction, ni formé aucun autre établissement dans la longueur et largeur dudit biez, dimension dont la fixation appartenait à l'autorité administrative ».*

Les motifs de cet arrêté étaient : — 1.° Que les difficultés élevées entre les sieurs Garnier et Dreux dépendant uniquement de l'examen rigoureux des actes de vente constitutifs de la propriété vendue et qu'aucun n'ayant eu le droit de l'étendre au-delà des limites indiquées dans le contrat, il convenait d'examiner d'abord l'acte de vente des bâtimens et terreins dépendant de l'abbaye, parce que cette vente était la plus ancienne ; et que la contestation roulant sur une usurpation de terrein imputée par le sieur Garnier au sieur Dreux, il convenait de fixer les limites dans lesquelles celui-ci avait dû se renfermer ; — Qu'en appliquant les limites indiquées dans l'acte d'adjudication, aux terreins en litige, l'inspection des lieux, faite tout récemment, prouvait que le sieur Dreux avait tout ce qui avait été aliéné à ses vendeurs ; — Qu'aucun acte subséquent de partage, lot de partage, revente, n'avait pu modifier ou accroître ce qui avait été aliéné au vendeur du sieur Dreux ; — Qu'aucune apparence n'existait, qu'aucun titre ne démontrait qu'il eût été vendu aucun terrein adjacent, au nord des bâtimens et murs de clôture ; — Que, par l'acte de vente faite au sieur Perraut, les moulins avaient été aliénés pour être possédés par les acquéreurs, de la manière dont jouissaient les propriétaires d'usines ; — Que le droit fondamental d'une usine ou moulin était de jouir sans trouble du cours d'eau sans lequel ils ne pouvaient être utilisés ; — Que si l'acte d'adjudication ne mentionnait pas textuellement les biez et arrière-biez, ce ne pouvait être que par la raison qu'il n'existait pas un moulin à eau sans eau, sans canal, sans rivière supérieure ; — Que le cours de la rivière ou canal portant les eaux vers les roues du moulin ne devait être détérioré, affaibli, empêché par aucun des riverains, dans l'étendue au moins de la longueur et largeur connue sous le nom de biez ; — Que les moulins de Cormery de tout temps et comme il était prouvé par les baux relatés par le sieur Garnier, avaient et ont encore sur la rive droite de l'Indre de longues battées entretenues par les meuniers ; — Que, par la destination du bâtiment du sieur Dreux, aujourd'hui tannerie, il était assez indiqué qu'entre le bâtiment et la rivière il n'y avait pas de terrein ; — Enfin, que l'attérissement formé n'avait pu l'être que par des couches de pierres et immondices retenues, même faites avec fascines et tendant à former, dans le cours de l'Indre, des alluvions nuisibles et aux moulins du sieur Garnier et au cours de la rivière ».

Le sieur Dreux a demandé au Conseil d'Etat l'annulation de cet arrêté pour *incompétence et mal jugé.* Il a, par les propositions suivantes, appuyé son moyen d'incompétence: — 1.° en décidant *qu'aucune des parties n'a eu le droit d'étendre sa propriété au-delà des limites indiquées dans leur contrat*, le Conseil de préfecture a préjugé une question de prescription qui appartient exclusivement au domaine des tribunaux. — 2.° L'interprétation de l'acte d'adjudication a été basée sur une inspection des lieux, et cet acte d'instruction est interdit aux Conseils de préfecture. — 3.° En déclarant *qu'aucun acte de partage subséquent n'a pu modifier ce qui avait été aliéné au vendeur du sieur Dreux*, le Conseil de préfecture a fait inconsidérémment l'appréciation d'actes postérieurs passés entre des particuliers. — 4.° Décider *qu'aucune apparence, aucun titre ne démontrent la propriété*, c'est, de la part du Conseil de préfecture, un excès de pouvoir évident, puisqu'il a cessé par là de se livrer à l'interprétation du contrat. — 5.° L'usage et les règles du droit commun, dont l'application ne doit être faite que par les tribunaux, peuvent seuls faire connaître si le sieur Garnier est propriétaire du cours d'eau; à cet égard, et en prononçant sur cette question par le motif que *le droit fondamental d'une usine ou moulin est de jouir sans trouble du cours d'eau* qui lui est nécessaire, le Conseil de préfecture a commis un autre excès de pouvoir. — 6.° Il a fait de même lorsqu'il a décidé que les eaux *portées vers les roues du moulin, par le cours de la rivière, ne devaient être affaiblies ni détériorées par aucun des riverains dans l'étendue du biez*: la connaissance des contestations sur des droits privés, relatifs au cours d'une rivière qui n'est ni navigable ni flottable, est dévolue aux tribunaux parce qu'elle n'intéresse point l'ordre public. — 7.° Il ne lui appartenait pas non plus de prouver la propriété du sieur Garnier, en recourant à des baux datés de 1660, 1753, 1784 qu'il a même visés dans son arrêté; — 8.° Décider que l'adjudicataire n'a pu ouvrir, sur la rivière qui borde son mur, des ouvertures qui le mettent à portée de jouir de ce cours d'eau, c'est entreprendre sur le pouvoir judiciaire; c'est condamner des actes de jouissance et de possession conformes aux lois, mais, dans tous les cas, soumis à la compétence des tribunaux. — 9.° Enfin, en déclarant *que l'atterrissement cause des alluvions nuisibles aux moulins Garnier* et *nuisibles au cours de la rivière*, le Conseil de préfecture a usurpé tout à la fois le domaine des tribunaux et celui de l'administration. La première question appartient à l'autorité judiciaire qui, seule, peut apprécier les dommages; la deuxième est du domaine des préfets, auxquels les lois de la matière attribuent exclusivement la police et la surveillance des rivières non navigables.

Le sieur Dreux attaquait l'arrêté pour mal jugé au fond: 1.° en ce qu'il avait mis la preuve à la charge du défendeur, en commençant l'examen des titres de propriété des parties par celui du sieur Dreux; 2.° en ce qu'il avait privé un propriétaire riverain de la jouissance d'une rivière non navigable qui borde sa propriété; 3.° et enfin en ce qu'il avait attribué au propriétaire d'un moulin, et comme dépendance nécessaire, la jouissance exclusive du bras de rivière sur lequel ce moulin est situé, bien que cette rivière fût un cours d'eau naturel et non un canal fait de mains d'hommes, et que l'acte d'adjudication et les autres titres administratifs n'en eussent fait aucune mention.

Le sieur Garnier, dans ses moyens de défense, a soutenu que le Conseil n'avait point rendu une décision, mais qu'il avait émis un *simple avis*; qu'il n'avait rien adjugé au sieur

Garnier, qu'il ne lui avait pas donné la propriété des biez et arrière-biez; mais qu'il avait simplement déclaré, sous forme d'avis, que ledit sieur Garnier devait en avoir la jouissance exclusive, comme faisant partie intégrante et nécessaire de la vente des moulins; — Que, même en supposant exacts les griefs reprochés au Conseil de préfecture par le sieur Dreux, ils ne prendraient leur source que dans quelques motifs ou plutôt dans quelques parties des motifs; et qu'il était de principe, en matière administrative comme en matière ordinaire, que les motifs n'avaient le caractère et l'effet de la chose jugée qu'autant qu'ils se liaient indivisiblement au dispositif, qu'autrement il ne fallait chercher la décision que dans le dispositif; — Que, dans l'espèce, le dispositif de l'arrêté dénoncé ne renfermait rien qui ne fût de la compétence des Conseils de préfecture, puisqu'il avait simplement appliqué le titre administratif du sieur Dreux, et expliqué, interprété celui du sieur Garnier, touchant les limites de leurs propriétés; — Qu'au surplus l'examen des anciens baux, fait par le Conseil de préfecture, avait servi de légale interprétation à l'acte de vente des moulins, puisque l'exécution de ces baux ayant été mise au nombre des conditions générales insérées dans le cahier des charges, ils faisaient partie de l'acte d'adjudication; — Que le Conseil de préfecture n'avait parlé des actes postérieurs à l'adjudication, qu'à titre de renseignemens; — Qu'enfin l'avis du Conseil de préfecture ne portait aucun préjugé sur les questions de prescription et de dommages, et qu'il avait respecté les attributions de l'autorité judiciaire en déclarant qu'il n'entendait prononcer que sur les questions de sa compétence.

Voici l'ordonnance royale intervenue sur ce débat:

LOUIS, etc.

Sur le rapport du comité du contentieux de notre Conseil d'Etat,

Vu la requête sommaire et le mémoire ampliatif à nous présentés au nom du sieur Jean-Baptiste-François *Dreux*, notaire honoraire et propriétaire, demeurant à Cormery, département d'Indre-et-Loire, enregistrés au secrétariat-général de notre Conseil d'Etat, les 6 mai et 30 juin 1820, et tendant à ce qu'il nous plaise casser et annuler, pour cause d'incompétence ou pour mal jugé, l'arrêté du Conseil de préfecture dudit département, en date du 22 décembre 1819, qui déclare, 1.° que l'acte de vente du 4 thermidor an 7 ne donne aux acquéreurs du couvent et dépendances de Cormery, représentés par l'exposant, dans la partie litigieuse, aucun terrein, de quelque nature que ce soit, et que les limites de cette partie sont, au nord la rivière, au levant, le fossé des Petits-Délais, et sans que, sous aucun prétexte, sa propriété puisse s'établir légitimement au-delà des murs de l'abbaye encore existans; 2.° que l'acte de vente du 29 germinal an 9 donne au sieur *Perrault*, acquéreur des moulins de Cormery, la jouissance des biez et arrière-biez, ou cours d'eau, formés par la rivière d'Indre, tel qu'il les a cédés et pu céder à son acquéreur *Garnier*, et sans que, par les riverains, il puisse être établi aucune œuvre, construction ni fossé, aucun établissement dans la longueur et largeur dudit biez, dimensions dont la fixation appartient à l'autorité administrative; et dans le cas où nous croirions devoir prononcer sur la seule question pour la solution de laquelle le tribunal de Tours a renvoyé les parties devant l'autorité administrative, il nous plaise déclarer que l'administration, en vendant les deux moulins de Cormery, n'a pas cédé au prédécesseur du sieur *Garnier*, le droit de propriété exclusive du cours de la rivière d'Indre, sur lequel ces moulins sont situés, et renvoyer les parties devant les tribunaux ordinaires pour la solution de toutes les autres questions incompétemment jugées par l'arrêté attaqué, et sur la fixation des droits à exercer par lesdites parties comme propriétaires riverains, condamner le sieur *Garnier* aux dépens ; —Vu le mémoire en défense du sieur *Garnier*, propriétaire, demeurant aux moulins de Cormery, enregistré audit secrétariat-général de notre Conseil d'Etat, le 11 octobre 1820, par lequel il conclut à ce qu'il nous plaise confirmer l'arrêté du 22 décembre 1819, déclarer en conséquence que le biez et l'arrière-biez des moulins font partie intégrante de l'adjudication desdits moulins, aux charges par lui d'entretenir les buttées, et de curer, à ses frais, les biez, sauf au sieur *Dreux* à en faire, s'il y a lieu, déterminer la dimension, en longueur et largeur, par l'autorité administrative, déclarer même au besoin qu'il est propriétaire des buttées ou chaussées dont il s'agit, dans toute leur longueur et dimension, et condamner le sieur *Dreux* aux dépens ; — Vu le mémoire en réplique du sieur *Dreux*, du 29 novemb. 1820, par lequel il reproduit ses précédentes conclusions ; — Vu un second mémoire du sieur *Garnier*, du 2 janvier 1821 ; —Vu le jugement du tribunal de première instance de Tours, du 27 juillet 1819, qui renvoie les sieurs *Garnier* et *Dreux* devant le Conseil de préfecture du département d'Indre-et-Loire, pour faire statuer sur leurs droits respectifs, en ce qui concerne la propriété et l'usage du bras de la rivière sur lequel sont établis les moulins et les tanneries dont il s'agit, et surseoit à faire droit, sur tous les autres chefs des conclusions, jusqu'après la décision dudit Conseil de préfecture ; —Vu l'arrêté attaqué ;— Vu le procès-verbal de l'adjudication consentie, le 4 thermidor an 7, au sieur Henry Amoureux, au nom de la compagnie Bodin, de l'ancienne abbaye de Cormery, enclos et prés y joints et en dépendans ; — Vu le procès-verbal d'expertise des domaines dépendant de l'abbaye de Cormery, dressé le 25 pluviose an 6, par le sieur Baignoux, expert-géomètre, commis par délibération de l'administration centrale du département d'Indre-et-Loire; — Vu le procès-verbal d'adjudication consentie aux sieurs Léonard Perrault et Norbert Lhéritier, de deux moulins à eau dépendant de l'ancienne abbaye de Cormery, situés sur la rivière d'Indre; — Vu l'acte de vente passé, le 16 prairial an 13, devant M.e René-Louis Daloin, notaire à Cormery, par le S.r Berthon, au profit du sieur *Dreux*, notaire audit lieu, d'une portion de l'ancienne abbaye de Cormery et de ses dépendances; — Vu l'acte de vente passé, le 15 juin 1811, devant M.e Toussaint Rodault et son confrère, notaires à Tours, au profit du sieur Antoine Garnier, de deux moulins à eau dépendants de l'ancienne abbaye de Cormery, situés sur la rivière d'Indre; — Vu plusieurs baux à ferme des moulins de Cormery, datés de 1660, 1753, 1784 et 13 fructidor an 9; — Vu les plans des lieux, fournis par les parties;

Considérant que, dans l'état actuel de la contestation, les seules questions à décider administrativement sont relatives à la propriété ou à l'usage du bras de la rivière d'Indre, d'après les actes d'adjudication des 4 thermidor an 7 et 29 germinal an 9; — Considérant que le procès-verbal d'adjudication, du 4 thermidor an 7, vend divers biens provenant de l'ancienne abbaye de Cormery, et ne contient aucune disposition particulière qui donne, aux auteurs du sieur *Dreux*, un droit de propriété ou d'usage sur le bras de l'Indre; que, s'il se croit fondé à les réclamer, soit en vertu de la clause dudit procès-verbal relative aux servitudes, soit à tout autre titre, la question est du ressort des tribunaux; — Considérant que le procès-verbal de vente du 29 germinal an 9 a adjugé aux auteurs du sieur Garnier les deux moulins dépendant de l'ancienne abbaye de Cormery, tels que ces usines et dépendances se trouvaient à l'époque de l'adjudication; — Que ledit procès-verbal ne contient aucune disposition spéciale sur la propriété ou l'usage du bras de l'Indre, et ne renferme que la clause ordinaire sur les servitudes actives et passives; — Que si, en vertu de ladite clause ou à tout autre titre, il s'élève des contestations sur la propriété ou l'usage dudit bras, la connaissance de ces contestations appartient aux tribunaux ordinaires; — Que le Conseil de préfecture a excédé les bornes de sa compétence, en se fondant sur des actes postérieurs, étrangers à l'administration, et en statuant sur les dépendances naturelles et les servitudes actives des moulins, qui ne sont pas spécialement déterminées par le procès-verbal d'adjudication;

Notre Conseil d'Etat entendu,

Nous avons ordonné et ordonnons ce qui suit:

Art. 1.er Le procès-verbal d'adjudication du 4 messidor an 7 n'a conféré, aux auteurs du sieur *Dreux*, aucun droit spécial sur la propriété ou l'usage du bras de la rivière d'Indre.

Art. 2. Le sieur *Garnier* est déclaré propriétaire des deux moulins dépendans de l'ancienne abbaye de Cormery, telles que ces usines et leurs dépendances se trouvaient au moment où elles ont été adjugées à ses auteurs par le procès-verbal d'adjudication du 29 germinal an 9.

Art. 3. Les parties sont renvoyées devant les tribunaux, sur les questions relatives à la propriété ou à l'usage du bras de l'Indre, et qui dériveraient, soit de la clause des procès-verbaux d'adjudication relative aux servitudes, soit de tout autre titre que les actes administratifs.

Art. 4. L'arrêté du Conseil de préfecture est annulé dans les dispositions contraires à la présente ordonnance.

Art. 5. Les dépens sont compensés entre les parties.

Art. 6. Notre Garde-des-sceaux et notre Ministre des finances sont chargés, etc.

M. Brière, maître des req., *rapporteur.* — MM.es Petit de Gatines et Leroy de Neufvillette, *avocats.*

DOMAINES NATIONAUX. — CLAUSE SUPLÉÉE. — EXPROPRIATION POUR CAUSE D'UTILITÉ PUBLIQUE. — UTILITÉ RECONNUE PAR LA VOIE CONTENTIEUSE. — AUTORISATION.

L'acquéreur d'un bien national peut-il être astreint à souffrir l'exécution d'un plan fait, antérieurement à son adjudication, pour l'embellissement d'une ville, lorsque ce plan n'a pas été mentionné dans son contrat, et que cette exécution n'y a été prescrite par aucune clause? Rés. nég.

Si cet acquéreur admet les motifs d'utilité publique qui peuvent déterminer la commune à l'exécution de ce plan, et s'il se borne à réclamer une juste et préalable indemnité, la commune peut-elle être autorisée, par la voie contentieuse, à faire procéder légalement à la fixation de l'indemnité qui sera due à l'acquéreur? Rés. aff.

(4555. — 7 mars 1821. — Vachier et Rougemont. c. la ville de Marseille.)

Le 14 mars 1818, le préfet du département des Bouches-du-Rhône avait ordonné de mettre à exécution un plan arrêté, en l'an 2, par l'administration municipale de Marseille, et qui avait pour but de redresser et d'élargir d'anciennes rues.

Pour exécuter cette mesure, il fallait couper la propriété des sieurs Vachier et Rougemont, acquise originairement de l'État, en l'an 6.

Ils se sont refusés à laisser morceler ainsi leur terrein, et ils ont donné pour motif que l'acte d'adjudication ne les y avait pas astreints. Ils ont toutefois offert d'y souscrire, à condition d'être préalablement indemnisés.

Un premier arrêté, rendu le 17 septembre 1819, par le Conseil de préfecture, a déclaré que « les coupemens

» indiqués dans le plan arrêté par l'administration mu» nicipale, étaient *implicitement* compris dans l'adjudi» cation, ainsi que l'ouverture sur ledit domaine des » Carmelites. » Sur l'opposition des sieurs Vachier et Rougemont, cet arrêté a été confirmé. — De-là, recours au Conseil d'État.

Les réclamans y ont exposé que le procès-verbal d'adjudication faisait la seule loi des parties; que les retranchemens et travaux dont il s'agissait n'y avaient point été mentionnés; que l'obligation de les souffrir ne pouvait pas y être suppléée; et qu'enfin en supposant que les travaux projetés y fussent simplement énoncés, ils laisseraient la commune de Marseille sous l'empire du droit commun, tel qu'il est établi par la Charte (art. 10), par le Code civil (art. 545) et par les dispositions spéciales de la loi du 8 mars 1810; c'est-à-dire que la ville ne pourrait disposer de leur propriété, que moyennant une juste et préalable indemnité.

Ils ont conclu à l'annulation des deux arrêtés attaqués, « sauf (ont-ils ajouté) à l'autorité administrative » compétente, si elle se croit fondée à exproprier les sup» plians pour cause d'utilité publique, à faire préalable» ment constater cette cause, et à faire fixer l'indemnité » qui doit en résulter, de la manière prescrite par les » lois. »

Tous ces conclusions ont été accueillies.

LOUIS, etc.

Sur le rapport du comité du contentieux de notre Conseil d'Etat,

Vu la requête à nous présentée au nom des sieurs *Vachier* et *Rougemont*, fabricans, demeurant à Marseille, ladite requête enregistrée au secrétariat-général de notre

Conseil d'État, le 24 mars 1820, et tendant à ce qu'il nous plaise annuler deux décisions prises, à leur préjudice, par le Conseil de préfecture du département des Bouches-du-Rhône, les 17 septembre et 31 décembre 1819; sauf à l'autorité administrative compétente, si elle s'y croit fondée, à exproprier les supplians pour cause d'utilité publique, à faire préalablement constater cette cause, et à faire fixer l'indemnité qui doit en résulter, ainsi et de la manière prescrite en pareil cas, sous la réserve de tous les moyens et exceptions des supplians; — Vu le mémoire ampliatif desdits sieurs *Vachier* et *Rougemont*, enregistré audit secrétariat-général, le 14 juin 1820, et tendant au maintien de leurs précédentes conclusions; — Vu l'ordonnance de *soit communiqué* au maire de la *ville de Marseille*, et la signification de ladite ordonnance audit maire, par exploit d'huissier, en date du 22 juin 1820, visé ledit jour par l'adjoint, en l'absence du maire, à laquelle signification il n'a pas été répondu; — Vu le procès-verbal d'adjudication, du 19 thermidor an 6, du domaine des Carmelites, qui indique les limites de la totalité de l'immeuble mis en vente, et qui ne contient aucune réserve d'une portion dudit immeuble; — Vu l'arrêté du Conseil de préfecture du département des Bouches-du-Rhône, du 17 septembre 1819, portant que l'ouverture de la rue projetée dans le domaine des Carmelites, ainsi que les retranchemens indiqués dans le plan arrêté, par l'administration municipale, le neuvième jour du second mois de l'an 2, sont implicitement dans l'acte d'adjudication dudit domaine, aux clauses et conditions exprimées dans le mémoire signé: Ponge, annexé audit plan; — Vu l'arrêté dudit Conseil de préfecture, du 31 décembre 1819, qui déclare que les acquéreurs dudit domaine des Carmelites sont non-recevables et mal fondés dans leur opposition au précédent arrêté; — Vu l'art. 545 du Code civil, l'art. 10 de la Charte constitutionnelle, et la loi du 8 mars 1810, sur les expropriations forcées pour cause d'utilité publique; — Vu les autres pièces produites;

Considérant que les plans arrêtés, en l'an 2, par la commune de Marseille, sont étrangers à l'administration venderesse et aux acquéreurs du domaine des Carmelites; que dès-lors lesdits plans ne pourraient être assimilés aux actes préparatoires d'adjudication, faits en l'an 6, qu'autant que leur exécution y aurait été prescrite par une disposition expresse; — Considérant que les plans dont il s'agit n'ont pas été mentionnés dans le procès-verbal d'adjudication, et que, par aucune clause, les acquéreurs du domaine des Carmelites n'ont été astreints à en souffrir l'exécution avec ou sans indemnité; — Considérant que, dans leur mémoire ampliatif, lesdits acquéreurs admettent les motifs d'utilité publique qui peuvent déterminer la commune de Marseille à redresser et élargir les anciennes rues ou à en ouvrir de nouvelles; et qu'en ce qui les touche, ils se bornent à demander une juste et préalable indemnité;

Notre Conseil d'État entendu,

Nous avons ordonné et ordonnons ce qui suit:

Art. 1.er Les arrêtés du Conseil de préfecture du département des Bouches-du-Rhône des 17 septembre et 31 décembre 1819, sont annulés.

Art. 2. La *commune de Marseille* est autorisée à faire procéder légalement à la fixation de l'indemnité qui sera due aux sieurs *Vachier* et *Rougemont*, pour l'abandon à faire par eux d'une partie de leur propriété.

Art 3. La *commune de Marseille* est condamnée aux dépens.

Art. 4. Notre Garde-des-sceaux et notre Ministre de l'intérieur sont chargés, etc.

M. Tarbé, maître de req., *rapporteur*. — M.e De la Grange, *avocat*.

DOMAINES NATIONAUX. — INTERPRÉTATION. — ACTE DE VENTE NON REPRÉSENTÉ. — EXTRAITS DU DÉCOMPTE ET DU SOMMIER.

Le défaut de représentation de l'acte de vente peut-il être opposé à l'adjudicataire qui a fait appel d'un arrêté de Conseil de préfecture, par lequel il a été déclaré qu'un objet réclamé contre lui, au nom de l'Etat, n'a pas fait partie de la vente? Rés aff.

Les extraits de décompte et de sommier des ventes peuvent-ils servir à l'interprétation des contrats? Rés. aff. (1).

(4609.—7 mars 1821. — Boerio, veuve Saliceti, et consorts c. le Ministre de la guerre).

Le Domaine de l'Etat possédait, dans l'île de Corse, un bien appelé Procojo. Sur ce domaine était situé une maison que le propriétaire originaire avait fortifiée pour lui servir d'asyle contre les incursions des pirates; et qui, depuis, fut connue sous ce nom de *fort* ou *château d'Alezia*. Louis XVI, avait concédé le domaine au vicomte de Casabianca; mais il était rentré dans les mains de l'Etat, en vertu des nouvelles lois domaniales.

Il fut affermé: et le *fort d'Alezia* servit à loger le colon, comme il avait servi à loger l'ancien propriétaire.

Le 26 juin 1792, le sieur Saliceti se rendit adjudicataire de ce domaine; et son fermier continua d'occuper *le fort* et d'en faire la maison d'exploitation.

Depuis 25 ans, les choses étaient dans cet état, lorsqu'en 1815 et par suites des mesures prises par le gouverneur de la Corse, pour la défense de l'île, ce bâtiment fut occupé par une garnison.

---

(1) Voy. ci-dessus, pag. 206, note 2.

Tant que la mesure parut commandée par l'intérêt public, les héritiers Saliceti subirent sans murmurer la loi de la nécessité ; mais quand l'ordre fut rétabli, ils demandèrent à reprendre leur propriété.

L'autorité militaire locale ferma l'oreille à cette réclamation, et annonça l'intention formelle de rester en possession de l'objet revendiqué, sous prétexte qu'il rentrait dans le système des fortifications destinées à la défense de l'île.

Les héritiers Saliceti se pourvurent devant le Ministre de la guerre. Ce dernier ne crut pas devoir statuer directement sur la difficulté ; il se contenta de renvoyer les réclamans devant le Conseil de préfecture, pour faire décider, contradictoirement avec le directeur des fortifications, si le fort d'Alezia avait ou n'avait point été compris dans l'adjudication du 26 juin 1792.

Le 2 novembre 1819, le Conseil de préfecture de la Corse a prononcé dans les termes suivans : — « Considérant qu'il résulte, tant de l'acte de vente que du procès-verbal d'estimation qui le précède, et du décompte qui l'a suivi, que le directoire du district de Cervione a vendu, le 26 juin 1792, des terres, vignes et arbres situés à Alezia, appartenant au Domaine, et non pas le fort ou château d'Alezia dépendant de l'administration de la guerre, et que les pièces ne désignent nullement ; — Arrête : le fort ou château d'Alezia n'a pas fait partie de la vente administrative faite, le 20 juin 1792, au sieur Saliceti. »

Les héritiers de celui-ci ont formé appel de cet arrêté devant le Conseil d'Etat.

La vente d'un domaine, ont-ils dit, est toujours censée comprendre la vente de ses dépendances naturelles, c'est-à-dire des objets accessoires indispensables pour faire valoir le principal. Parmi ces dépendances, il faut, sans contredit, mettre au premier rang les bâtimens d'exploitation destinés à loger le fermier, à abriter les bestiaux, à serrer les instrumens aratoires et à recevoir les récoltes; — Or, tel est le prétendu fort ou château d'Alezia spécialement consacré, de tous les temps, à ces divers usages, et dont l'existence se lie si intimement avec celle du domaine, que jamais il n'a pu entrer dans la pensée de personne de vendre ou d'acquérir l'un des objets abstractivement de l'autre.

Ils ont ensuite tiré argument de l'isolement de la propriété, et de l'existence d'une citerne, contenant seule eau existante dans toute l'étendue du domaine, et qui pût servir à abreuver le fermier et les bestiaux: ils en ont conclu de nouveau que la possession du prétendu fort d'Alezia était indispensable à l'adjudicataire pour l'exploitation du Pocojo.

Cela posé, ils ont ajouté: Il doit être indifférent que le fort n'ait pas été nominativement énoncé dans le contrat; il faisait naturellement partie de la vente, comme dépendance nécessaire de l'objet principal; — En second lieu, en matière de domaines nationaux, le gouvernement a eu pour principe fondamental et pour règle invariable, de subroger purement et simplement les acquéreurs aux anciens propriétaires ou aux fermiers actuels du bien vendu. Or, personne ne conteste qu'antérieurement le fort d'Alezia et le Procojo ne fussent réunis comme ne faisant qu'un seul et même objet, dans les mains de M. le vicomte de Casabianca, concessionnaire évincé, et plus tard dans celles du fermier de l'État. C'est donc sur ces deux antécédans que doivent être réglés, en définitif, les droits des réclamans, à supposer que la lettre du contrat laissât quelques doutes, quant à l'étendue de l'acquisition; — Troisièmement enfin, la loi veut que, dans les conventions, on recherche quelle a été la commune intention des parties contractantes, plutôt que de s'arrêter au sens littéral des termes (art. 1156 du C. civ.). — Ici l'esprit du contrat se manifeste par 25 années d'exécution publique et paisible, qui nepeut se concilier avec la prétention tardive de l'autorité militaire, et par suite avec la décision du Conseil de préfecture qui l'a accueillie.

Cette requête des héritiers Saliceti a été communiquée à l'administration des Domaines qui s'est bornée, pour toute réponse, à prier S. Exc. le Ministre des finances de transmettre au comité du contentieux les observations par elle adressées audit Ministre, le 19 juin 1818.

Dans ces observations, la régie rappelait que, par un décret du 8 juillet 1791, on avait déterminé le classement des places de guerre et postes militaires susceptibles d'être conservés, et que le fort d'Alezia ne figurait aucunement dans l'état indicatif qui accompagnait le décret. — Elle faisait observer qu'il était possible que le Ministre de la guerre fût en mesure de prouver que ce château avait été conservé, en vertu d'une disposition particulière, comme pouvant servir à la défense de la Corse. — Enfin elle ajoutait: « dans le cas où cette preuve ne pourrait pas être fournie, il paraîtrait d'autant plus imprudent de vouloir troubler les héritiers Saliceti, dans leur possession qui remonte à plus de 20 ans, qu'ils seraient fondés à soutenir que le défaut de réclamation de la part soit du Ministre de la guerre, soit du Domaine, a été l'effet de la conviction de leurs droits. Ces moyens de défense desdits héritiers pourraient même s'étayer d'un avis du Conseil d'Etat du 15 janvier 1813, (1) par lequel il a été décidé que, lorsque le texte d'un contrat de vente est obscur et incomplet et qu'il ne peut s'expliquer, pour ou contre le vendeur, que par l'addition de tel mot ou de tel autre, il convient de s'attacher à la possession et à l'exécution qu'il a reçue; et qu'un acquéreur qui a joui pendant 12 ans sans réclamation doit être

(1) Voy. *Elém. de jur. adm.*, tom. 1.er, p. 318, n.o 96, et *Jur. du C. d'Et.*, tom. 2, p. 208 (Antoine c. le Domaine).

maintenu. — Dans l'espèce, l'obscurité du contrat serait bien suppléée par son absence totale ; et la jouissance, au lieu d'être de 12 ans, a été de 20. — Daprès ces motifs, l'administration de la troisième division propose au Conseil d'administration d'émettre l'avis : « qu'il ne peut y avoir lieu de poursuivre la revendication du château d'Alezia contre les héritiers Saliceti ; qu'autant que le Ministre de la guerre pourrait fournir la preuve que ce château a été conservé pour le service militaire, conformément à la loi du 8 juillet 1791. »

Ainsi qu'on l'a vu, le Ministre de la guerre n'avait pas été de cet avis, et il avait soumis la question au Conseil de préfecture. — Devant le Conseil d'Etat, S. Exc. a produit un mémoire de discussion présenté par le directeur des fortifications au Conseil de préfecture, le 27 mai 1819 ; et c'est de ce mémoire que les héritiers Saliceti ont fait principalement l'objet de leur réplique.

M. le directeur s'était fondé sur un prétendu témoignage de M. Saliceti, consigné dans un mémoire *présumé* être de lui, et dans lequel il aurait formellement reconnu que le château d'Alezia avait été exclu de la vente du Procojo.

« Certes, ont dit les héritiers Saliceti, ce n'est pas sur la foi d'une production apocryphe, informe, et qui, sous aucun rapport, ne se recommande à la confiance de la justice, que le Conseil d'Etat pourra se résoudre à accueillir les prétentions du génie ! Si, par impossible, il en était autrement, où serait désormais la garantie de la propriété ? »

M. le directeur avait objecté l'impossibilité de représenter l'acte de vente qui a péri, par force majeure, avec les archives de la préfecture, dans le transport de Bastia à Ajaccio.

» Parce que le contrat a disparu (ont répondu les héritiers Saliceti), sera-ce une raison pour croire sur parole qu'il ne conférait pas à M. Saliceti la propriété du château d'Alezia ? — Ce n'est pas tout : indépendamment de la minute du procès-verbal d'adjudication restée en dépôt, dans les bureaux de l'administration départementale, il en existait une expédition au pouvoir du receveur des Domaines de Bastia, comme chargé de suivre l'exécution du contrat. Cette circonstance est attestée au procès par une déclaration de l'archiviste de la préfecture, et qui fait partie des documens adressés au comité du contentieux, par S. Exc. le Ministre de la guerre ; — Dès-lors, l'exception tirée de l'évènement qui a détruit les archives de la préfecture tombe d'elle-même, puisque la minute du contrat pouvait être suppléée par l'expédition que possédait l'administration des Domaines. — Il paraît que cette expédition est elle-même égarée ! Nous voulons bien le croire ; mais, comme la faute n'en est point aux exposans, ce n'est pas sur eux que doivent retomber les conséquences de l'infidélité ou de la négligence du dépositaire. »

A défaut du titre, M. le directeur avait argumenté d'un extrait du sommier des ventes, délivré par le receveur de Bastia ; ensemble, d'un décompte arrêté en 1809, par le directeur des Domaines. Il avait fait observer que l'un et l'autre parlaient uniquement des terres et des vignes vendues au sieur Saliceti, sans faire aucune mention du château : M. le directeur des fortifications en avait conclu que ce silence l'excluait naturellement de la vente.

Les héritiers Saliceti ont répondu que ces pièces n'étaient point le contrat et ne pouvaient en tenir lieu (1) ; et ils ont enfin insisté sur la destination du château, et sur la longue possession de l'adjudicataire.

Leurs moyens d'appel ont tous été repoussés par l'ordonnance dont la teneur suit :

---

(1) Voy. ci-dessus la note, page 339.

LOUIS, etc.

Sur le rapport du comité du contentieux de notre Conseil d'État,

Vu la requête à nous présentée au nom de la dame *Boerio*, veuve *Saliceti*, tant en son nom que comme fondée de pouvoir de ses deux filles, la duchesse de *Lavello* et la marquise de *Potenziani*; ladite requête enregistrée au secrétariat-général de notre Conseil d'État, le 4 mai 1820, et tendant à ce qu'il nous plaise annuler un arrêté du Conseil de préfecture du département de la Corse, du 9 novembre 1819; ordonner que les exposantes seront réintégrées dans la propriété, possession et jouissance des bâtimens connus sous la dénomination vulgaire de château d'Alézia, comme formant une dépendance du domaine de Procojo, et, à ce titre, compris dans l'adjudication consentie le 26 juin 1792, au sieur Saliceti par le district de Cervione; ordonner qu'il leur sera tenu compte de la non-jouissance depuis l'indue occupation, à dire d'experts convenus entre les parties et à défaut nommés d'office par le préfet; — Subsidiairement et en cas où il serait reconnu que le prétendu fort d'Alezia est nécessaire pour la défense de l'isle et qu'il y a nécessité ou convenance qu'elles fassent à l'utilité publique le sacrifice de cette propriété, ordonner qu'elles recevront une indemnité proportionnelle à déterminer soit amiablement soit par experts convenus entre le directeur des fortifications et les réclamantes ou à défaut désignés d'office par le préfet; — Dans tous les cas condamner le défendeur aux dépens; — Vu l'arrêté attaqué du 2 novembre 1819; — Vu la lettre de notre Ministre des finances à notre Garde-des-sceaux, en date du 26 juillet 1820; — Vu la lettre de notre Ministre de la guerre à notre Garde-des-sceaux, en date du 7 décembre 1820 ; — Vu le rapport fait au Conseil d'administration des Domaines, le 6 mai 1818 ; — Vu l'extrait du décompte de l'adjudication, du 26 juin 1792 ; — Vu l'extrait du sommier de comptes relativement à ladite vente, certifié conforme par le receveur des domaines à Bastia, le 21 septembre 1817 ; — Vu copie certifiée d'une lettre de l'archiviste de Bastia portant que le procès-verbal d'estimation ne fait pas mention du château d'Alezia, mais seulement des terreins dudit domaine ; — Vu une réplique de la dame *Boério*, veuve *Saliceti*, tant en son nom qu'en vertu des pouvoirs de ses deux filles, par laquelle elle persiste dans ses précédentes conclusions, ladite requête enregistrée audit secrétariat-général le 17 janvier 1821 ; — Ensemble toutes les pièces produites ;

Considérant, en fait, qu'il est constant, par l'aveu des parties, que la minute de l'acte d'adjudication du 26 juin 1792, déposée aux archives de l'administration départementale de la Corse, a péri par force majeure ; — Considérant qu'il résulte de l'arrêté du Conseil de préfecture, du 9 novembre 1819, et qu'il n'est point contesté par la dame *Boerio, veuve Saliceti,* que l'expédition dudit acte, remise à l'adjudicataire, a été exhibée au sous-préfet de Bastia, le 16 octobre 1819 ; que copie conforme en a été expédiée et certifiée par ce magistrat, qui a rendu l'original, et que cette ampliation a été produite, par le fondé de procuration des héritiers *Saliceti*, devant le Conseil de préfecture, et ultérieurement retirée par lui ; — Considérant que c'est sur le vu de cette pièce que le Conseil de préfecture a jugé que le château d'Alezia n'a pas fait partie de la vente administrative, consentie au sieur *Saliceti,* le 26 juin 1792 ; — Considérant que la dame *Boerio, veuve Saliceti*, ne produit ni ledit acte, ni aucune pièce qui détruise le fait déclaré par le Conseil de préfecture, et que cette déclaration est d'ailleurs conforme à l'extrait de décompte et à celui du sommier, lesquels ne relatent, comme parties de l'adjudication, que des bois et vignes, sans mention aucune des bâtimens dits Château d'Alezia ;

Notre Conseil d'Etat entendu,

Nous avons ordonné et ordonnons ce qui suit :

Art. 1.er La requête de la dame *Boerio*, veuve *Saliceti*, est rejetée.

Art. 2. Notre Garde-des-sceaux et notre Ministre de la guerre sont chargés, etc.

M. Villemain, maître des requêtes, *rapporteur*. — M.e Darrieux, *avocat*.

MISE EN JUGEMENT. — Délit de petite voirie. — Maire. — Procès-verbal non argué de faux. — Recours tardif.

Par cette ordonnance, le Roi, en Conseil d'Etat, refuse l'autorisation de poursuivre un maire devant les tribunaux, pour obtenir la réparation d'un dommage qu'un particulier prétendait avoir éprouvé par suite d'un procès-verbal dressé par ledit maire, dans l'exercice de ses fonctions, et que ce particulier n'avait ni argué de faux, ni même produit dans le Conseil d'Etat.

Est-on recevable à recourir au Conseil d'Etat, lorsqu'il y a plus de 3 mois que la décision attaquée a été notifiée ? Rés. nég. (1).

(4918. — 7 mars. — Fez c. Beffara).

Dans une pièce de terre, close par une haie vive et bornée

---

(1) Voy. *Elém. de Jur. adm.*, tom. 1.er, n.o 24 et suiv. et un très-grand nombre de décisions y annotées.

du même côté par un chemin vicinal, le sieur Fez avait planté trois pommiers, à deux pieds et demi en-deçà de sa haie.

Le sieur Beffara, maire de la commune, prend cet acte de propriété pour une contravention, et, le 5 avril 1817, il enjoint au sieur Fez de déplanter ses arbres et de les reporter à dix pieds en arrière.

Les lois et celle du 9 ventose an 13, en particulier, autorisent, invitent même les propriétaires voisins des chemins à planter sur leurs rives; loin de nuire aux chemins, les arbres les ornent et offrent un salutaire ombrage aux voyageurs.

Ignorant son droit, Fez va trouver le maire, et celui-ci lui fait souscrire un engagement par lequel il se soumet à déplanter ses trois arbres *dans le courant de l'hiver prochain.*

Sans attendre l'expiration de ce délai, et le 19 décembre 1817, le maire dresse procès-verbal de la prétendue contravention qu'il désigne ainsi: « le sieur Fez a réduit la largeur du chemin en plantant, *sur sa propriété,* sans avoir demandé et obtenu l'alignement. »

Ce procès-verbal est envoyé à la préfecture de l'Eure, et le Conseil rend, le 8 avril 1818, un arrêté qui, vu l'art. 40, titre 2 de la loi du 6 octobre 1791, sur la police rurale, et l'art. 471 du Code pénal, ordonne que Fez sera tenu d'arracher les trois arbres qu'il a plantés *sur sa propriété*, et le condamne à payer une amende de 6 fr. envers l'Etat et les frais réglés à 3 fr.

Sous deux rapports, cette décision était incompétente:

1.° En matière de voirie, les Conseils de préfecture n'exercent la police que sur les grandes routes. La police des chemins vicinaux appartient aux tribunaux.

Le chemin qui longe la propriété du sieur Fez étant vicinal, le Conseil de préfecture d'Evreux n'avait nulle juridiction à exercer, quant à sa police.

2.° La contravention prétendue n'était pas commise sur le chemin; car il était reconnu par le procès-verbal du maire et par l'arrêté même du Conseil de préfecture, que les arbres étaient plantés *sur la propriété* de Fez ; il en résulte qu'il ne pouvait être tenu de demander alignement.

Il y a plus : le terrein était clos par une haie vive et les arbres étaient plantés en dedans de la clôture ; la surveillance administrative n'avait donc pas lieu de s'exercer sur la plantation elle-même.

L'article 40 du titre 2 de la loi du 3 octobre 1791 ne pouvait pas s'appliquer à l'espèce : cet article est relatif à l'usurpation sur la largeur des chemins publics, et il est évident qu'il ne pouvait y avoir usurpation du chemin dans le fait d'une plantation opérée en dedans d'une clôture séparative du chemin et de la terre.

L'art. 471 du Code pénal n'était pas plus applicable; car, outre qu'il ne désigne point le dédit imputé à Fez, il ne pouvait avoir aucun effet là où il n'y avait et ne pouvait y avoir *délit*.

Toutefois la décision du Consiel de préfecture a été rigoureusement exécutée.

Fez s'est pourvu devant le juge de paix, contre le maire, en réparation du tort qu'il lui avait causé d'abord pour l'avoir repris et fait condamner à l'occasion d'un fait qui n'était pas délit; ensuite parce qu'il avait manqué à la disposition précise d'un engagement qui laissait à Fez tout l'hiver pour faire arracher ses arbres.

Le maire a excipé du défaut d'autorisation pour le poursuivre. Fez s'est retiré, à cet effet, devant le Conseil d'Etat, et il a, en même temps, demandé l'annulation de l'arrêté du Conseil de préfecture.

Il a exposé, sur le premier point : que le maire d'Illiers lui avait causé un dommage par la dénonciation intempestive d'un fait qui n'était point qualifié délit par les lois ; que c'était donc par son fait personnel et contrairement aux termes formels d'une convention écrite, qu'il avait attiré sur le plaignant des condamnations non méritées ; — Sur le 2.e point : qu'il n'était pas douteux que la décision du Conseil de préfecture fût à la fois injuste et incompétente, en ce qu'elle avait ordonné d'arracher des arbres plantés dans une propriété privée, et qui ne pouvaient nuire au chemin, dont ils étaient séparés par une haie.

Voici l'ordonnance qui a rejeté les conclusions du sieur Fez.

LOUIS, etc.

Sur le rapport du comité du contentieux de notre Conseil d'État,

Vu la requête à nous présentée, au nom du sieur *Fez*, demeurant dans la commune de Cour-de-Manche département de l'Eure, ladite requête enregistrée au secrétariat-général de notre Conseil d'Etat, le 15 janvier 1821, et tendant à ce qu'il nous plaise autoriser l'exposant à poursuivre, devant les tribunaux, le sieur *Beffara*, maire d'Illiers, en réparation du tort qu'il lui a causé ; en tant que de besoin annuler, tant pour incompétence qu'autrement, l'arrêté du Conseil de préfecture du département de l'Eure, du 29 janvier 1818, ordonner la restitution des sommes qu'il a été obligé de payer, en vertu de ladite décision, sous la réserve de ses droits contre ledit sieur *Beffara* ; — Vu l'arrêté attaqué, lequel condamne le sieur *Fez* à arracher trois pommiers qu'il a plantés sur sa propriété, en contravention à l'alignement ; — Vu l'extrait certifié par le secrétaire-général de la préfecture de l'Eure, d'un écrit, en date du 8 avril 1817, par lequel le sieur *Fez* se soumettait à déplanter lesdits arbres dans l'hiver, sur la représentation à lui faite par le sieur *Beffara*, maire, qu'ils avaient été plantés en contravention aux réglemens; — Vu un acte de notoriété dont les signataires déclarent qu'il existe, entre le chemin et les arbres plantés, une haie appartenant au sieur *Fez*; — Vu la sentence interlocutoire du juge de paix de Nonancourt;

Quant au premier chef de la demande du sieur Fez: — Considérant que le sieur *Beffara* a rédigé, dans l'exercice de ses fonctions, le procès-verbal qui a servi de base à l'arrêté du Conseil de préfecture, et que ledit procès-verbal n'est argué de faux ni même produit (1) par le sieur *Fez*; —Considérant, quant au deuxième chef de la demande tendant à l'annulation de cet arrêté, que le sieur *Fez* ne s'est pas pourvu, dans les délais du réglement, contre ledit arrêté à lui notifié le 30 janvier 1818; (2).

Notre Conseil d'Etat entendu,

Nous avons ordonné et ordonnons ce qui suit:

Art. 1.er La requête du sieur *Fez* est rejetée.

At. 2. Notre Garde-des-sceaux et notre Ministre des l'intérieur sont chargés, etc.

M. Villemain, maître des requêtes, *rapporteur*. — M.e Champion-Villeneuve, *avocat*.

PENSIONS DE RETRAITE. — EMPLOYÉS DES CONTRIBUTIONS INDIRECTES. — DESTITUTION ENCOURUE ET

---

(1) Fez avait *produit* l'arrêté du Conseil de préfecture où se trouvait relatée la teneur du procès-verbal.

(2) La notification, dans l'espèce, avait été purement administrative.

NON PRONONCÉE.—SUPPRESSION D'EMPLOI.—APPLICATION DE L'ORDONNANCE ROYALE DU 25 NOV. 1814. (1).

Les employés des contributions indirectes, qui sont réformés par le fait de la suppression de leur emploi, ont-ils, d'après l'ordonnance du 25 novembre 1814, un droit absolu à une pension de retraite; et si cette pension leur est refusée, peuvent-ils introduire leur réclamation devant le Conseil d'Etat par la voie contentieuse? Rés. nég.

(4763. — 7 mars 1821. — Ducros.)

Le sieur Ducros, successivement employé dans diverses administrations, depuis 1795, était, en dernier lieu, pourvu de la place de receveur-général des canaux du midi.

Il a exercé ces fonctions jusqu'au 8 mars 1815, époque à laquelle il lui fut annoncé que, par suite d'une décision du Ministre des finances, en date du 28 novembre 1814, M. le directeur-général des contributions indirectes avait, le 8 février 1815, prononcé la suppression de l'emploi de receveur-général des canaux, à dater du 1.er avril suivant.

Cette décision n'était que la conséquence du principe établi par la dernière loi sur les finances, qui prescrivait de verser au trésor le montant des taxes de cette espèce, pour y être employé aux dépenses du service, de réparation et d'entretien des canaux.

Postérieurement à l'exécution de cette décision, l'exposant a satisfait à toutes ses obligations envers le trésor; il a même payé des intérêts pour des sommes qu'il devait conserver en caisse, afin d'assurer le service des années antérieures à celle de sa suppression.

---

(1) Elle n'est pas insérée au Bulletin des Lois; voyez-la dans le *Recueil complet des lois et ordonnances du royaume*, vol. 1814, pag. 618 et suivantes.

Il a demandé que sa pension fût liquidée; et, le 21 février 1816, M. le directeur-général des droits-réunis lui a répondu qu'il avait en effet droit à sa retraite, comme employé supprimé, et qu'on s'occuperait de la régler dès qu'il aurait fourni ses états de services; qu'enfin, pour le temps écoulé depuis sa suppression jusqu'à la liquidation définitive de sa pension, il toucherait les 4/5.es de sa liquidation provisoire. — Et en effet, depuis le 1.er avril 1815 jusqu'au 1.er janvier 1818, le paiement lui en a été effectué.

Le 16 janvier 1818, un avis du Comité des finances, approuvé par le Ministre, le 17 février suivant, a refusé d'allouer au sieur Ducros aucune pension de retraite, et cette décision a été fondée sur ce que l'art. 23 (1) de l'ordonnance royale du 25 novembre 1814 lui était applicable, comme ayant *encouru* la destitution.

Le sieur Ducros a formé son recours au Conseil d'Etat contre cette décision: il s'est efforcé de démontrer, 1.° que l'ordonnance citée ne pouvait recevoir d'application à son égard, et qu'il avait droit, à raison de ses longs services et de la suppression de sa place, à la pension de retraite, comme employé supprimé, à compter du 1.er avril 1815, époque de la cessation de ses fonctions; 2.° qu'il n'en pouvait être privé comme employé destitué, *puisque sa destitution n'avait point été prononcée*; 3.° qu'enfin, loin d'avoir même été constitué en débet, lors de la vérification de sa caisse, opérée le 8 mars 1815, il était établi, au contraire, qu'il s'était entièrement libéré avec le trésor.

Le 17 novembre 1820, le Ministre des finances, à qui la requête du sieur Ducros avait été communiquée, a transmis au Conseil le rapport à lui présenté sur cette affaire et les pièces principales.

---

(1) « Tout employé destitué perd ses droits à la retraite, lors même qu'il aurait le temps de service nécessaire pour l'obtenir. »

Après en avoir pris connaissance, le sieur Ducros, par une nouvelle requête, a supplié d'observer que la correspondance et le rapport de M. le directeur-général de l'adm. des contributions indirectes (années 1816 et 1817), loin de le présenter comme un employé destitué, et de le constituer en débet, établissaient au contraire que la suppression de son emploi n'avait eu lieu que par suite d'une mesure générale ordonnée par le Ministre; qu'il n'avait jamais encouru de destitution pour cause de débet; qu'au contraire il était de notoriété qu'ayant été forcé, pour raison de grave maladie, de confier sa gestion à un agent infidèle, sa caisse avait été spoliée, fait qui, depuis, avait été constaté par M. le directeur de Montpellier, qui affirmait, d'après des renseignemens certains, que le sieur Ducros, étant très-malade à l'époque de sa suppression, avait été forcé de donner sa confiance à un employé qui avait mal géré, et qu'il avait de plus été volé de sa caisse, circonstance particulière à laquelle pouvait être attribué le déficit qui avait été reconnu à la charge du comptable, et dont ce dernier s'était empressé de se libérer.

L'ordonnance suivante a rejeté les moyens du S.r Ducros.

LOUIS, etc.

Sur le rapport du comité du contentieux de notre Conseil d'Etat,

Vu la requête à nous présentée, au nom du sieur *Ducros*, ancien receveur-général des canaux du midi, dans le département de l'Hérault; ladite requête, enregistrée au secrétariat-général de notre Conseil d'Etat, le 26 août 1820, et tendant à ce qu'il nous plaise annuler la décision de notre Ministre des finances, du 17 février 1818, ordonner le renvoi de la demande de l'exposant en liquidation de pension, conformément aux lois et ordonnances; — Vu l'avis du

Comité des finances, portant que le sieur *Ducros* ayant, par le fait de son déficit, encouru la destitution, avait perdu son droit à la pension, ledit avis approuvé par notre Ministre des finances, le 17 février 1818; — Vu une lettre du directeur des contributions indirectes de Montpellier, en date du 8 mars 1815, annonçant au sieur *Ducros* que notre Ministre des finances, par décision du 8 février 1815, a prononcé la suppression de l'emploi de receveur-général des canaux du midi; — Vu la lettre de notre Ministre des finances à notre Garde-des-sceaux, et les pièces y jointes, notamment le procès-verbal dressé lors de la reddition des comptes du sieur *Ducros*, le 19 mars 1817; — Vu une nouvelle requête pour le sieur *Ducros*, enregistrée audit secrétariat-général, le 19 décembre 1820; —Vu l'ordonnance du 25 novembre 1814;

Considérant que l'emploi du sieur *Ducros* a été supprimé par une mesure générale de l'administration, du 28 novembre 1814, et que notre ordonnance du 25 novembre 1814 est seule applicable à l'espèce; — Considérant que l'article 9 (1) de ladite ordonnance ne confère aux employés des contributions indirectes, dans les cas y indiqués, qu'un droit subordonné à l'examen de leur conduite, et ne peut donner lieu à une réclamation introduite par la voie contentieuse;

Notre Conseil d'Etat entendu,

Nous avons ordonné et ordonnons ce qui suit:

---

(1) Cet article est ainsi conçu: « Une pension *pourra* néanmoins être accordée avant vingt-cinq ans de service, pour les employés sur service actif, et trente ans de service effectif, pour les employés de service de l'administration intérieure, à ceux que des accidens ou des infirmités contractées dans leurs fonctions rendraient incapables de les continuer, *ou qui, après dix ans de service et au-dessus, dont dix ans au moins dans l'administration, se trouveraient réformés par le fait de suppression de leur emploi.* »

Art. 1.er La requête du sieur *Ducros* est rejetée (1).

Art. 2. Notre Garde-des-sceaux et notre Ministre des finances sont chargés, etc.

M. Villemain, maître des req., *rapporteur.* — M.e Hardy, *avocat.*

TRAVAUX PUBLICS. — DEVIS DES OUVRAGES. — DÉTAIL ESTIMATIF. — FORCE DE L'UN ET DE L'AUTRE. — TRAVAUX PRÉVUS ET NON PRÉVUS. — SUPPLÉMENT DE PRIX POUR CES DERNIERS.

Le devis *qui a précédé l'adjudication de travaux publics, doit-il être considéré comme la base du contrat ?* Rés. aff.

En est-il de même du détail estimatif? Rés. nég.

Quid, *si le procès-verbal d'adjudication se réfère à ce dernier ?*

L'administration doit-elle payer le prix des travaux non prévus, et exécutés d'après ses ordres ? Rés. aff.

(4790. — 7 mars 1821. — Le Ministre de l'intérieur c. Blanchard).

Le sieur Blanchard s'était rendu adjudicataire de la construction d'une maison d'arrêt à Saint-Lô, et d'un nouveau corps de bâtiment à faire à l'hôtel de la préfecture.

Le devis évaluait à 15 centimètres cubes la quantité de mortier à employer pour chaque mètre cube de maçonnerie, et le cahier des charges portait que les pierres, tirées des meilleurs bancs de la carrière assignée pour les travaux, seraient posées et assujéties à bain de mortier de chaux et de sable.

---

(1) Le sieur Ducros s'est, depuis, pourvu devant la Chambre des députés, par voie de pétition, et, dans sa séance du décemb. 1821, la Chambre a passé à l'ordre du jour.

L'entrepreneur prétendit que, pour se conformer à cette clause, il était obligé d'employer 33 centimètres cubes de mortier, au lieu de 15, et demanda qu'on lui tînt compte des 18 centimètres d'excédant. Il sollicita, de plus, une indemnité pour la confection de 15 voûtes de décharge dans le mur de fondation de la prison, lesquelles n'avaient pas été prévues au devis.

Le Conseil de préfecture, devant lequel cette réclamation fut portée, ordonna, pour s'éclairer, plusieurs expériences, et reconnut qu'effectivement il entrait, dans un mètre cube de maçonnerie, exécutée comme l'indiquait le cahier des charges, environ 33 centimètres cubes de mortier, et décida que la différence entre cette quantité et celle énoncée par le devis devait être allouée à l'entrepreneur. Il arrêta également qu'il lui serait accordé une indemnité de 180 fr. pour les 15 voûtes de décharge.

S. Exc. le Ministre de l'intérieur (1) s'est pourvu, devant le Conseil d'Etat, contre cet arrêté.

« Le Conseil de préf. (a-t-il dit) a considéré le détail estimatif comme la base du marché, tandis qu'il n'est qu'un renseignement préliminaire destiné à régler la mise à prix, et qu'il ne peut jamais former titre. Le marché a pour objet l'exécution complète du cahier des charges. Or, ce cahier portait expressément que la pierre serait employée à bain de mortier; c'était à l'adjudicataire à s'assurer, avant de soumissionner, s'il y avait accord, en cela, entre le devis et les conditions de l'exécution.

(1) Aux Ministres seuls appartient le droit de procéder devant le Comité du contentieux du Conseil d'Etat, au nom du Gouvernement. — Les directeurs-généraux peuvent bien, en certaines occasions, instruire les affaires qui y sont ainsi portées, rassembler et fournir tous les documens propres à éclairer le jugement à intervenir; mais ils ne peuvent suppléer le ministre dans l'acte qui introduit le procès devant le Conseil d'Etat. — Voy. l'art. 16 du réglem. du 22 juillet 1806.

« Le Conseil des bâtimens civils, que j'ai consulté, a reconnu les droits de l'entrepreneur à l'indemnité qui lui a été allouée pour les voûtes; mais, quant au premier objet de la réclamation, il n'a pas jugé que les expériences sur lesquelles le Conseil de préfecture a fondé son arrêté fussent concluantes, attendu que, dans aucune, on n'a fait usage de pierres exactement conformes à celles dont le cahier des charges prescrit l'emploi.

» L'entrepreneur était tenu, d'une part, à employer les pierres provenant de démolition, et de l'autre, à fournir des pierres neuves. La quantité de mortier qui devait servir à lier ces dernières a été exprimée dans *l'état estimatif*, et le mode de construction l'a été dans le cahier des charges. Si toute la maçonnerie eût été faite en pierres neuves, l'entrepreneur n'aurait pas été admissible à réclamer un supplément de prix, puisque, en se rendant adjudicataire, il a dû reconnaître que les prix étaient suffisans; mais il n'a rien été stipulé pour l'emploi des matériaux de démolition; et, quoique l'administration pût arguer delà que l'omission d'une clause spéciale laissait, aux risques de l'entrepreneur, toutes les augmentations de frais qu'occasionnerait la construction en vieilles pierres, il a paru équitable de lui tenir compte de la plus grande quantité de matériaux qu'il a fournie pour les travaux de cette espèce.

» Par ces motifs, le Conseil des bâtimens civils et le directeur des travaux de Paris ont été d'avis : — 1.° De faire annuler l'arrêté du Conseil de préfecture de la Manche, du 5 mars dernier, en ce qui concerne la première partie de la réclamation du sieur Blanchard; — 2.° D'ordonner que, d'après une nouvelle expertise, il sera statué, par le même Conseil, sur les indemnités auxquelles cet entrepreneur sera reconnu avoir droit pour raison de la plus grande quantité de mortier qu'a pu exiger l'emploi de ces anciens matériaux.

» Je crois que cet avis est bien motivé, et qu'il sera utile de fixer la jurisprudence, sur cette matière, par une décision solennelle, afin d'empêcher que les entrepreneurs ne s'engagent un peu trop légèrement, en se flattant d'être admis, après l'exécution des marchés, à compter des augmentations de frais résultant de quelques parties des travaux. »

Appelé à fournir ses défenses à cette action engagée par le Ministre, le sieur Blanchard a répondu : — Que l'indemnité accordée l'avait été en très-grande connaissance de cause, et après avoir pris tous les renseignemens possibles pour constater le fait de l'emploi nécessaire d'une plus grande quantité de mortier que celle fixée au cahier des charges; — Que la distinction établie entre le moëlon et les pierres à fournir en compte, ne se trouvait pas dans l'adjudication; — Que, d'ailleurs, c'était un usage universellement reçu, en matière de *bâtisse*, que si le propriétaire change son plan ou devis, si lui-même indique un changement, l'entrepreneur est, de son côté, affranchi de son devis; qu'il s'opère entr'eux une autre marché, une autre convention, et que les nouveaux changemens exigent un supplément de prix; — Que c'était à cet usage que le Conseil de préfecture s'était conformé.

» Enfin, a demandé le sieur Blanchard, à quoi tend la distinction que l'on voudrait établir? Elle semble insinuer que toutes les constructions qui ont été faites avec les pierres fournies par l'entrepreneur n'ont eu besoin ni de chaux ni de mortier; que du moins la même quantité n'a pas été nécessaire; — Mais cette distinction paraît dénuée de tout fondement. Que la pierre ait été fournie à l'entrepreneur ou que lui-même se la soit procurée, peu importe. Dans l'un et dans l'autre cas, il a fallu employer une quantité considérable de chaux, pour rendre la construction plus solide. Cette dépense a été faite sur la demande ou avec l'approbation de l'architecte du département : il faut donc, en payer la valeur. — Au surplus, il ne faut pas ici s'attacher à la forme du devis : la dépense, en chaux, a été faite, dans un temps utile, pour donner à la construction un tout autre degré de solidité: elle a été faite de bonne foi; refuser au suppliant une juste indemnité pour ce surcroît de dépense, ce serait enrichir le département au préjudice d'un simple particulier; ce serait le punir d'avoir voulu mieux faire. Telle ne peut être la volonté de S. M. »

Deux des chefs de la réclamation du sieur Blanchard ont été reconnus fondés par l'ordonnance suivante :

LOUIS, etc.

Sur le rapport du comité du contentieux de notre Conseil d'Etat,

Vu le pourvoi administrativement formé, le 11 novembre 1820, par notre Ministre de l'intérieur, contre un arrêté du Conseil de préfecture du département de la Manche, du 3 mars 1820, sur les réclamations présentées par le sieur *Blanchard*, entrepreneur des travaux de construction d'un nouveau corps de bâtiment à l'hôtel de la préfecture, et d'une maison d'arrêt à Saint-Lô, ledit pourvoi enregistré au secrétariat-général de notre Conseil d'Etat, le 15 novembre 1820, et tendant à ce qu'il nous plaise annuler l'arrêté dont il s'agit, en ce qui concerne la première partie de la réclamation du sieur *Blanchard*, et ordonner que, d'après une nouvelle expertise, il sera statué par le même Conseil, sur les indemnités auxquelles cet entrepreneur sera reconnu avoir droit, pour raison de la plus grande quantité de mortier qu'a pu exiger l'emploi des anciens matériaux; — Vu le mémoire en défense à nous présenté au nom du sieur *Blanchard*, entrepreneur de bâtimens à St.-Lô, départem. de la Manche, ledit mémoire enregistré, audit secrétariat-général, le 2 janvier 1821, et tendant à ce qu'il nous plaise rejeter la demande en annulation formée par notre Ministre de l'intérieur ; — Vu la lettre dudit sieur *Blanchard* à notre Garde-des-sceaux, en date du 11 janvier 1821 ; — Vu le procès-verbal d'adjudication, du 16 mai 1818, des ouvrages à faire pour la construction d'une maison d'arrêt à Saint-Lô, portant que l'entrepreneur est tenu de se conformer ponctuellement aux conditions générales et particulières rédigées par l'architecte des bâtimens départementaux ; — Vu le devis desdits ouvrages, en date du 26 mars 1818, et notamment l'art. 1.er des conditions particulières, relatives à la maçonnerie, ledit article portant que les pierres seront bien assujéties et mises à bain de mortier de chaux et de sable ; — Vu le détail estimatif desdits ouvrages, en date du 26 janvier 1818 ; — Vu le procès-verbal d'adjudication, du 14 octobre 1818, des ouvrages à faire aux bâtimens de l'hôtel de préfecture, portant : « l'entrepreneur est tenu de se conformer ponctuellement aux conditions générales et particulières rédigées par l'architecte des bâtimens départementaux » ; — Vu le devis desdits ouvrages, en date du 31 août 1818, et notamment l'art. 1.er des conditions générales, portant que toute la maçonnerie sera faite à bain de mortier, de chaux et de sable ; — Vu le détail estimatif desdits ouvrages, en date du 31 août 1818 ; — Vu le rapport du sieur Paris, architecte du département de la Manche, des 9 août, 16 septembre 1819 et 30 mars 1820 ; — Vu les rapports d'experts, des 22 septembre 1819 et 22 février 1820 ; — Vu l'arrêté du Conseil de préfecture du département de la Manche, du 3 mars 1820, portant qu'il sera fait compte au sieur *Blanchard* de 33 centimètres cubes de mortier par chaque mètre cube de maçonnerie par lui exécuté et à exécuter, c'est-à-dire de 18 centimètres en sus de la quantité exprimée au devis, et qu'il lui est en outre adjugé une indemnité de 180 fr. pour les 15 voûtes de décharge par lui construites; — Vu la lettre du préfet du département de la Manche, du 8 avril 1820; — Vu l'avis du Conseil des bâtimens civils, du 15 juin 1820, et la lettre du directeur des bâtimens civils, du 5 juillet même année; — Vu les autres pièces produites et jointes au dossier;

En ce qui concerne les ouvrages *prévus* :

Considérant que le devis est la base de l'adjudication, que le détail estimatif n'est qu'un document propre à éclairer l'administration sur la fixation de la mise à prix, et qu'il ne pourrait être considéré comme une pièce du contrat, qu'autant que le procès-verbal d'adjudication s'y serait référé, ce qui n'a pas eu lieu dans l'espèce; — Considérant qu'aux termes du devis, la maçonnerie a dû être faite à bain de mortier de chaux et de sable, sans indication de quantité, et que c'est à tort qu'il a été dit, dans l'arrêté attaqué, que cette quantité avait été exprimée au devis; — En ce qui concerne les ouvrages *non prévus* : — Considérant que notre Ministre de l'intérieur acquiesce à ce que le prix des voûtes de décharge soit alloué au sieur *Blanchard*, et à ce que, pour l'emploi des matériaux de démolition, il soit tenu compte à l'entrepreneur de l'excédent de mortier qui a dû entrer dans cette partie des constructions;

Notre Conseil d'État entendu,

Nous avons ordonné et ordonnons ce qui suit :

Art. 1.er L'arrêté du Conseil de préfecture du département de la Manche, du 3 mars 1820, est approuvé en ce qu'il alloue au sieur *Blanchard* le prix des voûtes de décharge et un supplément de prix pour chaque mètre cube de maçonnerie faite avec d'anciens matériaux.

Art. 2. Il est annulé, en ce qu'il étend cette dernière disposition à la maçonnerie faite dans les cas prévus au devis.

Art. 3. Notre Garde-des-sceaux et notre Ministre de l'intérieur sont chargés, etc.

M. Tarbé, maître des req., *rapporteur.* — Me Loiseau, *avocat.*

GRANDE VOIRIE. — POLICE DU ROULAGE. — CHARGEMENT DES VOITURES. — NOMBRE DE CHEVAUX ATTELÉS. — DÉCRET DU 23 JANVIER 1806. — ARRÊTÉ D'UN PRÉFET, INTERPRÉTATIF DE CE DÉCRET. — AMENDE RESTITUÉE. — DÉPENS.

La loi du 7 ventose an 12 doit-elle être appliquée aujourd'hui dans les dispositions qui avaient proportionné à la largeur des jantes le nombre de chevaux qu'il était permis d'atteler à une voiture de roulage? Rés. nég.

L'administration des contributions indirectes est-elle intéressée au jugement des contraventions aux lois sur la police du roulage? Rés. nég.

(4260. — 7 mars 1821. — Blandin, Beaufrais et autres.)

Le 16 avril 1807, M. le préfet du départem. de la Haute-Saône avait pris un arrêté ainsi conçu: « Il sera loisible d'atteler aux charrettes ou voitures le nombre de chevaux trouvés nécessaires, pourvu que le poids et la largeur des bandes des roues soient conformes à ce qui est ordonné. »

Cet arrêté avait été rendu par suite d'une décision de M. le directeur-général des ponts-et-chaussées, du 9 décembre 1806, relatée dans ledit arrêté; et cette décision était elle-même motivée sur le décret du 23 juin 1806, qui avait établi un nouveau système pour la conservation des routes, et ne contenait aucune disposition sur le nombre de chevaux attelés aux voitures de roulage.

Dans le courant d'août 1818, il a été dressé, contre plusieurs habitans-cultivateurs du département, des procès-verbaux constatant que leurs voitures, dont les jantes n'avaient que 11 centimètres, étaient cependant attelées de quatre et cinq chevaux; d'où l'on croyait pouvoir induire qu'ils étaient en contravention aux dispositions de la loi du 7 ventose an 12.

Après un 1.er arrêté par défaut, le Conseil de préfecture les a condamnés, sur leur opposition, à 50 fr. d'amende chacun et aux frais liquidés. Voici les motifs des juges : « Le décret du 23 juin 1806 n'a jamais été une loi; il a été » rendu en conséquence de l'art. 7 de celle du 7 ventose » an 12, et il n'est qu'un réglement pour en assurer l'exé- » cution et non pas un réglement subversif de cette loi : les » dispositions de cette dernière ont été légitimement appli- » quées aux réclamans. »

Ceux-ci se sont pourvus au Conseil d'État, et leur premier grief a été fondé sur la fausse application du décret du 23 juin 1806. Ils ont dit que le législateur, en publiant la loi du 7 ventose an 12, avait eu pour but de conserver les routes (1) en établissant le poids des objets transportés par le nombre de chevaux; que cette loi, réclamée par le mauvais état des routes, contenait des dispositions sages; mais qu'elle n'avait été qu'une pierre d'attente sur laquelle on devait élever, dans la suite, un édifice plus solide; que le décret du 23 juin 1806, résultat de l'expérience, avait atteint le but; et qu'il avait pourvu à la conservation des routes, en statuant que désormais les fardeaux voiturés seraient proportionnés à la largeur des jantes et à la direction des essieux.

Leur second moyen d'appel a été tiré de l'existence de l'arrêté du 16 avril 1807 dont la disposition est ci-dessus

---

(1) C'est la loi du 29 floréal an 10, qui, la première, depuis la révolution, a été rendue sur cette matière.

rapportée; et les appelans ont fait remarquer que cet arrêté n'ayant été ni rapporté par l'autorité préfectorale, ni infirmé par l'autorité supérieure, il aurait dû être une loi pour le Conseil de préfecture; et que, puisqu'ils avaient usé de la faculté par lui donnée, ils n'avaient pu être en contravention à cause du fait reproché.

M. le directeur-général des ponts-et-chaussées, consulté sur le fondement de ce pourvoi, lui a donné son assentiment par une lettre du 28 septembre 1820, d'où nous tirons les observations suivantes :

« L'arrêté du Conseil de préfecture dont on réclame l'annulation est fondé sur un faux principe. En effet, à l'époque où la loi du 7 ventose an 12 fut publiée (1), les ponts à bascule n'étant pas encore établis, on n'avait aucun moyen exact de vérifier si le chargement des voitures était proportionné à la largeur des jantes de leurs roues; on se vit ainsi forcé de prendre pour règle le nombre des chevaux. C'est de là qu'est résultée la disposition de l'art. 2 de la loi précitée qui fixe la largeur des jantes en raison du nombre des chevaux.

» Mais depuis l'établissement des ponts à bascule, l'administration ayant un moyen assuré de faire procéder à la vérification des chargemens, le décret du 23 juin 1806 a proportionné le poids des voitures non pas au nombre des chevaux, mais à la largeur des jantes.

» Le Comité du contentieux ne manquera pas d'observer que ce décret a été rendu en vertu du pouvoir donné au Gouvernement par l'art. 7 de la loi du 7 ventose an 12, et que c'est à tort que le Conseil de préfecture, dans son arrêté du 12 avril 1819, lui a refusé le droit de modifier les dispositions de cette loi qui n'étaient que transitoires.

(1) Voy. dans mes *Elém. de jur. adm.*, tom. 2, p. 289 et suivantes, motifs de cette loi et de celle du 29 fructidor an 10.

» Il reconnaîtra, en même temps, que l'arrêté du préfet, du 16 avril 1807, ne contient rien que de légal. — En se reportant au procès-verbal rédigé contre les réclamans, on n'y voit point qu'ils aient contrevenu à aucune disposition du décret du 23 juin 1806, relative au poids de la voiture ou à la largeur des jantes; ils sont seulement prévenus d'avoir circulé, sur une route classée, avec des voitures attelées de quatre et cinq chevaux, dont les jantes n'avaient que 11 centimètres de largeur. Pour qu'il y eût contravention, il aurait fallu que les voitures à jantes de 11 centimètres pesassent plus qu'il n'est toléré, pour cette largeur des bandes, par le réglement d'administration publique auquel la loi a conféré le droit de proportionner cette largeur au poids du chargement; mais les voitures n'ont pas été pesées, et rien n'établit que leur poids excédât les bornes fixées par le réglement qui régit la matière.

» En admettant la doctrine du Conseil de préfecture, une voiture chargée conformément à ce qui est prescrit par le décret du 23 juin 1806, pourrait, après avoir été soumise au pesage en passant sur un pont à bascule, et avoir été reconnue en règle, être arrêtée et reprise de contravention, eu égard au nombre des chevaux qu'elle aurait, et l'on verrait un agent de l'administration publique la reconnaître dans les termes de la loi, et un autre la déclarer en infraction. Je n'ai pas besoin de m'étendre sur les inconvéniens qui en résulteraient.

» Tout en reconnaissant que le Conseil de préfecture a pu être amené à condamner les réclamans par la considération que leurs voitures étaient réellement en surcharge (car on n'attèle pas quatre et cinq chevaux pour traîner seulement le poids toléré pour des voitures à jantes de 11 centimètres), je ne peux refuser d'admettre la validité des moyens puisés par eux dans les dispositions du décret du 23 juin 1806. »

C'est aussi le jugement qu'en a porté le Conseil d'Etat.

LOUIS, etc.

Sur le rapport du comité du contentieux de notre Conseil d'État,

Vu la requête à nous présentée au nom des sieurs *Jean Blandin*, *Nicolas Beaufrais*, et autres habitans de la commune *de Vaites*, arrondissement de Gray, département de la Haute-Saône, ladite requête, enregistrée au secrétariat-général de notre Conseil d'Etat, le 12 juillet 1819, et tendant à ce qu'il nous plaise ordonner préparatoirement que la présente requête soit communiquée à l'administration des contributions indirectes, et déclarer explicitement à qui devra être signifiée l'ordonnance de soit communiqué, afin qu'aucune fin de non-recevoir ne puisse être élevée par le défaut de qualité du fonctionnaire à qui la signification aura été faite; — Au fond, annuler définitivement l'arrêté du Conseil de préfecture du 12 avril 1819, attendu qu'il a méconnu le sens et l'effet du décret du 23 juin 1806, sur la police du roulage; attendu surtout qu'il a méconnu l'application locale de l'arrêté du préfet du 16 avril 1807; — Ordonner que toutes les sommes payées par les exposans, ensuite de cet arrêté, leur seront restituées, et condamner, en tous les dépens, l'administration des contributions indirectes; — Vu l'arrêté du Conseil de préfecture du département de la Haute-Saône, des 7 septembre et 12 novembre 1818, qui condamne chacun des requérans en cinquante francs de dommages, indépendamment du décime pour franc, et aux frais liquidés, pour avoir contrevenu à la loi du 7 ventose an 12; — Vu l'arrêté dudit Conseil de préfecture du 12 avril 1819, qui, nonobstant l'opposition, prononce que les précédentes dispositions seront exécutées selon leur forme et teneur; — Vu la loi du 7 ventose an 12, le décret du 4 prairial an 13, et celui du 23 juin 1806, concernant la largeur des jantes pour les voitures des roulage ; — Vu l'arrêté du préfet du département de la Haute-Saône, du 16 avril 1807, interprétatif de la loi et des décrets précités ; — Vu les renseignemens transmis, le 28 septembre 1820, par notre directeur-général des ponts-et-chaussées ; — Vu les autres pièces produites ;

Considérant que l'article 7 de la loi du 7 ventose an 12 a conféré au gouvernement le droit de modifier les dispositions de cette loi qui n'étaient que transitoires ; — Considérant qu'en effet le décret du 23 juin 1806, a déterminé définitivement le mode de procéder à la vérification des chargemens des voitures de roulage, et que l'arrêté du préfet du département de la Haute-Saône, du 16 avril 1807, est basé sur ledit décret ; — Considérant que les requérans n'ont pas contrevenu audit arrêté, et que les dispositions abrogées de la loi du 7 ventose an 12 leur ont été mal-à-propos appliquées ; — Considérant, sur les conclusions relatives aux dépens, que l'administration des contributions indirectes est étrangère à la contestation ;

Notre Conseil d'Etat entendu,

Nous avons ordonné et ordonnons ce qui suit :

Art. 1.er Les arrêtés du Conseil de préfecture du département de la Haute-Saône, des 7 septembre et 2 novembre 1818, et du 12 avril 1819, sont annulés.

Art. 2. Les sommes payées par les requérans, en exécution desdits arrêtés, leur seront restituées.

Art. 3. Notre Garde-des-sceaux et notre Ministre de l'intérieur et des finances sont chargés, etc.

M. Tarbé, maître des req., *rap.* — M.e Sirey, *avocat.*

GRANDE VOIRIE. — VOIRIE URBAINE. — COMPÉTENCE. — CONTRAVENTION. — RÉPARATIONS NON CON-

PORTANTES, MAIS NON AUTORISÉES. — AMENDE RÉDUITE PAR UN CONSEIL DE PRÉFECTURE.)

Lorsqu'il arrive qu'une maison se trouve à la fois située et sur une rue dépendant de la grande voirie et sur une autre rue dépendant de la voirie urbaine, et que des réparations non autorisées ont été faites sur cette dernière rue, le Conseil de préfecture est-il compétent pour prononcer sur la contravention? Rés. aff. (1).

Si les réparations faites ont été nécessitées par suite de l'ouverture d'une nouvelle rue et de la démolition d'une maison voisine, et si elles ne sont pas de nature à augmenter la solidité de la maison subsistante, est-ce le cas d'ordonner la démolition des ouvrages décrits au procès-verbal de contravention? Rés. nég. (2).

Quoique la contravention se trouve ainsi réduite au seul défaut de la demande préalable en autorisation de faire ces ouvrages, la condamnation à l'amende est-elle néanmoins encourue? Rés. aff. (3).

(5184. — 7 mars 1821. — Pottier.)

La dame veuve Pottier avait acquis, de la ville de Rouen, plusieurs maisons situées sur le quai. Son contrat lui imposait la condition 1.° de se soumettre à l'alignement, dans le cas où l'autorité jugerait convenable de redresser et d'em-

(1) Voy. *Elém. de Jur. adm.*, tom. 2, p. 352, n.° 18. — Ordon. des 20 novembre 1815. Chéradame. *Jur. du C. d'Et.*, tom. 3, p. 184. 6 mars 1816. Viardin. *ibid.*, tom. 3, p. 247.

(2) Voy. Décret du 22 juin 1811. Guibert et autres c. Combeguilles. *Jur. du C. d'Et.*, t. 1.er, p. 504. — Ordon. des 30 juillet 1817. Boyer. *ibid.*, tom. 4, p. 97. — 8 septembre 1819. Pésas, Baraquin et autres habitans de Rouen. *Arch. du Comité*, n.° 3913.

(3) Voy. la note 1.re ci-dessus.

bellir le port; 2.° d'ouvrir un débouché à la rue de *Corneille*.

Deux de ces maisons étaient contigues et toutes deux adossées à un vieux mur de ville, dans lequel une communication avait été pratiquée pour la commodité des locataires.

L'une d'elles devait être abattue pour servir de débouché à la rue projetée. Pour éviter de se trouver à jour et sans clôture, ladite veuve Pottier avait fait construire, en dedans de l'autre maison, un pan de mur d'un ou deux mètres carrés, destiné à fermer l'ouverture intérieure dont il vient d'être parlé, et avait en outre fait enduire de plâtre toute la façade.

A l'époque où la construction de ce mur de refend avait été faite, la maison sur l'emplacement de laquelle la rue devait passer, était debout, de sorte que la maison voisine ne se trouvait pas encore sur la voie publique.

Dès que la rue a été percée, l'inspecteur de la grande voirie a dressé un procès-verbal du fait de cette construction, et le préfet d'abord et le Conseil de préfecture ensuite ont ordonné la démolition de l'œuvre nouvelle dans le délai de dix jours, et condamné en l'amende de 100 fr. le sieur Pottier, devenu propriétaire de la maison.

Celui-ci s'est pourvu devant le Conseil d'Etat. A l'appui de son recours, trois moyens ont été présentés : 1.° la maison du sieur Pottier n'était soumise à aucun réglement de grande voirie, tant que la maison voisine subsistait entre elle et la voie publique; or, le mur de clôture a été élevé auparavant la démolition de cette maison voisine; sa construction ne peut donc être regardée comme une contravention. Les réglemens ne lui sont devenus applicables qu'à dater du jour où elle s'est trouvée faire face à la voie publique.

2.° Enduire le pignon d'un mur d'une légère couche de plâtre, ce n'est là ni réparer ni reconstruire; et les réglemens de la matière ne contraiguent à demander une autorisation que lorsqu'il s'agit de réconforter ou reconstruire. Sous ce second rapport, nulle contravention ne peut être reprochée au sieur Pottier.

3.° Ce n'est que par suite de la démolition de la maison voisine, qu'il est devenu indispensable de replâtrer la maison du sieur Pottier. Ainsi, un fait indépendant de sa volonté l'a conduit à cette nécessité. Ce replâtrage a d'ailleurs rendu l'aspect de la maison moins hideux; et ce n'est pas dans un pareil cas qu'il y a lieu d'appliquer les réglemens de la voirie.

Enfin, sans en déduire les motifs, le sieur Pottier a excipé de l'incompétence du Conseil de préfecture, pour prononcer sur la contravention qui lui était reprochée.

Appelé à donner ses observations sur ce recours, M. le directeur-général des ponts-et-chaussées a répondu, à Mgr. le Garde-des-sceaux, dans les termes suivans :

« Il résulte des renseignemens recueillis sur cette affaire que la contravention dont le sieur Pottier s'est rendu coupable est manifeste, puisqu'il ne pouvait ignorer, en 1816, l'existence de l'ordonnance de S. M., du 8 octobre 1815, relative à la rectification des quais de Rouen. — Je prie V. G. de remarquer qu'effectivement le pignon que ce propriétaire a fait réparer et enduire en plâtre, fait face en retour sur la rue Corneille, et ne pouvait ainsi être exécuté sans permission préalable. — Il est également à observer que l'étage de cette maison est en encorbellement sur le rez-de-chaussée, qu'il a été placé, ainsi qu'il paraît à l'inspection des lieux, un esselier en bois assemblé à tenons, dans le poteau d'angle du rez-de-chaussée, destiné à soutenir la saillie de la façade de l'étage, et que si cet esselier n'eût pas été mis, nul doute que la façade n'aurait pu se soutenir. — Il est donc bien constant que les travaux ont augmenté la solidité de cette maison, et, sous ce rapport, la contravention ne peut être révoquée en doute.

» Quant au mur que le sieur Pottier a construit dans l'intérieur de sa maison, et pour lequel il prétend qu'il n'était pas soumis aux lois et réglemens de la grande voirie, on observe avec raison, que si un particulier pouvait impunément travailler, dans l'intérieur de sa maison, à des ouvrages destinés, au bout de peu de temps, à être en vue, toutes les lois sur la grande voirie seraient bientôt éludées, et un particulier aurait tout-à-coup une façade neuve à la place d'une vieille, sans s'être soumis à l'obligation de suivre l'alignement ou le genre de décoration prescrits.

« Il est évident, d'après ces observations, que l'arrêté du Conseil de préfecture, sur la contravention du sieur Pottier, est conforme aux lois et réglemens; et n'apperçevant aucun motif plausible d'après lequel il pourrait être annulé, je conclus à ce qu'il reçoive son plein et entier effet. »

De ces observations, il résulte que l'administration des ponts-et-chaussées reprochait au sieur Pottier trois contraventions, savoir: le plâtrage apposé sur la façade de la rue de Corneille; la construction d'un mur de refend, et le placement d'un esseller au rez-de-chaussée pour soutenir l'étage supérieur. Ce dernier fait n'ayant été ni constaté par les agens de la voirie, ni condamné par le Conseil de préfecture, le sieur Pottier, dans sa réplique, s'est attaché à l'écarter de la cause.

En effet, les deux autres faits ont seuls été l'objet de l'ordonnance qui suit:

LOUIS, etc.

Sur le rapport du comité du contentieux de notre Conseil d'Etat,

Vu la requête à nous présentée au nom du sieur *Pottier*, chevalier de la Légion-d'Honneur, propriétaire, demeurant à Rouen; ladite requête enregistrée au secrétariat-général de notre Conseil d'Etat, le 31 janvier 1817, et tendant à ce qu'il nous plaise annuler un arrêté du Conseil de préfecture du départ. de la Seine-Infér., du 13 décemb. 1816, ensemble tout ce qui s'en est suivi; — Provisoirement, ordonner qu'il sera sursis à l'exécution dudit arrêté, toutes choses demeurant en état, jusqu'à ce qu'il ait été prononcé par nous définitivement; — Vu les renseignemens donnés, sur cette réclamation, le 27 novembre 1817, par notre *directeur-général des ponts-et-chaussées*; — Vu le mémoire en réplique du sieur *Pottier*, enregistré audit secrétariat-général, le 15 janvier 1821, et tendant à ce qu'il nous plaise annuler ledit arrêté du 13 décembre 1816, soit pour incompétence, soit pour mal jugé, ensemble tout ce qui s'en est suivi, relever l'exposant des condamnations prononcées contre lui par ledit arrêté, très-subsidiairement et dans le cas où nous ne le jugerions pas ainsi, le renvoyer à se pourvoir en garantie et en dommages et intérêts contre la ville de Rouen, devant les autorités compétentes; — Vu l'arrêté attaqué du Conseil de préfecture du département de la Seine-Inférieure, du 13 décembre 1816, qui porte que le sieur *Pottier* sera tenu de faire démolir, dans les dix jours qui suivront la notification, les travaux qui ont été faits à la maison n.° 56, sise sur le quai du port de Rouen, à l'angle de la rue de Corneille, faute de quoi l'arrêté provisoire du préfet transira en définitif; et qui, pour la contravention aux réglemens de grande voirie, condamne ledit sieur *Pottier* à l'amende de 300 fr., réduite, par grâce et sans tirer à conséquence, à la somme de 100 fr. et aux frais; — Vu les autres pièces produites;

Considérant, sur la compétence, que la maison dont il s'agit est située sur le quai de Rouen qui dépend de la grande voirie, et quede ce qu'elle est située à l'angle de la rue de Corneille, qui appartient à la voirie urbaine, cette circonstance ne peut enlever au Conseil de préfecture sa compétence sur les contraventions qui auraient pour objet de consolider ladite maison et de retarder l'exécution des projets approuvés; — Considérant, au fond, qu'il résulte des pièces produites, que les réparations faites, par le sieur *Pottier*, à sa maison, n.° 56, ont été nécessitées par suite de la démolition de la maison voisine, n.° 55, et que lesdites réparations ne sont pas de nature à augmenter la solidité de la maison, n.° 56; — Considérant que la contravention est réduite au seul défaut de demande préalable en autorisation de faire lesdits ouvrages; que l'amende de 300 fr. encourue pour ce chef a déjà été réduite à 100 fr. par le Conseil de préfecture, et qu'il n'y a pas lieu d'accorder une plus forte réduction;

Notre Conseil d'État entendu,

Nous avons ordonné et ordonnons ce qui suit:

Art. 1.er La requête du sieur *Pottier* est rejetée; néanmoins ce propriétaire est autorisé à ne pas démolir les ouvrages décrits au procès-verbal de contravention.

Art. 2. Notre Garde-des-sceaux et notre Ministre de l'intérieur sont chargés, etc.

M. Tarbé, maître des req., *rapporteur*. — M.e Petit de Gâtines, *avocat*.

PETITE VOIRIE. — ALIGNEMENT DONNÉ ET RÉVOQUÉ. — QUESTION DE PROPRIÉTÉ. — COMPÉTENCE RESPECTIVE DU PRÉFET ET DU CONSEIL DE PRÉFECTURE. — EXPROPRIATION.

L'alignement donné par un préfet pour enclore une propriété bornée par un chemin vicinal, peut-il préjudicier aux droits des tiers? Rés. nég.

Si un tiers prétend que, par l'alignement donné, le parti-

culier qui l'a demandé usurpe une propriété privée, le préfet est-il fondé à rapporter son premier arrêté ? Rés. aff.

Les Conseils de préfecture excèdent-ils leurs pouvoirs, lorsqu'ils maintiennent des alignemens donnés et révoqués ensuite par les préfets ? Rés. aff. (1).

Un Conseil de préfecture préjugerait-il la question d'expropriation, en limitant à une simple indemnité le droit d'une commune, dans le cas où, par l'alignement à lui donné, un particulier aurait usurpé un terrein réclamé par elle ? Rés aff.

Ferait-il, en cela, une fausse application de la loi du 16 septembre 1807 ? Rés aff.

L'expropriation peut-elle être prononcée pour cause d'utilité privée ? Rés. nég.

Peut-elle jamais l'être par l'autorité des Conseils de préfecture ? Rés. nég. (2).

Le Conseil d'Etat autorise-t-il quelquefois, en termes exprès, une commune à se retirer devant les tribunaux pour y défendre ou faire valoir ses droits, sans renvoyer au Conseil de préfecture l'examen préalable de la question d'autorisation ? Exemple affirmatif. (3).

(4565. — 7 mars 1821. — Commune de Cauneille c. Delucq).

Le sieur Delucq était propriétaire, dans la commune de Cauneille, département des Landes, d'un terrein séparé d'un chemin vicinal par une place publique. Il a demandé

(1) Voy. *Elém. de jur. adm.*, tom. 1.er, p. 27, n.° 52. — Arrêté du Gouvernement du 8 pluviose an 11. — Décret du 12 novembre 1809. De Champneuf c. les hab. de Migron. *Jur. du C. d'Et.*, t. 1.er, p. 334.

(2) Voy. *Elém. de jur. adm.*, tom. 2, p. 328, et p. 99 et suiv.

(3) Voy. Décret du 7 février 1809. Lebaigue. *Jur. du C. d'Et.*, t. 1.er, p. 251. — *Elém. de jur. adm.*, tom. 1.er, p. 147, n.° 11.

au préfet un alignement sur ce chemin, qu'il indiquait comme bornant sa propriété.

L'alignement a été accordé le 2 septembre 1809. — En conséquence, Delucq a fait enclore de murs ce terrein servant de place publique, qui se trouvait ainsi renfermé dans l'alignement donné.

Sur les vives réclamations de la commune, le préfet a d'abord ordonné la suspension des travaux du sieur Delucq; puis il a, par un troisième arrêté, du 27 juillet 1818, rapporté celui du 2 septembre 1809, et renouvelé la défense faite au sieur Delucq, sous peine de démolition.

Durant le laps de temps écoulé entre le premier et le troisième arrêté, le sieur Delucq avait presqu'entièrement achevé sa construction.

La commune a demandé qu'elle fût démolie, et que le sieur Delucq restituât le terrein qu'elle prétendait avoir été usurpé sur elle.

Saisi de la question, le Conseil de préfecture a rendu, le 26 novembre 1819, un arrêté dont voici les motifs :

« Considérant que le sieur Delucq a fait observer que les constructions autorisées par l'arrêté précité du 2 sept. 1809, ont été exécutées avant celui du 27 juillet 1810, qui lui défend de les continuer, et que cette assertion ne se trouve démentie par aucune des pièces produites; — Considérant qu'il résulte du rapport de l'ingénieur ordinaire, que les dispositions de l'arrêté du 2 septembre 1809, quant aux distances et à l'alignement, ont été observées; — Arrête : qu'il n'y a lieu d'ordonner la démolition des ouvrages dont il s'agit : sauf au maire de Caunceille à se pourvoir pour obtenir le paiement de la valeur du terrein que ledit sieur *Delucq* a gagné par l'avancement. »

Le 30 mars 1820, la commune a déféré cet arrêté à la censure du Conseil d'Etat. Elle en a demandé l'annulation, pour cause d'incompétence et de mal jugé.

Voici de quelle manière elle a établi l'*incompétence* :

Devant le Conseil de préfecture, la commune ne prétendait pas que son adversaire ne se fût pas conformé à l'alignement donné par ordre du préfet ; elle se plaignait de ce que le sieur Delucq s'était fait donner l'alignement sur un terrein qui ne lui appartenait pas, et de ce qu'il avait renfermé une propriété communale, comme si elle lui eût réellement appartenu ; — Or, le Conseil de préfecture a excédé ses pouvoirs en accordant au sieur Delucq le terrein que la commune réclamait contre lui.

Le Conseil de préfecture pouvait reconnaître que l'arrêté relatif à l'alignement avait été observé ; mais, sur la question de propriété, sur la question de savoir si Delucq avait eu le droit de se faire donner l'alignement sur ce terrein et d'y faire construire un mur, le Conseil de préfecture était incompétent ; il ne lui appartenait point de décider que le sieur Delucq conserverait le terrein, sauf l'indemnité de la commune ; les tribunaux seuls étaient compétens ; il fallait renvoyer les parties devant eux.

Au fond (selon la commune,) le Conseil de préfecture a mal jugé, en se permettant d'aliéner indirectement et de sa propre autorité, une place publique, un domaine communal, qui ne pouvait être vendu qu'en vertu d'une loi et suivant les règles particulières prescrites par les lois des 2 prairial an 5 et 28 pluviose an 8. (1).

De deux choses l'une : ou Delucq prétendait que ce terrein lui appartenait, il en contestait la propriété à la commune, et alors la question était du ressort des tribunaux ordinaires ; — Ou bien il ne prétendait pas que le terrein lui appartînt ; mais, se fondant sur l'arrêté du préfet qui lui avait permis de bâtir, il demandait à conserver le terrein

---

(1) Voy. Répert. de Jur., au mot : *Communauté d'habitans.*

usurpé, moyennant une indemnité; et dans ce cas, le Conseil de préfecture devait considérer qu'un acte d'administration n'est pas un titre translatif de propriété, et que lorsqu'un préfet fait donner l'alignement sur la demande d'un particulier, c'est toujours sauf le droit des tiers.

Le Conseil de préfecture juge que le terrein a été usurpé, puisqu'il prononce que Delucq sera tenu de payer la valeur du terrein qu'il a gagné par l'avancement, et cependant il le maintient dans cette usurpation, moyennant indemnité: il y a ici mal jugé et excès de pouvoir.

Devant le Conseil, le sieur Delucq a prétendu, au contraire, que les délibérations du Conseil municipal de Cauneille avaient eu pour objet de décider que le sieur Delucq ne s'était pas conformé aux deux arrêtés d'alignement du 2 septembre 1809 et 27 juillet 1810, et par suite, de le faire condamner à la démolition des constructions par lui faites contrairement à ces deux arrêtés; — Qu'un tel litige était essentiellement dans les attributions de la justice administrative; que la commune l'avait elle-même pensé, puisqu'elle avait saisi le Conseil de préfecture.

Le Conseil de préfecture (continuait le défendeur) n'a point jugé une question de propriété, puisqu'il s'est borné à décider qu'il n'y avait pas lieu d'ordonner la démolition. — Si, par une disposition additionnelle, surérogatoire et non substantielle, il a ajouté: *sauf au maire à se pourvoir pour obtenir le paiement de la valeur du terrein*, cette disposition n'a pas le caractère d'aliénation. — Si elle avait le caractère de décision administrative, elle ne serait que l'application de l'art. 53 de la loi du 16 septembre 1807, qui a pour objet de concilier les intérêts administratifs en matière d'alignement, et les droits réels privés des communes et des particuliers. — Une décision administrative rendue en matière de voirie ne saurait lier une commune sur une question de propriété qui n'a pas été controversée; rien n'empêche la commune de se retirer devant les tribunaux, selon le vœu exprimé par le Conseil de préfecture.

Dans sa réplique, la commune s'est principalement attachée à repousser l'application de la loi du 16 septemb. 1807.

« L'art. 53 de cette loi (a-t-elle dit) n'a pas la moindre application à l'espèce. Il s'agit, dans cet article, du cas où un particulier peut être forcé de payer un terrein faisant partie de la voie publique sur laquelle il pourrait s'avancer par suite des alignemens arrêtés. D'abord, cette disposition paraît se référer à l'article précédent qui s'occupe des alignemens dans les villes, pour l'ouverture de nouvelles rues, et, sous ce premier rapport, il n'aurait aucun trait à la cause actuelle. Enfin il ne s'agit point du tout ici d'une faculté accordée au sieur Delucq de s'avancer sur la voie publique, mais d'une usurpation sur une propriété communale, indépendante de la voie publique. L'article cité n'a donc été invoqué qu'en désespoir de trouver aucun texte de loi propre à soutenir l'arrêté attaqué. »

Le système de la commune a été, sur tous les points, accueilli.

LOUIS, etc.

Sur le rapport du comité du contentieux de notre Conseil d'Etat,

Vu la requête à nous présentée au nom de la *commune de Cauneille*, département des Landes, enregistrée au secrétariat-général de notre Conseil d'Etat, le 30 mars 1820, et tendant à ce qu'il nous plaise annuler, comme incompétemment pris, un arrêté du Conseil de préfecture du département des Landes, du 26 novemb. 1819, subsidiairement l'annuler comme violant les dispositions des lois relatives à la vente des biens communaux, et ordonner que le sieur *Delucq* sera tenu de démolir les constructions par lui faites sur un terrein communal, et remettre les choses au même et semblable état qu'avant son usurpation ; — Vu l'ordonnance de *soit communiqué* et les conclusions motivées du sieur Mathieu *Delucq*, propriétaire, défendeur ; lesdites conclusions enregistrées audit secrétariat-général, le 4 août 1820, et tendant à ce qu'il nous plaise rejeter la requête de la commune de *Cauneille*, ordonner l'exécution de l'arrêté du Conseil de préfecture du département des Landes, du 26 novembre 1819, et condamner la commune aux dépens ; — Vu la réplique de la commune de *Cauneille*, enregistrée audit secrétariat-général, le 16 août 1820, et tendant au maintien de ses précédentes conclusions ; — Vu l'arrêté attaqué du Conseil de préfecture du département des Landes, du 26 novembre 1819, portant qu'il n'y a lieu d'ordonner la démolition des ouvrages dont il s'agit, sauf au maire de *Cauneille* à se pourvoir pour obtenir le paiement de la valeur du terrein que le sieur *Delucq* a gagné par l'avancement ; — Vu les délibérations de la commune de *Cauneille*, des 29 octobre 1809, 19 juillet 1810 et 20 août 1819 ; — Vu l'arrêté du préfet, du 27 juillet 1810, qui rapporte son arrêté du 27 novembre 1819 ; — Vu le procès-verbal du maire de *Cauneille*, du 12 juin 1810, portant opposition à l'entreprise du sieur *Delucq* ; — Vu le rapport du maire de Peyrehorade, commissaire délégué pour faire une enquête ; — Vu la loi du 16 septembre 1807 ; — Vu les avis des ingénieurs et le plan des lieux ; — Vu les autres pièces produites ;

Considérant que les alignemens demandés par le sieur *Delucq* avaient pour objet d'enclore une propriété qui ensuite lui a été contestée ; — Considérant que les premiers alignemens donnés par le préfet n'ont pu préjudicier aux droits des tiers, et qu'aussitôt que la question de propriété a été élevée, cet administrateur a été fondé à rapporter son premier arrêté ; — Considérant que le Conseil de préfecture a excédé ses pouvoirs en maintenant un alignement donné et révoqué par l'autorité administrative ; — Considérant, sur la disposition de l'arrêté dudit Conseil de préfecture relative à l'indemnité, que cette disposition, en limitant les droits de la commune à une simple indemnité, préjuge la question d'expropriation et contient une fausse application de la loi du 16 septemb. 1807, puisque l'expropriation ne peut être prononcée que pour l'utilité publique ou communale et non pour l'utilité privée, et ne peut, dans aucun cas, être prononcée par les Conseils de préfecture ;

Notre Conseil d'État entendu,

Nous avons ordonné et ordonnons ce qui suit :

Art. 1.er L'arrêté du Conseil de préfecture du département des Landes, du 26 novembre 1819, est annulé pour cause d'incompétence.

Art. 2. La commune de *Cauneille* est autorisée à se retirer devant les tribunaux ordinaires, pour défendre ses droits de propriété.

Art. 3. Le sieur *Delucq* est condamné aux dépens.

Art. 4. Notre Garde-des-sceaux et notre Ministre de l'intérieur sont chargés, etc.

M. Tarbé, maître des requêtes, *rapporteur.* — M.es Cochin et Sirey, *avocats.*

BAIL ADMINISTRATIF. — DROIT DE PESAGE ET MESURAGE. — FOLLE ENCHÈRE. — COMPÉTENCE. — EXCÈS DE POUVOIR.

Les contestations qui s'élèvent, tant sur l'interprétation que sur l'exécution d'un bail passé par l'administration, sont-elles du ressort de l'autorité administrative. Rés. nég. (1).

Appartient-il à l'administration de prononcer, soit d'après

---

(1) Voy. *Elém. de jur. adm.*, tom. 1.er, pag. 101, n.os 5 et suivans. — Décrets des 14 avril 1813. Parent c. la régie des Domaines. *Jur. du C.*

le texte du bail, soit d'après les faits relatifs à son exécution, sur la question de savoir s'il y a lieu de procéder à une nouvelle adjudication, sur folle enchère? Rés. nég.

(4080. — Commune de Vaise c. Gaillard et Maury.)

Le 15 juillet 1811, le sieur Gaillard s'est rendu adjudicataire, pour trois ans, et moyennant la somme annuelle de 4,740 fr., des droits de pesage, mesurage et jaugeage établis dans la commune de Vaise, département du Rhône; il a présenté le sieur Maury pour sa caution.

Le 11 octobre 1812, le sieur Gaillard a demandé une diminution sur le prix de son bail. Sa pétition, transmise à M. le directeur-général de la comptabilité des communes, a été par lui rejetée.

Le 21 avril 1813, ce fermier s'est trouvé débiteur de la somme de 850 fr. 50 c. sur le prix de sa ferme. Alors le sieur Maury, sa caution, s'est adressé au maire de Vaise, pour obtenir qu'il fût procédé à une nouvelle adjudication à la folle enchère du sieur Gaillard, et il a pris l'engagement formel de supporter la différence du prix qui résulterait de l'ancienne à la nouvelle adjudication.

Cette adjudication a eu lieu, le 10 juin 1813, au profit du sieur Dechet, pour la somme de 1,075 fr. pour l'année qui restait à courir sur le bail de 1811.

---

d'Ét., tom. 2, p. 307. — 28 nov. 1809. Commune de Saint-Germain-en-Crespin c. la commune de Creuzier-le-Vieux. *ibid.*, tom. 1.er, p. 535. — 1.er février 1813. La régie des Domaines c. François. *ibid.*, t. 2, p. 259. — 30 juin 1813. Otten. c. Vaulanck. *ibid.*, tom. 2, p. 382. — 6 juin 1813. Morin. *ibid.*, tom. 2, p. 357. — 11 décem. 1813. Mertens c. la caisse d'amortissement. *ibid.*, tom. 2, p. 469. — Ordon. des 25 fév. 1818. Cellarier c. le fermier du bac de Bessan. *ibid.*, tom. 4, p. 264. — Décret du 3 mai 1810. Magrelli. *ibid.*, t. 1.er, p. 366. — Ordon. du 9 avril 1817. Guyot et consorts c. Husson. *ibid.*, tom. 3, p. 555.

Par suite de ce nouveau bail, et par un commandement du 9 mai 1815, auquel le sieur Gaillard a formé opposition, le maire de Vaise a introduit une instance judiciaire pour obtenir le paiement, 1.° de la somme de 850 fr. 50 c. due sur le prix de ferme, et de celle de 3,665 fr. formant la différence en moins avec le prix de la première adjudication.

Cette instance est restée suspendue par une procédure administrative qui a donné lieu à plusieurs arrêtés du Conseil de préfecture du département du Rhône.

Par le premier, du 15 septemb. 1817, ce Conseil a décidé qu'il avait été régulièrement procédé, par le maire de Vaise, dans les adjudications de 1811 et 1813, et qu'elles devaient avoir leur plein et entier effet.

Sur la réclamation formée par le sieur Gaillard, le Conseil de préfecture a rapporté cet arrêté par un second, du 27 mars 1818, portant qu'il avait été procédé illégalement à la folle enchère, puisqu'elle n'avait été ni prévue par le cahier des charges, ni ordonnée par un jugement; que d'ailleurs le Conseil municipal de Vaise avait renoncé au bénéfice de cette mesure par une délibération du 27 octobre 1812, dans laquelle la résiliation du bail de Gaillard avait été consentie; et qu'enfin les formalités voulues par le code de procédure n'avaient point été observées. En conséquence, il a déclaré l'adjudication de 1812 de nul effet, quant aux sieurs Gaillard et Maury, et il a renvoyé les parties devant les tribunaux ou la Cour des comptes, pour le réglement de leurs intérêts sur le pied de 1811, jusqu'au 10 juin 1813, jour de la dernière adjudication.

Le maire de Vaise a adressé de nouvelles observations pour demander au Conseil de préfecture le rapport de cet arrêté; mais, par un dernier arrêté du 6 octobre 1818, le Conseil s'est déclaré incompétent.

Dans cet état de choses, le Conseil municipal de Vaise s'est déterminé à demander l'annulation de l'arrêté du 27 mars 1818, et c'est le soin qu'a pris M. le directeur-général de l'administration départementale et communale, par une lettre du 8 janvier 1819 (1).

» Le Conseil de préfecture, a-t-il exposé, me paraît avoir appuyé son arrêté sur des faits inexacts et sur des interprétations vicieuses. — La condition de la folle enchère, en cas d'inexécution du bail, a été prévue expressément par le cahier des charges portant : « Toute contravention au pré-
» sent bail, ainsi qu'aux lois, réglemens et arrêtés relatifs
» aux poids et mesures, entraîneront, de la part de l'adju-
» dicataire, la résiliation du bail, et la réadjudication en
» sera faite à la folle enchère. » — La renonciation du Conseil municipal au bénéfice de cette mesure, n'est pas non plus dans le cas d'être opposée à la commune. Non-seulement la délibération qui la contient, et dont l'irrégularité a été reconnue, puisque le conseil municipal n'était pas réuni à la majorité voulue par la loi, n'a reçu aucune espèce d'homologation pour opérer la rescision du bail approuvé par l'autorité supérieure; mais elle a été écartée par la décision du directeur-général de la comptabilité des communes, portant qu'à défaut de paiement par le fermier ou sa caution, il fallait procéder à une nouvelle adjudication à la folle enchère.

» Quant au moyen tiré du défaut d'accomplissement des formalités prescrites par l'art. 740 du Code de procédure, la non-application de cet article à la procédure administrative de l'espèce, me paraît avoir été déterminée par les jurisconsultes consultés, de manière à ne laisser aucun doute sur les droits de la commune et sur la faiblesse de ce moyen. Il est détruit par la circonstance de la demande en résiliation formée par le sieur Gaillard, le 12 octobre 1812, et de la pétition adressée au maire de Vaise, par la caution, le

(1) Voy. ci-dessus la note, pag. 357.

sieur Maury, à l'effet d'obtenir qu'il fût procédé à une nouvelle adjudication à la folle enchère. Ces deux pièces peuvent équivaloir à la signification et à la publicité exigées par l'art. 470 du Code de procédure dans l'intérêt de l'adjudicataire et de la caution. — M. le préfet du Rhône fait observer, d'ailleurs que, dans l'arrêté du 25 septemb. 1817 et dans celui du 27 mars suivant, il n'est fait aucune mention de l'avis qu'a dû exprimer le Conseil municipal qui, en effet, n'a point été consulté et n'a pris aucune délibération. — Cette observation me paraît devoir être d'un grand poids, parce que le Conseil pouvait seul représenter la commune ou autoriser le maire à la représenter. — Par ces motifs, je pense qu'il y a lieu de provoquer une ordonnance royale qui, annulant l'arrêté du Conseil de préfecture du département du Rhône, du 27 mars 1818, autorise la commune, après que le Conseil municipal en aura délibéré, à soutenir devant les tribunaux, l'instance introduite par le maire, relativement à l'exécution du bail de 1811, comme aussi de la folle enchère du 10 juin 1813, en ce qui concerne les sieurs Gaillard et Maury. »

Ces conclusions ont été adoptées par l'ordonnance dont la teneur suit :

LOUIS, etc.

Sur le rapport du comité du contentieux,

Vu la lettre en date du 8 janvier 1819, par laquelle le directeur de l'administration départementale et communale transmet à notre Garde-des-sceaux la délibération du Conseil municipal de la *commune de Vaise*, département du Rhône, à l'effet d'obtenir l'annulation d'un arrêté du Conseil de préfecture de ce département, en date du 27 mars 1818, pris sur une contestation existant entre la *commune de Vaise* et le sieur *Gaillard*, fermier du droit de pesage, mesurage et jaugeage, et le sieur *Maury*, sa caution,

—Vu la communication administrative faite, le 16 juin 1819, au sieur *Gaillard*, du rapport du directeur de l'administration départementale et communale, communication sur laquelle le sieur *Gaillard* n'a fourni aucune réponse; — Vu le procès-verbal d'adjudication du droit de pesage, mesurage et jaugeage de la *commune de Vaise*, passé au sieur *Gaillard*, le 15 juillet 1811; — Vu le cautionnement souscrit, le 18 du même mois par le sieur *Maury*, pour ledit sieur *Gaillard*; — Vu l'approbation donnée par le préfet du département du Rhône à ces actes d'adjudication et de cautionnement; — Vu le procès-verbal du 10 juin 1813, par lequel le maire de la *commune de Vaise* a adjugé le droit de pesage et de mesurage, sur la folle enchère des sieurs *Gaillard et Maury*; — Vu le premier arrêté du Conseil de prefecture du département du Rhône, en date du 4 septembre 1817, par lequel il déclare que la première adjudication en faveur du sieur *Gaillard* et la deuxième sur la folle enchère, doivent sortir leur plein et entier effet; — Vu le deuxième arrêté du même conseil de préfecture du 27 mars 1818, par lequel, sur l'opposition du sieur *Gaillard* à son arrêté du 4 septembre 1817, il déclare que l'adjudication à la folle enchère est nulle et de nul effet, et renvoie les parties devant les tribunaux pour le réglement de leurs intérêts, et sur le pied du bail du 15 juillet 1811; —Vu le troisième arrêté du même conseil de préfecture, en date du 6 octobre 1818, qui, sur les observations du maire de la *commune de Vaise*, contre son arrêté du 27 mars 1818, arrête qu'il ne lui appartient pas de réformer ses décisions; — Vu la délibération du Conseil municipal de la *commune de Vaise*, en date du 13 octobre 1818, par laquelle il autorise le maire à se pourvoir devant qui de droit, pour l'annulation de l'arrêté du Conseil de préfecture, en date du 27 mars 1818;

Considérant que toute contestation, tant sur l'interprétation que sur l'exécution d'un bail, alors même que ce bail aurait été passé par l'administration, est du ressort de l'autorité judiciaire; — Qu'il appartenait également aux tribunaux de prononcer, soit d'après le texte du bail, soit d'après les faits relatifs à son exécution, s'il y avait lieu de procéder à une nouvelle adjudication sur folle enchère; — Que le Conseil de préfecture, en prononçant sur cette contestation, a excédé ses pouvoirs;

Notre Conseil d'État entendu,

Nous avons ordonné et ordonnons ce qui suit:

Art. 1.er Les arrêtés du Conseil de préfecture du département du Rhône, en date des 4 septembre 1817 et 27 mars 1818, sont annulés.

Art. 2. La *commune de Vaise* poursuivra, devant les tribunaux, les réclamations qu'elle a exercées contre les sieurs *Gaillard* et *Maury*, comme adjudicataires du droit de pesage et mesurage, par suite du procès-verbal du 15 juillet 1811.

Art. 3. Notre Garde-des-sceaux et notre Ministre de l'intérieur sont chargés, etc.

M. Maillard, maître des requêtes, *rapporteur*.

SECTIONS DE LA MÊME COMMUNE. — QUESTION DE PROPRIÉTÉ. — AUTORISATION. — COMPÉTENCE. — SIGNIFICATION DE L'ORDONNANCE DE SOIT COMMUNIQUÉ AU MAIRE.

Dans les procès au Conseil, entre deux sections d'une commune, la signification de l'ordonnance de soit communiqué, *est-elle régulière si elle est faite au maire de la commune, et non au fondé de pouvoirs de la section défenderesse ?* Rés. aff.

Dans les contestations relatives à la propriété d'un bien

litigieux entre deux sections d'une même commune, les Conseils de préfecture ne sont-ils compétens que pour accorder ou refuser l'autorisation de plaider, et excèdent-ils les limites de leurs attributions, lorsque, saisis selon le vœu de l'article 3 de l'arrêté du Gouvernement du 24 germinal an XI, *ils statuent au fond?* — Rés. aff. (1).

(4449. — 21 mars 1821. — Les habitans des villages de Conchas et Queyraux, commune d'Ars, c. les habitans de la Valade, sect. de la même commune.)

Un terrein, appelé *Chier-Chrétien*, situé entre les villages de Conchas, Queyraux et la Valade, formant trois sections de la commune d'Ars, département de la Creuse, avait été attribué, en 1604, aux habitans de Conchas et Queyraux, en vertu d'une transaction notariée qui avait, en même temps, fixé l'étendue de ce terrein.

En 1818, les habitans de la Valade prétendirent que les habitans de Conchas et Queyraux possédaient une portion de terrein plus considérable que celle qui leur avait été attribuée par la transaction de 1604.

Le préfet, sur leur réclamation et conformément à l'arrêté du Gouvernement, du 24 germinal an XI, autorisa le maire de la commune d'Ars à convoquer dix citoyens choisis dans chacune des sections contendantes, à l'effet de prendre les moyens propres à terminer la contestation.

Les commissaires, par délibération du 30 juin 1818, homologuée par le Conseil de préfecture, le 29 juillet suivant, convinrent de soumettre la difficulté à des arbitres de leur choix.

Les deux arbitres ne s'étant point accordés, il en fut

(1) Voy. Ordon. du 6 décemb. 1820, section de Lamouline, commune de Banize. *Arch. du Comité*, n.° 4757.

nommé un troisième, qui décida que le terrein dévolu aux habitans de Conchas et Queyraux ne devait contenir que cinq sétérées, ancienne mesure de la contrée.

Son rapport fut homologué, le 3 février 1819, par le Conseil de préfecture, pour servir de titre aux parties.

Les habitans de *Conchas* et *Queyraux* ont demandé au Conseil d'Etat l'annulation de cet arrêté, pour *incompétence* et *mal jugé* au fond.

Ils ont soutenu d'abord, en la forme, que la commission, en se référant à des arbitres, avait violé l'art. 3 de l'arrêté de l'an XI qui ordonne « qu'en cas de *non-conciliation, le procès-verbal de l'assemblée, tendant à obtenir l'autorisation de plaider, soit adressé au Conseil de préfecture qui prononcera.* » — Que cet arrêté indiquait ce qui devait être fait à défaut de conciliation, et ne permettait nullement de compromettre; — Que les lois de la procédure défendaient textuellement de compromettre sur les contestations sujettes à communication au ministère public, et que telles étaient essentiellement celles qui regardaient les communes; — Qu'en outre l'ordonnance nécessaire pour donner, à la décision des arbitres, la force et l'autorité des jugemens, aurait dû émaner du président du tribunal civil et non du Conseil de préfecture, qui était sans caractère pour le délivrer; — Qu'en admettant même (quoique les termes de l'arrêté prouvassent le contraire) que la décision des arbitres ne fût qu'un avis adopté et transformé en arrêté par le Conseil de préfecture, il resterait encore que le Conseil de préfecture aurait excédé ses pouvoirs en statuant sur une question de propriété.

Au fond, ils ont opposé que, dans la transaction de 1604, à côté de l'évaluation du *Chier-Chrétien*, porté à 5 sétérées, il y avait une description du communal, par tenans et aboutissans, et que si, au lieu de se guider d'après une énonciation de mesures rarement exactes, les arbitres avaient interrogé ces confins, ils se seraient convaincus qu'il revenait plus de 5 sétérées aux habitans de Conchas et Queyraux.

Appelés à défendre sur ce recours, les habitans de la Valade ont opposé à leurs adversaires une fin de non-recevoir, tirée de ce que l'ordonnance de soit communiqué n'avait point été signifiée à la section de la Valade, en la personne de leur représentant spécial, mais au maire de la commune, qui ne pouvait représenter à la fois des sections de la même commune qui avaient un intérêt opposé.

En outre, ils ont soutenu que les termes de l'art. 3 de l'arrêté de germin. an XI manifestaient clairement que l'intention du législateur avait été que tous les moyens fussent mis en usage pour éviter une procédure devant les tribunaux; — Que les moyens de conciliation étaient la transaction et le compromis; — Qu'ils avaient donc pu compromettre; – Que l'intervention du ministère public n'était point nécessaire dans l'espèce, puisque les intérêts de la commune ne pouvaient nullement être lésés, quelle que fût la décision rendue entre les deux sections contendantes; — Qu'enfin si la commission avait le droit de se concilier par l'intervention d'arbitres, on devait nécessairement en conclure que le Conseil de préfecture, auquel le procès-verbal de l'assemblée devait être adressé, avait pu en approuver le résultat.

Au fond, ils ont soutenu que les limites du *Chier-Chrétien* n'étant pas indiquées d'une manière claire et précise, il devenait nécessaire de s'en rapporter à la désignation de la contenance indiquée dans l'acte.

Dans leur réplique, les habitans de Conchas et Queyraux ont reproduit, quant au fond, les argumens présentés dans leur premier mémoire; et, quant à la fin de non-recevoir, ils ont répondu qu'ils avaient dû se conformer à l'ordonnance de *soit communiqué* qui portait textuellement injonction de la signifier aux habitans de *la Valade, en la personne du maire.*

LOUIS, etc.

Sur le rapport du comité du contentieux,

Vu la requête à nous présentée au nom des habitans des villages *de Conchas et Queyraux*, commune d'Ars, département de la Creuse, contre les habitans *de la Valade*, section de la même commune, ladite requête enregistrée au secrétariat-général de notre Conseil d'Etat, le 9 juillet 1818, et tendant à ce qu'il nous plaise les recevoir appelans d'un arrêté du Conseil de préfecture dudit département, en date du 3 février 1819, qui a homologué un jugement arbitral, relatif à un terrein communal, dit le *Chier-chrétien*; statuant sur l'appel, casser et annuler ledit arrêté, comme incompétemment rendu, ainsi que tout ce qui l'a précédé; ce faisant, remettre les parties dans le même état où elles se trouvaient avant le compromis, et par suite les renvoyer devant les tribunaux pour faire prononcer sur leurs droits;

Subsidiairement, et dans le cas où nous jugerions devoir retenir la connaissance de l'affaire, il nous plaise casser et annuler l'arrêté dont est appel, comme contraire aux droits des exposans, en conséquence, dire que ces derniers seront, à la diligence du sous-préfet de l'arrondissement, réintégrés dans la propriété, possession et jouissance des soixante mètres de terrein, ou environ, attribués aux habitans de *la Valade*, avec défense, tant à ceux-ci qu'à tous autres, de les troubler désormais, sous les peines de droit; ce faisant, il nous plaise en outre, condamner les défendeurs aux dépens; — Vu la réponse pour les habitans de *la Valade*, représentés par le sieur *Payaton*, propriétaire, demeurant audit lieu, par laquelle ils requièrent qu'il nous plaise déclarer les *habitans de Conchas et Queyraux* non-recevables dans leur pourvoi, attendu que l'ordonnance de soit communiqué a été signifiée au maire et non auxdits habitans, dans la personne du sieur *Payaton*, en tous cas, les en débouter et les condamner aux dépens; — Vu la réplique pour les habitans de *Conchas et Queyraux*, qui persistent dans leurs précédentes conclusions; — Vu l'ordonnance de soit communiqué, en date du 9 août 1819; — Vu la transaction notariée de 1604, rapportée dans la requête des demandeurs et portant que les *habitans de Conchas et Queyraux* jouiront, en propre et particulier profit, du susdit terrein contenant 5 stérées, en indiquant, en outre, les tenans et les aboutissans; — Vu la délibération du 30 juin 1818, par laquelle les habitans des sections contendantes, désignés par le sous-préfet, aux fins de prendre les moyens propres à terminer le litige, s'en sont référés à des arbitres; — Vu la décision arbitrale, consignée dans les rapports des 13, 25 septembre et 21 décembre 1818, laquelle statue que le terrein en litige ne comprend qu'une étendue de 5 stérées, et fixe en conséquence les limites dudit terrein; — Vu l'arrêté du Conseil de préfecture, du 3 février 1819, qui homologue ladite décision, pour faire titre aux parties; — Vu aussi l'arrêté du Gouvernement du 24 germinal an XI;

Considérant, *sur la fin de non-recevoir*, que la requête en pourvoi a été communiquée, dans les délais du réglement, aux *habitans de la Valade*, en la personne du maire, conformément à l'ordonnance de notre Garde-des-sceaux; — Considérant, *sur la compétence*, qu'il s'agit, dans l'espèce, d'une question de propriété entre les sections d'une même commune, et, qu'aux termes de l'article 3 de l'arrêté du 24 germinal an XI, relatif aux questions de cette nature, le Conseil de préfecture n'était compétent que pour accorder ou refuser l'autorisation de plaider, et qu'il a excédé ses attributions en statuant au fond;

Notre Conseil d'État entendu,

Nous avons ordonné et ordonnons ce qui suit:

Art. 1.er L'arrêté du Conseil de préfecture, du 3 février 1819, est annulé pour cause d'incompétence, les parties sont renvoyées devant les tribunaux.

Art. 2. Le sieur *Payaton*, ès-noms qu'il agit, est condamné aux dépens.

Art. 3. Notre Garde-des-sceaux et notre Ministre de l'intérieur sont chargés, etc.

M. Jauffret, maître des requêtes, *rapporteur*. —M.es Nicod et Guény, *avocats*.

COMMUNES. — DROIT D'USAGE. — CONVERSION EN REDEVANCE D'UNE CERTAINE QUANTITÉ DE BOIS. — EXPERTISE. — REFUS. — DÉCISION MINISTÉRIELLE. — EXCÈS DE POUVOIR. — COMPÉTENCE. — RENVOI.

Lorsqu'une commune et le Domaine ont respectivement consenti à la conversion d'un droit d'usage non contesté sur une forêt royale, en une redevance annuelle de stères de bois, le Ministre des finances peut-il fixer la quotité de la délivrance, sans l'adhésion de la commune à cette fixation? — Rés. nég. (1).

(3752. — 21 mars 1821. — Commune d'Arc sous Montenot c. l'Administration des Forêts.)

La commune d'*Arc* sous Montenot exerçait, dans les forêts d'Arc et de Maubelin, affectées aux salines de Salins, des droits d'usage qui, d'après ses titres, consistaient dans la

---

(1) Voy. *Elém. de Jur. adm.*, p. 120 et suiv. — Décrets des 23 avril 1807, habit. de l'Hermite. *Jur. du C. d'Et.*, tom. 1.er, p. 77. — 6 février 1811. Commune de Saurat c. l'administ. des forêts. *ibid.*, tom. 1.er, p. 461. — et 25 mars 1807. Breuilpont c. la commune de Paimpont. *ibid.*, tom. 1.er, p. 67.

faculté de prendre, à mesure des exploitations, les queues, souches, remanans et bois secs.

Par suite d'un décret du 15 avril 1806, relatif à l'affouage des salines de l'est, l'administration des forêts a remplacé les droits d'usage de la commune d'Arc par la délivrance annuelle de 300 stères de bois.

Par une décision du 24 août 1811, rendue sur la réclamation des habitans, le Ministre des finances les a maintenus dans les droits d'usage que leurs titres leur conféraient.

Quelques difficultés s'étant élevées sur l'exécution de cette décision (1), il a été proposé à la commune de faire remplacer ses droits par une délivrance annuelle, en stères fabriqués par les adjudicataires, et fixés à une quantité déterminée.

Les habitans ont adopté cette proposition, sous la réserve qu'ils ne renonçaient pas aux droits qui leur étaient acquis par leurs titres, et que la délivrance serait faite plutôt dans la forêt d'Arc, lorsqu'il y aurait possibilité, que dans celle de Maubelin.

Par un arrêté, confirmé depuis par le Ministre des finances, le préfet du Doubs a consacré l'adoption du mode de

---

(1) Il n'est peut-être pas inutile de rapporter ce que M. le directeur-général des domaines et forêts exposait, à ce sujet, dans sa lettre du 27 juillet 1820, adressée au Ministre des finances : — « On a dû examiner s'il y avait motif suffisant de renoncer à l'exécution littérale des anciens titres qui donnaient aux habitans le droit d'enlever les queues, souches et remanans de chaque exploitation. Il m'est annoncé, à cet égard, que, depuis 13 ans, le mode actuel de délivrance établit l'ordre le plus parfait dans les exploitations, et que ce serait le contraire si tous les habitans d'une commune avaient la faculté d'entrer dans les coupes et d'y faire des enlèvemens, vu que les adjudicataires réclameraient contre la responsabilité qui leur est imposée, et trouveraient moyen, en justice, d'échapper à l'amende, si, par suite du récolement, des délits étaient constatés ; que si l'on ne permettait aux usagers d'exercer leurs droits qu'après l'opération du réco-

délivrance proposé ; et a statué qu'il serait nommé des experts.

Les experts ont fixé la quantité nécessaire aux habitans de la commune d'Arc*, à 996 stères de bois remanans, de la même qualité que celui annuellement délivré à ladite commune, pris dans les queues, branches et gros copeaux, de la longueur du stère.

Le 18 avril 1817, le préfet a pris un arrêté portant homologation du rapport des experts, du 10 février 1815, sauf l'approbation du Ministre des finances.

Le Ministre, par une décision du 6 janvier 1818, a déclaré que la base prise par les experts était erronée, parce qu'il s'agissait d'évaluer non pas la quantité de stères nécessaires pour les besoins de la commune, mais seulement la quantité que ses titres lui donnaient le droit d'exiger, et que 500 stères de bois de moule étaient plus que suffisans pour remplir la commune de ses droits.

Le 30 du même mois, le préfet du Doubs a rendu un nouvel arrêté qui, modifiant celui du 18 avril précédent, a fixé à 300 stères de moule, la délivrance à faire à la commune.

---

lement, il en résulterait, par le séjour des branches et remanans, un grand dommage pour les brins de semence et les jeunes bois qui doivent régénérer les coupes ; que d'ailleurs la seule difficulté d'assigner à quel diamètre il faut s'arrêter pour faire, en queues d'arbres, la part de l'usager, est des plus grandes, et présente surtout un entrave pour le commerce, attendu que l'on marque annuellement des arbres de la plus faible dimension, lorsqu'il est reconnu que leur croissance est arrêtée ; que ces petits bois servent à fabriquer des rames ; qu'on les ébranche simplement sans rien ôter à la cime, et que d'autres pièces appelées *rondins* se façonnent et s'enlèvent dans toute leur longueur, tant pour la marine marchande que pour diverses constructions. » — Tels sont les motifs pour lesquels l'administion des forêts avait remplacé les droits d'usage des habitans par une délivrance annuelle d'une quantité déterminée de stères de bois exploité.

Celle-ci s'est pourvue au Conseil d'Etat, et a demandé, pour cause d'incompétence et pour mal jugé, l'annulation de la décision du Ministre des finances et de l'arrêté du préfet, pris pour son exécution.

Voici, en substance, les raisonnemens qu'elle a présentés pour soutenir son moyen d'*incompétence* :

Le mode d'exploitation des forêts nationales est de la compétence de l'administration ; mais les lois ont consacré le principe que toute action qui a pour objet de faire statuer sur un droit de propriété ou d'usage, dans ces forêts, est du ressort des tribunaux ; or, les droits de la commune étant fondés sur des titres incontestables et dont l'autorité était reconnue, l'expertise dont il s'agit ne pouvait être faite que dans les formes judiciaires. — L'expertise administrative est donc entachée d'irrégularité, ainsi que tous les actes intervenus, entre la commune et l'administration, depuis la décision ministérielle du 24 août 1816.

Elle a cité, à l'appui, deux décrets en date des 7 février et 7 octobre 1809, qui lui ont paru avoir consacré ces principes dans des affaires semblables à l'espèce (1).

Au fond, elle a soutenu que la décision du Ministre et l'arrêté du préfet portaient préjudice aux usagers, en restreignant les droits qui leur étaient conférés par des titres non contestés, lesquels titres donnent à la commune le droit de prendre, sans restriction, à mesure de l'exploitation, les souches, bois remanans, etc.

L'administration des domaines et forêts a répondu, sur l'*incompétence*, qu'il ne s'agissait pas, dans la décision ministérielle du 6 janvier 1818 et dans l'arrêté du préfet qui en était la conséquence, du droit d'usage en lui-même, mais seulement du réglement de ce droit, pour lequel les formes judiciaires n'étaient pas réquises. — Elle a ajouté

(1) Voy. ces décrets au *Nouv. Rép. de Jur.*, au mot *usage*, sect. 2. §. 6.

que les exemples cités n'avaient aucune analogie à l'espèce; qu'ils n'avaient trait qu'à des cantonnemens, à l'égard desquels toute contestation devient question de propriété, l'effet du cantonnement étant de transformer l'usager en propriétaire; tandis que, dans l'espèce, il ne s'agissait que d'une opération du ressort de l'autorité administrative.

Quant à l'*injustice au fond* prétendue par la commune, l'administration des forêts a fait observer que la délivrance de 300 stères de bois de moule avait été envisagée comme l'équivalent des droits qui étaient conférés à la commune par ses titres; et qu'indépendamment de cette considération, il en existait une contre laquelle rien ne pouvait prévaloir, celle de la *possibilité* des forêts, puisqu'il est de principe que les droits d'usagers, quelle qu'en soit l'étendue, sont toujours subordonnés à cette *possibilité*.

Le système de l'attaque exercée par la commune a prévalu sur la défense de l'administration des forêts.

LOUIS, etc.

Sur le rapport du comité du contentieux,

Vu les requêtes introductive et ampliative à nous présentées au nom de la *commune d'Arc-sous-Montenot*; lesdites requêtes enregistrées au secrétariat-général de notre Conseil d'Etat, les 3 juin et 4 juillet 1818, et tendant à ce qu'il nous plaise annuler, comme irrégulière, l'expertise qui apprécie les droits d'usage de ladite commune dans les forêts d'Arc et Maubelin, et comme incompétemment rendus la décision de notre Ministre des finances du 7 janvier 1818 et l'arrêté du préfet du département du Doubs, du 30 du même mois, qui en ont été la suite; ordonner que la décision antérieure du Ministre des finances, en date du 24 août 1811, qui maintient la commune dans tous ses droits, sera purement et simplement exécutée, et qu'en conséquence la commune sera autorisée à prendre, comme par le passé, les remanans, queues et bois morts nécessaires à ses usages, ainsi que les jugemens anciens avaient établi ce droit; Se réservant la commune le droit de prendre toutes conclusions ultérieures, nécessaires ainsi que de droit;

Vu l'autorisation de la commune de se pourvoir en notre Conseil d'Etat, en date du 13 mai 1818; — Vu le jugement de la réformation de Salins du 28 octob. 1725, qui établit les droits d'usage de la *commune d'Arc*; — Vu les exploits du règlement du 1.er avril 1727 et de l'arrêt du 29 novembre 1743, confirmant lesdits droits; — Vu la décision ministérielle du 24 août 1811; — Vu la lettre du maire de la *commune d'Arc*, du 15 mars 1813, par laquelle il adhère à une expertise proposée par le conservateur des forêts; — Vu l'arrêté du préfet, du 3 septembre 1813, qui nomme les experts; — Vu le procès-verbal d'expertise, du 15 février 1815; — Vu l'arrêté du préfet du 14 juin 1815, ordonnant une nouvelle réunion d'experts; — Vu le procès-verbal de la nouvelle expertise, du 5 septembre 1816, lequel évalue à 996 stères le droit d'usage de la commune; — Vu un arrêté du préfet, du 17 avril 1817, qui homologue ladite expertise; — Vu la décision du Ministre des finances, du 7 janvier 1818, dont est appel, par laquelle il invite le préfet à réduire à 300 les stères à accorder à la commune; — Vu l'arrêté du préfet, du 30 janvier 1818, pris en conformité de ladite décision; — Vu la lettre de notre Garde-des-sceaux à notre Ministre des finances; — Vu la lettre de notre Ministre des finances, tendant au maintien de la décision attaquée et transmissive d'un rapport fait au Conseil d'administration des domaines, le 10 février 1819, et d'une lettre du directeur-général, du 27 juillet 1819; — Vu toutes les pièces produites;

Considérant que le droit d'usage de la *commune d'Arc* n'est pas contesté, et qu'il a été reconnu par une décision du Ministre des finances, en date du 24 août 1811; — Considérant que l'*administration des domaines* et la *commune d'Arc* ont respectivement consenti à la conversion de ce droit en une redevance annuelle de stères de bois; mais qu'elles n'ont pu s'accorder sur la quotité de cette délivrance ; — Considérant qu'il ne pouvait y avoir lieu, par le Ministre des finances, à fixer cette quotité, qu'autant que la *commune d'Arc* aurait acquiescé à cette fixation ;

Notre Conseil d'État entendu,

Nous avons ordonné et ordonnons ce qui suit :

Art. 1.er La décision de notre Ministre des finances, du 7 janvier 1818, et l'arrêté du préfet du départ. du Doubs, du 30 du même mois, sont annulés, et les choses sont mises au semblable et même état que par le passé, entre la *commune d'Arc* et l'*administration des domaines et forêts.*

Art. 2. Notre Garde-des-sceaux et notre Ministre des finances sont chargés, etc.

M. Villemain, maître des req., *rapporteur.* — M.e Cochin, *avocat.*

COMPTABLES. — RECEVEUR. — DÉFICIT. — RESPONSABILITÉ.

Les receveurs-généraux et particuliers des finances qui n'exercent pas, sur les percepteurs, la surveillance nécessaire pour constater leurs malversations, et qui ne dirigent que des poursuites tardives après le déficit constaté, sont-ils responsables de ce déficit? — Rés. aff. (1).

(4151. — 21 mars 1821. — Méhu c. le Trésor.)

En 1815, le préfet de *Saône-et-Loire* avait établi une

---

(1) Voy. l'arrêté du 16 therm. an 8, au *Bulletin des Lois.* — 25 prairial an 13 (*Arch. du Conseil d'Etat*, n.o 13848). —18 juillet 1809. *ibid.*, n.o 31198.—*Elém. de jur. adm.*, tom. 1.er, p. 214, n.os 25, et 221, n.o 41.

cotisation du 5.me des contributions directes pour subvenir à la nourriture des troupes alliées.

Le sieur *Laroche*, percepteur des communes d'*Oyer* et d'*Amanzé*, avait été chargé du recouvrement de cette contribution.

Ce percepteur ayant été remplacé dans ses fonctions, un contrôleur des contributions reçut, au mois d'avril 1817, l'ordre de vérifier sa situation.

Par suite de cette vérification, et des procès-verbaux dressés par le contrôleur, un déficit dans la caisse du sieur *Laroche* fut constaté; et le préfet rendit, le 14 octob. 1818, un arrêté qui déclara ce percepteur en débet, sur le 5.me des contributions extraordinaires, de la somme de 4,565 fr. 49 c., et déchargea le receveur d'arrondissement de toute responsabilité à cet égard.

Le Ministre des finances, auquel cet arrêt fut soumis, refusa de l'approuver, et déclara, par décision du 14 octobre 1818, que le sieur *Méhu*, receveur-particulier, était responsable du déficit trouvé dans la caisse du sieur *Laroche*, sur le produit de la contribution extraordinaire de 1815.

Voici les motifs de cette décision, qui fut délibérée au Conseil du contentieux du Ministre des finances:

« Le receveur-particulier de l'arrondissement de *Charrolles* n'a rempli, dans cette circonstance, aucune des » deux conditions qui lui étaient imposées par le décret du » 20 juillet 1808, pour être affranchi de la responsabilité » du débet du sieur *Laroche*. — En effet, il demeure con-

— Décrets des 5 septemb. 1810. Morlet. *Jur. du C. d'Et.*, t. 1.er, p. 398. — 20 septemb. 1812. Saujeon, *au Bulletin*. — 14 août 1813, *Arch. du Conseil*, n.° 56395. — 22 décemb. 1813, ville de Rouen, *Arch. du C. du contentieux*, n.° 1486.—Arrêt du Conseil, du 19 octobre 1814. Riberolles, *Jur. du C. d'Et.*, tom. 3, p. 24.

» tant qu'il n'a pris, à l'égard de cet ex-percepteur, aucune » des mesures de précaution qui auraient pu prévenir son » débet. Ces mesures consistent principalement à veiller à » ce que le percepteur émarge exactement ses rôles ; à ce » qu'il fasse écriture de toutes ses recettes, et verse exac- » tement toutes les sommes dont ses écritures constatent » l'encaissement. — Il est également certain qu'après la » découverte du débet, le receveur-particulier n'a pas di- » rigé, en temps utile, les poursuites nécessaires contre la » personne du percepteur, qui n'a disparu que long-temps » après, ni contre les meubles ou immeubles qu'il pouvait » posséder alors. — Il n'y a d'ailleurs aucune distinction » raisonnable à faire entre la contribution extraordinaire » sur laquelle le sieur *Laroche* s'est trouvé en déficit et les » contributions ordinaires, puisque le percepteur était éga- » lement chargé des unes et des autres ; que le receveur- » particulier en était instruit, et qu'il avait déjà reçu, des » mains du sieur *Laroche*, une portion de cette contribu- » tion extraordinaire. — Il serait injuste, sans doute, d'exi- » ger que le receveur-particulier eût pressé le recouvre- » ment, non encore autorisé, de cette contribution extraor- » dinaire ; mais rien ne peut le justifier de ne l'avoir pas » surveillé ; ne fût-ce que pour s'assurer que, dans les ver- » semens sur les contributions directes, le percepteur ne » faisait pas de fausses imputations. — On voit en outre, » par les procès-verbaux de la vérification qui a été faite » chez le sieur *Laroche*, que toutes les sommes reçues par » lui ont été exactement émargées sur les rôles. — Il n'y a » donc eu, de sa part, aucune dissimulation de recette ; et » son déficit, qui aurait dû être connu et arrêté dans le » principe, ne s'est accru que par le défaut de surveillance » du receveur-particulier. »

Le sieur Méhu s'est pourvu au Conseil d'Etat contre cette décision, et voici l'analyse des moyens qu'il a fait valoir :

En vain l'on oppose que le receveur-particulier n'a pas rempli les deux conditions que lui imposait le décret du 20 juillet 1808.

Ce décret n'a aucun rapport à l'espèce; il est relatif aux comptables qui ont négligé de verser leurs recettes et d'en faire l'emploi, conformément aux instructions, ou bien qui les ont détournées. — Dans l'espèce, le sieur Méhu n'a rien détourné ni retenu. Doit-il répondre de la malversation d'un autre, lorsqu'il ne lui a pas été possible d'exercer sa surveillance? Telle est la question.

Admettons, pour un moment, que la nature de la perception comportât réellement l'obligation de veiller à ce que le percepteur *émargeât ses rôles, fît écriture de ses recettes et versât exactement ses rentrées.* — Il n'en reste pas moins constant que le receveur ne pouvait contraindre le sieur *Laroche* à verser ses recettes qu'autant qu'il était prévenu de leur existence en caisse; et cette connaissance ne pouvait être acquise par l'inspection des registres de ce dernier, puisqu'il est de fait que le sieur *Laroche* recevait les cotisations sans en faire mention sur les rôles, et qu'il ne délivrait pas même de quittances aux contribuables.

On reproche au receveur de n'avoir pas dirigé les poursuites en temps utile. — Mais le déficit du sieur Laroche n'a été dévoilé et n'a pu l'être que long-temps après sa retraite. — A l'instant où il a été connu, le sieur *Méhu* a décerné une contrainte; des ordres ont été par lui donnés pour arrêter le sieur *Laroche*. — Toutes ces poursuites exigeaient des formalités, demandaient du temps, et le receveur n'a pu empêcher le sieur Laroche de soustraire sa personne et ses meubles à l'action de la justice.

La similitude que l'on veut établir entre la contribution ordinaire et la contribution extraordinaire ne peut exister. — En effet, à l'égard de la contribution ordinaire, un percepteur peut être mis en demeure ou de représenter ses registres, ou d'exercer des poursuites contre les retardataires. De-là, pour le receveur-particulier, un moyen aussi facile que certain de connaître la situation du comptable ; tandis qu'au contraire, dans la contribution extraordinaire, non autorisée, le contribuable ne peut être contraint. — Le percepteur qui veut dissimuler ses recouvremens, n'en fait point écriture, et il est impossible au receveur-particulier de le convaincre d'inexactitude.

Vainement objecte-t-on que le receveur savait à quoi s'en tenir, du moment surtout où le percepteur lui avait fait compte d'une partie de la contribution extraordinaire. — Le sieur *Méhu* n'avait connaissance que de cette partie qui, ayant été enregistrée par le sieur *Laroche*, ne pouvait plus être soustraite aux regards du receveur.

Enfin l'on prétend que toutes les sommes reçues par le sieur *Laroche* se trouvant émargées sur les rôles, il n'y a point eu de dissimulation de recette, et que, par conséquent, la surveillance du receveur a été en défaut.

Ici la religion du Ministre a été égarée ; les émargemens ne sont point l'ouvrage du percepteur ; ils appartiennent au contrôleur qui fut chargé, en 1817, de vérifier sa comptabilité. En effet, ces émargemens ne consistent que dans le mot *payé*, écrit à côté de chaque article du rôle. Du reste, aucune circonstance, aucune mention des dates des paiemens : preuve que l'annotation n'a eu lieu réellement qu'après coup et de mémoire.

L'agent judiciaire du Trésor, dans sa défense, a reproduit les motifs de la décision ministérielle attaquée, et combattu ainsi les raisonnemens de son adversaire :

Le décret du 20 juillet 1808 qui a motivé la décision attaquée n'est pas celui du même jour dont parle le sieur Méhu, et qui est relatif aux comptables de l'administration des domaines et de l'enregistrement. — Celui énoncé dans la décision ministérielle porte, art. 1.er « Lorsqu'un per-

» cepteur à vie sera en débet, il sera d'abord constaté si le » maire et le receveur-particulier ont exercé, vis-à-vis de » ce percepteur, la surveillance prescrite par les réglemens.

» Dans le cas où cette surveillance aurait été exercée, et » où, le percepteur ayant été poursuivi dans tous ses biens, » incarcéré et traduit devant les tribunaux, il resterait » néanmoins, prélèvement fait de son cautionnement, en » numéraire, un débet envers le trésor, ce débet sera im» puté sur les fonds de non-valeur. »

Les conditions voulues par ce décret et par celui du 25 janvier précédent, pour opérer la non-responsabilité du receveur-particulier, ont-elles été remplies ?

Telle est la question.

Le sieur Méhu prétend que le recouvrement de 1,028 fr. sur la cotisation municipale, n'avait été constaté que par des actes informes tenus par le percepteur, que ce dernier aurait exhibés, pour établir que c'était tout ce qu'il avait reçu sur cette contribution. — Cette déclaration du sieur Méhu accuse son exactitude, au lieu de la justifier. — Devait-il permettre au percepteur d'opérer sur simples notes? Ne devait-il pas régulariser cette perception, et s'assurer, par un appel aux contribuables, que les opérations du percepteur ne présentaient rien d'infidèle ?

Le sieur *Méhu* prétend ensuite, pour se justifier du défaut de vérification des registres, qu'il n'existait ni rôle ni moyen de contrôle : et cependant ce rôle était entre les mains du percepteur, puisqu'il a servi de moyen de vérification au contrôleur qui a constaté le déficit.

Le sieur *Méhu* n'établit, par aucunes pièces, qu'il ait procédé à des vérifications et à l'appel des contribuables, dans l'intervalle de janvier 1816 au mois d'avril 1817.

Il prétend que ce n'est qu'au mois d'octobre 1817 qu'il a connu ce déficit et décerné contrainte ; c'est précisement de ce fait que sort sa négligence. — En effet, le déficit a été connu dans les premiers jours d'avril 1817, ainsi qu'il est constaté par les procès-verbaux de vérification; et les premières poursuites du receveur-particulier n'ont eu lieu que le 27 octobre; il a donc laissé écouler six mois, sans prendre aucune des mesures prescrites par les réglemens, pour se mettre à l'abri de la responsabilité. — Et, ce qu'il y a de remarquable, c'est que ces poursuites tardives ont eu lieu, non à raison du débet sur la cotisation dont il s'agit, mais à raison du débet existant sur la contribution ordinaire; d'où il résulte qu'aujourd'hui même aucune poursuite n'a encore été exercée, aucun acte conservatoire n'a été fait pour le déficit mis à la charge du receveur par la décision attaquée.

Dans sa réplique, le sieur Méhu s'est efforcé de repousser le reproche du défaut de vigilance, et celui de négligence dans les poursuites, en alléguant que l'imposition extraordinaire n'avait été approuvée qu'au mois de nov. 1817; que, dès-lors, elle ne faisait pas, à proprement parler, partie de sa recette; qu'il était sans droit, sans qualité pour en hâter le recouvrement; que toute sa mission se bornait à ouvrir sa caisse aux fonds que les percepteurs viendraient y déposer de leur propre mouvement. — Il ajoutait enfin que les diligences faites contre l'ex-percepteur, à raison de la contribution ordinaire, ayant été infructueuses, il ne devait pas attendre une issue plus favorable de celles qui auraient eu pour objet la cotisation extraordinaire.

La décision ministérielle, qui avait déclaré le sieur Méhu responsable du déficit du sieur Laroche, a été maintenue par l'ordonnance royale dont la teneur suit:

LOUIS, etc.

Sur le rapport du comité du contentieux,

Vu la requête à nous présentée au nom du sieur *Méhu*, receveur-particulier de l'arrondissement de Charolles, département de Saône-et-Loire; ladite requête enregistrée au secrétariat-général de notre Conseil d'Etat, le 20 avril 1819, et tendant à ce qu'il nous plaise annuler la décision de notre Ministre des finances, du 22 décembre 1818, qui l'a déclaré responsable du déficit de 4,565 fr. 49 c. trouvé dans la caisse du sieur *Laroche*, percepteur des communes d'Oyé et d'Amanzé; — Vu la réponse de notre Ministre des finances, en date du 11 mars 1820, à la communication qui lui a été donnée de ladite requête; — Vu la réplique du sieur *Méhu*, persistant dans ses premières conclusions; — Vu le décret du 20 juillet 1808; — Vu toutes les pièces produites;

Considérant que le requérant n'a pas exercé, sur la perception du sieur Laroche, la surveillance nécessaire pour constater ses malversations; — Qu'il n'a dirigé ses poursuites contre ce comptable que six mois après que son déficit a été constaté; qu'il ne se trouve pas, par conséquent, avoir rempli les conditions exigées, par le décret du 20 juillet 1808, pour que le débet soit imputé sur les fonds de non-valeur;

Notre Conseil d'État entendu,

Nous avons ordonné et ordonnons ce qui suit:

Art. 1.er La requête du sieur *Méhu* est rejetée.

Art. 4. Notre Garde-des-sceaux et notre Ministre des finances sont chargés, etc.

M. Maillard, maître des req., *rapporteur*. — M.e Darrieux, *avocat*.

CONFLIT. — OPPOSITION A UNE ORDONNANCE QUI LE JUGE. — MARAIS. — DESSÉCHEMENT. — RÉGLEMENT D'INTÉRÊTS PARTICULIERS. — COMPÉTENCE.

Les préfets doivent-ils revendiquer à l'autorité administrative les contestations qui n'ont pour but que de régler des intérêts privés? — Rés. nég. (1).

Cette règle est-elle applicable dans le cas où il s'agit de décider si des travaux faits pour dessécher un étang privé, sont nuisibles aux propriétés voisines? — Rés. aff.

L'opposition à une ordonnance royale rendue sur conflit est-elle fondée, lorsque les opposans ne font valoir que les moyens déjà développés dans un mémoire qui se trouvait joint aux pièces sur l'examen desquelles est intervenue ladite ordonnance? — Rés. nég. (2).

(4442. — 21 mars 1821. — Gallifet, Chaptal et consorts.)

MM. de Gallifet, Chaptal et consorts sont propriétaires de salines, de fabriques de soude et autres établissemens d'industrie, situés sur les bords des étangs d'*Engrenier* et de *la Valduc*, département des Bouches-du-Rhône.

Près de ces deux étangs, il en existe un troisième, appelé le *Pourra*, appartenant à M. de Charleval, et séparé des deux autres par la montagne de Castillon.

Le desséchement du *Pourra* avait été commencé en 1777, au moyen d'une galerie souterraine, pratiquée dans la montagne. Cette galerie (ou canal) versait les eaux du *Pourra*

---

(1) Voy. *Elém. de jur. adm.*, tom. 1.er, p. 237, n.° 8. — Ordon. des 16 juillet 1817. Cézane c. Vérac et autres. — 18 mars 1818, Cazenaud, *Jur. du C. d'Et.*, tom. 4, p. 281. — 20 janvier 1819. Dubourg c. le percepteur de la commune d'Aspet. *Arch. du Comité*, n.° 4023.

(2) Voy. *Elém. de jur. adm.*, tom. 1.er, p. 81, n.° 90. — Décret du 5 janvier 1813. Blondel. *Arch. du Comité*, n.° 1748.

dans les étangs d'*Engrenier* et de la *Valduc*. Les travaux s'étant dégradés, le desséchement avait cessé d'avoir lieu.

En 1812, M. de Charleval a repris le projet de desséchement et a fait travailler au relèvement de la galerie.

M. Chaptal a réclamé, et M. le préfet des Bouches-du-Rhône a ordonné à M. de Charleval de suspendre ses travaux et de lui faire connaître le projet qu'il se proposait d'exécuter.

M. de Charleval a déclaré que son intention n'était pas d'introduire ses eaux de desséchement dans l'étang d'*Engrenier*, mais de les faire jeter à la mer. En conséquence, les travaux ont été autorisés et repris.

Bientôt, les oppositions des propriétaires des étangs voisins se sont renouvelées, et le préfet, par un arrêté du 27 novembre 1818, a ordonné de nouveau la suspension de ces travaux et l'exécution de quelques autres, jugés nécessaires pour préserver l'étang d'*Engrenier*.

Sur la réclamation de M. de Charleval, M. le directeur-général des ponts-et-chaussées a déclaré que l'affaire ne lui paraissait présenter que des difficultés entre des propriétaires voisins, et que l'administration n'avait pas à en connaître.

En conséquence, M. de Charleval a saisi le juge de paix d'une action en complainte, et il a obtenu jugement qui l'a maintenu en possession et a prescrit la destruction des travaux confectionnés en vertu de l'arrêté du 27 nov. 1813.

Le 28 mai 1819, M. le préfet a revendiqué la contestation à la décision de l'autorité administrative; et une ordonnance royale du 20 octobre suivant a prononcé l'annulation du conflit, par ce motif: « que les tribunaux seuls » pouvaient connaître des contestations élevées dans l'es» pèce, parce qu'elles avaient pour objet le desséchement » d'un étang particulier. »

MM. de Gallifet, Chaptal et autres ont formé opposition

à cette ordonnance. Leur principal moyen a été celui-ci :

Le jugement du juge de paix n'ayant statué que sur le possessoire, le conflit n'avait eu pour objet que ce possessoire. Toutefois, l'ordonnance a renvoyé les parties à discuter leurs intérêts devant les tribunaux, non-seulement sur l'action en *complainte*, mais encore sur le *fond*; elle a donc statué sur un point qui n'était pas en litige.

Les opposans ont ajouté qu'ils reconnaissaient la compétence des tribunaux en ce qui concernait le fond du litige; mais que le juge de paix avait commis un excès de pouvoir en prononçant la suppression de travaux ordonnés par M. le préfet des Bouches-du-Rhône.

Malgré ces raisons, l'ordonnance du 20 octobre 1819 a été maintenue par celle qui suit :

LOUIS, etc.

Sur le rapport du comité du contentieux,

Vu la requête sommaire à nous présentée au nom du sieur comte Louis-François-Alexandre *de Gallifet*, du vicomte *Chaptal* fils, du président *Cappeau*, des héritiers *Areussia*, et du sieur Joseph *Bourgarel*; ladite requête enregistrée au secrétariat-général de notre Conseil d'Etat, le 20 décembre 1819, et tendant à ce qu'il nous plaise les recevoir opposans à notre ordonnance du 20 octobre 1819, qui a annulé le conflit élevé par M. le préfet du département des Bouches-du-Rhône, dans une contestation élevée entre le sieur *Chaptal* fils et le sieur *de Charleval*, au sujet des travaux entrepris pour le desséchement de l'étang du *Pourra* dont le sieur de *Charleval* est propriétaire; — Vu l'ordonnance de *soit communiqué* au sieur de *Charleval*, qui n'a pas répondu dans les délais du réglement; — Vu le mémoire ampliatif des sieurs *Gallifet*, *Chaptal* et consorts, enregistré audit secrétariat-général, le 11 juin 1820, et persistant dans les mêmes conclusions ; — Vu notre ordonnance contre laquelle le présent recours est exercé ; — Vu toutes les pièces fournies, tant dans la première instance que dans l'instance actuelle ;

Considérant que l'administration des ponts-et-chaussées, saisie de la contestation existante entre le sieur *Chaptal* et le sieur de *Charleval*, avait reconnu, dès 1814, que cette contestation, n'ayant pour but que le réglement d'intérêts particuliers, devait être soumise aux tribunaux ; — Que notre ordonnance du 20 octobre 1819, qui a annulé le conflit élevé par le préfet du département des Bouches-du-Rhône, a statué conformément à ce principe ; — Que, dans leur requête, les réclamans ne font valoir que les moyens déjà développés dans leur mémoire, joint aux pièces sur lesquelles est intervenue notre susdite ordonnance ;

Notre Conseil d'Etat entendu,

Nous avons ordonné et ordonnons ce qui suit :

Art. 1.er La requête des sieurs *Gallifet*, *Chaptal* et consorts est rejetée.

Art. 2. Notre Garde-des-sceaux et notre Ministre de la guerre sont chargés, etc.

M. Maillard, maître des req., *rapporteur*. — M.e Reboul, *avocat*.

CONTRIBUTIONS DIRECTES. — DEMANDE EN RÉDUCTION. — RECOURS EXERCÉ PAR QUELQUES HABITANS. — DÉFAUT DE QUALITÉ.

Des habitans sont-ils recevables à réclamer individuellement contre la décision qui a prononcé un dégrèvement sur la contribution foncière, en faveur d'un autre habitant de la même commune ? — Rés. nég. (1).

(1) Voy. la loi du 9 vendém. an 6 et le décret du 27 novemb. 1814, au

(4734. — 21 mars 1821. — De Grignon-Desburreaux et consorts c. Truchy.)

Le sieur Truchy, de la commune d'Ervy, avait demandé au Conseil de préfecture, un dégrèvement sur sa contribution foncière; et un arrêté le lui avait accordé.

Des habitans de la commune, au nombre de 19 (1), se sont pourvus devant le Conseil d'Etat contre cet arrêté.

Appelé à se défendre, le sieur Truchy s'est borné à leur opposer une exception, tirée de leur *défaut de qualité*, et voici le résumé de la doctrine qu'il a exposée à cet égard.

Les conseils municipaux, à la tête desquels se trouvent les maires, ont été créés pour veiller aux intérêts de tous les habitans de chaque commune. Ainsi toutes les fois qu'une action intéresse la masse, l'universalité des habitans d'une commune, c'est à ses administrateurs qu'il appartient d'intenter ou de soutenir cette action.

Ceci posé, le dégrèvement d'une contribution foncière,

Bulletin des Lois. — Voy. aussi la loi du 2 messidor an 7, titre 4, chap. 2, art. 31 — et notre dissertation, insérée dans *la Thémis*, t. 3, p. 210.

(1) Mgr. le Garde-des-sceaux ayant, comme président du Comité, ordonné la communication de cette requête au sieur Truchy, la signification de son ordonnance de *soit communiqué* a été présentée à l'enregistrement du receveur d'Ervy, qui, aux termes de l'art. 45 de la loi du 28 avril 1816, devait percevoir, le décime compris, 5 fr. 50 c.—Mais ce receveur, quoiqu'il dût avoir sous les yeux la copie de la quittance du receveur de Paris, mentionnée dans la copie de la requête, a exigé le paiement de ce premier droit, déjà payé; et non content de demander 27 fr. 50 c., ainsi que l'avait fait le receveur de Paris, il a fait payer 524 fr. 73 c., en multipliant *dix-neuf fois* le droit à percevoir, parce que la requête était présentée au nom de 19 contribuables. Ceux-ci ont réclamé près de Mgr. le Garde-des-sceaux, qui a transmis leur plainte à M. le Ministre des finances, qui a envoyé, le 4 avril 1821, à son collègue, la décision qui suit: — « D'après l'examen particulier que j'ai fait de cette affaire, j'ai reconnu, » comme V. Exc., que les signataires de cette requête n'ayant tous qu'*un*

accordé à l'un des habitans d'une commune, occasionne une réimposition sur toute la masse, y compris même celui au profit duquel elle a lieu ; il est donc évident que l'action que la masse peut avoir pour réclamer contre le dégrèvement, ne doit être exercée que par ceux qui représentent cette masse, qui sont investis du droit d'administrer les intérêts généraux ; autrement l'individu qui se plaindrait d'une surtaxe pourrait avoir autant d'adversaires successifs à combattre, qu'il y aurait d'habitans dans sa commune : ce qui produirait évidemment le désordre.

On conçoit que si ce dégrèvement, prononcé au premier degré de la juridiction administrative, était annulé par l'autorité supérieure, et que cependant il fût opéré, chacun des habitans aurait le droit de se pourvoir devant les administrateurs de la commune, ou, après leur refus, et successivement, devant le sous-préfet, le préfet, le Ministre, pour se plaindre d'une réimposition induement mise à sa charge. Mais il répugne à la simple et droite raison de re-

---

» *seul et même intérêt*, ils étaient fondés à invoquer, à l'appui de leur » demande en remboursement des droits, les dispositions de l'art. 68 de » la loi du 22 frimaire an 7, qui veulent qu'il soit perçu un droit pour » chaque demandeur ou défendeur, en quelque nombre qu'ils soient dans » le même acte, mais qui exceptent de cette règle les copropriétaires, les » cohéritiers, les *cointéressés*, etc. — Cette exception étant donc appli- » cable aux pétitionnaires, l'exploit de signification dont il s'agit ne don- » nait ouverture qu'à un seul droit de 5 fr. 50 c. auquel ces sortes d'actes » sont tarifiés par l'art. 45 de la loi du 28 avril 1816. — J'ai, en consé- » quence, *décidé* que, sur la somme de 522 fr. 50 c., montant des dix- » neuf droits de 27 fr. 50 c., perçus sur cet exploit, il serait prélevé celle » de 5 fr. 50 c. ; et que les 517 fr. restans seraient remboursés aux récla- » mans. » Le Ministre des finances, *signé* ROY. — Cette difficulté s'élevant assez habituellement hors de Paris, nous avons cru faire une chose utile en transcrivant ici la décision ministérielle qui pourra désormais servir de guide aux receveurs de l'enregistrement et aux parties intéressées, en pareilles circonstances.

connaître ou d'accorder, à chacun des habitans, le droit de réclamer lui-même contre le dégrèvement prononcé en faveur de l'un d'entre eux.

Le maire, au nom du Conseil municipal, qui représente la masse des habitans de la commune, a seul le droit de réclamer contre les dégrèvemens partiels ; que si chacun des habitans ou quelques habitans isolés pouvaient exercer cette action, ils agiraient alors au nom de tous ; ils pourraient individuellement faire prononcer sur une question commune, sur un intérêt indivisible : ce qui serait contraire à l'esprit de nos lois sur le régime municipal, aussi bien qu'à leur texte.

En résumé : chaque habitant, en particulier, peut bien avoir *intérêt* à ce que le dégrèvement, accordé d'abord, soit ensuite refusé ; mais il n'a point *qualité* pour réclamer contre ce dégrèvement devant le Conseil d'Etat, lorsque l'autorité de première instance l'a prononcé.

Les appelans n'ont pas repoussé ce moyen, et la doctrine exposée dans l'intérêt du sieur Truchy a été consacrée par l'ordonnance dont voici la teneur :

LOUIS, etc.

Sur le rapport du comité du contentieux,

Vu les requêtes introductive et ampliative à nous présentées au nom des sieurs *Marc-Antoine-Joseph-Edme de Grignon-Desburreaux*, ancien chef de bataillon, chevalier de l'ordre royal et militaire de Saint-Louis, demeurant à Ervy, département de l'Aube ; *Charles-Gaspard Lecarruyer de Linsecq*, et autres propriétaires en ladite commune d'Ervy ; lesdites requêtes enregistrées au secrétariat-général de notre Conseil d'Etat, les 3 août et 10 octobre 1820, et tendant à ce qu'il nous plaise, sans nous arrêter, ni avoir égard à l'arrêté du Conseil de préfecture du département de l'Aube du 3 mai 1820, sur la demande en réduction de contribution foncière formée par le sieur *Truchy*, propriétaire à Ervy, lequel arrêté sera annulé, déclarer ledit sieur *Truchy* purement et simplement non-recevable dans sa demande, dans tous les cas, et subsidiairement seulement, déclarer cette demande et toute l'instruction faite sur icelle devant le Conseil de préfecture, nulle et irrégulière; enfin, dans le cas où notre Conseil d'Etat croirait pouvoir s'occuper du fond, déclarer la prétention du sieur *Truchy* mal fondée; en conséquence ordonner que les rôles de la contribution foncière de la commune d'Ervy continueront d'être exécutés comme par le passé, et condamner ledit contribuable aux dépens, sous toute réserve de droit; — Vu la requête en défense pour le sieur *Truchy*, tendant à ce qu'il nous plaise, 1.° déclarer les sieurs *Grignon-Desburreaux* et consorts purement et simplement non-recevables, comme ne pouvant exercer individuellement une action qui intéresse l'universalité des habitans; 2.° les condamner solidairement aux dépens; — Subsidiairement et pour le cas seulement où nous ne croirions pas devoir nous arrêter à la fin de non-recevoir, ordonner, avant de faire droit, que les pièces de l'instruction seront apportées au secrétariat de notre Conseil d'Etat, pour, après communication prise, être conclu par les parties et statué par nous ainsi qu'il appartiendra; — Vu la loi du 2 messidor an 7, sur les réclamations en matière de contribution foncière;

Considérant que cette loi n'ouvre point aux contribuables individuellement la voie de la réclamation contre les décisions sur demande en réduction de contribution foncière; mais que l'art. 31, tit. 4, chap. 2 de ladite loi confère seulement l'action en recours à l'autorité municipale, qui l'exerce auprès du préfet, au moyen d'une déclaration motivée, appuyée d'une délibération des commissaires répartiteurs;

Notre Conseil d'État entendu,

Nous avons ordonné et ordonnons ce qui suit:

Art. 1.er Les sieurs Edme *de Grignon-Desburreaux*, demeurant à Ervy, et autres dénommés dans la requête susmentionnée, sont déclarés non-recevables dans leur pourvoi.

Art. 2. Les requérans sont condamnés aux dépens.

Art. 3. Notre Garde-des-sceaux et notre Ministre des finances sont chargés, etc.

M. Jauffret, maître des req., *rapporteur*.—M.es Jousselin et Champion-Villeneuve, *avocats*.

DOMAINES DE L'ÉTAT — Application de la loi du 14 ventose an 7. — Qualité d'engagiste. — Déchéance.

Les arrêts de propre mouvement, émanés de l'ancien Conseil, ont-ils été annulés de plein droit par la loi du 20 septembre 1793, et peuvent-ils encore être opposés aux parties? — Rés. aff.

La loi du 14 ventose an 7 est-elle applicable aux engagistes dépossédés avant 1790, et ceux-ci peuvent-ils être admis à soumissionner le paiement du quart de la valeur, pour être réintégrés? — Rés. aff. (1).

Pour qu'ils soient admis à user du bénéfice de ces dispositions, est-il nécessaire que les finances d'engagement n'aient pas été liquidées? — Rés. aff. (2).

Ces mêmes dispositions sont-elles, depuis la loi du 28 avril 1816, applicables aux engagistes des forêts au-dessus de 150 hectares? — Rés. aff.

---

(1) Voy. le décret rendu, en 1811, dans l'affaire Deshaye, *aux Arch. du C. d'Etat*, et la décision du Ministre des finances intervenue sur la réclamation des héritiers Marbœuf.

(2) Si l'engagiste avait demandé que sa finance fût liquidée, il aurait converti sa qualité en celle de créancier de l'Etat, et changé lui-même sa condition.

(4431. — 21 mars 1821. — D'Annebaut c. le Domaine.)

Le marquisat de *Saluces* avait été réuni, par lettres-patentes d'avril 1550, au domaine de l'Etat.

Par ces mêmes lettres-patentes, la vicomté de *Pont-Audemer* fut concédée à madame *d'Annebaut*, veuve du dernier marquis de *Saluces*, pour lui tenir lieu de son douaire.

Cet engagement fut confirmé, le 12 juillet 1636, en faveur des héritiers d'Annebaut, moyennant le paiement de la somme de 200,000 liv., par forme de supplément de finance.

La revente, à titre d'engagement, de la seigneurie de *Pont-Audemer* fut ordonnée par un arrêt du Conseil du 21 novembre 1766, à la charge, par les adjudicataires, de rembourser les finances payées par les anciens engagistes, et cet arrêt fut confirmé par deux autres, en date des 13 août 1770 et 3 août 1773, rendus sur l'opposition du marquis d'Annebaut, qui se prétendait échangiste.

Le 19 septembre 1773, intervint un nouvel arrêt, rendu de propre mouvement, qui réunit au domaine de la couronne la vicomté de *Pont-Audemer*, et prescrivit aux engagistes de remettre leurs pièces au contrôleur des finances, pour être procédé à leur liquidation.

Peu de temps après, le Roi échangea la vicomté de *Pont-Audemer* avec le comté de Montgommery, qui appartenait à M. Clément de Barville.

Cet échange fut résilié en 1784, et la vicomté de *Pont-Audemer* fit retour à la couronne.

Tout ce qui en dépendait fut vendu à la révolution, moins la forêt de Monfort, que son étendue faisait considérer comme inaliénable.

Le marquis d'Annebaut réclama, devant le Ministre des finances, la propriété du domaine de *Pont-Audemer*.

Celui-ci, par décision du 12 messidor an 4, rejeta la demande, et renvoya le sieur d'Annebaut à se pourvoir en liquidation de sa finance, sauf à lui à se retirer devant les tribunaux, s'il persistait dans sa prétention d'être propriétaire incommutable.

Il y persista. — En conséquence, il se retira devant la Cour de cassation.—Mais la forme du gouvernement ayant changé, sa veuve, devenue sa légataire universelle, se pourvut au Conseil d'Etat.

Un décret du 19 août 1813 rejeta sa demande *comme échangiste*, attendu (y est-il dit) que les arrêts de 1766, 1770 et 3 août 1773 (celui du 19 septembre 1773 n'y est pas compris) sont contradictoires et ont acquis l'autorité de la chose jugée.

Ce décret plaça donc définitivement la dame d'Annebaut dans la classe des engagistes dépossédés de fait, non liquidés de leurs finances, et ayant conservé le privilège et l'hypothèque sur les biens engagés.

La loi du 14 ventose an 7 régissait alors les engagistes dépossédés; mais madame d'Annebaut ne pouvait en invoquer les dispositions, attendu qu'il s'agissait d'une forêt contenant plus de 150 hectares.

Cette exception ayant été levée par la loi du 28 avril 1816, madame d'Annebaut demanda, en vertu de la loi du 14 ventose an 7, à soumissionner la forêt de Monfort en qualité d'engagiste; le préfet de l'*Eure*, auquel elle s'adressa, estima qu'il y avait lieu à lui rembourser sa finance, si mieux n'aimait le gouvernement lui appliquer les dispositions des lois sur les domaines engagés.

Le Ministre des finances, à l'approbation duquel cet arrêté fut soumis, après avoir consulté l'administration des domaines, les comités de législation et des finances, qui furent d'opinions différentes, approuva l'avis du comité des finances, qui avait été contraire à madame d'Annebaut.

Les motifs de cet avis étaient :

« Que les arrêts contradictoires des 13 août 1770 et » 3 août 1773 avaient prononcé la révocation définitive de » l'engagement du domaine de *Pont-Audemer* ; que la dé- » possession de l'engagiste avait été exécutée et consom- » mée ; et que, dès le 28 septembre de la même année, ce » domaine avait été concédé, à titre d'échange, au sieur » Clément de Barville, qui l'avait possédé jusqu'au 25 juin » 1784, époque où il avait fait retour au domaine de l'Etat » par révocation de l'échange ; — Que l'arrêt du 19 sep- » tembre 1773, intervenu après les arrêts de dépossession, » n'avait pu changer la condition de l'engagiste dépossédé, » mais l'avait seulement mis en demeure de se faire liqui- » der et rembourser de ses finances d'engagement, à charge » de produire ses pièces dans le délai d'un mois ; — Que, » dès 1773, le domaine de *Pont-Audemer* ayant été réuni » au domaine de l'Etat, était devenu entièrement libre et » avait été considéré comme tel ; que l'engagiste dépossédé » n'avait plus eu dès-lors aucun droit de suite ni d'hypo- » thèque, mais une créance susceptible de liquidation, et » qu'il était en demeure de faire liquider et rembourser ; » que dès-lors la dépossession ainsi consommée et passée en » force de chose jugée n'était plus du domaine de la loi ; — » Que la décision du Ministre des finances du 12 messidor » an 4, et le décret du 17 août 1813, avaient reconnu que » les arrêts de 1770 et 1773 étaient passés en force de chose » jugée, étaient irrévocables, et avaient renvoyé les » sieur et dame d'Annebaut à plaider devant les tribunaux » ou à se faire liquider de leur créance ; — Que les lois des » 1.er décembre 1790, 3 septembre 1792, 10 frimaire an 2, » 14 ventose an 7, 11 pluviose an 12 et 28 avril 1816, » avaient pour objet les domaines engagés, possédés en » 1790 par les engagistes ; qu'elles ne pouvaient avoir d'ef- » fet rétroactif pour les dépossessions antérieures et pour les

» domaines effectivement réunis antérieurement au domaine
» de l'Etat ; — Que l'art. 116 de la loi du 28 avril 1816, et la loi
» du 14 vent. an 7, qui ne concernaient que les engagistes, ne
» pouvaient, sous aucun rapport, être appliqués à la dame
» d'*Annebaut*, et qu'elle devait être considérée *comme*
» *créancière de l'Etat ;* et que si sa créance n'avait pas été
» liquidée antérieurement au 1.er juillet 1810, le décret du
» 25 février 1808 et la loi du 15 janvier 1810, qui avaient
» prononcé la suppression du conseil-général de liquida-
» tion, et les lois de finances postérieures, s'opposaient à la
» liquidation de cette créance. »

C'est contre la décision approbative de cet avis, décision rendue le 22 juillet 1819, que madame d'Annebaut s'est pourvue au Conseil d'Etat.

Ses droits ont été ainsi établis :

Madame d'Annebaut ne peut être considérée comme *créancière de l'Etat ;* elle est encore engagiste, quelle que soit l'époque de sa dépossession, la loi du 14 ventose an 7 ne faisant aucune distinction à cet égard ;

Si l'on juge sa demande d'après la législation antérieure, il faut exécuter l'arrêt du Conseil du 21 novemb. 1766, qui ordonnait la revente de la vicomté de *Pont-Audemer*, et par conséquent de la forêt de Monfort, avec cette clause que le prix de la vente sera employé au remboursement des finances dues à l'engagiste.

Les arrêts de 1766, 1770, 1773 sont contradictoires, et maintenus par le décret de 1813 ; mais ce ne sont pas ces arrêts qui ont été exécutés, puisque la revente n'a pas eu lieu, puisque le remboursement n'a pas été effectué ; c'est l'arrêt du 19 septemb. 1773 qui a reçu son exécution quant à la dépossession de l'engagiste ; ce dernier arrêt modifiait les précédens sous un double rapport, en ce que le Conseil d'Etat prononçait la réunion au domaine de la couronne, au lieu de prescrire la revente ; en ce qu'il assignait le remboursement des finances sur le Trésor, au lieu d'y affecter le prix d'une revente ; mais l'arrêt du 19 septembre 1773 n'est point contradictoire, il est au nombre de ces arrêts de propre mouvement auquels la loi du 20 septemb. 1775 défend d'avoir égard en aucun cas. — D'un autre côté, quoique l'arrêt du 19 septembre 1773 soit visé dans le décret du 19 août 1813, il n'est point énoncé, dans les considérans, au nombre de ceux qui, ayant été rendus contradictoirement, ont acquis l'autorité de la chose jugée, et qui ont déterminé le rejet du pourvoi. — Ainsi la qualité d'engagiste, en vertu de laquelle madame d'Annebaut réclame, étant restée en question jusqu'au décret du 19 août 1813, c'est seulement de la date de ce décret que peut être fixé le délai qui aurait couru contre elle; or, la forêt de Monfort, d'une contenance au-dessus de 150 hectares, étant comprise dans l'exception de l'art. 13 de la loi du 14 ventose an 7, la loi du 28 avril 1816, qui a abrogé cette exception, a pu seule donner à madame d'Annebaut le droit de réclamer l'application de celle du 14 ventose an 7 ; elle ne se présente pas comme créancière de l'Etat, et ne réclame pas sa liquidation en cette qualité.

Au surplus, toutes les lois rendues sur la matière domaniale, depuis 1566 jusqu'en 1816, ont voulu qu'un engagiste ne fût censé dépossédé qu'autant qu'il était remboursé préalablement et actuellement de ses finances et autres répétitions ; jusque-là la dépossession n'est que précaire, et la créance privilégiée de l'engagiste n'a pu subir l'effet des lois de déchéance.

La mise en demeure de recevoir les finances n'a été autorisée par la nouvelle législation que depuis le 1.er décembre 1790 ; et l'on ne rapporte aucun arrêté qui prouve que l'engagiste ait été mis en demeure de recevoir. La distinction que l'on veut faire entre les engagistes dépossédés avant 1790 et ceux dépossédés depuis cette époque, est arbitraire et inconciliable avec le texte et l'esprit des lois. — En effet, elle n'est contenue ni expressément ni implicitement dans les lois citées dans la décision du Ministre, lesquelles ne mettent aucune distinction entre l'époque de la dépossession des engagistes. Le Domaine ne peut retenir entre ses mains et les biens engagés et le prix de l'engagement; sa qualité d'engagiste donne à madame d'Annebaut le droit de suivre le gage de sa créance, tant qu'il est dans les mains du débiteur.

Mais (M.me) a-t-on ajouté pour d'Annebaut, avant d'aborder soit la question principale de l'engagement, soit la question subsidiaire de la liquidation, il y a lieu d'examiner la question préalable de compétence. — Les contestations qui s'élèvent sur le fond de droit, sur l'appréciation des arrêts, et sur l'interprétation de toutes les lois en matière d'engagement, ne sont point du nombre des attributions de l'autorité administrative; c'est aux tribunaux qu'il appartient de statuer sur ces points préjudiciels.

Tels ont été, en substance, les moyens que madame d'Annebaut a fait valoir.

Le Ministre des finances, auquel la requête de madame d'Annebaut a été communiquée, s'est référé, dans sa réponse, aux nombreux documens que présentait cette affaire. De ce nombre était un mémoire à lui remis par M. le directeur-général des Domaines, contenant, 1.° la délibération du Conseil d'administration, basée sur les mêmes motifs que ceux énoncés par l'avis du Comité des finances, qui avait conclu au rejet de la demande de madame d'Annebaut; 2.° l'avis du directeur-général lui-même, qui, après avoir analysé le rapport de M. le comte Siméon, président du Comité de législation (rapport favorable à madame d'Annebaut), émettait l'avis: — que la question lui paraissait devoir être décidée d'après l'autorité et l'effet qui seraient attribués à l'arrêt non-contradictoire du 19 septembre 1773. — M. le directeur-général avait, du reste, laissé au Ministre des finances (attendu la divergence des opinions émises sur l'affaire), à se déterminer sur le parti qu'il jugerait être le plus convenable.

Voici la solution donnée, par le Conseil d'Etat, sur cette question importante :

LOUIS, etc.

Sur le rapport du comité du contentieux,

Vu les requêtes à nous présentées au nom de la dame *marquise d'Annebaut*, lesdites requêtes enregistrées au secrétariat-général de notre Conseil d'Etat, les 15 fév. 1819, 1.er février et 27 juin 1820, et 15 janvier 1821, et tendant à l'annulation d'une décision du Ministre des finances, du 22 juillet 1819, portant que l'art. 116 de la loi du 28 avril 1816 et la loi du 14 ventose an 7, qui ne concernent que les engagistes, ne peuvent, sous aucun rapport, être appliqués à la requérante; qu'elle doit être considérée comme créancière de l'Etat, et que, si sa créance n'a pas été liquidée antérieurement au 13 juillet 1810, le décret du 25 fév. 1808 et la loi du 15 janvier 1810 (qui ont prononcé la suppression du Conseil de liquidation) et les lois de finances postérieures, s'opposent à la liquidation de cette créance; — Vu la décision attaquée; — Vu l'arrêt du 21 novembre 1766 qui ordonne la revente, à titre d'engagement, au plus offrant et dernier enchérisseur, de tout ce qui composait la terre et seigneurie de Pont-Audemer, à la charge du remboursement des finances au premier engagiste; — Vu l'arrêt du 13 août 1770 et celui du 3 août 1773, contradictoirement rendus avec les héritiers d'Annebaut, et qui déclarent les vicomtés, terres et seigneurie de Pont-Audemer faire partie du domaine de la couronne et n'être possédées qu'à titre d'engagement et à la faculté de rachat perpétuel, par les héritiers du sieur d'Annebaut, et en conséquence ordonner qu'il sera procédé à la revente desdites vicomtés, terres et seigneurie, conformément à l'arrêt du Conseil du 13 août 1770, qui sera exécuté selon sa forme et teneur; et que les engagistes actuels desdites terres et ceux qui succèderont dans ledit engagement seront tenus de se conformer, pour l'usance de la forêt de Monfort, aux dispositions des ordonnances relatives aux domaines engagés, notamment à l'ordonnance des eaux-et-forêts de 1669; — Vu l'arrêt rendu, de propre mouvement, le 19 septembre 1773, qui réunit au domaine de la couronne la forêt de Monfort et ordonne que les engagistes actuels desdits biens seront tenus de remettre, entre les mains du contrôleur-général des finances, dans un mois, pour tout délai, du jour de la signification du présent arrêt, les contrats d'engagement et de revente desdites terres et prévôtés, avec les quittances des finances payées pour raison desdits engagemens; pour, sur lesdits titres, être procédé à la liquidation desdites finances et pourvu à leur remboursement; — Vu le décret du 19 août 1813; — Vu les observations fournies par le directeur-général de l'administration de l'enregistrement et des domaines; — Vu toutes les pièces jointes au dossier et respectivement produites;

Considérant que le décret du 19 août 1813 a simplement déclaré que les arrêts des 13 août 1770 et 3 août 1773 avaient acquis l'autorité de la chose jugée; — Que lesdits arrêts, rendus contradictoirement avec le sieur d'Annebaut, ont reconnu sa qualité d'engagiste; — Que cette qualité n'a pu lui être enlevée par l'arrêt de propre mouvement du 19 septembre 1773, soit parce que cet arrêt n'a jamais été signifié au sieur d'Annebaut, ni acquiescé par lui, soit parce que les arrêts de propre mouvement émanés de l'ancien Conseil ont été annulés, de plein droit, par la loi du 20 septembre 1793; — Que la disposition de l'arrêt du 13 août 1770, qui ordonne la revente, n'a pas été exécutée et qu'il a seulement été fait, par suite de l'arrêt de propre mouvement du 17 septembre, et avec le sieur Clément de

Barville, un échange qui a depuis été résilié pour cause de lésion ; — D'où il suit que le sieur d'Annebaut avait conservé sa qualité d'engagiste jusqu'à la fin du 14 ventose an 7; — Considérant que l'art. 116 de la loi du 28 avril 1816 ayant révoqué la loi du 10 pluviose an 12 et le paragraphe 2 de l'art. 15 de la loi du 14 ventose an 7, n'a assujéti les engagistes de forêts au-dessus de 150 hectare qu'à l'exécution des autres dispositions de cette même loi, — Considérant que les art. 13 et 14 de cette même loi ordonnent que les engagistes, en faisant les déclarations et soumissions y prescrites, seront maintenus dans leur jouissance, et que ceux qui en ont été dépossédés y seront réintégrés, si lesdits biens se trouvent encore entre les mains de l'Etat ; — Considérant que la dame d'Annebaut n'a jamais été liquidée des finances d'engagement, et que le Domaine est encore en possession de la forêt de Monfort ;

Notre Conseil d'Etat entendu,

Nous avons ordonné et ordonnons ce qui suit :

Art. 1.er — La décision de notre Ministre des finances, du 22 juillet 1819, est annulée. — Art. 2. — La dame d'Annebaut est renvoyée à suivre l'effet des déclarations et soumissions ordonnées par la loi du 14 ventose an 7, précédemment faites par ladite dame, devant le préfet du département de l'Eure, le 18 mai 1816, pour devenir propriétaire incommutable de la forêt de Monfort. — Art. 3. — Notre G.-des-sc. et notre Min. des fin. sont chargés, etc.

M. de Cormenin, m. des r., *rap.* — M.e Duclos, *av.*

DOMAINES NATIONAUX. — Attérissemens postérieurs a la vente. — Compétence.

Lorsque des attérissemens se sont formés dans le lit d'une rivière navigable ou flottable, postérieurement au contrat d'adjudication qui a été fait par l'Etat de terreins situés sur cette rivière, les questions de possession et de propriété relatives à ces attérissemens appartiennent-elles aux tribunaux ordinaires, et sont-elles régies par le droit commun ? — Rés. aff. (1).

(4836. — 21 mars 1821. — Le Domaine c. Biousse.)

Le sieur *Biousse*, acquéreur d'un domaine national situé sur le Rhône, se prétendait propriétaire de quelques îlots ou attérissemens formés, dans le lit de ce fleuve, postérieurement à son contrat.

Le directeur des domaines, considérant ce terrein comme propriété de l'Etat, y avait apposé le séquestre.

Un arrêté du Conseil de préfecture de l'Ardèche, en date du 17 octobre 1818, a ordonné la main-levée du séquestre.

Le Ministre des finances s'est pourvu devant le Conseil d'Etat pour obtenir l'annulation de cet arrêté et le renvoi de la cause devant les tribunaux.

Le sieur Biousse, dans sa défense, a pris les mêmes conclusions, et l'ordonnance suivante a ainsi réglé la compétence :

LOUIS, etc.

Sur le rapport du comité du contentieux,

Vu la lettre de notre Minist. des finances à notre Garde-des-sceaux, en date du 25 octobre 1820, et tendant à l'annulation d'un arrêté du Conseil de préfecture du département de l'Ardèche, du 17 octobre 1818, qui ordonne la main-levée du séquestre mis sur un terrein situé dans le lit

---

(1) Voy. *Elém. de Jur. adm.*, tom. 1.er, p. 341, n.° 76, et p. 410, n.° 54. — Décrets des 22 octobre 1808. Terras et cons. *Jur du C. d'Et.*, t. 1.er, p. 209 — et 4 juin 1809. Roussel, *arch. du Comité*, n.° 372. — Voy. aussi Décret du 28 mars 1807. Dupuy. *Jur. du C. d'Et.*, t. 1.er, p. 72, et l'art. 560 du Code civil.

du Rhône et contesté entre le sieur *Biousse*, demeurant dans la commune de Baix, et l'administration des domaines; — Vu la lettre du directeur-général des domaines à notre Ministre des finances, en date du 25 octobre 1820, et les rapports y joints, faits au Conseil de l'administration des domaines, les 18 mars et 19 août 1820; — Vu l'arrêté attaqué; — Vu la requête en défense du sieur *Biousse*, enregistrée au secrétariat-général de notre Conseil d'État, le 26 janvier 1821, par laquelle il conclut à ce qu'il nous plaise annuler, pour incompétence et autres moyens de droit, l'arrêté du Conseil de préfecture du département de l'Ardèche, du 17 octobre 1818; renvoyer les parties à se pourvoir, sur l'objet du litige, devant l'autorité judiciaire, ainsi qu'elles aviseront; en conséquence déclarer que les choses sont remises dans le même état où elles étaient avant le séquestre apposé, par le directeur des domaines, sur les biens qui font l'objet de ce litige, et que le séquestre demeure définitivement levé, les droits respectifs des parties réservés; enfin, condamner l'administration aux dépens; — Vu l'art. 560 du Code civil;

Considérant, dans l'espèce, qu'il ne s'agit pas d'interprêter l'acte de vente administrative du 22 prairial an 4; qu'il est rétabli par l'administration des domaines, et qu'il n'est pas contesté par le sieur *Biousse*, que les îlots et atterrissemens en litige ont été formés postérieurement à la vente, et que les questions de possession et de propriété relatives à ce terrein ne peuvent être résolues que par les règles du droit commun, dont l'application appartient aux tribunaux;

Notre Conseil d'État entendu,

Nous avons ordonné et ordonnons ce qui suit:

Art. 1er — L'arrêté du Conseil de préfecture du départem. de l'Ardèche est annulé pour incompétence, et les parties sont renvoyées à se pourvoir devant les tribunaux. — Art. 2. — Est condamnée aux dépens la partie qui succombera devant les tribunaux. —Art. 3. — Notre G.-des-sc. et notre M. des fin. sont chargés, etc.

M. Villemain, m. des req., *rap.*—M.ᵉ Odilon-Barrot, *av.*

DOMAINES NATIONAUX. — ACTE D'ADJUDICATION. — INTERPRÉTATION — TITRES ANCIENS. — COMPÉTENCE. — RENVOI SANS DIVISION.

Lorsqu'en matière de biens nationaux, une contestation ne peut être décidée par les actes administratifs, mais seulement d'après des titres antérieurs et les règles du droit commun, l'appréciation de ces titres et l'application de ces règles appartiennent-elles aux tribunaux, et doivent-elles leur être envoyées sans division? — Rés. aff. (1).

(4536. — 21 mars 1821. — Héritiers Bailly c. la fabrique de Lagny-le-Sec.)

LOUIS, etc.

Sur le rapport du comité du contentieux,

Vu la requête à nous présentée au nom du sieur *Bernier* et de la dame *Justine Bailly*, son épouse, héritière en partie du sieur *Bailly*, père, et agissant tant en son nom, qu'au nom de ses cohéritiers; ladite requête enregistrée au secrétariat-général de notre Conseil d'État, le 10 mars 1820, tendant à ce qu'il nous plaise, statuant sur un arrêté du Conseil de préfecture du département de l'Oise, du 15 octobre 1819, lequel, en déclarant que toutes les terres dont le fermier de Chantemerle était en jouissance, en vertu de son bail, avaient été comprises dans la vente administrative consentie par

---

(1) Voy. ci-dessus, p. 324, Ordon. Dreux c. Garnier, du 7 mars 1821.

le district de Crépy, département de l'Oise, le 9 brumaire an 2, a renvoyé les parties devant les tribunaux pour faire constater par qui une pièce de terre, située à Lagny-le-Sec, près le pont de Marchais, et réclamée par la fabrique paroissiale de Lagny-le-Sec, était exploitée à l'époque du 9 brumaire an 2; annuler ledit arrêté, ou plutôt le modifiant et l'expliquant, déclarer que les parties seront purement et simplement renvoyées devant les tribunaux pour y faire juger la question de savoir si la pièce litigieuse était comprise, non dans la jouissance de fait, mais dans la jouissance de droit du fermier de Chantemerle; et, en cas de résistance, condamner la fabrique aux dépens. — Vu une requête additionnelle, au nom des cohéritiers de la dame Justine *Bailly*, ladite requête enregistrée audit secrétariat-général, le 15 mars 1820, et tendant au maintien des conclusions que ladite dame *Bailly* avait prises en leur nom; — Vu l'arrêté du 15 octobre 1819; — Vu le mémoire en défense pour la fabrique paroissiale de Lagny-le-Sec; ledit mémoire enregistré audit secrétariat-général, le 20 novembre 1820, et tendant à ce qu'il nous plaise rejeter la requête présentée par les héritiers *Bailly* contre l'arrêté pris le 15 octobre 1819, par le Conseil de préfecture du département de l'Oise, renvoyer les parties à procéder, ainsi qu'elles aviseront, devant les tribunaux civils; condamner les héritiers *Bailly* aux dépens; — Vu un mémoire en réplique, au nom des héritiers Bailly, enregistré audit secrétariat-général, le 3 février 1811; — Vu le bail de la ferme dite de Chantemerle, passé au sieur Louis-Pierre-Théodore Thérouenne, fermier, le 5 juin 1791, pour neuf années consécutives; — Vu les affiches de la vente administrative de ladite ferme, provenant de l'ordre de Malte, en date du 3 septembre 1791; — Vu le procès-verbal d'adjudication de ladite ferme, en date du 9 brumaire an 2; — Vu l'extrait de la matrice des états de section de la commune de Lagny, certifié par le maire de ladite commune; — Vu notre ordonnance du 4 septembre 1816, par laquelle le trésorier de la fabrique paroissiale est autorisé à accepter au nom de ladite fabrique, l'offre faite par le sieur *Prévôt* de révéler, au profit de l'église, une pièce de terre contenant un hectare quarante-deux ares, située commune de Lagny-le-Sec, provenant de l'ordre de Malte; — Vu l'arrêté du Conseil de préfecture du département de l'Oise, du 15 octobre 1819; — Vu toutes les pièces produites;

Considérant que l'arrêté du Conseil de préfecture du département de l'Oise, du 15 octobre 1819, déclare, dans ses articles 2 et 3, que le procès-verbal d'adjudication du 9 brumaire an 2, ne vend aux auteurs des héritiers Bailly que la ferme de Chantemerle, dont le fermier était en jouissance, et n'a renvoyé devant les tribunaux, que la question de savoir, par qui était exploitée la pièce en litige, à l'époque du 9 brumaire an 2; — Considérant que, d'après le procès-verbal de l'affiche de vente de la ferme de Chantemerle, ladite ferme a été vendue, avec toutes ses dépendances, en 504 arpens ou environ de terres labourables et prés affermés au sieur Thérouenne, le tout sans garantie de mesure, et sans distinguer ce qui était exploité par le fermier personnellement ou par ses cessionnaires; — Que la question de savoir si la pièce de terre en litige, faisait ou non partie de ladite ferme, telle qu'elle se trouvait dans les mains de l'État, à l'époque de la vente, ne peut être décidée par les actes administratifs, mais seulement par les titres antérieurs, d'après les règles ordinaires du droit commun, dont l'application appartient et doit être renvoyée sans division aux tribunaux ordinaires;

Notre Conseil d'Etat entendu,

Nous avons ordonné et ordonnons ce qui suit :

Art. 1.er—Les art. 2 et 3 de l'arrêté du Conseil de préfecture du département de l'Oise, du 15 octobre 1819, sont annulés; les parties sont renvoyées à se pourvoir devant les tribunaux, à l'effet de faire décider si la pièce en litige faisait partie de la ferme de Chantemerle, telle qu'elle se trouvait dans les mains de l'Etat, à l'époque de l'adjudication. — Art. 2. — Est condamnée aux dépens la partie qui succombera devant les tribunaux — Art. 3 — Notre G.-des-sc. et notre Min. des fin. sont chargés, chacun en ce qui le concerne, de l'exécution de la présente ordonnance.

M. Villemain, maître des req., *rap.* — M.es Rochelle et Champion-Villeneuve, *av.*

DOMAINES NATIONAUX. — Décompte. — Déchéance. — Imputation de paiement. — Compétence.

Les Conseils de préfecture excèdent-ils leur compétence, lorsqu'ils prononcent sur des imputations de paiement, de déchéance et de décomptes? — Rés. aff. (1).

(4350—21 mars 1821. — Le Domaine c. les héritiers Place.)

LOUIS, etc.

Sur le rapport du comité du contentieux,

Vu la requête à nous présentée au nom de la *direction générale de l'enregistrement et des domaines et forêts;*

---

(1) Voy. *Elém. de jur. adm.*, tom. 1.er, p. 315, n.os 1, 2 et suiv. — pag. 357, n.os 123, 124 et suiv. — pag. 370, n.os 157, 158 et suiv. — C'est aux préfets qu'il appartient de prononcer, d'après le décret du 23 février 1811, sauf recours au Ministre des finances. — Un grand nombre de décisions a confirmé ce principe.

ladite requête enregistrée au secrétariat-général de notre Conseil d'État, le 5 octobre 1819, et tendant à ce qu'il nous plaise annuler, pour incompétence et excès de pouvoirs, et pour mal jugé au fond, les arrêtés du Conseil de préfecture du département de l'Allier, des 23 thermidor an 8 et 2 avril 1819; — Le premier, déclarant que les paiemens faits par le sieur *René Place*, demeurent imputés sur la vente à lui faite, le 25 mai 1791, de sept boisselées de terre; — Qu'il est maintenu dans la propriété desdites sept boisselées de terre, sauf à lui restituer ce qu'il aurait payé au-delà du prix de cet héritage; — Qu'il est dépossédé du pré de l'Ally, dont il s'était rendu adjudicataire, le même jour, 25 mai 1791; et que l'administration des domaines est renvoyée en possession dudit pré; — Enfin, que ledit sieur *Place* sera tenu de payer les dégradations qu'il aura pu commettre, à la somme qu'elles seront évaluées; — Le deuxième arrêté, du 2 avril 1819, déclarant : — Que le décompte signifié aux héritiers dudit sieur *François-René Place*, à la requête du directeur des domaines, est annulé; — Que les frais de signification, résultant dudit décompte, sont à la charge de l'administration; — Que les parties sont renvoyées, pour tout autre décompte relatif aux actes antérieurs au 11 thermidor an 8, aux dispositions de l'arrêté dudit Conseil de préfecture du 12 du même mois, ci-dessus rapporté; — Enfin, que la deuxième vente du pré de l'Ally, faite le 11 thermidor an 8 au sieur *Chanudet*, au profit dudit sieur *Place*, est déclarée bonne et valable; — Ce faisant, déclarer non avenue la vente du 11 thermidor an 8 et confirmer celle du 25 mai 1791, pour être exécutée selon leur forme et teneur, au moyen de quoi le recouvrement des sommes portées au décompte dressé pour les anciennes ventes, sera poursuivi, sauf le recours du préfet, conformément à l'arrêté du Gouvernement du 4 thermidor an 11, en cas de difficultés sur le résultat de ce décompte, et condamner les héritiers du sieur *François-René Place* aux dépens; — Vu l'ordonnance de *soit communiqué* de ladite requête de notre Garde-des-sceaux, du 25 octobre 1819; — Vu l'exploit de signification de ladite requête et ordonnance de *soit communiqué*, en date du 14 janvier 1820, au sieur *Gilbert-Luc Place* fils et héritier de *François-René Place*; par Dumas, huissier exerçant dans l'étendue du tribunal de première instance de Moulins, à laquelle signification il n'a point été répondu dans les délais du règlement du 22 juillet 1806; — Vu le décompte signifié avec contrainte, montant à la somme de 3620 fr., et portant sur deux acquisitions faites séparément, le 25 mai 1791, par ledit *Place*, pardevant le district de *Montmarault*, l'une d'un pré appelé *Pré de l'Ally*, l'autre d'une pièce de terre appelée *les Chaumes-Longues*, l'un et l'autre objet provenant des biens de la cure de *Montet*; ledit décompte visé et rendu exécutoire par le préfet du département de l'Allier, le 8 juin 1818; — Vu les extraits des procès-verbaux de vente de biens nationaux contenant les actes d'adjudication du pré *l'Ally* et de la terre des *Chaumes-Longues*, en date du 25 mai 1791, sous les n.os 295 et 392; — Vu l'extrait des procès-verbaux de vente de biens nationaux, contenant adjudication d'une pièce de pré appelée *Pré de l'Ally*, consentie, le 11 thermidor an 8, par le préfet du département de l'Allier, au profit du sieur *Michel Chanudet*, qui a déclaré avoir acquis pour le sieur *François-René Place*, lequel a accepté et signé; — Vu l'arrêté du Gouvernement du 4 thermidor an 8; — Vu les arrêtés attaqués; — Vu toutes les pièces produites;

Considérant que le Conseil de préfecture du département de l'Allier, en prononçant, par les arrêtés attaqués, sur des questions d'imputation de paiemens, de déchéance et de décompte, a excédé les bornes de sa compétence;

Notre Conseil d'Etat entendu,

Nous avons ordonné et ordonnons ce qui suit:

Art. 1.er — Les arrêtés du Conseil de préfecture du département de l'Allier, des 22 thermidor au 8 et 2 avril 1819, sont annulés pour cause d'incompétence, et les parties sont renvoyées devant notre Ministre des finances. — Art. 2.— Les héritiers du sieur *François-René Place* sont condamnés aux dépens.—Art. 3.—Notre G.-des-sc. et notre Min. des fin. sont chargés, etc.

M. Brière, m. des req., *rap.* — M.e Huart-Duparc, *av.*

FOURNITURES. — MARCHÉ D'URGENCE. — EXÉCUTION. — BONS RACHETÉS. — REMBOURSEMENT.

Les conventions écrites entre les directeurs des vivres et les fournisseurs, sans réserve de l'approbation préalable de l'autorité supérieure, peuvent-elles être considérées comme marchés d'urgence, et sont-elles obligatoires, si elles ont été exécutées de bonne foi, sans que l'administration s'y soit opposée? — Rés. aff.

La faculté de rachat des bons de fourniture est-elle interdite aux fournisseurs? — Rés. aff.

Lorsqu'ils les ont rachetés dans l'intérêt de l'administration, ont-ils droit au paiement des fournitures que les bons représentent? — Rés. nég.

(4467. — 21 mars 1821. — Bertrand c. le Ministre de la guerre.)

Le sieur Bertrand avait été l'entrepreneur du service de la viande au corps d'armée prussien, pendant les quatre derniers mois de 1818.

Lorsqu'il avait pris le service, 158 têtes de bétail, provenant de l'entreprise précédente, restaient en approvisionnement à l'administration ; le marché du sieur Bertrand ne l'obligeait point à les distribuer à l'armée ; mais, comme il était nécessaire de les consommer promptement, il avait postérieurement offert de s'en charger, comme *manutentionnaire*, et moyennant un prix qui avait été accepté par le directeur-principal du service. Des lettres écrites de part et d'autre avaient formé l'engagement.

Au moment du départ des troupes prussiennes, le comte *de Zieten* avait exigé le rachat, en argent, des bons dont ces troupes étaient nanties ; et le fournisseur avait, sur la demande des agens du service des vivres, opéré ce rachat.

Le sieur Bertrand a présenté ses comptes à la liquidation, et sur le rapport de la direction-générale des subsistances, le Ministre de la guerre a 1.° diminué un centime, par livre de viande, sur le prix de manutention réclamé par le fournisseur, pour raison de l'abat et de la distribution des 158 têtes de bétail provenant de l'entreprise de son prédécesseur, et qui lui avaient été remises pour être employées à son service ; 2.° déclaré qu'il ne devait être payé que, par voie de remboursement, des rachats qu'il avait faits des bons livrés à l'armée prussienne.

Le sieur Bertrand s'est pourvu, devant le Conseil d'État, contre cette décision ; et le Ministre de la guerre n'a employé, pour toute défense, que le rapport de la direction générale des subsistances qui avait servi de base à sa décision. — Nous en analyserons les passages les plus importans.

Sur la manutention des 158 têtes de bétail.

« Le sieur Bertrand (portait le rapport) allègue sa convention avec le directeur des subsistances, et c'est le meilleur argument qu'il puisse faire valoir. — Mais les marchés passés par les directeurs étaient soumis à l'approbation de l'administration, et M. Saron (le directeur) a été prévenu que la direction-générale se réservait de prononcer sur les frais de manutention. — En comptant rigoureusement ces frais, il ne reviendrait pas au sieur Bertrand un tiers de centime; mais on peut lui faire quelque concession, en considération des contrariétés qu'il a dû éprouver d'*être obligé* de consommer des bestiaux qu'il ne fournissait pas, et des soins qu'il est censé avoir donnés aux cuirs et suifs. On propose en conséquence de lui allouer 1 centime et demi par livre, au lieu de 2 centimes et demi qu'il demande. »

Pourquoi donc (a demandé le sieur Bertrand) cette convention réciproque, qui était une loi pour l'exposant, ne serait-elle pas une loi pour l'administration? Est-ce que l'administration croirait indigne de la majesté royale de respecter la foi promise et les droits acquis, d'exécuter fidèlement des conventions licites? Ou bien l'administration croirait-elle que les citoyens n'ont ou des droits réels ou des droits personnels ou des droits conventionnels, que surabondamment à ce qu'il lui plaît d'appeler l'intérêt de l'administration? — V. M., Sire, ne veut sûrement pas que de telles maximes prennent cours dans son Conseil.

S'il est vrai, d'ailleurs, que l'administration se soit réservé le prix de la manutention selon son bon plaisir ou ses aperçus d'équité, c'est une intention qui est restée secrète entre l'administration et le sieur Saron, et qui conséquemment ne peut avoir d'effet pour le sieur Bertrand.

Serait-il vrai aussi qu'en règle générale les marchés passés par les directeurs doivent être soumis au directeur-général? Mais il ne s'agit pas ici d'un marché soumis à ces règles: le marché était nécessaire pour la prompte consommation des 158 têtes de bétail; il était d'urgence, il y avait péril en la demeure.

Au surplus, l'autorité supérieure en a eu connaissance et ne l'a point empêché; il y a donc eu, de sa part, une acceptation au moins tacite.

Sur le rachat des bons.

Voici comment le rapport de la direction-générale expliquait cette opération au Ministre :

« Pour l'intelligence de cet article (de réduction) , on croit devoir rappeler à V. Exc. que les rachats dont il s'agit, et qui ont également eu lieu pour les services du pain, des liquides et des fourrages, avaient été exigés par M. le comte de *Zieten*, au moment du départ des troupes prussiennes; et que, d'après l'avis de M. l'intendant-militaire Bondarand , et conformément aux intentions de V. Exc. , il fut expressément convenu que les rachats exigés et auxquels on n'avait pas pu se soustraire, seraient faits au compte du Gouvernement , et que les entrepreneurs ne seraient pas admis à se les attribuer. Pour régulariser , autant que possible , cette opération , on simula une fourniture ; des ordres et des avis de mouvement furent donnés par les autorités prussiennes et par l'administration française : enfin il fut délivré des bons de fournitures pour la quantité de rations dont le rachat était convenu. — C'est de ces différentes dispositions que le sieur Bertrand prétend se faire un titre ; et il va même jusqu'à avancer qu'il a réellement fourni les rations de viande dont il représente les bons. Mais cette assertion, de mauvaise foi, tombe d'elle-même, puisqu'il est prouvé que les avis des mouvemens et les bons de fournitures étant simulés , les parties prenantes, qui n'ont voyagé que sur le papier, n'ont par conséquent pu consommer sur un des points où elles n'ont pas passé. La réalité de ces rachats ne saurait donc être révoquée en doute; et il ne reste plus qu'à examiner si le sieur Bertrand avait le droit de s'en attribuer le bénéfice. — Les réglemens prohibent les rachats, de la manière la plus formelle ; et aucune disposition du marché du sieur Bertrand ne déroge à cette partie des réglemens. Mais, en admettant qu'en raison des circonstances, ont ait toléré les rachats que cet entrepreneur a pu être dans le cas de faire, pendant le cours de son marché, cette concession tacite ne saurait lui faire un titre pour s'attribuer le bénéfice des rachats que l'administration française avait été obligée de consentir, et qui sortent de la cathégorie des rachats ordinaires, puisque l'opération que l'on a désignée ou plutôt dissimulée dans l'espèce, sous la dénomination de *rachats*, n'a été, réellement et de fait, qu'une prestation en argent exigée du gouvernement français. »

A cela, le sieur Bertrand a répondu:

S'il était vrai que la France eût été réduite à ce point d'humiliation ou d'oppression, qu'un général prussien eût exigé d'abord qu'on lui assurât des vivres pour des troupes non existantes, et ensuite qu'au lieu de vivres, on lui donnât de l'argent, en ce cas qu'auraient fait et qu'auraient dû faire les agens de l'administration? Ils auraient dû examiner si l'opération du rachat devait être faite par l'administration, et dans le cas de l'affirmative, ils auraient dû puiser dans les caisses de l'administration l'argent nécessaire pour acquitter la prestation exigée.

Que si les agens de l'administration avaient été sans fonds, s'ils avaient eu besoin de puiser à la caisse du fournisseur, alors ils auraient dû procéder par voie d'emprunt, avec stipulation d'un intérêt et d'un droit de commission, lequel droit de commission eût été nécessairement réglé par les conventions préalables et réciproques; ou bien ils auraient dû faire une convention expresse de rachat, pour le compte du Gouvernement, avec les fonds du fournisseur, et sous la condition d'un émolument ou d'un bénéfice convenables.

Au surplus, le sieur Bertrand a fait les fournitures ordonnées; donc il doit en être payé aux termes de son marché, ou les conventions n'ont plus rien de sacré. Que les fournitures aient été faites *en nature* ou *en argent*, peu importe : il ne les a pas faites pour le compte et au profit du Gouvernement; il les a faites pour son compte, à ses risques et périls. — La circonstance de rachat ne changerait pas la convention première, dès qu'il n'y a pas eu de convention spéciale pour cet objet. — Y a-t-il une loi, un réglement, une convention qui permette de payer moins qu'aux taux du marché convenu, les fournitures en rachat? Non. Ici donc la convention expresse reste loi obligatoire. Le sieur Bertrand doit être payé selon les termes de son marché.

De ces deux moyens d'appel, le premier seul a été accueilli par le Conseil d'État.

LOUIS, etc.

Sur le rapport du comité du contentieux,

Vu la requête à nous présentée au nom du sieur *Bertrand*, ex-entrepreneur du service de la viande au corps d'armée prussien, à Sédan, en 1818; ladite requête enregistrée au secrétariat-général de notre Conseil d'État, le 8 janvier 1820, et tendant à ce qu'il nous plaise annuler la décision de notre Ministre de la guerre, en date du 30 septembre 1819 : 1.° en ce que cette décision refuse de lui allouer une somme de 618 fr. 7 c., que le réquérant prétend lui être due pour des frais de manutention pour l'abat et la distribution de chaque tête de bétail; 2.° en ce que la même décision opère, dans ses comptes une réduction de 3,108 fr. 75 c. sur le prix des fournitures par lui faites, sous le prétexte que les rations n'ont pas été fournies, mais rachetées par le réclamant; — 3.° en ce qu'il ne lui est alloué par la même décision, qu'un intérêt de demi pour cent par mois, pour raison des sommes par lui employées au rachat des bons de fourniture; — Vu la réponse faite par notre *Ministre de la guerre*, le 18 août 1820, à la communication qui lui a été donnée de la présente requête, et concluant à ce qu'elle soit rejetée; — Vu le nouveau mémoire en réplique du sieur *Bertrand*, enregistré audit secrétariat-général, le 23 juin 1820; — Vu toutes les pièces respectivement produites, et notamment le marché passé au sieur *Bertrand*, le 16 septembre 1818, et la lettre écrite, le 20 novembre 1818, par le directeur des subsistances à Sédan, et par laquelle il annonce aux entrepreneurs des subsistances militaires qu'un rachat de fournitures à faire au corps prussien, devant être opéré, il le sera au compte de l'administration;

Sur la première demande du sieur *Bertrand*, tendant à ce qu'il lui soit alloué une somme de 618 fr. 7 c., rejetée de ses comptes par notre Ministre de la guerre:

Considérant que cette demande est fondée sur une convention écrite entre le requérant, comme fournisseur de viandes, et le directeur des vivres, sous les ordres duquel il se trouvait placé; — Que cette convention, qui peut être considérée comme un marché d'urgence, ne relatait pas qu'elle dût être soumise à l'approbation de l'administration supérieure; qu'elle a été néanmoins soumise à l'administration, et qu'elle a été exécutée, sans que celle-ci ait fait connaître son refus d'approbation, et qu'ainsi, elle doit être considérée comme obligatoire;

Sur la deuxième demande, tendant à faire payer au sieur *Bertrand*, au prix de son marché, les bons de fournitures qu'il ne nie pas avoir rachetés:

Considérant que la faculté de rachat est interdite aux fournisseurs; que les bons dont le sieur *Bertrand* réclame le paiement, ont dû, d'après la circulaire du directeur des vivres, en date du 20 novembre 1818, être rachetés pour le compte de l'administration, et qu'ainsi, le sieur *Bertrand*, en se fondant sur la circulaire qui lui a donné l'autorisation de racheter des bons dont, sans elle, il ne pourrait réclamer le paiement, n'a droit qu'au remboursement des sommes qu'il a employées à ce rachat, et non au prix des fournitures que les bons représentent; — Considérant enfin, qu'en allouant au requérant demi pour cent par mois d'intérêt, pour les sommes par lui avancées pour cet objet, l'administration a traité le sieur *Bertrand* avec équité;

Notre Conseil d'État entendu,

Nous avons ordonné et ordonnons ce qui suit:

Art. 1.er — La décision de notre Ministre de la guerre, en date du 30 septembre 1819, est annulée, en tant qu'elle refuse au sieur *Bertrand* une somme de 618 fr. 7 c., réclamée par lui, pour l'abat de 158 têtes de bétail, destinées à la nourriture des troupes prussiennes. — Art. 2. — Les autres chefs de conclusions de la requête du sieur *Bertrand* sont rejetés. — Art. 3. — Notre G.-des-sc. et notre Min. de la g. sont chargés, etc.

M. Maillard, maître des req., *rap.* — M.e Sirey, *av.*

FOURNITURES. — PERTES ÉPROUVÉES PAR FORCE MAJEURE. — FORMES POUR LES CONSTATER ET ÉVALUER. — DÉDOMMAGEMENT ARBITRÉ. — PRIX DE FOURNITURES. — EXÉCUTION DU MARCHÉ. — FIN DE NON-RECEVOIR.

Les pertes de pièces de comptabilité et les accidens de force majeure doivent-ils être constatés par enquêtes et dans la forme des réglemens militaires? — Rés. aff.

A défaut de pièces régulières, le Conseil d'État doit-il renvoyer devant le Ministre pour évaluer approximativement les fournitures et les pertes, et en arbitrer le dédommagement avec équité? — Rés. aff. (1)

Les décisions des généraux des corps d'armée peuvent-elles prévaloir, pour la fixation du prix des fournitures,

---

(1) Voy. ci-dessus, p. 211, l'ordon. Lelcu et la note.

sur les clauses formelles d'un marché, lorsque le marché n'a été ni résilié, ni suivi d'aucune autre convention passée selon les formes administratives? — Rés. nég.

Un fournisseur est-il recevable à demander l'annulation d'une décision du Ministre de la guerre, rendue par voie d'arbitrage équitable, après renvoi du Conseil d'Etat, lorsque le fournisseur ne représente aucune pièce nouvelle, qui puisse former un titre en comptabilité? — Rés. nég.

(4660 — 21 mars 1821. — Genty c. le Ministre de la guerre.)

LOUIS, etc.

Sur le rapport du comité du contentieux,

Vu les deux requêtes introductive et ampliative à nous présentées au nom du sieur *Genty*, ex-entrepreneur des subsistances en Espagne; lesdites requêtes enregistrées au secrétariat-général de notre Conseil d'État, les 7 juin et 22 juillet 1820, et tendant à ce qu'il nous plaise annuler une décision de notre Ministre-secrétaire d'État de la guerre, du 9 mars précédent, et ordonner que la somme de 170,134 fr. 29 c. sera payée au réquérant, sauf déduc- de 13,325 fr., reçus en à-compte, pour valeur de 374,236 rations de viande, qui lui sont dues, savoir : pour distribution aux troupes, du 1.er mai au 20 juin 1813, 191,186 rations pour importance de son parc d'approvisionnement, enlevé par l'ennemi, 183,050 rations; — Vu le mémoire additionnel du sieur *Genty*, enregistré au secrétariat de notre Conseil d'État, le 2 août 1820, et dans lequel, rectifiant ses premières conclusions, le réquérant conclut à ce qu'il lui soit payé, pour solde, la somme de 162,586 fr. 28 c.; — Vu la lettre de notre Ministre de la guerre, du 19 octobre 1820, en réponse à la communication qui lui a été donnée des requêtes et mémoires ci-dessus visés; — Vu le complément de recours du sieur *Genty*, enregistré audit secrétariat-général, le 13 janvier 1821, et qui se réfère aux dernières conclusions; — Vu notre ordonnance du 19 janvier 1819, rendue sur le pourvoi exercé par le sieur *Genty*, contre la décisison de notre Ministre-secrétaire d'État de la guerre, du 24 mars 1818; que néanmoins le sieur *Genty* est renvoyé devant notre dit Ministre à l'effet 1.° de faire procéder à l'évaluation approximative du service fait et reconnu et des pertes qu'il peut avoir éprouvées; 2.° de faire arbitrer le dédommagement qui peut lui être légitimement dû pour lesdites pertes et fournitures; — Vu toutes les pièces qui ont servi de base à ladite ordonnance; — Vu les rapport et avis de la direction de l'arriéré au département de la guerre, et du comité d'examen des liquidations de l'arriéré de tous les ministères, relatifs à l'exécution de notre dite ordonnance, et notamment les observations du directeur de l'arriéré, sous la date du 19 octobre 1819; celles du 6.ᵉ bureau de l'arriéré, en date du 22 décembre suivant; l'avis des chefs de bureaux réunis en conseil délibéré, de 30 du même mois de décembre; celui du comité de révision du 17 février 1820, et enfin la proposition du 6.ᵉ bureau de l'arriéré, du 29 dudit mois, approuvée ledit jour, par notre Ministre-secrétaire d'État de la guerre, et portant qu'il sera accordé au sieur *Genty* une somme de 50,000 fr., payable en valeur de l'arriéré, à titre d'indemnité pour l'évaluation approximative des fournitures qu'il a faites et des pertes qu'il peut avoir éprouvées dans l'exécution de son service; — Vu la lettre du 9 mars 1820, par laquelle notre Ministre de la guerre a informé le sieur *Genty* de la décision précitée; — Vu enfin toutes les pièces respectivement produites;

Considérant que le sieur *Genty*, au lieu de faire constater, par enquêtes et dans les formes prescrites par les réglemens militaires, la force majeure à laquelle il attribue la perte de ses pièces de comptabilité et de son parc d'approvisionnement, s'est contenté de faire, dans le temps, la déclaration desdites pertes à un commissaire des guerres qui dressa procès-verbal de ses dires, et que les procès-verbaux dudit commissaire, au lieu d'être soumis à l'approbation de l'ordonnateur et de l'intendant de l'armée, furent simplement visés et approuvés par le général commandant en chef le 3.e corps et par le chef de l'état-major de ce corps, qui n'avaient point qualité pour constater et évaluer les pertes de cet entrepreneur; — Considérant qu'en l'absence de pièces régulières sur lesquelles on pût établir la liquidation des fournitures faites par le sieur *Genty* et des pertes par lui éprouvées, notre ordonnance du 20 janvier 1819, considère qu'il était cependant possible et juste de faire une évaluation approximative desdites fournitures et pertes, et d'en arbitrer avec équité le dédommagement; et que par ce motif, elle renvoya de nouveau le sieur *Genty* devant notre Ministre de la guerre, à l'effet de faire procéder à ladite évaluation et de faire arbitrer ledit dédommagement; — Considérant que, par sa décision du 29 février 1820, qui élève à 50,000 fr. l'indemnité accordée au sieur *Genty*, pour l'évaluation approximative des fournitures qu'il a faites et des pertes qu'il peut avoir éprouvées dans l'exécution de son service, notre Ministre de la guerre a pris en considération toutes les circonstances de fait et d'équité qui pouvaient militer en faveur du sieur *Genty*, et que le sieur *Genty* n'y oppose aucune pièce qui puisse former titre en comptabilité; — Considérant enfin, relativement à la nouvelle demande du sieur *Genty*, et qui tend à ce que ses fournitures lui soient payées à raison de 120 maravédis la livre, au lieu de 116 qui furent stipulés dans le marché du 12 décembre 1812, que la décision dudit général, commandant en chef le 3.e corps sur laquelle il fonde cette nouvelle prétention, n'a pu prévaloir sur une disposition formelle du traité, lequel n'a été ni résilié, ni suivi d'une autre convention passée selon les formes administratives;

Notre Conseil d'État entendu,

Nous avons ordonné et ordonnons ce qui suit:

Art. 1.er — Les demandes du sieur *Genty* sont rejetées; la décision de notre Ministre de la guerre du 29 février 1820, sera exécutée selon sa forme et teneur. — Art. 2. — Notre G.-des-sc. et notre Min. de la g. sont chargés, etc.

M.e Tarbé, en l'absence de M. de Malleville, *rap.* — M.e Rochelle, *av.*

MINES. — RECOURS CONTRE UNE ORDONNANCE RENDUE, LE CONSEIL D'ÉTAT ENTENDU, PAR LA VOIE NON CONTENTIEUSE. — ARRÊTÉ PRÉPARATOIRE D'UN PRÉFET.

Les parties qui se croient lésées par une ordonnance royale rendue sur le rapport du Ministre et l'avis du comité de l'intérieur, en matière de mines, d'érection d'usines, de forges à fer, etc., sont-elles recevables à se pourvoir par opposition et par la voie contentieuse? — Rés. nég. (1).

Peuvent-elles demander l'annulation des arrêtés des préfets rendus sur des demandes en autorisation de rétablir des forges à travailler le fer ou autres usines? — Rés. nég.

(4597. — 21 mars 1821. — Pujol et Vignier.)

Le sieur Goury de Moure avait demandé l'autorisa-

---

(1) Voy. *Elém. de jur. adm.*, tom. 2, p. 230, n.os 14 et 15. — Décret du 10 mars 1809. David et cons. c. Giroud. *Jur. du C. d'Et.*, tom. 1.er, p. 262. — Ordon. du 26 août 1818. Lurat-Vitalis c. Castellane. *ibid.*, tom. 4, p. 440. — Voy. aussi Décret du 4 août 1811. Benoist. *ibid.*, tom. 1.er, p. 520.

tion nécessaire pour rétablir une forge à fer dans la commune de Cuxac-Cabardès. Cette demande avait suivi les formes tracées par la loi du 21 avril 1810.

Des oppositions s'étaient élevées, et le préfet avait, par un arrêté, en forme d'avis, déclaré qu'elles devaient être rejetées.

L'instruction de l'affaire s'étant poursuivie et terminée, une ordonnance du 12 janvier 1820, avait accordé l'autorisation demandée.

Les opposans, nommés Pujol et Vignier se sont pourvus devant le comité du contentieux du Conseil d'État; ils y ont renouvelé leurs oppositions.

En la forme ils ont soutenu : — 1.° que l'arrêté du préfet de l'Aude, qui avait rejeté leurs oppositions, avait néanmoins été rendu contre eux par défaut, parce qu'ils n'avaient eu connaissance ni des réponses de leur adversaire, ni des pièces sur lesquelles il appuyait sa demande; — 2.° que l'ordonnance du 12 janvier 1820, était également par défaut parce que, bien qu'elle eût rappelé dans son préambule, les oppositions et l'arrêté du préfet, elle n'avait rien statué sur tout cela par son dispositif; qu'elle ne s'y était occupée que de la demande en autorisation, considérée indépendamment de toute réclamation opposée; — 3.° Qu'au surplus, le préfet avait été incompétent pour statuer sur les oppositions, et qu'il aurait dû les renvoyer à l'examen du Conseil de préfecture.

Au fond, le motif de leur opposition était qu'il y avait insuffisance de combustibles, et, qu'étant eux-mêmes propriétaires de forges, ils avaient toutes raisons de craindre que leur affouage ne fût dérangé.

Le Conseil n'a pas pensé qu'un seul de ces moyens pût être admis.

LOUIS, etc.

Sur le rapport du comité du contentieux,

Vu la requête à nous présentée au nom des sieurs de *Pujol* et *Vignier*, propriétaires, demeurant à Carcassonne, ladite requête enregistrée au secrétariat-général de notre Conseil d'État, le 22 avril 1820, et tendant à ce qu'il nous plaise déclarer que l'exécution de l'autorisation accordée par notre ordonnance du 12 janvier 1820, au sieur *Goury de Moure*, de rétablir une forge à fer dans la commune de Cuxac-Cabardès, sur la rivière de la Dure, demeurera suspendue jusqu'à ce qu'il ait été définitivement et contradictoirement statué sur les oppositions des supplians; en conséquence les autoriser à se pourvoir, par la voie de l'opposition et par toute autre voie légale, contre l'arrêté du préfet du département de l'Aude, du 10 août 1819, qui a déclaré non-admissibles les oppositions faites à la demande en autorisation; et réserver les dépens jusqu'à fin de cause; — Vu la lettre de notre directeur-général des ponts-et-chaussées et des mines, du 18 juillet 1820, contenant des renseignemens et observations sur l'objet de la réclamation; —Vu le mémoire en réponse des sieurs *Pujol* et *Vignier*, ledit mémoire enregistré audit secrétariat-général, le 6 février 1821, et tendant à ce qu'il nous plaise accueillir les conclusions de leur précédente requête; ce faisant, renvoyer les parties devant le Conseil de préfecture de l'Aude, pour y faire valoir leurs droits, contradictoirement, dans les formes voulues par la loi, et être par lui statué ce qu'il appartiendra, sauf l'appel à notre Conseil d'État; ou bien ordonner que cette discussion contradictoire s'établira devant notre Conseil d'Etat, et qu'à cet effet leurs requêtes seront communiquées à l'adversaire pour y défendre et produire les pièces qu'il entend faire valoir à l'appui de sa réclamation, conformément aux réglemens ; tous dépens réservés ; — Vu notre ordonnance du 12 janvier 1820, rendue sur le rapport de notre Ministre de l'intérieur, notre Conseil d'Etat entendu, et portant autorisation au sieur *Goury de Moure* de rétablir une forge à fer dans la commune de Cuxac-Cabardès ; — Vu la loi du 21 avril 1810, concernant les mines, les minières et les carrières ; — Vu l'art. 40 du réglement du 22 juillet 1806, portant que : « lorsqu'une partie se croira lésée dans ses droits ou sa propriété, par l'effet d'une décision de notre Conseil d'Etat, rendue en matière non contentieuse, elle pourra nous présenter une requête pour, sur le rapport qui nous en sera fait, être l'affaire renvoyée, s'il y a lieu, soit à une section du Conseil d'Etat, soit à une commission » ; — Vu les autres pièces produites ;

Considérant que toutes les formalités prescrites par la loi du 21 avril 1810, sur les mines, minières et carrières ont été remplies ; — Considérant qu'aux termes de ladite loi, l'arrêté attaqué du préfet n'est qu'un avis sur la demande en autorisation et non une décision susceptible d'appel ; — Considérant que les réclamans n'élèvent aucune question de propriété sur la forge à fer du sieur *Goury de Moure* ; — Considérant que, s'ils se croient lésés par notre ordonnance du 12 janvier 1820, ils ne doivent pas se pourvoir par la voie contentieuse ; mais qu'ils doivent s'adresser directement à nous pour demander la révocation ou réformation de notre susdite ordonnance, et préalablement le renvoi à tel comité ou tels commissaires qu'il nous plaira nommer ;

Notre Conseil d'Etat entendu,

Nous avons ordonné et ordonnons ce qui suit :

Art. 1.er — La requête des sieurs de *Pujol* et *Vignier* est rejetée, sauf à eux à se pourvoir, devant nous, dans les formes prescrites par l'art. 40 du réglement du 22 juillet 1806.

Art. 2. — Notre G.-des-sc. et notre M. de l'intér. sont chargés, etc.

M. Tarbé, m. des req., *rap.* — M.e Odilon-Barrot, *av.*

GRANDE VOIRIE. — VOITURES. — POIDS. — PLAQUES. — RÉGLEMENS LOCAUX. — COMPÉTENCE — DÉPENS.

L'art. 34 du décret du 23 juin 1806, relatif aux plaques exigées pour les voitures de roulage, est-il applicable aux voitures légères traînées par un seul cheval et chargées d'un poids de 4,000 kilogrammes ? — Rés. nég. (1).

Appartient-il aux Conseils de préfecture et aux maires d'appliquer les réglemens de police locale *concernant les plaques ?* — Rés. nég.

Peut-il être prononcé des dépens contre l'administration qui n'est point en cause ? — Rés. nég.

(4799. — 21 mars 1821. — Sirey.)

Une voiture d'exploitation, attelée d'un seul cheval, appartenant à M. Sirey, avocat aux Conseils du Roi, avait été rencontrée sur la route royale de Brie à Fostard ; un gendarme avait dressé procès-verbal, et ce procès-verbal constatait que ladite voiture n'était point munie de *la plaque* exigée par l'art. 34 du décret du 23 juin 1806.

Sur ce procès-verbal, le Conseil de préfecture du département de Seine-et-Marne avait condamné M. Sirey à 25 fr. d'amende ; celui-ci avait formé opposition à cette décision, et un arrêté du 12 mai 1820 avait maintenu la condamnation.

M. Sirey s'est pourvu devant le Conseil d'Etat, et il a présenté les trois moyens suivans : — 1.° Sa voiture avait été garnie d'une plaque qui avait été brisée dans le trajet, et un morceau en était resté attaché à la voiture ; — 2.° La décision préalable du maire et celle du Conseil de préfecture avaient été rendues sans qu'il eût été appelé pour contredire le procès-verbal ; — 3.° Au fond, l'exposant n'avait pas

(1) Voy. *Elém. de Jur. adm.*, tom. 2, p. 289 — 302.

commis de contravention ; car sa voiture, très-légère et sans aucun chargement, n'était traînée que par un cheval, et les plaques ne sont exigées que pour les voitures de roulage.

Consulté sur le fondement de ce recours, S. Exc. le Ministre de l'intérieur a répondu : sur le 1.er moyen, qu'il ne lui semblait pas admissible, attendu que le procès-verbal de contravention doit faire foi jusqu'à inscription de faux ; — Qu'il en était de même du second, puisque l'arrêté du 12 mai avait été pris contradictoirement sur l'opposition du sieur Sirey à l'exécution du précédent, du 19 novemb. 1819 ; — Que le 3.e paraissait avoir plus de poids. Et en effet (a dit le Ministre) la loi du 3 nivose an 6, qui rappelle l'article 34 du décret du 23 juin 1806, n'assujétit que les propriétaires de voitures de roulage à y faire clouer une plaque, sur laquelle leur nom et leur domicile seraient inscrits en caractères apparens ; et, pour l'application de cette disposition de la loi, une instruction ministérielle, du 7 floréal an 8, spécifie que l'intention du législateur était de n'y obliger que les voitures de roulage proprement dites ; que les fermiers du droit de passe devaient s'abstenir de poursuivre, pour défaut de plaque, les voituriers qui n'étaient pas considérés comme rouliers. — Sous ce rapport, l'arrêté du 12 mai paraît avoir condamné le sieur Sirey, par extension aux dispositions de la loi du 3 nivose an 6 et du décret du 23 juin 1806, s'il est vrai que sa voiture n'était employée qu'à l'exploitation de ses terres, et n'était pas de l'espèce des voitures de roulage. — Je ne crois pas que le décret du 3 mai 1810 (1), cité dans cet arrêté, puisse justifier la contravention, puisqu'il n'a été rendu qu'à l'occasion d'une contravention pour transport de grains, avec une

---

(1) Voir au Bulletin des Lois (Vandormaes).

voiture montée sur quatre roues à jantes étroites et traînée par quatre chevaux. »

Cet avis du Ministre a été adopté par le Conseil d'Etat.

LOUIS, etc.

Sur le rapport du comité du contentieux,

Vu la requête à nous présentée au nom du sieur *Jean-Baptiste Sirey*, avocat en nos Conseils, demeurant à Paris, rue d'Enfer, n.° 19; ladite requête enregistrée au secrétariat-général de notre Conseil d'Etat, le 23 septemb. 1820, et tendant principalement à ce que l'instruction et les deux décisions du Conseil de préfecture du département de Seine-et-Marne, des 19 novembre 1819 et 25 juillet 1820, et du maire de Fontainebleau, du 8 juillet 1819, soient annulées, afin que toutes les parties soient mises en présence du gendarme inexact qui a dressé procès-verbal; subsidiairement et dans le cas où nous ne jugerions pas devoir annuler l'instruction, annuler du moins la décision du Conseil de préfecture, pour fausse interprétation et application de l'art. 34 du décret du 23 juin 1806, en ce qu'il s'agit d'une légère voiture d'exploitation à un seul cheval, et que les règles pour les plaques sont tout autres que les règles pour les jantes; condamner l'administration des domaines aux dépens; — Vu la condamnation prononcée, le 8 juillet 1819, par le maire de Fontainebleau et confirmée, le 19 novemb. suivant, par le Conseil de préfecture du département de Seine-et-Marne; — Vu l'arrêté dudit Conseil, du 25 juillet 1820, qui admet l'opposition du sieur *Sirey*, et néanmoins confirme la décision précédente qui le condamne à 25 fr. d'amende, pour infraction à l'art. 34 du décret du 23 juin 1806; — Vu les observations contenues dans la lettre de notre Ministre de l'intérieur, du 30 décemb. 1820; — Vu l'art. 8 du décret du 23 juin 1806, portant que le poids des voitures employées à la culture des terres, au transport des récoltes, à l'exploitation des fermes, et qui, par l'art. 8 de la loi du 7 ventôse an 12, sont exceptées de l'obligation d'avoir des roues à jantes larges, ne pourra, lorsqu'elles fréquenteront les grandes routes, excéder, dans aucun cas, quatre mille kilogrammes, chargement compris; — Vu l'art. 34 du même décret, portant que tout propriétaire de voitures de roulage sera tenu de faire peindre, sur une plaque de métal, en caractères apparens, son nom et son domicile; que cette plaque sera clouée en avant de la roue, et au côté gauche de la voiture, et ce, à peine de 25 fr. d'amende; que l'amende sera double, si la plaque portait soit un nom, soit un domicile faux ou supposé; — Vu les autres pièces produites;

Considérant que la voiture d'exploitation du sieur *Sirey* était légère et traînée par un seul cheval; qu'il n'a pas été établi, par le procès-verbal, que cette voiture fût chargée de plus de quatre mille kilogrammes, en contravention à l'art. 8 du décret du 23 juin 1806, et que dès-lors il n'y avait pas lieu de lui appliquer l'art. 34 dudit décret, relatif aux plaques exigées pour les voitures de roulage; — Considérant qu'il n'a été opposé au sieur *Sirey* aucun réglement de *police locale* concernant les plaques, et dont la connaissance eût d'ailleurs appartenu aux tribunaux de police municipale; — A l'égard des dépens: considérant que la direction-générale des domaines n'était pas partie dans la cause;

Notre Conseil d'Etat entendu,

Nous avons ordonné et ordonnons ce qui suit:

Art. 1.er — L'arrêté du maire de Fontainebleau, du 8 juillet 1819, et les arrêtés du Conseil de préfecture du département de Seine-et-Marne, des 19 nov. 1819 et 25 juillet 1820, sont annulés. — Art. 2. — Il sera fait restitution au sieur *Sirey* des sommes qu'il pourrait avoir payées, par suite de l'amende contre lui prononcée. — Art. 3. — Notre

G.-des-sc. et nos M. des fin. et de l'intér. sont chargés, etc.

M. Tarbé, m. des req., *rap.* — M.e Sirey, *av.* dans sa propre cause.

COMMUNE. — Dette ancienne. — Déchéance. — Opposition simple et tierce. — Délai. — Acquiescement.

Les créanciers des communes, pour prix des ventes à elles faites avant la loi du 24 août 1793, peuvent-ils être admis à en poursuivre aujourd'hui le paiement contre lesdites communes? — Rés. nég. (1).

La tierce-opposition peut-elle être exercée, soit par des communes, soit par des particuliers, contre des ordonnances royales rendues sans qu'ils aient été appelés ni entendus? — Rés. aff. (2).

Les délais de l'opposition simple sont-ils applicables à la tierce-opposition? — Rés. nég. (3).

Peut-on considérer comme un acquiescement et opposer comme une fin de non-recevoir, le paiement des arrérages d'une créance, fait par le receveur municipal, en vertu et en exécution d'une ordonnance royale rendue hors de la présence et sans la défense valable de la commune, lorsqu'il est constant que le Conseil municipal n'a jamais proposé ni consenti l'allocation de cette créance, et qu'elle a été inscrite d'office, par l'autorité supérieure, sur les budjets? — Rés. nég. (4).

---

(1) Voy. ci-dessus, p. 169, 77 et 4.

(2) Voy. art. 37 du régl. du 22 juillet 1806. — *Elém. de jur. adm.*, tom. 1.er, p. 82, n.os 95 et suiv., et ci-dessus, p. 153.

(3) Cette décision a changé, à l'avantage des principes, une jurisprudence jusque-là constante et attestée par plusieurs arrêts du Conseil. Voy. ci-dessus, p. 154, note 2.

(4) Voy. ci-dessus, p. 153, note 4.

Cette décision doit-elle être prise à fortiori , *lorsque le maire ayant délivré , comme contraint , un mandat de paiement , a immédiatement sollicité la convocation extraordinaire du Conseil municipal , et lorsque ce Conseil a protesté contre le paiement ?* — Rés. aff.

(2955. — 28 mars 1821. — La ville de Rochefort c. Latouche-Tréville.)

En 1787 , la ville de Rochefort avait acheté , de M. et de madame de Latouche-Tréville , deux maisons pour les faire servir au logement des troupes. Ces maisons étaient restées affectées au paiement des vendeurs.

Au 24 août 1793 , la ville de Rochefort ne s'était acquittée ni en principal ni en intérêts. — En exécution de la loi , de cette date , qui a mis à la charge de l'Etat les dettes des communes , d'origine antérieure au 10 du même mois , la ville de Rochefort avait compris celle dont il est question , dans l'état de son passif, et abandonné au Domaine , entre autres propriétés , les deux maisons grévées de cette dette.

Un décret du 3 octobre 1810 a remis à la ville de Rochefort la propriété de ces maisons servant de casernes , et affectées encore aujourd'hui à la même destination.

En 1814 , madame veuve de Latouche-Tréville a sollicité du Roi l'allocation de sa créance au budjet de la ville de Rochefort ; et, le 10 février 1815 , sur le rapport du Ministre de l'intérieur , S. M. a rendu l'ordonnance dont voici les motifs et la disposition :

« Considérant que ce fut à tort qu'en l'année 1793 , le Conseil-général de la commune de Rochefort porta , dans l'actif de cette ville , comme devant désormais appartenir à la nation , les maisons des sieur et dame de Latouche-Tréville , puisque la législation même de cette époque exceptait , de la mesure générale , les objets destinés *pour les établissemens publics* ; — Considérant que ce fut par conséquent à tort que le même Conseil de la commune de Rochefort porta, dans le passif de cette ville, la somme qui était due par elle auxdits sieur et dame de Latouche-Tréville, pour capital et intérêts jusqu'en 1791; — Considérant que l'erreur commise, en 1793, par le Conseil général de la commune de Rochefort, est depuis long-temps susceptible d'être rectifiée, conformément aux art. 3 et 4 de l'avis du Conseil d'Etat du 29 frimaire an 13 (1805); — Considérant enfin que la ville de Rochefort étant aujourd'hui en possession desdites maisons, il est juste qu'elle s'acquitte envers madame la comtesse de Latouche-Tréville, pour ce qu'il lui était dû en 1791; mais que l'administration de la guerre ayant joui desdites maisons pendant vingt années, la ville de Rochefort ne peut être tenue de rien payer pour cet espace de temps; — Notre Conseil d'Etat entendu, — NOUS AVONS ORDONNÉ ET ORDONNONS CE QUI SUIT : — *Art.* 1.er — La ville de Rochefort est autorisée à porter dans son budjet, pour les années 1815 et pour les années suivantes, jusqu'à ce qu'elle puisse acquitter entièrement sa dette envers madame veuve de Latouche-Tréville, la somme de 4,950 fr. pour payer l'intérêt, à 5 p. 100, d'une somme de 99,837 l. qui était due, par la ville de Rochefort, à ladite dame, dès l'époque du 1.er mai 1791. — *Art.* 2. — Sur les fonds qui pourraient être restés libres dans son budjet de 1814, ou sur les premiers fonds dont elle pourra disposer, la ville de Rochefort paiera de suite, à madame de Latouche-Tréville, un à-compte qui sera déterminé par notre Ministre de l'intérieur, sauf régularisation ultérieure. »

Par l'ordre de ce Ministre, cette ordonnance est parvenue au maire de Rochefort, le 25 octobre 1815. — Le 18 novembre suivant, un paiement de 4,950 fr. a été fait, par le receveur-municipal, sur un mandat délivré par le maire. — Le 28 janvier 1816, le Conseil municipal, assemblé sur convocation extraordinaire, a chargé le maire de demander au Roi, en son Conseil d'Etat, l'annulation de l'ordonnance du 10 février 1815. — Ce recours a été exercé le 9 juillet 1816.

Madame de Latouche-Tréville, puis M. le comte de Villeblanche, son fils et unique héritier, ont opposé, dans la forme, au pourvoi de la ville de Rochefort, deux fins de non-recevoir. — La première a été tirée du prétendu acquiescement qui résultait du paiement opéré le 18 novemb. 1815, et que M. le comte de Villeblanche a soutenu avoir été fait sans réserve.—La deuxième puisée dans l'art. 11 du réglement du Conseil, portant que le recours n'est plus recevable après trois mois du jour où la décision attaquée a été notifiée.

Que l'exécution volontaire d'un acte administratif, comme un paiement effectué sans protestation ni réserve (a dit M. de Villeblanche), équivalent à un acquiescement et produisent l'exception de la chose jugée, c'est ce qu'il est impossible de révoquer en doute, d'après la jurisprudence du Conseil d'Etat. (*Voy.* l'avis approuvé du 25 ventose an 13, les décrets des 10 mars 1809, 28 avril et 13 juillet 1813, 6 janvier 1814, et l'ordonnance royale du 20 nov. 1815).

Il n'est pas moins certain qu'une notification administrative reconnue par la partie, équivaut, pour faire courir le délai du pourvoi, à une signification extra-judiciaire, et qu'elle en produit tous les effets. — Parmi les nombreuses décisions qui ont encore fixé la jurisprudence du Conseil à cet égard, on se bornera à citer trois ordonnances royales rendues les 21 mai 1817, *Fleury-Corrompt* (n.° 3268), 1.er décembre 1819, *Herbelot* (4086), et 25 avril 1820, *Brosson* et *Beaubois* (4123).

M. le comte de Villeblanche en a conclu que la ville de Rochefort devait être déclarée non-recevable dans son recours.

Au fond, comme la ville de Rochefort avait invoqué,

pour sa libération, les art. 82 et 85 de la loi du 24 août 1793 qui déclarent dettes nationales les dettes des communes antérieures à cette époque, M. de Villeblanche a combattu ce moyen par le développement des motifs de l'ordonnance du 10 février 1815.

Dans sa réplique, la ville de Rochefort s'est attachée à repousser les exceptions qui lui étaient opposées.—Sur l'*acquiescement* prétendu, elle a répondu, 1.° que le maire n'avait pu se dispenser de faire payer les 4,950 fr., puisqu'une ordonnance du Roi avait porté cette somme dans son budjet de 1815; qu'ainsi le paiement avait été *forcé*; et que; quoiqu'il eût été fait sans réserve, il n'était point, de sa nature, un acquiescement; 2.° que le maire n'aurait pas eu le droit d'acquiescer à l'ordonnance du 10 février 1815, sans l'autorisation du Conseil municipal, plus qu'il n'aurait eu celui d'intenter procès, de transiger, de se désister, d'aliéner sans cette autorisation, et qu'elle n'était pas intervenue dans cette circonstance.

Sur l'*expiration du délai*, la ville de Rochefort a répondu qu'elle n'avait pas été mise en cause, lors de l'ordonnance du 10 février 1815; qu'aucune requête ne lui avait été communiquée; qu'elle n'avait pu se défendre, et que personne ne l'avait représentée: qu'ainsi ce n'était pas la voie de l'opposition simple, mais celle de la tierce-opposition seule qu'elle avait dû prendre et qu'elle avait prise; — Qu'au surplus il ne suffisait pas que la partie condamnée eût connaissance de la décision qui la condamne; qu'il fallait qu'une notification judiciaire faite au nom de la partie adverse pût être représentée; qu'ainsi quoique la partie condamnée contradictoirement ait eu connaissance de la décision rendue en sa présence, le délai d'appel ou de pourvoi ne court que du jour de la notification légale faite à la requête de l'autre partie; que cette partie adverse a seule intérêt de faire courir les délais; que c'est donc à elle à faire les diligences nécessaires ; qu'une notification par lettre ou par toute autre voie irrégulière ne suffit pas ; qu'il fallu une notification légale et spéciale.

Enfin, il a été ajouté, pour la ville de Rochefort, que, pour faire courir le délai, la signification légale aurait dû être faite non-seulement au maire, mais encore au conseil municipal.

Le 8 juin 1820, S. Ex. le Ministre de la guerre est intervenu dans ce procès, pour appuyer la réclamation de la ville de Rochefort, et voici les raisons qu'il en a données : « La ville se trouvant libérée, par le prélèvement qu'elle subit en vertu de la loi des finances du 15 mai 1818, de toutes dépenses directes de casernement, ce serait mon ministère qui resterait passible des dispositions de l'ordonnance du 10 février 1815, tant pour la portion du capital que la ville avait d'abord à payer, que pour le paiement des intérêts annuels dont l'état se trouve grévé, comme étant substitué à son lieu et place ; l'intérêt de mon département est donc commun avec le sien. » — Aussi le Ministre a-t-il soutenu que la dette était devenue nationale, et que les lois générales sur la déchéance des créanciers de l'état étaient applicables à M. de Villeblanche.

C'est, en effet, ce qui a été statué par la décision suivante, qui n'a été rendue qu'après une très-mûre délibération.

LOUIS, etc.

Sur le rapport du comité du contentieux,

Vu les requêtes à nous présentées au nom de la *ville de Rochefort*, enregistrées au secrétariat-général de notre Conseil d'État, les 9 juillet 1816 et 20 août 1817, tendant à ce qu'il nous plaise la recevoir tierce-opposante à notre ordonnance du 10 février 1815, qui met à sa charge une dette contractée par elle, envers les sieurs et dame de la *Touche-Tréville* et résultant du prix de maisons que ladite ville acquit, en 1787, pour servir de logement militaire; — Vu notre susdite ordonnance, du 10 février 1815; — Vu la requête en défense pour la dame veuve comtesse de la *Touche-Tréville*, enregistrée audit secrétariat-général, le 14 juillet 1817; — Vu les observations fournies par notre Ministre-secrétaire d'État de l'intérieur et de la guerre, en date des 22 août 1817 et 8 juin 1820; — Vu la requête en reprise d'instance pour le sieur comte de *Villeblanche*, seul et unique héritier de la comtesse de la *Touche-Treville*, sa mère, ladite requête enregistrée audit secrétariat-général, le 26 janvier 1821; — Vu les budjets de la ville de Rochefort, pour les années 1815 et 1816, ainsi que les délibérations du Conseil municipal de ladite ville; — Vu le titre 4, art. 1.er, de la loi du 10 juillet 1791, qui réunit au domaine de l'État tous les bâtimens ou établissemens militaires appartenans aux provinces ou aux villes; — Vu l'extrait des délibérations du comité de fortifications, créé par ladite loi, séances des 26 janvier et 28 février 1792; — Vu la loi du 24 août 1793 (art. 82 et 85); — Ensemble toutes les pièces jointes au dossier;

Considérant (sur la fin de non-recevoir opposée par la dame de la *Touche-Tréville*, à la commune de *Rochefort*, tirée de l'expiration des délais), que notre ordonnance du 10 février 1815 a été rendue sans que la commune de *Rochefort* ait été entendue ni appelée, et que son pourvoi constitue une tierce-opposition à laquelle les délais de l'opposition ordinaire ne sont point applicables; — Considérant (sur la fin de non-recevoir tirée du paiement fait, par le receveur municipal, des intérêts de la créance en litige), qu'il résulte desdits budjets et délibérations que le Conseil municipal n'a jamais proposé ni consenti l'allocation de ladite créance, qui a été inscrite d'office par l'autorité supérieure sur lesdits budjets; — Que, si le maire a délivré un premier mandat de paiement, il a immédiatement sollicité la convocation extraordinaire du Conseil municipal, lequel a protesté contre ledit paiement, et que la commune s'est pourvue, par les soins du maire, contre notre dite ordonnance; — Qu'ainsi le paiement dont il s'agit ne constitue pas un acquiescement de la part de la commune; — Considérant que, par l'acte de vente du 13 novembre 1787, la dame de la *Touche-Tréville* a cessé d'être propriétaire des bâtimens en litige et est devenue, dès cette époque, créancière de la commune; — Et qu'aux termes des art. 82 et 85 de la loi du 24 août 1793, les dettes des communes, antérieures à cette époque, ont été déclarées nationales et les créanciers tenus de se pourvoir en liquidation;

Notre Conseil d'État entendu,

Nous avons ordonné et ordonnons ce qui suit:

Art. 1.er — Notre ordonnance du 10 février 1815 est révoquée. — Art. 2. — Le sieur comte de *Villeblanche*, est condamné aux dépens. — Art. 3. — Notre G.-des-sc. et nos Min. de l'int. et de la g. sont chargés, etc.

M. De Cormenin, M. des req., *rap.* — M.es Guichard, père, et Marie, *av.*

DOMAINES NATIONAUX. — Limites. — Acte de vente. — Interprétation. — Compétence.

Doit-on regarder comme vendu le terrein compris dans les limites données à l'acquéreur par son contrat? — Rés. aff. (1).

Les conseils de préfecture sont-ils compétens pour prononcer sur les questions de savoir si une voûte qui supporte un terrein vendu, faisait partie de la propriété à l'époque de l'adjudication, lorsque cette question ne peut être déci-

(1) Voy. ci-dessus, p. 202, ordon. du 22 fév. 1821. Sanlèque c. Kob.

dée que par des titres anciens et les règles du droit commun? — Rés. nég. (2).

(4668. — 28 mars 1821. — Mauchien veuve Mongendre.)

LOUIS, etc.

Sur le rapport du comité du contentieux,

Vu la requête à nous présentée au nom de la dame Anne Mauchien, veuve du sieur Noël *Mongendre*, domiciliée au Mans, département de la Sarthe; ladite requête enregistrée au secrétariat-général de notre Conseil d'État, le 13 juin 1820, et tendant à ce qu'il nous plaise annuler, pour incompétence, un arrêté du Conseil de préfecture du département de la Sarthe, du 3 mars 1820, et attendu que l'exposante est en possession des lieux dont ledit arrêté lui refuse la propriété, renvoyer le maire de la ville de Mans à se pourvoir devant les tribunaux, pour faire valoir ses prétentions, s'il persiste à les croire fondées; subsidiairement déclarer que le jardin dont il s'agit, dans toute son étendue jusqu'au mur *EF*; ensemble la tour et la voûte, et en général tout ce qui est au-dessous, ont été compris dans la vente administrative faite au sieur Mongendre, le 9 juillet 1813, d'une maison nationale, près la porte du château au Mans, et, dans tous les cas, condamner le maire du Mans aux dépens; — Vu l'ordonnance *de soit communiqué*, en date du 8 août 1820, et la notification faite, le 28 du même mois, au maire du Mans, lequel n'a pas répondu dans les délais du réglement; — Vu l'arrêté dont est appel, du 3 mars 1820; — Vu le cahier des charges joint au procès-verbal d'adjudication du 9 juillet 1813, portant, art. 3, que les maisons comprises dans le présent proclamat, seront adjugées telles

(1) Voy. ci-dessus, p. 324, ordon. du 7 mars 1821, Dreux c. Garnier.

qu'en jouissent les divers locataires sans aucunes exceptions ni réserves autres que celles exprimées dans les baux ; — Vu l'art. 20 dudit procès-verbal d'adjudication, du 9 juillet 1813, qui vend au sieur Mongendre, une maison n.° 1, près la porte du château, au Mans, composée des lieux y désignés et *d'une portion de jardin avec droit dans un passage commun, qui conduit au bas du jardin, le tout occupé par le sieur Noël Mongendre, en vertu du bail consenti par le maire du Mans, le* 21 *mars* 1812 ; — Vu le bail du 21 mars 1812, qui loue audit sieur Mongendre, une maison n.° 1, avec ses annexes, ensemble *une portion de terrein dépendant de ladite maison, le mur de la ville entre deux, joignant des deux côtés les portions du sieur Lalande, serrurier, d'un bout ledit mur en ville, et d'un autre bout un ruisseau dont l'entourage appartient audit sieur Mongendre et les deux appentis qui s'y trouvent* ; — Vu le plan des lieux ; — Ensemble toutes les pièces produites ;

Considérant qu'il résulte des actes administratifs ci-dessus visés, qu'il a été adjugé au sieur *Mongendre*, la portion de jardin situé sur la voûte en litige ; mais que la question de savoir si la voûte qui supportait cette portion de terrain, faisait partie de la propriété à l'époque de l'adjudication, ne peut être décidée que par les titres anciens et les règles du droit commun, dont l'application appartient aux tribunaux ;

Notre Conseil d'Etat entendu,

Nous avons ordonné et ordonnons ce qui suit :

Art. 1.er — L'arrêté du Conseil de préfecture du département de la Sarthe, du 3 mars 1820, est annulé, et les parties sont renvoyées à se pourvoir devant les tribunaux, pour y être statué sur la propriété de la voûte et des matériaux contestés. — Art. 2. — Est condamnée aux dépens la partie qui succombera devant les tribunaux. —

Art. 3. — Notre G.-des-sc. et notre Min. d. fin. sont chargés, etc.

M. Villemain, m. d. req., *rap.* — M.e Dufour d'Astafort, *avocat.*

DOMAINES NATIONAUX. — Acte de vente. — Interprétation. — Limites. — Compétence.

L'acquéreur d'un bien national est-il fondé à réclamer un terrein situé au-delà des limites assignées par son contrat? — Rés. nég. (1).

Les Conseils de préfecture sont-ils compétens pour fixer, entre deux acquéreurs contigus, la limite qui les sépare, lorsque cette limite ne peut être déterminée par les actes administratifs, mais seulement par des titres anciens et par les règles du droit commun? — Rés nég. (2).

(4876. — 28 mars 1821. — Faucillon c. Brochant.)

LOUIS, etc.

Sur le rapport du comité du contentieux,

Vu la requête à nous présentée au nom du sieur Charles-Bernard *Faucillon*, propriétaire, demeurant à Falaise, département du Calvados; ladite requête enregistrée au secrétariat-général de notre Conseil d'État, le 14 décembre 1820, et tendant à ce qu'il nous plaise annuler l'arrêté du Conseil de préfecture du département du Calvados, du 26 août 1820; déclarer que les cinq hectares, trente et un ares, vingt centiares de bois taillis dans lesquels est enclavée une bruyère de trois hectares, trente-sept ares, quatre-vingts centiares, vendus au sieur Félix *Brochant*, le 24 dé-

---

(1) et (2) Voy. l'ordon. *Mauchien*, qui précède.

cembre 1791, font partie du bois de la Punayé (vendu au sieur *Faucillon*, le 26 ventose an 6, à la charge par lui de maintenir la servitude du passage, telle qu'elle est établie, et condamner la dame veuve *Brochant* aux dépens; — Vu l'ordonnance de *soit communiqué* du 5 janvier 1821; — Vu le mémoire en réplique pour la dame veuve *Brochant de St.-Félix*, ledit mémoire enregistré au sécrétariat-général le 3 février 1821 et concluant à ce qu'il nous plaise, d'après les motifs qui ont déterminé l'arrêté du Conseil de préfecture du département du Calvados, du 26 août 1820, maintenir ledit arrêté, en ordonnant qu'il sera exécuté selon sa forme et teneur; déclarer le sieur *Faucillon* non-recevable, et le condamner aux dépens; — Vu une réplique du sieur *Faucillon*, enregistrée audit secrétariat-général le 12 mars 1821; — Vu de nouvelles observations pour la dame veuve *Brochant de St.-Félix*, enregistrées audit secrétariat-général, le 14 dudit mois de mars; — Vu l'arrêté attaqué du 26 août 1820; — Vu le plan des lieux; — Vu la grosse du bail de la terre et ferme de la Punaye, en date du 17 avril 1787; — Vu les actes et procès-verbaux de l'administration des forêts, sous la date du 1.er septembre 1780; — Vu un procès-verbal d'estimation de la ferme de la Punaye, du 23 octobre 1791, et un procès-verbal d'estimation dudit bois de la Punaye, du 27 nivose an 6; — Vu l'acte de vente administrative, du 25 décembre 1791, portant qu'il a été vendu au sieur *Brochant de Saint-Félix*, sans garantie de mesure, huit pièces de terre, dont une ainsi désignée : une pièce contenant environ trois acres, bornée d'un côté *la neuvième*, d'autre côté *le sieur Heroult*, d'un bout *la rue des Acres*, et de l'autre *la septième*, et que ledit acte a distrait de l'adjudication un bois taillis, contenant environ cent quarante-cinq arpens, et affermé, conjointement avec les pièces de terre précitées, au sieur François Heroult, par bail du 17 avril 1780; — Vu l'acte de vente administrative, du 26 ventose an 6, portant qu'il a été vendu au sieur *Faucillon*, sans garantie de mesure, environ cent cinquante-huit acres, en bois taillis, réserve et futaie, affermés au sieur François Heroult, par le bail précité, et situés commune d'Abbeville, joints d'un côté au levant Poulain, Mauviel, Renoult et autres; d'un côté, d'un bout, *Brochant de Saint-Félix*, d'autre bout Quetier, la Cour blanche et le chemin de Montpuison, chacun en partie; — Vu toutes les pièces respectivement produites;

Considérant que le sieur *Faucillon* ne peut rien réclamer des parties boisées ou non boisées de la bruyère vendue au sieur *Brochant*, ni du côté par lequel l'acte d'adjudication donne pour confins à ladite bruyère les propriétés des sieurs Heroult et autres, ni des deux bouts par lesquels, aux termes dudit acte, ladite bruyère confine à la rue des *Acres* et la *septième* pièce, aussi vendue à la dame *Brochant*, puisque le sieur *Faucillon* ne se prétend propriétaire ni de la rue, ni d'aucun des terreins désignés comme confins; — Considérant que le seul lot sur lequel il y ait à déterminer la ligne qui sépare les propriétés vendues au sieur *Faucillon* ou à la dame *Brochant* est celui par lequel l'acte d'adjudication passé aux auteurs de ladite dame, donne pour confins à ladite bruyère la *neuvième* pièce; — Considérant que cette ligne de séparation ne peut être déterminée par les actes administratifs, mais seulement par les titres anciens et par les règles du droit commun dont l'application appartient aux tribuaux;

Notre Conseil d'État entendu,

Nous avons ordonné et ordonnons ce qui suit:

Art. 1.er — La dame veuve *Brochant de Saint-Félix* est déclarée propriétaire des parties boisées ou non boisées de la bruyère qui s'étend d'un côté jusqu'aux propriétés du sieur Heroult et autres riverains, d'un bout jusqu'à la rue *des Acres*, et d'autre bout jusqu'à la *septième* pièce. — Les parties sont renvoyées devant les tribunaux, pour faire déterminer la ligne qui séparait ladite bruyère de la *neuvième* pièce, à l'époque de l'adjudication. — Art. 2. — L'arrêté du Conseil de préfecture du départem. du Calvados, du 26 août 1820, est annulé dans les dispositions contraires à la nouvelle ordonnance. — Art. 3. — Le sieur *Faucillon* est condamné aux deux tiers des dépens; le surplus compensé. —Art. 4.—Notre G.-des-sc. et notre M. des fin. sont chargés, etc.

M. Villemain, m. des req., *rapport.* — M.es Isambert et Collin, *av.*

HOSPICE. — AUTORISATION DE PLAIDER. — ACTE CONSERVATOIRE. — INVENTAIRE. — PROVISION. — ETABLISSEMENS PUBLICS.

Les hospices ou établissemens publics au profit desquels il a été fait des dispositions testamentaires, doivent-ils faire les actes conservatoires nécessaires (un inventaire, par exemple) et suivre les demandes incidentes auxquelles ces actes peuvent donner lieu, telle que la demande d'une provision pour subvenir aux frais d'un inventaire? — Rés. aff.

L'autorisation du Conseil de préfecture leur est-elle, pour cela, nécessaire? (1).

---

(1) Il nous a paru que la négative devait être résolue. — Peut-être dira-t-on que l'ordonnance ci-après transcrite est contraire à notre système, puisque, par son dispositif, l'hospice est *textuellement* autorisé; mais si l'on rapproche *le considérant* du *dispositif*, il nous semble qu'il y a lieu de croire que ces mots : *l'hospice est autorisé*, sont plutôt *déclaratifs* du droit établi par l'ordonnance du 2 avril 1817, qu'*attributifs* de la faculté de plaider, dans la circonstance particulière. — Au surplus, le vague de la décision aura peut-être besoin d'être éclairé par un nouvel arrêt. — Voy. notre dissertation dans la *Thémis*, t. 3, p. 324 et suiv.

(4971. — 28 mars 1821. — Hospice de Grenoble.)

Le sieur de Moydieu avait, par testament du 1.er juin 1819, institué l'hospice de Grenoble son légataire universel, sous la réserve de l'usufruit de ses biens, au profit de MM. de Montauban, ses neveux.

Le 5 juin 1820, cet hospice fit procéder à l'inventaire de la succession.

Le 5 juillet suivant, il présenta requête au tribunal de Vienne, afin d'obtenir une provision de 10,000 fr. sur les fruits ou deniers de la successiou, pour subvenir aux frais d'inventaire.

Le tribunal rendit, le 28 du même mois, un jugement par lequel il déclara l'hospice de Grenoble non-recevable dans sa demande.

Le 4 septembre 1820, celui-ci se retira devant le Conseil de préfecture, pour lui demander l'autorisation d'interjeter appel.

Cette autorisation lui fut refusée, par un arrêté du 29 décembre suivant, sur le motif qu'il pourrait s'élever, devant la Cour royale, des discussions sur l'étendue des droits de l'hospice, et sur la validité des dispositions de M. De Moydieu, et qu'en ce cas, l'administration ne pourrait ni consentir ni contester.

L'hospice de Grenoble s'est pourvu devant le Conseil d'État contre cet arrêté, dont il a demandé l'annulation ou la réformation.

Pour justifier ce pouvoi, il a soutenu premièrement que les hospices n'avaient pas besoin de l'autorisation spéciale du Conseil de préfecture pour procéder aux actes conservatoires relatifs aux dispositions testamentaires faites en leur faveur, ni pour ester en jugement sur les difficultés auxquelles ces actes peuvent donner lieu.

Il a invoqué d'abord l'art. 5 de l'ordonn. du 2 avril 1817

qui, renouvelant l'art. 4 de l'arrêté du 4 pluviose an XII, porte qu'en attendant l'acceptation des legs, les receveurs des hospices *feront* tous les actes conservatoires qui seront jugés nécessaires.

En général, a-t-il dit, l'autorisation n'est requise que lorsqu'on poursuit des actions en justice; or, les actes conservatoires tendent simplement *à conserver* l'action et non *à l'exercer*. Tant qu'il n'y a pas de demande formée sur le fond du droit, l'autorisation de l'administration n'est pas nécessaire.

Elle ne l'est pas non plus pour ester en jugement sur les contestations auxquelles ces actes peuvent donner lieu. Les difficultés qui peuvent s'élever réclament une prompte décision; rien ne doit retarder la confection d'un inventaire, par exemple; le but serait manqué si, à chaque obstacle, il fallait recourir à l'administration pour obtenir l'autorisation d'agir.

L'hospice de Grenoble a prétendu, en second lieu, que l'arrêté du 29 décembre 1820, n'était fondé sur aucun motif plausible; que l'hospice, n'agissant point en qualité d'héritier et n'excédant point les bornes de sa capacité, les craintes du Conseil de préf. étaient vaines; que toute discussion sur le fond du droit serait écartée par cette exception que l'hospice n'avait pas encore qualité pour y répondre.

La faveur de la demande formée par lui est, a-t-il dit, évidente. Les frais de l'inventaire sont à la charge de la succession; cet inventaire était indiqué comme nécessaire par le testateur lui-même; refuser d'autoriser la demande d'une provision, ce serait paralyser l'exercice de la *faculté accordée*, ou plutôt empêcher d'accomplir le *devoir imposé* par l'art. 5 de l'ordonn. du 2 avril 1817.

Le vœu de l'hospice étant légalement émis, son intérêt bien réel, et son droit établi par l'avis unanime du comité consultatif de l'arrondissement, à qui cette question avait été soumise ; le Conseil de préfecture devait accorder l'autorisation. — C'est ce qu'a statué le Conseil d'État, le 11 avril 1810 (1). — Lui-même, dans ces sortes de cas, il s'en rapporte à l'avis de trois avocats désignés par M.r le Garde-des-sceaux, dans le ressort de la Cour royale où s'est élevé le litige.

Sur cette discussion, est intervenue la décision que nous allons rapporter.

LOUIS, etc.

Sur le rapport du comité du contentieux,

Vu les requêtes introductive et ampliative à nous présentées au nom de l'*hospice de Grenoble*, lesdites requêtes enregistrées au secrétariat-général de notre Conseil d'Etat, les 22 février et 21 mars 1821, et tendant à ce qu'il nous plaise, réformant et annulant l'arrêté du Conseil de préfecture du département de l'Isère, du 29 décembre 1820, dire et déclarer que l'*hospice de Grenoble* n'a pas besoin de l'autorisation spéciale du Conseil de préfecture pour procéder tant sur l'inventaire des immeubles qui lui ont été légués par le testament, du 1.er juin 1819, du sieur *Berger de Moydieu*, que sur les difficultés et contestations auxquelles peut donner lieu, devant les tribunaux, cet acte conservatoire ; subsidiairement autoriser ledit hospice à interjeter appel du jugement du 28 juillet 1820, par lequel le tribunal de première instance de l'arrondissement de Vienne, lui a refusé la provision d'une somme de 10,000 fr., à prélever sur les fonds et deniers libres de la succession *Moydieu* ; — En tous cas, condamner les contestans aux dépens du pourvoi ; — Vu l'arrêté du Conseil de préfecture du département de l'Isère, du 29 décembre 1820 ; — Vu le jugement du tribunal civil de Vienne, du

(1) Voy. *Arch. du Comité*, n.° 766. Commune d'Emagny c. Mazoyer.

28 juillet 1820; — Vu la consultation du 30 août 1820; — Vu la demande en autorisation de plaider, du 4 septembre 1820; — Vu la délibération des administrateurs de l'hospice de Grenoble, du 27 janvier 1820; — Ensemble toutes les pièces produites; — Vu notre ordonnance du 2 avril 1817;

Considérant que l'art. 5 de ladite ordonnance, dans le cas de dispositions testamentaires faites en faveur d'établissemens publics, porte textuellement: « En attendant l'acceptation, le chef de l'établissement fera tous les actes » conservatoires qui seront jugés nécessaires »;

Notre Conseil d'Etat entendu,

Nous avons ordonné et ordonnons ce qui suit:

Art. 1.er — L'arrêté du Conseil de préfecture du département de l'Isère, du 29 décembre 1820, est annulé et l'hospice civil de Grenoble est autorisé à suivre son action devant les tribunaux ordinaires, tant sur les actes conservatoires, relatifs à la succession Moydieu, que sur la demande en provision à laquelle ils peuvent donner lieu. — Art. 2. — Est condamnée aux dépens la partie qui succombera devant les tribunaux. — Art. 3. — Notre G.-des-sc. et notre Min. de l'intér. sont chargés, etc.

M. Villemain, maître de req., *rap.* — M.e Champion-Villeneuve, *av.*

TRAITEMENT. — RAPPEL. — DÉPÔT DE MENDICITÉ. — LIQUIDATION.

L'employé du gouvernement auquel il a été accordé un traitement, sous la condition de surveiller un dépôt d'objets appartenant à l'Etat et d'en être responsable, a-t-il droit à la totalité de ce traitement jusqu'au jour où cette surveillance et cette responsabilité ont cessé? — Rés. aff.

(4690. — 28 mars 1821. — de la Roche-Poncié.)

LOUIS, etc.

Sur le rapport du Comité du contentieux,

Vu les requêtes à nous présentées au nom du sieur *vicomte de la Roche-Poncié*, enregistrées au secrétariat-général de notre Conseil d'État, les 27 juin et 7 septembre 1820, et tendant à ce qu'il nous plaise réformer une décision de notre Ministre de l'intérieur, en date du 7 février 1820, qui le prive d'une partie du traitement qui lui avait été accordé, comme directeur-provisoire du dépôt de mendicité d'Orléans; ce faisant, ordonner que la délibération du Conseil-général du département du Loiret, qui reconnaît le droit du suppliant, sera exécutée dans son entier; — Vu une lettre du préfet du département du Loiret, du 30 décembre 1815, au sieur vicomte *de la Roche-Poncié*, portant que, par décision de notre Ministre de l'intérieur, du 20 dudit mois, le traitement annuel dudit sieur *de la Roche-Poncié*, comme directeur du dépôt de mendicité d'Orléans, est réduit à 1,500 fr., et qu'il en jouira, sous la condition, par lui et la gardienne du mobilier dudit dépôt, d'être responsables des détériorations que lesdits effets pourront éprouver par défaut de soins et de surveillance; — Vu une lettre du préfet du département du Loiret, au sieur *de la Roche-Poncié*, en date du 22 septembre 1817, par laquelle il lui annonce que le dépôt de mendicité d'Orléans devait être supprimé, les effets mobiliers destinés à cet établissement, seront distribués aux divers hospices; — Vu un arrêté du préfet, du 20 juillet 1818, par lequel il déclare ledit sieur *Poncié*, déchargé de la responsabilité du mobilier du dépôt; — Vu une lettre dudit préfet, du 5 août 1818, par laquelle il annonce audit sieur *Poncié*, que la surveillance et la responsabilité ont entièrement cessé ; — Vu une autre lettre dudit préfet, du 15 mars 1819, au sieur *de la Roche-Poncié*, transmissive d'une lettre du directeur de l'administration communale, qui annonce que le Ministre de l'intérieur à itérativement rejeté la réclamation dudit sieur *Poncié*, à l'effet d'obtenir la somme de 2,625 fr., pour paiement de son traitement, à dater du 1.er janvier 1817, jusqu'au 1.er octobre 1818 ; — Vu une délibération du Conseil-général du Loiret, du mois d'août 1819, concluant à ce que le sieur *de la Roche-Poncié*, soit payé de 19 mois d'arriéré, depuis le 10 janvier 1817, jusqu'à l'époque où il a été déchargé de toute responsabilité, par l'arrêté et la lettre du préfet ; — Vu une lettre du préfet du département du Loiret au sieur *de la Roche-Poncié*, transmissive d'une lettre du directeur de l'administration communale, annonçant que notre Ministre de l'intérieur n'a pas accueilli le vote du Conseil-général ; — Vu la communication faite au Ministre de l'intérieur ; la réponse du directeur-général de l'administration départementale, du 14 octobre 1820, et le rapport y joint fait au Ministre de l'intérieur, le 20 janvier 1820 ; — Vu de nouvelles observations du sieur *de la Roche-Poncié*, enregistrées au secrétariat-général de notre Conseil d'État, le 15 février 1821 ;

Considérant que, par la décision de notre Ministre de l'intérieur, du 27 décembre 1815, un traitement annuel de 1,500 fr. a été accordé au sieur *vicomte de la Roche-Poncié*, sous la condition d'être, conjointement avec la gardienne du mobilier et vestiaire du dépôt de mendicité d'Orléans, responsable des détériorations que les effets pourront éprouver par défaut de soin et de surveillance ; — Considérant que, par arrêté du préfet du département du Loiret du 11 octobre 1816, cette responsabilité a été rendue exclusivement personnelle au sieur *Poncié* ; —

Considérant qu'il résulte des pièces, que cette responsabilité portait sur des effets réellement déposés dans l'établissement, et que le sieur *Poncié* n'en a été valablement déchargé que par un arrêté du préfet du Loiret, du 29 juillet 1818, à lui notifié le 5 août de la même année, et qu'ainsi, jusqu'à cette époque, il a dû se considérer comme ayant droit au traitement qui lui avait été alloué sous la condition de sa surveillance et de sa responsabilité; que ce traitement n'était que l'indemnité de la responsabilité à laquelle il était assujetti;

Notre Conseil d'État entendu,

Nous avons ordonné et ordonnons ce qui suit:

Art. 1.er — La décision de notre Ministre de l'intérieur, du 7 février 1820, est annulée, et le *vicomte de la Roche-Poncié* est renvoyé devant notre dit Ministre, pour être liquidé de son traitement, à dater du 1.er janvier 1817, jusqu'au 5 août 1818. — Art. 2. — Notre G.-des-sc. et notre Min. de l'int. sont chargés, etc.

M. Villemain, m. d. req., *rap.* — M.e Mathias, *av.*

ATELIERS INSALUBRES. — NOIR D'IVOIRE A VASES CLOS. — OPPOSITION. — GARANTIES SUFFISANTES.

Y a-t-il lieu de révoquer l'autorisation accordée à un fabricant de noir d'ivoire à vases clos, lorsqu'il est constaté que toutes les formalités prescrites par la loi ont été observées; que cet établissement ne présentera aucun inconvénient, et qu'il est, à cet effet, assujetti à de certaines conditions qui conservent aux voisins toute action à l'effet d'en assurer l'exécution? — Rés. nég. (1).

---

(1) Voy. l'ordon. du 28 janvier 1820, aux *Arch. du Comité*, n.° 3734. Legrand, Boisbillaine et autres c. Davois.

Le Conseil d'Etat, saisi de l'appel des arrêtés des Conseils de préfecture, en cette matière, examine-t-il si les garanties établies sont suffisantes? — Exemple affirmatif (1).

(4362. — 18 avril 1821. — Beaulieu c. Larousse).

Les sieurs Larousse et compagnie avaient demandé l'autorisation d'établir, dans un quartier éloigné de Marseille, une fabrique de noir d'ivoire à vases clos, rangée dans la deuxième classe des établissemens insalubres et incommodes.

L'autorité a fait procéder à une enquête de *commodo et incommodo*. Deux oppositions se sont élevées : la principale était celle de M. Beaulieu, propriétaire d'un grand domaine situé vis-à-vis du local où devait être construite la fabrique, domaine sur lequel sont établis, depuis 2 siècles, des lavoirs à linge et à laine. L'opposition de M. Beaulieu a été fondée sur les inconvéniens graves (selon lui) qui devaient résulter du nouvel établissement par les matières portées à ces lavoirs.

Le Conseil de préfecture, pour éclairer sa religion, a nommé d'office trois experts pour visiter les lieux et donner leur avis. Ils ont procédé en présence des parties, et ils ont ensuite adressé au Conseil de préfecture un avis duquel il est résulté que les sieurs Larousse et compagnie pouvaient, sans inconvénient, établir leur fabrique dans le lieu désigné.

L'autorisation demandée a été accordée, sous certaines conditions, que les fabricans se sont empressés de remplir.

Le sieur de Beaulieu s'est pourvu au Conseil d'Etat contre l'arrêté d'autorisation. — Ses griefs d'appel ont eu trait à la forme et au fond.

---

(1) Voy. Ordon. des 3 juin 1818. Norbert-Gay c. Clément et autres. *Jur. du C. d'Et.*, tom. 4, p. 335. — 3 février 1819. Delvacque c. Robécourt et autres. *Arch. du Comité*, n.° 3847. — 31 mars 1819. Rioudel et Regnier c. Percy et autres, *ibid.*, n.° 3891.

En la forme (selon lui), la nomination des experts avait été irrégulière, parce que le Conseil de préfecture n'avait pas suivi la marche tracée par le titre 14 du 2.e livre du Code de procédure civile; que les experts n'avaient dû être nommés d'office, que sur le refus des parties d'en nommer elles-mêmes (1); qu'en outre, on ne leur avait pas laissé la faculté de les récuser; qu'au total, cette nomination, et par suite l'opération des experts, avaient été irrégulières.

Au fond, le sieur de Beaulieu a soutenu que si la fabrique du sieur Larousse restait placée au nord de ses lavoirs, elle leur nuirait essentiellement, parce que le vent du nord, qui règne constamment dans ce climat, y portait journellement une odeur méphitique, qui déjà faisait déserter ses locataires. « Ces miasmes, a-t-il dit, s'exhalent des os animaux dont le noir d'ivoire est le produit, surtout lorsqu'on les emploie sans qu'ils soient bien secs et entièrement dégarnis de chair. L'expérience prouve que la précaution de les calciner à vases clos ne pare qu'imparfaitement aux exhalaisons. »

Sur les griefs en la forme, le sieur Larousse a répondu qu'après la nomination des experts, le commissaire de police, sur l'ordre qu'il en avait reçu, avait assemblé chez lui les parties, qu'il leur avait donné lecture de l'arrêté qui nommait ces experts, qu'il avait demandé aux exposans s'ils avaient quelques observations à faire, et qu'ils s'étaient bornés à persister dans leurs oppositions.

Sur les moyens du fond, le sieur Larousse a exposé qu'il était reconnu que la nouvelle fabrique ne causait ni odeur ni incommodité; que la direction des vents n'était pas une cause de la prétendue nocuité dont se plaignait M. de

(1) A l'appui de ce grief le sieur de Beaulieu a invoqué l'ordon. royale du 17 novembre 1819, rendue dans l'affaire Hardy et Guernon de Tanville, aux *Arch. du Comité*, n.o 3941.

Beaulieu; que s'il y avait odeur incommode, elle ne manquerait pas de s'exhaler par un temps calme; que les vapeurs viendraient planer auprès des habitations situées tant au sud qu'au nord de ladite fabrique; qu'au contraire, à l'aide des appareils adoptés et de la combustion des os à vases clos, lutés avec de l'argile, les gaz inflammables, tels que l'hydrogène carbonné et sulphuré, l'huile animale de Dippel, étaient immédiatement absorbés par la flamme du charbon de terre qui les enveloppait; qu'ainsi le nouvel établissement ne pouvait avoir, en réalité, le moindre inconvénient.

Ces garanties ont, en effet, paru suffisantes au Conseil d'État qui a maintenu l'autorisation accordée par le Conseil de préfecture.

LOUIS, etc.

Sur le rapport du Comité du contentieux;

Vu la requête à nous présentée au nom du sieur *Balthasar de Beaulieu*, propriétaire, demeurant à Aix, départ. des Bouches-du-Rhône; ladite requête enregistrée au secrétariat-général, le 18 octobre 1819, et tendant à ce qu'il nous plaise annuler tant pour vice de forme, que pour mal jugé au fond, un arrêté du Conseil de préfecture du département des Bouches-du-Rhône, du 1.er juin 1819, qui rejette les oppositions à l'établissement d'une fabrique de *noir d'ivoire* à vases clos, lequel arrêté sera considéré comme nul et non avenu, ainsi que tout ce qui a pu s'en suivre; — Subsidiairement, et dans le cas où, avant de statuer ou de faire de nouveau statuer sur la contestation, par le Conseil de préfecture, nous jugerions convenable de faire procéder à une autre expertise, dire et ordonner qu'elle sera faite par trois experts autres que ceux qui ont fait le premier rapport, et qui seront nommés par les parties, et à leur refus, d'office, en remplissant toutefois les formalités prescrites par les articles 302 et suivans du Code de procédure civile, et condamner les sieurs *Larousse et compagnie* à tous les dépens, sous la réserve de plus amples moyens, conclusions et productions;—Vu l'ordonnance de *soit communiqué* et le mémoire en défense des sieurs *Thomas Larousse et compagnie*, fabricans de noir d'ivoire à Marseille, département des Bouches-du-Rhône; ledit mémoire enregistré audit secrétariat-général, le 9 mai 1820, et tendant à ce qu'il nous plaise maintenir l'arrêté du Conseil de préfecture dudit département, du 1.er juin 1819, et condamner le sieur de *Beaulieu* aux dépens; — Vu la réplique dudit sieur de *Beaulieu*, enregistrée audit secrétariat-général, le 13 février 1821, et tendant au maintien de ses précédentes conclusions; — Vu la lettre et l'avis du maire de Marseille, du 26 octobre 1818, le rapport des experts du 20 mars 1819, et les procès-verbaux du commissaire de police des 20 juillet et 13 décembre 1819; — Vu l'arrêté attaqué du Conseil de préfecture du département des Bouches-du-Rhône, du 1.er juin 1819, qui rejette les oppositions à l'établissement d'une fabrique de noir d'ivoire, projeté par les sieurs Larousse et compagnie, et indique les conditions auxquelles cet établissement peut être autorisé; — Vu l'arrêté du préfet du département des Bouches-du-Rhône, du 3 juin 1819, qui accorde aux sieurs Larousse et compagnie l'autorisation par eux demandée; — Vu le décret du 15 décembre 1810 et notre ordonnance du 14 janvier 1815, sur les établissemens à odeur insalubre et incommode; — Vu toutes les pièces respectivement produites;

Considérant que toutes les formalités prescrites par le décret du 15 octobre 1810 et par notre ordonnance du 14 janvier 1815, pour obtenir l'autorisation demandée par les sieurs Larousse et compagnie, ont été observées; — Considérant qu'il résulte de l'avis du maire de Marseille et du rapport des experts, que l'établissement projeté par les sieurs Larousse et compagnie ne présentera aucun inconvénient, en l'assujettissant à certaines conditions; — Considérant que les conditions indiquées par l'arrêté du Conseil de préfecture donnent aux voisins dudit établissement une garantie suffisante, et leur conservent toute action à l'effet d'en assurer l'exécution;

Notre Conseil d'État entendu,

Nous avons ordonné et ordonnons ce qui suit :

Art. 1.er — La requête du sieur *Beaulieu* est rejetée. — Art. 2. — L'arrêté du Conseil de préfecture du département des Bouches-du-Rhône, du 1.er juin 1819, est confirmé dans toutes ses dispositions. — Art. 3. — Le sieur de *Beaulieu* est condamné aux dépens. — Art. 4 — Notre G.-des-sc. et notre Min. de l'intér. sont chargés, etc.

M. Tarbé, maître des req., *rap.* — M.es Marie et Guichard, père, *av.*

ATELIERS INSALUBRES. — BRASSERIE. — APPEL POUR UN ÉTABLISSEMENT DE 3.e CLASSE. — FIN DE NON RECEVOIR REJETÉE. — FORMALITÉS REMPLIES. — GARANTIES SUFFISANTES.

Est-on recevable à recourir, par voie d'appel, au Conseil d'Etat, contre les arrêtés de Conseils de préfecture qui ont autorisé l'établissement d'ateliers et manufactures de 3.e classe? — Rés. aff. (1).

Le Conseil d'Etat, saisi de ces appels, examine-t-il si les garanties établies sont suffisantes? — Ex. aff. (2).

---

(1) Voy. *Elém. de jur. adm.*, t. 2, p. 168, n.o 3, et dans les 4 vol. de la *Jur. du C. d'Et.* un grand nombre d'exemples.

(2) Voy. l'ordon. précédente (Beaulieu c/ Larousse).

(4702. — 18 avril 1821. — Plaisançon et consorts. C. Miller.)

Après l'observation de toutes les formalités prescrites par le décret du 15 octobre 1810 et l'ordonnance du 14 janvier 1815, le sieur Miller avait obtenu, du Conseil de préfecture du département de la Loire, la permission d'établir, dans la ville de Montbrison, une *brasserie*, rangée dans la 3.e classe des établissemens insalubres et incommodes.

L'arrêté rendu en sa faveur avait rejeté les oppositions d'un certain nombre de voisins, parmi lesquels se trouvaient les sieurs Plaisançon, Rodde et autres.

Ceux-ci ont déféré cet arrêté à la censure du Conseil d'Etat. Ils ont exposé : — Qu'il y avait inconvenance dans l'emplacement, par rapport à la libre circulation de la voie publique; que l'incommodité de l'établissement menaçait les voisins; qu'il y avait danger d'incendie; que la salubrité même de la ville était intéressée à ce que la brasserie fût éloignée; que tels étaient les motifs dont ils avaient appuyé leur opposition, devant les premiers juges; — Que cette opposition, appuyée par l'administration et le médecin des hospices, secondée par l'autorité militaire, soutenue par le commissaire de police, avait été accueillie par le maire de la ville; — Que néanmoins le Conseil de préfecture l'avait rejetée ensuite d'une enquête de *commodo* et *incommodo*, et par la seule raison que le nombre des opposans était inférieur à celui des individus qui votaient en faveur de l'établissement; — Qu'un pareil motif, indépendamment de sa frivolité, en droit comme en équité (attendu qu'il ne détruit pas ceux qui formaient la base de l'opposition), était également mal fondé en fait, parce qu'en détachant de l'enquête les témoins qui n'avaient ni intérêt ni qualité pour y être admis, il était certain que la supériorité du nombre restait aux opposans; — Qu'en conséquence, l'arrêté du Conseil de préfecture, désormais privé de son appui, restait sans défense contre la censure de l'autorité suprême.

Le sieur Miller a répondu que le Conseil avait déjà reconnu en principe que lorsqu'une usine ne peut compromettre la sûreté ni la salubrité, au moyen des charges et conditions imposées, et lorsque l'utilité publique ne s'oppose pas à l'exercice des facultés industrielles d'un particulier, toute autorisation de construire l'usine doit lui être accordée et maintenue, quelles que soient les oppositions intéressées des réclamans adverses (Sirey. *Jur. du C. d'Etat*, t. 3. p. 390); — Que la police locale avait imposé, à l'établissement du sieur Miller, toutes les conditions nécessaires pour prévenir les inconvéniens dont les opposans se plaignaient; et qu'il avait, en y satisfaisant, fourni toutes les garanties exigées par la loi.

Telle a été, en résumé, la discussion des parties sur *le fond* du recours; mais le sieur Miller a commencé par opposer une fin de non-recevoir aux appelans. Il a prétendu que les fabricans ou manufacturiers n'étant pas, pour les établissemens de 3.e classe, astreints à obtenir l'autorisation du Gouvernement, le pourvoi du Conseil d'Etat, en ces matières, était inadmissible.

A cet argument, les opposans ont, avec raison, répondu qu'en toute matière administrative, les Conseils de préfecture ne sont que des juges de première instance, et que par conséquent le recours contre leurs décisions était, de plein droit, recevable dans le Conseil d'Etat.

Cet, en effet, ce qu'a décidé cette autorité suprême, en même temps qu'elle a rejeté, sur le fond, les moyens des appelans.

LOUIS, etc.

Sur le rapport du comité du contentieux,

Vu la requête à nous présentée au nom des sieurs *Plaisançon*, *Rodde* et autres, etc. — Vu le mémoire en défense du sieur *Miller*, brasseur, etc. — Vu le décret du 15 octobre 1810, et notre ordonnance du 14 janvier 1815, sur les établissemens à odeur insalubre et incommode....

Considérant (1), sur la fin de non-recevoir, que l'art. 8 du décret du 15 octobre 1810, n'interdit pas le recours contre les arrêtés des Conseils de préfecture, relatifs aux établissemens de 3.e classe, et que les recours ont toujours été admis en pareil cas; — Considérant, qu'aux termes des décret et ordonnance précités, les brasseries sont rangées dans la 3.e classe des établissemens et ateliers qui peuvent rester, sans inconvénient, auprès des habitations particulières, et pour la formation desquels il est néanmoins nécessaire de se munir d'une permission; — Considérant que toutes les formalités prescrites par le décret du 15 octobre 1810, et par notre ordonnance du 14 janvier 1815, pour obtenir la permission demandée par le sieur Miller ont été observées;

Statuant au fond, et *adoptant les motifs* (2) qui ont déterminé le Conseil de préfecture à rejeter les oppositions:

---

(1) L'abondance des matières nous oblige à mettre tous nos soins à retrancher, de ce recueil, ce qui ne sera point d'utilité évidente, et nous avons résolu d'omettre désormais les *visa* des ordonnances, toutes les fois que nous croirons avoir suffisamment expliqué le fait qui aura donné lieu au litige. Nous les conserverons, au contraire, lorsqu'ils exposeront, du fait, tout ce qui nous paraîtra utile pour l'intelligence de la question décidée; mais alors nous supprimerons le récit dont nous avions l'habitude de faire précéder l'analyse des moyens.

(2) Nous faisons remarquer ces expressions; elles nous paraissent offrir, de la part du Conseil, le premier exemple d'un usage généralement adopté par les Cours royales du royaume.

Notre Conseil d'État entendu, nous avons ordonné et ordonnons ce qui suit :

Art. 1.er — La requête des sieurs *Plaisançon* et consorts, est rejetée. — Art. 2. — L'arrêté du Conseil de préfecture du département de la Loire, du 21 février 1820, est confirmé. — Art. 3. — Les sieurs *Plaisançon* et consorts sont condamnés aux dépens. — Art. 4. — Notre G.-des-sc. et notre Min. de l'int. sont chargés, etc.

M. Tarbé, m. des req., *rap.* — M.es Darrieux et Jousselin, *avocats.*

BAIL ADMINISTRATIF. — EMPHYTÉOSE. — INDEMNITÉ. — COMPÉTENCE. — EXÉCUTION.

Lorsque le Gouvernement a concédé un terrein à titre emphytéotique, à la charge d'établir, sur ce terrein, un marché destiné à recevoir, moyennant un droit fixe par tête de bétail, tous les porcs nécessaires à la consommation d'une ville, le concessionnaire qui se prétend lésé par l'établissement d'un nouveau marché semblable, peut-il porter devant l'autorité administrative la réclamation qu'il fait d'une indemnité ? — Rés. nég. — (1).

(4791. — 18 avril 1821. — Héritiers Péchet.)

Un arrêt du Conseil, du 27 janvier 1788, avait concédé au sieur Péchet, à titre emphytéotique et pour 99 années, un terrein connu sous le nom de la *Maison-Blanche*, commune de Gentilly, à la charge de faire, sur ce terrein, les constructions nécessaires à l'établissement d'un marché, destiné à recevoir, *seul*, tous les porcs servant à l'appro-

(1) Voy. ci-dessus, pag. 381, ordon. commune de Vaise c. Gaillard et Maury.

visionnement de Paris. Le droit à percevoir, par tête de porc et pour chaque nuit d'hébergement, avait été fixé, par le même arrêt, à deux sous (10 cent.).

Le sieur Péchet a rempli les obligations que lui imposait son contrat.

Divers actes administratifs et ordonnances de police postérieurs, entr'autres celle du 25 septembre 1815, ont confirmé l'arrêt de 1788, notamment dans la disposition qui déclarait ce marché unique et spécial pour ce genre de commerce et qui portait défense de vendre ailleurs les porcs destinés pour la consommation de Paris.

Cependant l'établissement d'un nouveau marché à porcs, à la Chapelle, a été proposé par le préfet de police; et le 1.er sept. 1818, le comité de l'intérieur et du commerce a adopté cette proposition, en décidant que l'arrêt de 1788, n'avait pu porter préjudice aux mesures que le Gouvernement jugerait à propos de prendre dans l'intérêt général.

Les héritiers Péchet, instruits de ce projet, y avaient formé opposition, en faisant pressentir que, s'il était réalisé, ils réclameraient des indemnités pour l'éviction d'une partie de la jouissance des droits qui leur étaient acquis par le contrat de 1788 (1).

Le Comité a été d'avis, quant à cette prétention, que, s'il leur était dû des indemnités, elles devaient être traitées de gré à gré entr'eux et le préfet de la Seine, ou réglées définitivement par les tribunaux. Cet avis a été adopté par le Ministre de l'intérieur.

Cette décision avait été en quelque sorte provoquée par une lettre du préfet de la Seine (du 25 mai), dans laquelle il avait avancé, en principe, que le droit d'établir des marchés était essentiellement et privativement communal, et tel que les communes sont autorisées à se met-

(1) Voy. Ordon. du 26 févrler 1817. *Jur. du C. d'Et.*, t. 3, p. 521.

tre à la place des propriétaires de marchés particuliers; et à acquérir ces établissemens. Il invoquait, à l'appui de cette doctrine, le décret du 30 janvier 1811, en ce qui concerne les marchés de Paris; en conséquence, il avait fait ses réserves, dans l'intérêt de cette ville.

Le Ministre, après avoir adopté le projet d'établissement du nouveau marché, a invité le préfet de la Seine, à entrer en communication avec les héritiers Péchet, pour connaître et débattre leurs prétentions et y faire droit, en ce qui serait équitable.

Le préfet a changé de sentiment, et déclaré, dans sa réponse du 15 mai 1820, qu'il renonçait à l'acquisition du marché de *Maison-Blanche*, et qu'à l'égard des stipulations de 1788, comme la ville n'y était point intervenue, elle devait y demeurer étrangère; qu'elle n'était tenue à aucune indemnité envers les héritiers Péchet.

Le Ministre a fait connaître à ceux-ci cette réponse, et leur a mandé qu'en les renvoyant devant le préfet de la Seine, il n'avait point entendu consacrer le principe de l'indemnité, mais seulement suivre l'ordre de la question énoncée dans l'avis du comité de l'intérieur, et faciliter un arrangement, s'il pouvait avoir lieu.

Les héritiers Péchet se sont pourvus au Conseil d'État, contre cette décision du Ministre de l'intérieur.

Le comité du contentieux a ordonné la communication de leur requête au Ministre, et ce dernier a répondu: qu'il fallait reconnaître, dans l'arrêt de 1788, deux points bien distincts par leur nature et leurs effets: 1.° Le contrat passé avec le sieur Péchet; 2.° La confirmation d'une disposition réglementaire, concernant la vente des porcs. — Cette dernière, portant défense de vendre les porcs *ailleurs qu'à la Maison-Blanche*, regardait, a-t-il dit, les marchands, et ne se rattachait qu'*indirectement* au contrat du sieur Péchet. Le contrat imposait au sieur Péchet, l'obligation de recevoir les porcs, de *laisser tenir marché*; il l'autorisait à percevoir deux sols par tête de porc; mais nulle part on ne voit que le gouvernement lui ait garanti qu'il serait amené tel ou tel nombre de porcs; ni que, dans le cas où le produit sur lequel il avait compté, ne serait pas atteint par la perception, le gouvernement ou la ville seraient passibles d'indemnité envers lui.

Le Ministre a avoué que le sieur Péchet a dû compter sur un produit égal à l'intérêt des avances faites; mais ce produit, a-t-il ajouté, était proportionné à des chances qui pouvaient le rendre inférieur à ses calculs. Ces termes : *laisser tenir marché*, de l'acte de 1788, permettaient d'adopter telle autre mesure que les circonstances pourraient exiger. — Telle est (selon le ministre) la doctrine habituellement suivie par le ministère de l'intérieur, lorsque de nouveaux besoins réclament l'établissement de nouveaux marchés dans telles ou telles communes voisines, qui, ayant obtenu anciennement (et presque toujours moyennant un fisc), des marchés pareils, mais tombés depuis plus ou moins de temps en désuétude, veulent se faire un titre de leurs propres concessions pour repousser les nouvelles demandes.

Le Ministre a terminé en disant que la question lui semblait présenter à examiner et à faire décider : — 1.° Si l'arrêt du Conseil, du 27 janvier 1788, liait le gouvernement envers les héritiers Péchet, autrement qu'en ce qui concernait la cession du terrein et la jouissance, pour ceux-ci, pendant 99 années, du droit de percevoir deux sous par tête de porcs qui seraient amenés sur le marché de la *Maison-Blanche*? — 2.° — Si, d'après la législation actuelle, le gouvernement peut être privé, par cet arrêt, de la faculté de permettre l'ouverture d'un nouveau marché aux porcs, dans le département de la Seine? — 3.° — Dans le cas de la négative de l'article précédent, s'il est dû des indemnités aux héritiers Péchet? — 4.° — Comment et sur quelles bases ces indemnités seraient réglées? — 5.° — A la charge de qui elles retomberaient?

Le Ministre s'en est rapporté au Conseil pour la décision de ces difficultés.

Il est constant, ont dit les héritiers Péchet, que l'arrêt du Conseil de 1788, est un contrat synallagmatique, entre le Roi, stipulant alors pour la ville de Paris et le sieur Péchet.

L'administration du département, agissant pour la ville de Paris, et depuis, M. le préfet de police, dans le même intérêt, ont adopté et confirmé ce contrat; un décret de 1810 l'a encore sanctionné en chargeant le sieur Péchet de son exécution, et la ville en jouit encore; le droit de deux sous par chacun des porcs, destinés à l'approvisionnement de Paris, est le prix de la construction du marché; l'existence d'un *marché unique* fait partie de ce prix; cette condition est notre propriété; nous ne pouvons en être dépouillés sans une juste et préalable indemnité (art. 10 de la Charte et 545. C. Civ.). Le sieur Péchet, concessionnaire, n'a dû prévoir que la chance de la variation de la consommation, et non celle d'un changement inopiné de système, de la part de l'administration.

Sur cette discussion, est intervenu l'arrêt suivant:

LOUIS, etc.

Sur le rapport du comité du contentieux,

Vu la requête à nous présentée au nom du sieur *Henri Péchet* et de la dame Angélique *Péchet*, veuve du sieur *Pierre Reviron*, héritiers, sous bénéfice d'inventaire, de feu François *Péchet*; ladite requête enregistrée au secrétariat-général de notre Conseil d'État, le 18 septembre

1820, et tendant à ce qu'il nous plaise annuler une décision de notre Ministre - secrétaire d'État de l'intérieur, du 19 juin 1820, qui refuse aux requérans l'indemnité à laquelle ils croient avoir droit, comme concessionnaires du marché aux porcs, établi à Gentilly, en vertu de l'arrêt du Conseil du 27 janvier 1788; — Vu la lettre de notre Ministre de l'intérieur, en date du 6 mai 1820, qui renvoie le sieur Péchet à se pourvoir devant les tribunaux, pour suivre l'effet de ses prétentions à une indemnité pour l'établissement d'un nouveau marché aux porcs, dans la commune de la Chapelle; — Vu l'arrêt du Conseil du 27 janvier 1788; — Vu le décret du 30 juin 1810, qui admet la soumission faite, par les héritiers Péchet, d'acquérir l'emplacement du marché aux porcs dont ils étaient emphytéotes, d'après l'arrêt ci-dessus visé; — Vu l'acte de vente passé, le 23 novembre 1810, conformément audit décret; — Vu les pièces respectivement produites;

Considérant que, dans l'espèce, il s'agit de savoir si le nouveau marché aux porcs, établi dans la commune de la Chapelle, donne au sieur *Péchet*, concessionaire emphytéote du marché aux porcs de Gentilly, par arrêt du Conseil du 27 janvier 1788, le droit de demander une indemnité soit à la régie comme ayant concédé et vendu le marché sis à Gentilly, soit à la ville de Paris, en faveur de laquelle le premier marché avait d'abord été établi, et le second marché à la Chapelle a été autorisé; — Considérant que le décret du 30 juin 1810 et le procès-verbal d'adjudication du 23 novembre suivant, se réfèrent à l'arrêt du Conseil du 27 janvier 1788; — Que cet arrêt du Conseil est qualifié de *contrat* par le décret ci-dessus visé; — Qu'en effet la concession faite par cet arrêt est un bail emphytéotique; — Considérant que toutes les questions sur l'exécution de ce bail et sur les indemnités auxquelles le sieur *Péchet* pourrait prétendre, au sujet dudit bail, appartiennent aux tribunaux ; — Considérant que la première décision de notre Ministre de l'intérieur, renvoyait le sieur *Péchet* devant les tribunaux, et que la deuxième, contre laquelle le présent pourvoi est exercé, ne fait pas obstacle à ce qu'il y fasse valoir ses droits ;

Notre Conseil d'Etat entendu, — Nous avons, etc.

Art. 1.er — La requête du sieur *Péchet* et consorts est rejetée, sauf à eux à se pourvoir devant les tribunaux. — Art. 2. — Notre G.-des-sc. et notre M. de l'int. sont chargés, etc.

M. Maillard, maître des req., *rap.* — M.e Huet, *av.*

COMMUNES. — Biens communaux. — Concession faite par la commune. — Opposition d'un habitant. — Recours. — Défaut de qualité.

L'habitant d'une commune a-t-il individuellement qualité pour contester à un autre habitant des concessions qui ont été faites à celui-ci sur les biens communaux, par une délibération en forme du Conseil municipal? — Rés nég.

(4700. — 18 avril 1821. — Roux c. Armet.)

Une délibération du conseil municipal de la commune de Corrèze avait autorisé le sieur Armet à conduire les eaux d'une fontaine jusqu'à sa maison, a travers des communaux du village de Laborie-d'Hurlant, où il est domicilié, et qui forme une section de cette commune.

Le sieur Roux, agissant en son nom personnel et comme co-propriétaire du terrein communal, s'est opposé à l'exécution de cette délibération, en contestant même au sieur Armet la jouissance des communaux.

Saisi de cette difficulté, le Conseil de préfecture de la Corrèze, a, par un arrêté du 6 avril 1820, autorisé le sieur Armet à jouir des communaux dépendant du village de Laboric-d'Hurlant, en se conformant aux usages établis, pour cette jouissance, parmi les co-usagers, et à conduire la source devant son habitation, ainsi que le Conseil municipal l'avait proposé; sauf aux autres habitans à faire régler, s'ils le jugeaient convenable, l'indemnité des dommages que la commune éprouverait, s'il était constaté qu'elle en éprouvât.

Le sieur Roux s'est pourvu devant le Conseil d'État, contre cet arrêté, dont il a demandé l'annulation pour excès de pouvoir et mal jugé. Selon lui, le premier vice consistait en ce que la question de co-propriété ou de co-jouissance entre les habitans d'un même village appartenait aux tribunaux et non à la justice administrative. Il soutenait en outre que, d'après la Charte constitutionnelle et le Code civil, l'utilité publique est la seule cause qui puisse obliger les citoyens au sacrifice de leurs propriétés; qu'ici l'inverse était ordonné, puisque la communauté était forcée de sacrifier sa propriété à l'utilité individuelle : d'où le sieur Roux tirait la conséquence que le Conseil de préfecture avait violé les lois.

Le sieur Armet s'est efforcé de repousser ce système d'attaque par de solides argumens, qu'il serait hors de lieu de reproduire, même en analyse, puisque ce n'est pas dans les questions débattues d'excès de pouvoir et de mal jugé que le Conseil d'État a puisé les élémens de sa décision. La requête du sieur Roux a été rejetée par une exception qui lui a été appliquée d'office, et que les magistrats ont tirée de son *défaut de qualité*.

LOUIS, etc.

Sur le rapport du comité du contentieux,

Vu la requête à nous présentée au nom du sieur *Roux*, etc.; — Vu le mémoire en défense du sieur *Armet*, etc.;

Considérant, sur les deux chefs du pourvoi du sieur *Roux*, ayant pour objet d'une part, l'autorisation accordée au sieur *Armet* de jouir des communaux du village de Laborie-d'Hurlant, commune de Corrèze, d'autre part, l'autorisation de conduire les eaux d'une source devant son habitation, à travers le terrein communal; — Que les deux concessions ont été accordées par délibération du Conseil municipal qui représente les intérêts communaux; que le sieur *Roux* est sans qualité pour contester ladite délibération et l'arrêté du Conseil de préfecture qui l'a confirmée;

Notre Conseil d'Etat entendu, — Nous avons, etc.

Art. 1.er — La requête du sieur *Roux* est rejetée. — Art. 2. — Le sieur *Roux* est condamné aux dépens. — Art. 3. — Notre G.-des-sceaux et notre Min. de l'intér. sont chargés, etc.

M. Brière, maître des req., *rap.* — M.es Sirey et Darrieux, *avocats.*

COMPTABLES. — POURVOI CONTRE UN ARRÊT DE LA COUR DES COMPTES. — RECEVEUR-GÉNÉRAL. — RESPONSABILITÉ.

La loi du 16 septembre 1807 a-t-elle ouvert d'autres recours au Conseil d'Etat contre les arrêts de la Cour des comptes, que celui qui serait exercé dans le cas de contravention à la loi ou de violation des formes. — Rés. nég. (1).

Les receveurs-généraux des finances qui n'exercent pas, sur les receveurs-particuliers, la surveillance nécessaire pour constater leurs malversations, doivent-ils être déclarés responsables de la portion du déficit, qui ne serait pas couverte

---

(1) Voy. l'art. 17 de cette loi.

par la vente et le produit des biens de ces comptables ? — Rés. aff. (1).

(2479. — 18 avril 1821. — Moreau.)

LOUIS, etc.

Sur le rapport du Comité du contentieux,

Vu la requête à nous présentée au nom du sieur *Moreau*, ancien receveur-général du département de Saône-et-Loire; ladite requête enregistrée au secrétariat-général de notre Conseil d'État, le 23 janvier 1815, et tendant à ce qu'il nous plaise recevoir le suppliant appelant : — 1.° du résultat final apposé, par le Ministre du trésor, sur le compte fourni par le sieur Moreau, pour l'exercice de la recette générale de Saône-et-Loire (an 14-1806), en ce que ledit résultat met à la charge du suppliant un débet de 423,679 fr. 63 c., montant du déficit de la caisse du sieur Lavergne, ex-receveur particulier de Châlons; — 2.° recevoir pareillement le suppliant appelant de la disposition de l'arrêt de la Cour des comptes du 30 juillet 1810, signifié seulement le 23 décembre 1814, en ce que ladite disposition sur le fondement du résultat final donné par le Ministre du trésor, rejette, sans autre motif, la réclamation du suppliant, relativement au débet du receveur-particulier de Châlons; — 3.° Le recevoir opposant à la contrainte décernée contre lui, le 24 décembre 1814, en vertu de l'arrêt de la Cour des comptes; — Ordonner enfin que le suppliant sera déchargé de la condamnation prononcée contre lui par la Cour des comptes, du 30 juillet 1810; — Vu la réponse, en date du 28 août 1819, faite par notre *Ministre des finances*, à la communication à lui donnée de ladite requête, et concluant à son rejet; — Vu

(2) Voyez ci-dessus, p. 399, l'ordon. *Méhu*, et le décret du 29 décem. 1810. Ledoux de Glatigny. *Jur. du C. d'Et.*, t. 1.er, p. 452.

la loi du 16 septembre 1807, portant création de la Cour des comptes; — Vu l'instruction de l'an 10, sur la responsabilité des receveurs-généraux et particuliers; — Vu l'arrêt de la Cour des comptes du 30 juillet 1810; — Vu le résultat final apposé, par le Ministre du trésor, sur le compte rendu par le sieur *Moreau*, de ses recettes et dépenses pendant l'an 14-1806; — Vu les significations de l'agent judiciaire de notre trésor-royal, aux avocats du sieur *Moreau*, en date des 9 et 15 septemb. 1819; — Vu toutes les pièces respectivement produites;

Considérant, sur l'arrêt de la Cour des comptes, que la loi du 16 septembre 1807 n'admet le recours au Conseil d'État contre les arrêts de cette Cour, que dans le cas de contravention à la loi ou de violation des formes; que le sieur *Moreau* n'attaque pas, sur ces deux chefs, l'arrêt du 30 juillet 1810; qu'ainsi son recours contre cet arrêt est non-recevable; — Considérant, au fond, qu'à la suite des malversations commises par le sieur Lavergne, receveur de l'arrondissement de Châlons, il s'est trouvé, dans sa caisse, un déficit considérable; qu'en sa qualité de receveur-général le sieur *Moreau* était tenu de surveiller le receveur-particulier, suivant le mode prescrit par les instructions de l'an 10; — Qu'il résulte des pièces jointes au dossier, et même de l'aveu du sieur *Moreau*, qu'il n'a pas exécuté les mesures de surveillance ordonnées par les instructions; qu'il a par conséquent été, à juste titre, déclaré coupable de négligence et responsable de la portion du déficit du sieur Lavergne, qui n'a pas été ou qui ne serait pas couverte par la vente et le produit des biens de ce comptable;

Notre Conseil d'Etat entendu, — Nous avons, etc.

Art. 1.er — La requête du sieur *Moreau* est rejetée. — Art. 2. — Notre G.-des-sc. et notre Min. des fin. sont chargés, etc.

M. Maillard, maître des req., *rap.* — M.e Reboul, *av.*

CONTRIBUTIONS — DIRECTE — MOBILIAIRE — PERSONNELLE. — HABITATION PRINCIPALE.

Le contribuable qui a deux habitations dans des communes différentes, peut-il être imposé à la contribution personnelle dans chacune d'elles ? — Rés. nég. (1).

(4915. — 18 avril 1821. — Huet.)

Le sieur Huet demeure à Rouen, où il paie un loyer annuel de 600 fr. pour son habitation.

Il a, en outre, une autre habitation à Cideville, arrondissement d'Yvetot, dont le loyer est évalué à 80 fr. par an.

Il a été porté, pour les années 1817, 1818 et 1819, d'abord sur le rôle de la contribution personnelle et mobiliaire de Rouen, où elle est remplacée par un octroi, et ensuite sur le rôle de la contribution personnelle et mobiliaire de la commune de Cideville, où ce remplacement n'a pas eu lieu.

Le sieur Huet a voulu se soustraire à cette espèce de vexation, et il a réclamé, chaque année, le bénéfice de l'art. 5 de la loi du 21 ventose an 9, d'après lequel nul ne doit être taxé à contribution mobiliaire qu'au lieu de sa principale habitation, et d'après lequel aussi doit être considérée comme habitation principale celle dont le loyer est le plus élevé.

Le Conseil de préfecture a cru devoir se décider, sur la réclamation du sieur Huet, par l'examen de la question du *domicile ;* il a donc considéré que le sieur Huet était réellement domicilié dans la commune de Cideville, et il a déclaré, par quatre arrêts successifs, que ce n'était que là que le sieur Huet payait régulièrement la contribution

(1) Voy. *Elém. de Jur. adm.*, tom. 1.er, p. 267, n.° 24. — Le décret du 26 janvier 1809, *arch. du Comité*, n.° 570, et l'ordon. du 23 janvier 1820, Deshours de Calviac, *ibid.*, n.° 4258.

mobiliaire; et que, s'il la payait encore à Rouen, c'était parce que rien ne pouvait le dispenser de payer l'octroi établi dans cette ville.

Dans l'intervalle du 1.er au 2.e de ces arrêtés, le Ministre des finances, consulté par le préfet de la Seine-Inféր., avait répondu en ces termes, sous la date du 6 oct. 1819:

« La contribution personnelle et mobiliaire est un impôt indivisible de sa nature, quoique réparti d'après des principes différens. La loi est formelle à cet égard, et elle doit être exécutée. — Dans l'espèce, au surplus, le contribuable conserve toujours la faculté de réclamer le bénéfice de la disposition de la loi, d'après laquelle tout contribuable, imposé dans deux communes, doit rester imposé dans celle où le loyer d'habitation est le plus cher. — Ainsi, si le contribuable a une habitation à Rouen, d'une valeur locative moins forte que celle qu'il tient dans une autre commune, il doit la contribution mobiliaire dans cette dernière commune, et en même temps la contribution personnelle à Rouen. — Si, au contraire, son habitation à Rouen est d'une valeur supérieure, il doit obtenir décharge dans l'autre commune. »

Avec l'appui de cette autorité, le sieur Huet a déféré au Conseil d'Etat les quatre arrêtés du Conseil de préfecture de la Seine-Inférieure, et pour en obtenir l'annulation, il a développé le système exposé par le Ministre des finances. Il a ajouté que le décret du 27 septembre 1807 avait occasionné, dans les idées du Conseil de préfecture, une confusion qu'il était facile de faire disparaître; que ce décret autorise la ville de Rouen à établir un octroi pour l'impôt mobilier; et que, puisque cet impôt est inséparable de la contribution personnelle, il s'ensuit que l'octroi comprend l'un et l'autre; que le sieur Huet payait donc à Rouen et l'impôt personnel et l'impôt mobilier, et que par conséquent il ne devait pas ces impôts ailleurs qu'à Rouen, où se trouvait son loyer le plus élevé.

C'est, en effet, ce qu'a reconnu le Conseil d'Etat.

LOUIS, etc.

Sur le rapport du Comité du contentieux,

Vu la requête à nous présentée au nom du sieur Augustin *Huet*, etc.

Considérant qu'aux termes de l'art. 5 de la loi du 21 ventose an 9, nul ne doit être taxé à la contribution mobiliaire qu'au lieu de sa principale habition, et que celle dont le loyer est le plus élevé doit etre considérée comme habitation principale; — Que ces dispositions sont, de l'aveu de notre Ministre des finances, applicables à la contribution personnelle; — Considérant qu'il résulte des pièces produites que le loyer du sieur Huet est plus élevé dans la ville de Rouen que dans la commune de Cideville;

Notre Conseil d'Etat entendu, — Nous avons ordonné et ordonnons ce qui suit:

Art. 1.er — Les arrêtés du Conseil de préfecture du département de la Seine-Inférieure, des 24 mai et décembre 1819, 14 avril et 13 novembre 1820, sont annulés, et les sommes induement perçues sur le sieur *Huet*, pour sa quote-part à la contribution personnelle et mobiliaire de la commune de Cideville, pour les années 1817, 1818 et 1819, lui seront restituées. — Art. 2. — Notre G.-des-sc. et notre Min. des fin. sont chargés, etc.

M. Brière, m. des req., *rap.* — M.e Rochelle, *avocat.*

CONTRIBUTIONS DIRECTES. — PATENTE. — ARMATEUR. — ENQUÊTE ORDONNÉE PAR MGR. LE GARDE-DES-SCEAUX. — DÉCHARGE. — MISE EN JUGEMENT. — DÉFAUT DE PLAINTE ET D'INSTRUCTION COMMENCÉE. — FIN DE NON-RECEVOIR.

Les capitaines de marine marchande sont-ils soumis au paiement de la patente ? — Rés. nég.

Est-on recevable à demander, au Conseil d'Etat, l'autorisation de poursuivre un fonctionnaire public, alors qu'il n'existe pas encore de plainte formée devant l'autorité judiciaire, et qu'une instruction préliminaire n'a pas été commencée? — Rés. nég. (1).

(4644. — 18 avril 1821. — Vacquerie (Ch. Am. Isid.).

Au mois d'octobre 1818, le sieur Vacquerie apprend, par un avertissement du receveur des contributions, qu'il est imposé, à dater du 1.er janvier de la même année, à une patente de 179 fr. 22 c., comme armateur. Le 4 novembre 1818, il réclame auprès du préfet de la Seine-Inférieure, et soutient qu'il n'a d'autre état que celui de capitaine au long cours. Rien n'avait encore été statué, lorsqu'il est forcé de s'absenter avec sa famille; malgré son absence et sa réclamation, on saisit ses meubles, le 3 janvier 1819, pour le paiement d'une somme de 120 fr., due sur cette prétendue patente. Le 21 juillet 1819, le Conseil de préfecture rejette la plainte du sieur Vacquerie, attendu que l'allégation *qu'il n'est point armateur*, n'est appuyée sur aucune preuve péremptoire.

Pour parvenir à faire cette preuve, sans frais, le sieur Vacquerie s'adresse au Ministre des finances, le 7 septembre 1819, et demande à S. Exc. « de prescrire au préfet » de la Seine-Inférieure, d'engager le Conseil de préfecture » à rapporter son arrêté du 21 juillet 1819, à l'entendre » contradictoirement avec le directeur des contributions, » à recevoir et apprécier les preuves légales qu'il se propo- » se de lui soumettre. » Le 19 avril 1820, le préfet transmet au sieur Vacquerie la réponse du Ministre des finances, qui déclare que la décision du Conseil de préfecture ne peut être réformée que par le Conseil d'État. En conséquence, pourvoi du sieur Vacquerie.

---

(1) Voy. ci-dessus, p. 132, ord. Meynard c. d'Albizzi.

A l'appui de ce pourvoi, il a dit : — Que, l'arrêté du Conseil de préfecture déclarant que les preuves qu'il avait fournies n'étaient pas suffisantes, on aurait dû lui laisser le temps nécessaire pour produire celles qui lui manquaient; — Que sa profession de capitaine au long cours était incompatible avec celle d'armateur; que les navires dont l'arrêté le constituait armateur, étaient armés en effet, l'un par la Maison Matheus, de Rouen, l'autre par la Maison Paris, de Nantes; que dès qu'il existait un armateur reconnu pour un navire, qui payait patente en cette qualité, on ne pouvait, pour le même navire, chercher un autre armateur à imposer; qu'à supposer que lui, Vacquerie, fût propriétaire d'un intérêt dans un de ces navires, ce n'était pas une raison suffisante pour l'imposer à la patente, parce qu'on peut être propriétaire de semblables intérêts, non-seulement sans être armateur, mais même sans être commerçant.

Il a prouvé, par des certificats de la douane de Caudebec, où il aurait dû déclarer ses marchandises, qu'il n'en avait débarqué aucune, des navires que lui ou ses frères avaient commandés; et que les magasins qu'on prétendait qu'il avait à Villequier étaient des caves où les marchandises n'auraient pu être conservées.

Le 13 octobre 1820, M. le Garde-des-sceaux a ordonné une enquête administrative, motivée sur ce que le sieur Vacquerie affirmait qu'aucune instruction n'avait eu lieu pour s'assurer s'il était armateur, tandis que le Conseil de préfecture affirmait cependant qu'il était généralement connu pour tel, et que sa plainte n'avait été rejetée qu'à défaut de preuve contraire.

L'enquête faite sur les lieux, le 13 décembre 1820, par le directeur des contributions, a constaté que le sieur Vacquerie n'était point armateur à l'époque où il avait été inscrit, en cette qualité, sur le rôle des patentes.

Un avis du préfet de la Seine-Inférieure, joint à l'envoi de l'enquête, a présenté, sur l'arrêté du 21 juillet 1819, des observations dont nous analysons ce qui suit :

Sur la forme : — Cet arrêté n'était que provisoire, puisqu'il n'avait été ainsi rendu qu'à défaut de justifications suffisantes, les faits allégués par le sieur Vacquerie n'étant attestés que par lui seul ; en sorte que, sur un plus ample informé, le Conseil de préfecture était compétent pour rapporter son premier arrêté, et rendre une décision définitive, et il le pouvait d'autant plus, que ce premier arrêté n'était pas contradictoire avec les agens de l'administration des contributions.

Sur le fond : — Cet arrêté n'a point été rendu sans un commencement d'instruction, puisque le Conseil n'a prononcé que sur les avis du maire de Villequier, du contrôleur et du directeur des contributions. Enfin, si le sieur Vacquerie n'est point patenté comme armateur, il devrait l'être comme capitaine au long cours. – A cet égard, M. le préfet a invoqué une décision du Ministre des finances du 27 mars 1818 (1).

A cet avis, le sieur Vacquerie a répliqué :

Sur la forme : — C'est un arrêté définitif et non un ar-

(1) Cette décision est ainsi conçue :

« Le tarif annexé à la loi du 1.er brumaire an 7 assujétit à la patente de cinquième classe les mariniers en chef.

» Le décret du 25 octobre 1806 ne déclare exempts de la patente que les commandans de navires et barques faisant le petit cabotage ou la pêche, qui peuvent être considérés comme agens recevant des salaires.

» Les mariniers en chef qui naviguent sur le canal des deux mers, pour leur compte, sur des barques qu'ils ont louées ou qui leur appartiennent, ne sont pas des agens recevant des salaires, mais de véritables entrepreneurs et commerçans.

» Les commandans de barques ou navires, naviguant pour leur propre compte, soit que les bâtimens leur appartiennent, soit qu'ils les aient loués, doivent payer la patente de marinier en chef. »

rêté provisoire que le Conseil de préfecture a rendu le 21 juillet 1819, puisqu'il a décidé que le réclamant devait être maintenu au rôle des patentes, comme armateur. Aucun tribunal inférieur ne peut se réformer lui-même, même dans le cas où il n'a pas dépendu de lui de connaître les nouvelles preuves qui sont survenues pendant l'appel. Il eut été libre au Conseil de ne rendre qu'une décision provisoire ou interlocutoire, en permettant au sieur Vacquerie, de prouver les faits qu'il alléguait, comme il l'a fait depuis. — Il est assez étonnant qu'on prétende aujourd'hui que c'est au Conseil de préfecture à se réformer, tandis que le Ministre des financces a répondu, le 19 avril 1820, que si l'arrêté pouvait être réformé, il ne pouvait l'être que par le Conseil d'Etat.

Au fond : — Ce n'était pas une instruction sur laquelle pût se fonder le Conseil de préfecture, que des rapports d'administrateurs qui n'étaient basés sur aucune enquête administrative. — On avance de plus que le sieur Vacquerie doit être patenté comme capitaine au long cours : d'abord on ne se fonde que sur une décision ministérielle, qui ne peut faire autorité, en matière de contributions ; de plus, cette décision elle-même ne s'applique qu'aux mariniers en chef, dont on a toujours distingué les capitaines au long cours, ainsi que l'a décidé une ordonnance du 6 décembre 1820, rendue sur le pourvoi d'un frère du sieur Vacquerie.

L'appelant, en outre, a demandé l'autorisation de poursuivre les sieurs Duvrac, adjoint, et Rondel, percepteur de la commune de Villequier, et il se fondait sur les vexations que ces fonctionnaires avaient exercées contre lui, en le faisant inscrire indûment sur les rôles des patentes et par la saisie-exécution du 5 janvier 1819. Il citait, à l'appui de sa demande, les termes suivans de l'avis donné par le directeur des contributions : « Les renseignemens » fournis par le percepteur et l'adjoint de Villequier au

» contrôleur des contributions, et sur lesquels il a basé » son rapport, lors de la première vérification, sont faux » et ont été dictés par des motifs d'animosité contre le » réclamant. » — Le sieur Vacquerie croyait même, aux termes de l'art. 54 de la loi sur les finances, du 17 juillet 1819 (1), n'avoir pas besoin de l'autorisation du Conseil d'État, pour poursuivre les sieurs Duvrac et Rondel; il pensait que cette loi devait être appliquée, quoiqu'elle fût postérieure aux faux rapports, à l'inscription sur le rôle des patentes, et à l'exécution du 3 janvier 1819, parce que l'indue perception avait continué après la promulgation de cette loi.

Sur ces demandes a été rendue l'ordonnance suivante:

LOUIS, etc.

Sur le rapport du Comité du contentieux,

Vu la requête à nous présentée au nom du sieur *Charles-Amable-Isidore Vacquerie*, capitaine de marine, demeurant à Villequier, départ. de la Seine inférieure, etc.

Considérant qu'il résulte des pièces produites et de l'*enquête ordonnée par notre Garde-des-sceaux* que le requérant n'est pas armateur; — Considérant, sur la demande d'autorisation à l'effet de poursuivre les sieurs *Duvrac* et *Rondel*, qu'il n'y aurait lieu à s'occuper de ladite de-

(1) Cet article porte : « Toutes contributions directes ou indirectes autres que celles autorisées ou maintenues par la présente loi, à quelque titre ou sous quelque dénomination qu'elles se perçoivent, sont formellement interdites, à peine, contre les autorités qui les ordonneraient, contre les employés qui confectionneraient les rôles et tarifs, et ceux qui en feraient le recouvrement, d'être poursuivis comme concussionnaires; sans préjudice de l'action en répétition, pendant trois années, contre tous receveurs, percepteurs, ou individus qui auraient fait la perception, et *sans que, pour exercer cette action, devant les tribunaux, il soit besoin d'une autorisation préalable.* »

mande qu'autant qu'il existerait une plainte formée devant l'autorité judiciaire et qu'une instruction préliminaire aurait été faite conformément aux règles établies ;

Notre Conseil d'Etat entendu, — Nous avons, etc.

Art. 1.er — L'arrêté du Conseil de préfecture du département de la Seine-Inférieure, en date du 21 juillet 1819, est annulé. — Art. 2. — Le sieur Charles-Amable-Isidore *Vacquerie* sera remboursé du montant de la patente d'armateur, pour l'année 1818, et des sommes auxquelles il pourrait avoir été imposé, en ladite qualité, pour les années 1819 et 1820, par suite du susdit arrêté. — Art. 3. — Notre G.-des-sc. et notre M. des fin. sont chargés, etc.

M. Jauffret, m. des req., *rap.* — M.e Delagrange, *av.*

DOMAINE DE L'ÉTAT.—Avis préalable des conseils de préfecture. — Autorisation. — Question de propriété. — Compétence.

Les Conseils de préfecture peuvent-ils prononcer sur les questions de propriété relatives aux domaines de l'Etat, autres que ceux qui ont été vendus comme biens nationaux ? — Rés. nég. (1).

Peuvent-ils, au lieu d'émettre simplement leur avis sur l'intérêt que peut avoir l'Etat d'engager ou de soutenir une action judiciaire, lui refuser l'autorisation d'exercer cette action ? — Rés. nég. (2).

(5000. — 18 avril 1821. — Le Min. des fin. c. Chazal.)

Le sieur de Chazal, propriétaire de l'île des Landes,

---

(1) Voy. ci-dessus, p. 81, ordon. du 2 février 1821.

(2) Voy. une dissertation de M. de Cormenin, dans la *Thémis*, tom. 3, pag. 30.

commune de Bonny, avait présenté, au Conseil de préfecture du département du Loiret, une pétition dans laquelle, en conformité de la loi du 5 novembre 1790, il avait exposé l'intention de former, contre le Domaine, une demande en revendication d'un îlot, situé dans la Loire, qu'il annonçait être une dépendance de l'île des Landes.

Le directeur des domaines, en convenant que l'île des Landes était la propriété de M. de Chazal, avait soutenu que l'îlot réclamé n'en faisait point partie, et que le Domaine devait continuer d'en jouir, en vertu de l'art. 560 du Code civil, portant que les îles et îlots qui se forment dans le lit des rivières navigables ou flottables appartiennent à l'Etat.

Sur ces prétentions respectives, le Conseil de préfecture a rendu, le 19 novembre 1817, un arrêté par lequel, en donnant acte à M. de Chazal de la communication par lui faite de ses titres, préalablement à toute demande en justice contre l'Etat, il déclare qu'il n'y a pas lieu d'autoriser le Domaine à plaider dans cette contestation, et qu'en conséquence M. de Chazal sera remis en possession de l'îlot, avec restitution de tous les fruits perçus.

Par un autre arrêté, du 6 décemb., même année, le préfet du Loiret a ordonné l'exécution de celui du Conseil de préfecture (1).

Le Ministre des finances a dénoncé ces deux arrêtés au Conseil d'Etat; il en a demandé l'annulation pour *excès de pouvoir* et *mal jugé*.

Quant à l'excès de pouvoir, il a invoqué l'ordon. royale du 23 janvier 1820 (Bullet. des Lois, n.° 353), qui porte que les Conseils de préfecture doivent se borner à émettre *un avis* sur la question de savoir s'il est dans l'intérêt de l'Etat d'engager ou de soutenir une action judiciaire sur les questions de propriété.

---

(1) Voy. *Elém. de Jur. adm.*, tom. 1.er, p. 16, n.° 21.

Au fond, le ministre des finances s'est appuyé du rapport de l'ingénieur en chef et de celui de l'arpenteur-géomètre, suivant lesquels l'îlot en litige n'avait rien de commun avec l'île des Landes (s'étant formé après la débâcle de 1789) et devait dès-lors être considéré comme propriété de l'Etat.

Le Conseil d'Etat n'a dû prononcer que sur les moyens de forme et de compétence.

LOUIS, etc.

Sur le rapport du Comité du contentieux,

Vu le rapport de notre Min. des fin. du 7 mars 1821, par lequel il défère à notre Conseil d'Etat, etc.;

Considérant que les questions de propriété relatives aux domaines de l'Etat, autres que ceux qui ont été vendus comme biens nationaux, sont de la compétence des tribunaux ordinaires; — Que, d'après l'art. 15 du tit. 3 de la loi du 5 novemb. 1790, les Conseils de préfecture doivent, sur les questions de ce genre, se borner à émettre un avis à l'effet de savoir s'il est dans l'intérêt de l'Etat d'engager ou de soutenir une action judiciaire; — Et que, dans l'espèce, le Conseil de préfecture a excédé ses pouvoirs, 1.° en refusant au Domaine une *autorisation* dont il n'a pas besoin pour exercer ses actions judiciaires; 2.° en statuant sur la question de propriété;

Notre Conseil d'Etat entendu, — Nous avons ordonné et ordonnons ce qui suit:

Art. 1.er — L'arrêté du Conseil de préfecture du départ. du Loiret, du 19 novemb. 1819, et celui du préfet de ce département du 6 décemb. suivant, qui en a ordonné l'exécution, sont annulés. — Les parties sont renvoyées devant les tribunaux. — Art. 2. — Notre G.-des-sc. et notre Min. des fin. sont chargés, etc.

M. Jauffret, maître des requêtes, *rapporteur.*

DOMAINE DE L'ÉTAT. — QUESTION DE PROPRIÉTÉ. — ACTION DE COMMUNES. — AUTORISATION. — COMPÉTENCE DES CONSEILS DE PRÉFECTURE. — CONSULTATION. — EXCÈS DE POUVOIR. — RENVOI.

Les Conseils de préfecture sont-ils compétens pour prononcer sur les questions de propriété, (1) *telles que celles de savoir à qui, des communes ou de l'Etat, appartiennent des bois litigieux?* — Rés. nég. (2)

Peuvent-ils, sur la demande en autorisation de plaider contre l'Etat, formée par des communes, décider que la consultation de trois avocats, à donner sur l'intérêt de ces communes demanderesses, sera obtenue à la diligence et par les soins du directeur-général des domaines, leur partie adverse? — Rés. nég.

(4617. — 18 avril 1821. — Le Ministre des finances c. les communes de la vallée de Barousse, Hautes-Pyrénées.)

Les communes de la vallée de Barousse (Hautes-Pyrénées) ont élevé, contre l'État, des prétentions à la propriété des forêts de cette vallée. La demande en autorisation de plaider a été portée devant le Conseil de préfecture du département des Hautes-Pyrénées. Le 2 juillet 1819, ce Conseil a rendu un arrêté par lequel, en se déclarant incompétent pour décider la question de propriété, et avant de faire droit sur la demande en autorisation de plaider, formée par les communes, il a ordonné que les titres et

(1) Voy. *Elém. de jur. adm.*, tom. 2, p. 393, au mot *propriété*, et les nombreuses décisions annotées.

(2) Voy. *Elém. de jur. adm.*, t. 1.er, p. 109 et suiv. et spécialement p. 122, n.° 5. — Décret du 22 janvier 1808. Delamotte c. la comm. d'Aubry. *Jur. du C. d'Et.*, t. 1.er, p. 143.

pièces de la contestation, seraient, *à la diligence et par les soins du directeur-général de l'enregistrement et des domaines*, soumises à trois avocats, qui donneraient leur avis sur les prétentions des communes.

Le Ministre des finances s'est pourvu au Conseil d'Etat contre cet arrêté. Il s'est fondé sur trois moyens : l'un, résultant de ce que le sieur Dutrey, qui s'annonçait comme procureur syndic des communes, ne justifiait pas de cette qualité ; l'autre, tiré de ce que le Conseil de préfecture avait méconnu sa compétence, en ne statuant point, par lui-même et d'après ses propres lumières, sur l'autorisation de plaider demandée par les communes ; sur ce qu'il avait commis un excès de pouvoir en déléguant le droit d'examen à des avocats, et en les désignant lui-même (loi du 29 vendémiaire an 5, art. 3) ; enfin, le troisième moyen était pris de ce que le Conseil de préfect. avait commis un autre excès de pouvoir en décidant que la consultation, dans l'intérêt des communes demanderesses, serait obtenue à la diligence de la direction-générale des domaines, chargée de défendre, au nom de l'État, et qui serait ainsi obligée de faire les frais de consultation.

Les communes ont répondu 1.° que le premier moyen n'avait pas été proposé devant le Conseil de préfecture ; que là, le sieur Dutrey avait été reconnu comme fondé de pouvoir des communes ; qu'il était maire de l'une d'elles, et que deux délibérations (des 26 novembre 1814 et 21 juin 1820), autorisées par le préfet, et prises, en conseil municipal, par les maires et adjoints des 25 communes de la vallée de Baroussе, lui avaient donné pouvoir de la représenter ; que ce pouvoir lui avait été conféré d'après le mode usité, de tout temps, dans le pays, et consacré par un arrêté du préfet, du 19 décembre 1814 ; — 2.° sur le prétendu excès de pouvoir : que, si la loi du 29 vendémiaire an 5 n'impose pas aux Conseils de préfecture l'obligation de consulter des avocats, avant d'accorder ou de refuser aux communes l'autorisation de plaider, cette loi ne le leur interdit pas non plus; et que tout juge est investi du pouvoir d'éclairer sa religion de l'avis des hommes expérimentés dans la matière qui lui est soumise; — A l'égard du troisième grief, les communes ont reconnu que les frais de consultation étaient à leur charge; qu'elles étaient tenues d'en faire l'avance; mais elles ont dit que l'arrêté du Conseil de préfecture, en déléguant au directeur-général le soin de soumettre *l'entier dossier* à l'examen des trois jurisconsultes désignés (1), n'avait point ordonné que les frais de consultation seraient pour le compte du Domaine; que cette disposition par laquelle l'adversaire des communes était chargé de demander pour elles une consultation, pouvait paraître insolite et même étrange; mais que, si quelqu'un avait lieu de s'en plaindre, c'était les communes pour lesquelles seules pourrait exister le danger de livrer leurs pièces à la discrétion de leur adversaire.

Les communes, tout en exposant ces moyens de défense, ont déclaré ne s'en point prévaloir; elles ont consenti à l'annulation de l'arrêté, 1.° En ce qu'il avait différé de prononcer sur leur demande en autorisation de plaider, jusqu'à ce que trois jurisconsultes se fussent expliqués sur le mérite de leurs prétentions; — 2.° En ce que la direction des domaines avait été chargée d'obtenir la consultation; — Mais elles ont conclu à ce que, attendu que la demande en autorisation de plaider avait déjà passé par le premier degré de juridiction, cette permission leur fût immédiatement accordée.

L'arrêt que nous rapportons, n'a point statué sur tous

(1) Ces trois jurisconsultes étaient M.es Huart du Parc, Lassis et Roger, avocats aux Conseils du Roi et à la Cour de cassation.

les griefs présentés par le Ministre des finances, mais seulement sur le dernier des trois.

LOUIS, etc.

Sur le rapport du Comité du contentieux,

Vu le rapport de notre *Ministre des finances*, enregistré au secrétariat-général de notre Conseil d'État, le 9 mai 1820, et tendant à l'annulation d'un arrêté du Conseil de préfecture du département des Hautes-Pyrénées, du 2 juillet 1819, qui s'est déclaré incompétent; etc.

Considérant que le Conseil de préfecture a eu raison de se déclarer incompétent pour prononcer sur la question de propriété élevée entre le Domaine et les communes de la vallée de Barousse; mais qu'il a excédé ses pouvoirs en décidant, relativement à la demande en autorisation de plaider devant les tribunaux sur ladite question, que la consultation à donner, dans l'intérêt des communes demanderesses, aurait lieu à la diligence et par les soins du Domaine, leur partie adverse; — Considérant que ladite question de propriété est du ressort des tribunaux, qu'il y a lieu d'y renvoyer les parties et que le Ministre de l'intérieur ne s'y oppose pas;

Notre Conseil d'Etat entendu,

Nous avons ordonné et ordonnons ce qui suit:

Art. 1.er — L'arrêté du Conseil de préfecture, du 2 juillet 1819, est annulé, en ce qu'il décide, sur la demande en autorisation de plaider, que la consultation d'avocats à donner, dans l'intérêt desdites communes, aurait lieu à la diligence et par les soins du directeur-général des domaines, défendeur au nom de l'État. — Les parties sont renvoyées devant les tribunaux, à défaut d'arrangement amiable, pour y faire prononcer sur les questions de propriété qui les divisent. — Art. 2. — Not. G.-des-sc. et not. Min. des fin. sont chargés, etc.

M. de Cormenin, m. des req., *rap.* — M.e Odilon-Barrot, *av.*

DOMAINES NATIONAUX. — OPPOSITION A LA VENTE. — PROPRIÉTÉ CONTESTÉE. — VENTE CONDITIONNELLE. — RECOURS. — RENVOI.

Lorsque, nonobstant l'opposition formée par des tiers, un préfet a décidé qu'il serait procédé à la vente de terreins dont l'administration des domaines avait pris antérieurement possession, et lorsqu'il est constant que cette vente a été conditionnelle et subordonnée au jugement de la question de propriété, la décision du préfet fait-elle obstacle à ce que ladite question soit décidée par les tribunaux, et est-il nécessaire que les tiers intéressés défèrent préalablement cette décision, à l'autorité supérieure? — Rés. nég.

(4493. — 18 avril 1821. — Taillard et consorts c. le Domaine.)

LOUIS, etc.

Sur le rapport du Comité du contentieux,

Vu la requête à nous présentée au nom du sieur *Taillard* et consorts, enregistrée au secrétariat-général de notre Conseil d'État, le 7 février 1820, et tendant à l'annulation d'un arrêté du préfet du département de la Sarthe, du 11 novembre 1819, portant qu'il sera passé outre, nonobstant l'opposition faite par les réclamans, à la vente, annoncée pour le lendemain, de parties de Landes ou terres incultes provenant de l'évêché du Mans, et que les requérans soutiennent être leur propriété; — Vu l'arrêté attaqué; — Vu le mémoire en défense de l'*administration des domaines*, enregistré audit secrétariat-général, le 9 janvier 1821; — Vu toutes les pièces respectivement produites et jointes au dossier;

Considérant qu'il est établi, par l'administration des domaines, dans sa requête, et qu'il n'est pas contredit par le sieur *Taillard et consorts*, que la vente du 12 novembre 1819 a été conditionnelle et subordonnée au jugement de la question de propriété; — Que, dès-lors, l'arrêté du préfet, du 11 novembre 1819, ne fait point obstacle à ce que ladite question soit décidée par les tribunaux;

Notre Conseil d'État entendu,

Nous avons ordonné et ordonnons ce qui suit:

Art. 1.er — La requête du sieur *Taillard* et consorts est rejetée, sauf à eux à se pourvoir, si bon leur semble, devant les tribunaux, pour y faire prononcer sur la question de propriété dont il s'agit. — Art. 2. — Le sieur *Taillard* et consorts, sont condamnés aux dépens. — Art. 3. — Not. G.-des-sc. et not. Min. des fin. sont chargés, etc.

M. de Cormenin, m. des req., *rap.* — M.es Lassis et Huart du Parc, *av.*

DOMAINES NATIONAUX. — INTERPRÉTATION. — VENTE EN BLOC. — EXCÉDENT DE MESURE. — LONGUE POSSESSION.

Les anciens propriétaires ou leurs ayant cause, sont-ils recevables à réclamer l'excédent de mesure de leurs biens vendus, lorsqu'il est constant que la vente a été faite en bloc, pour la totalité et pour chaque pièce? — Rés. nég (1).

La longue possession de l'acquéreur est-elle prise en considération pour sa maintenue? — Exemple affirmatif (2).

---

(1) Voy. *Elém. de jur. adm.*, tom. 1.er, p. 346, n.° 90. — Il en serait autrement, si la mesure avait été exprimée. — Voy. *Elém. de jur. adm.*, tom. 1.er, p. 342, n.° 84, et 347, n.° 91.

(2) Voy. *Elém. de jur. adm.*, tom. 1.er, p. 348, n.° 96. — Décret du 15 janvier 1813. — Antoine c. la Régie. *Jur. du C. d'Et.*, t. 2, p. 208.

(3543. — 18 avril 1821. — Court et Tissandier c. les héritiers Falletans.)

LOUIS, etc.

Sur le rapport du Comité du contentieux,

Vu les requêtes à nous présentées au nom des sieurs *Court* et *Tissandier*, propriétaires cultivateurs; lesdites requêtes enregistrées au secrétariat-général de notre Conseil d'État, les 2 janvier, 31 mars 1818 et 15 décembre 1819, tendant à ce qu'il nous plaise annuler un arrêté du Conseil de préfecture du département de la Haute-Saône, du 28 août 1817, qui a décidé, sur la demande des *héritiers du sieur de Falletans*, que plusieurs lots d'adjudication d'immeubles, consentis par le district de Vesoul, dépendans de la terre de Thieffrans, ont été vendus à la mesure et non en corps de ferme et d'héritage, et a renvoyé les parties devant les tribunaux pour la délimitation et l'abornement desdits objets; — Vu l'arrêté attaqué, en date du 28 août 1817; — Vu les requêtes en défense des *héritiers de Falletans*, enregistrées audit secrétariat-général, les 2 décembre 1818, 25 mars 1819 et 3 janvier 1820; — Vu le procès-verbal d'estimation, en date du 12 frimaire an 2; — Vu les procès-verbaux d'adjudication des deuxième et soixante-troisième lots dudit domaine de Thieffrans, en date des 23 floréal et 5 prairial an 2; — Vu les observations fournies par le directeur-général des domaines, le 8 novembre 1820; — Ensemble toutes les pièces respectivement produites;

Considérant que, par procès-verbal d'adjudication, du 5 prairial an 2, il a été vendu, aux sieurs *Court* et *Tissandier*, *quarante-quatre pièces*, en terre labourable, formant le second lot du domaine de Thieffrans, cultivées par Jean Bersot, contenant ensemble environ *cinquante-*

cinq journaux, le tout vendu sans garantie de mesure; qu'il suit de ladite désignation, que la vente de *quarante-quatre pièces* a été faite en bloc pour chaque pièce, et non à la mesure, et que les *héritiers de Falletans* ne réclament aucune autre pièce, mais simplement l'excédent de mesure; — Considérant qu'il a été également vendu, sans garantie de mesure, au sieur *Faivre*, sous le n.° 63, un pré lieu dit *Au Pré dessous*, par procès-verbal du 23 floréal an 2; — Considérant d'ailleurs que les acquéreurs ont été mis en possession, depuis 23 ans, des terreins en litige;

Notre Conseil d'Etat entendu,

Nous avons ordonné et ordonnons ce qui suit:

Art. 1.er — L'arrêté du Conseil de préfecture du département de la Haute-Saône, du 28 août 1817, est annulé. — Art. 2. — Les sieurs *Court* et *Tissandier*, sont déclarés propriétaires de la totalité des quarante-quatre pièces de terre labourable et du pré dont ils ont été mis en possession par suite des procès-verbaux d'adjudication des 23 floréal et 5 prairial an 2; — Art. 3. — Les *héritiers de Falletans*, sont condamnés aux dépens. — Art. 4. — Not. G.-des-sc. et not. Min. des fin. sont chargés, etc.

M. de Cormenin, maî. des req., *rap.* — M.es Joffroy, Collin et Darrieux, *avocats.*

DOMAINES NATIONAUX. — BIENS DE CONDAMNÉS. — ACQUÉREUR DÉCHU. — REMISE. — DÉCOMPTE. — ARRÊTÉ DÉFINITIF DU CONSEIL DE LIQUIDATION.

Les héritiers des condamnés révolutionnairement, auxquels les biens confisqué sur leurs auteurs ont été remis, sont-ils recevables à demander aujourd'hui, pour erreur de calcul prétendue, la révision des arrêtés du Conseil général de liquidation, par lesquels il leur a été fait compte de ce qui leur était dû par le Domaine pour les biens vendus pendant le séquestre? — Rés. nég.

Ces héritiers ont-ils eu le droit de recueillir les biens qui, vendus d'abord, étaient ensuite rentrés dans la main de l'Etat, par poursuite de déchéance? — Rés. aff.

En supposant qu'il y ait un décompte à dresser contre l'acquéreur déchu, ce décompte peut-il être mis à la charge des héritiers du condamné, qui sont rentrés dans la possession du bien? — Rés. nég.

(4807. — 18 avril 1821. — Dupac et Latour-Maubourg c. le Domaine.)

En 1791, M. Vincent de Margnolas avait acquis des biens nationaux. Parmi ces biens, se trouvait le pré *du Fay*.

En 1793, M. de Margnolas a péri victime de la révolution.

Quelques-uns de ces biens, sequestrés, ont été vendus, entre autres le pré du Fay, au sieur Vignat.

En exécution des lois des 4 floréal et 21 prairial an 3, ceux des biens de M. de Margnolas qui étaient encore entre les mains de l'État, ont été rendus à son fils, M. Étienne Vincent de Margnolas.

Les lois voulaient, en outre, que l'on fît compte de ce que l'administration des domaines avait à lui rembourser par suite des ventes consenties durant le séquestre. Un arrêté du conseil-général de liquidation, du 2 févr. 1808, a porté cette somme à 44,362 fr.

Dans l'intervalle, l'acquéreur du pré du Fay avait encouru la déchéance faute de paiement, et, le 28 janvier 1808, M. de Margnolas fils était rentré dans cette propriété.

En 1816, l'administration des domaines a fait notifier aux dames Dupac et Latour-Maubourg, héritières des sieurs Vincent de Margnolas, père et fils, un décompte qui les constituait reliquataires d'une somme de 904 fr. pour solde de l'adjudication faite au sieur Vignat, depuis déchu.

Opposition a été formée à ce décompte.

Les héritiers de Margnolas ont, en outre, réclamé contre une erreur de 26,000 fr., commise à leur préjudice dans l'arrêté du Conseil de liquidation générale.

Le 26 décembre 1819, le Ministre des finances a rejeté l'une et l'autre réclamation; la première, par le motif que la déchéance encourue, en 1807, par le dernier acquéreur du pré de Fay, n'avait pas donné aux héritiers Vincent le droit d'en être remis en possession; la deuxième, par le motif que l'arrêté du Conseil général de liquidation de la dette publique était un acte devenu irrévocable et définitif.

Les héritiers Vincent de Margnolas ont interjeté appel de cette décision.

Sur l'arrêté du Conseil de liquidation, ils ont dit : — Que d'après l'article 1110 du Code civil, l'erreur de fait, lorsqu'elle tombe sur la substance même des choses qui sont l'objet d'un acte, forme contre lui un moyen invincible de rescision; que l'art. 541 du Code de procédure civile autorise la révision des comptes, lorsqu'il y a erreur, omission, faux ou double emploi; qu'ici l'erreur était avouée, et qu'il y avait lieu de la réformer; qu'à supposer que les décisions du Conseil de liquidation fussent irrévocables, cela ne devait s'entendre du moins que dans la supposition où il s'agirait d'une révision proprement dite, c'est-à-dire d'une demande tendant à obtenir des allocations dont le principe aurait été rejeté par le Conseil de liquidation; mais que ce principe ne pouvait être appliqué dans l'espèce, puisqu'il ne s'agissait que de rectifier un faux calcul.

Sur le reliquat du décompte du sieur Vignat, ils ont exposé que les lois des 14 floréal et 21 prairial an 3 avaient ordonné que l'État fît indistinctement raison, aux familles

TABLE

DES 4.e ET 5.e LIVRAISONS.

FIN DE LA TABLE DES 4.e ET 5.e LIVRAISONS.

TABLE

DES 6.e ET 7.e LIVRAISONS.

FIN DE LA TABLE DES 6.e ET 7.e LIVRAISONS.

7 Mai 31

RECUEIL
DES
ARRÊTS DU CONSEIL,
OU
ORDONNANCES ROYALES
RENDUES EN CONSEIL D'ÉTAT
SUR TOUTES LES MATIÈRES
DU CONTENTIEUX DE L'ADMINISTRATION,

PAR M. L. MACAREL,
Avocat à la Cour Royale de Paris.

PREMIÈRE LIVRAISON.
(Janvier 1821.)

PARIS.
A LA LIBRAIRIE D'ANTOINE BAVOUX, ÉDITEUR,
Rue Gît-le-Cœur, N.° 4.

1821.

(Ce Recueil formera, chaque année, dix Livraisons au lieu de cinq, annoncées dans le Prospectus. — Le Prix de la souscription est de 10 fr. pour Paris, et 12 fr. 50 c. par la poste.)

Imp. de P. N. ROUGERON, rue de l'Hirondelle, N.° [illegible]

ANNONCES.

Code administratif, ou Recueil par ordre alphabétique de matières, de toutes les lois nouvelles et anciennes relatives aux fonctions administratives et de police, etc., par M. Fleurigeon. 6 *vol. in-8.° Prix*, 30 fr. (On vend séparément les deux derniers volumes *de la Police*, 12 fr.)

Les devoirs des administrateurs s'étendent sur toutes les parties de l'administration publique, et les règles en étant déterminées dans une foule de lois, soit étrangères en apparence à leurs fonctions, soit déjà anciennes, soit rapportées en partie, l'étude en est devenue très-laborieuse et même presque impossible dans le court espace de temps que chaque administrateur reste en place, surtout lorsque l'on considère qu'il est obligé de s'occuper de l'exécution au moment même où il entre en fonctions.

La réunion, le rapprochement de ces lois ou parties de lois dans un même cadre, sous les titres généraux et particuliers qui leur sont propres, les décisions des Ministres relatives aux dispositions équivoques, ou leurs instructions pour l'exécution de ces lois, le classement alphabétique des titres généraux, ont paru devoir être d'un grand secours à l'administrateur, puisque cette réunion d'autorités, ce classement de matières, lui évitent toute recherche, toute étude, en offrant à ses yeux l'ensemble des lois sur chaque partie de l'administration.

Toute la partie de la police a paru devoir être détachée de celle de l'administration. Pour mettre encore plus de clarté dans l'ouvrage, l'on en a fait deux volumes séparés, dans lesquels tous les objets soumis à la surveillance de la police municipale sont aussi classés par ordre alphabétique. On trouvera dans ces deux volumes les lois constitutives et organiques des autorités chargées de l'exercice de la police.

L'utilité d'un ouvrage de cette nature est telle, que nous nous croyons dispensés d'en faire aucun autre éloge.

Manuel rural et forestier, ou Recueil des lois, arrêtés, décrets, réglemens d'administration et ordonnances du Roi, publiés depuis 1789, *jusqu'en mars* 1818, *sur toutes les parties de l'économie et de la police rurale, et du régime forestier; par M. Rondonneau. Nouvelle édition*, 1819. 1 *vol. in-8.° Prix*, 6 *fr.*

Depuis long-temps on a agité la question de savoir s'il convenait de rédiger à part un code rural proprement dit;

RECUEIL
DES
ARRÊTS DU CONSEIL,
OU
ORDONNANCES ROYALES
RENDUES, EN CONSEIL D'ÉTAT,
SUR TOUTES LES MATIÈRES
DU CONTENTIEUX DE L'ADMINISTRATION,

PAR M.r L. MACAREL,
Avocat à la Cour Royale de Paris.

DEUXIÈME LIVRAISON.
(Janvier-Février 1821.)

PARIS.
A LA LIBRAIRIE D'ANTOINE BAVOUX, ÉDITEUR,
Rue Gît-le-Cœur, N.° 4.

1821.

(Ce Recueil formera, chaque année, dix Livraisons au lieu de cinq, annoncées dans le Prospectus. — Le Prix de la souscription est de 10 fr. pour Paris, et 12 fr. 50 c. par la poste.)

Imp. de P.-N. ROUGERON, rue de l'Hirondelle, N.° 22.

ARR
DU CON

ANNONCES.

Législation et jurisprudence des successions, selon le droit ancien, le droit intermédiaire et le droit nouveau, etc.; par M. Pailliet. 3 *forts volumes in-8.° Prix,* 18 *fr. et* 24 *fr. par la poste.*

Les lois qui règlent les successions se lient d'une manière si intime aux intérêts les plus chers de la société; leur influence sur la prospérité des Etats est si grande, qu'elles ont été dans tous les temps l'objet des méditations les plus sérieuses des législateurs et des jurisconsultes.

Avant nos lois nouvelles, des traités, qui unissent au mérite d'une vaste érudition, une grande profondeur dans les vues et toutes les ressources de la dialectique, ont été publiés sur cette matière importante; depuis le Code civil, M. Chabot (de l'Allier) l'a enrichie encore de son commentaire.

L'ouvrage que nous annonçons n'est pas un traité, c'est plutôt une compilation dans laquelle M. Pailliet a su réunir tout ce qui se rattache à cette partie de la législation; mais son ouvrage n'en offre pas moins une grande utilité. Les magistrats, les jurisconsultes et les notaires y trouveront en un instant des matériaux qu'ils chercheraient vainement, ou du moins avec perte d'un temps précieux, dans une foule de livres.

Traité des enfans naturels, avec un appendice contenant le dernier état de la jurisprudence sur cette matière; par M. Loiseau, docteur en droit, avocat aux conseils du Roi et à la Cour de cassation. 1 *très-gros vol. in-8.° Prix,* 11 *fr. et* 14 *fr. par la poste.*

Lors de la publication du Code civil, les jurisconsultes en apprécièrent l'utilité; cependant l'expérience leur fit remarquer que ce Code n'était pas également parfait dans toutes ses parties; qu'il renfermait quelques lacunes, quelques contradictions au moins apparentes, et qu'il était nécessaire de le commenter.

Des hommes déjà connus par leurs écrits et leurs talens, se partagèrent les matières; M. Tarrible a traité des priviléges et hypothèques, M. Grenier des donations, M. Chabot (de l'Allier) des successions, et M. Loiseau des enfans naturels.

Tous ces ouvrages ayant été livrés au public dans les premières années, il y a eu des réimpressions ou de nouvelles éditions; M. Loiseau a préféré composer un appendice pour épargner un nouveau prix d'acquisition à ceux qui possèdent son livre. Dans cet appendice, il a réuni toutes les additions et observations que lui a fait naître une expérience de douze années; il a traité des questions qui avaient été inaperçues; il s'est surtout appliqué à mettre ses principes en harmonie avec la jurisprudence de la Cour de cassation.

On verra par le supplément, que l'auteur avait, dès l'origine, établi une théorie sûre, une doctrine saine, puisque ses opinions ou décisions ont presque toutes été confirmées ou sanctionnées par des arrêts.

Manuel du Notaire, ou *Instruction par demandes et réponses sur les contrats, donations et testamens, etc., avec des modèles d'actes; par M. Goux, notaire à Agen; 4.e édition, revue et augmentée. 1 vol. in-8.o Prix, 6 fr. et 7 fr. par la poste.*

La première édition de cet ouvrage a paru en 1805. Deux autres l'ont suivie; la troisième, quoique tirée à 8000 exemplaires, a été rapidement épuisée. Le succès vraiment prodigieux de cet ouvrage en fait suffisamment l'éloge, et en atteste assez le mérite. Le livre de M. Goux est tout à-la-fois utile aux notaires et aux receveurs de l'enregistrement et des Domaines. C'est un traité complet qui renferme tout ce qui concerne le notariat: 1.o les principes théoriques sur les contrats, donations et testamens, sont présentés avec ordre dans plus de sept cents questions, qui sont suivies d'autant de réponses où toutes les difficultés sont résolues avec clarté; 2.o plus de deux cents modèles d'actes, d'un style très-clair et précis, offrent aux notaires l'application de toutes les lois qui concernent leur profession. L'auteur a eu soin de dégager ses modèles de ces mots insignifians et de ces tournures amphibologiques qui surchargent inutilement la rédaction et donnent souvent ouverture à une foule de procès, et compromettent les droits des parties contractantes; 3.o à la suite de chaque modèle d'acte, se trouve l'indication raisonnée de la quotité du droit d'enregistrement auquel il donne lieu; 4.o l'auteur a rapporté, à la fin de son livre, le texte de la loi et de l'arrêté du gouvernement sur le notariat et l'organisation des chambres des notaires, ainsi que celui des lois sur l'enregistrement; 5.o enfin, il a augmenté cette quatrième édition d'une table de calcul progressif sur les droits d'enregistrement, formée d'autant de colonnes qu'il y a de droits proportionnels, à l'aide de laquelle on voit en un instant ce qui doit être perçu sur un acte de 20 fr. à 300,000 fr., de quelque nature qu'il soit; l'ouvrage de M. Goux est théorique et pratique; il ne laisse rien à désirer.

Introduction à l'étude du Code civil; par feu M. Delassaulx, doyen et professeur à la Faculté de droit de Coblentz. 1 vol. in-8.° Prix, 6 fr. et 7 fr. 50 c. par la poste.

La haute réputation dont jouit M. Delassaulx, surtout en Allemagne; le mérite et le débit rapide qu'ont obtenu les ouvrages qui sont sortis de sa plume, nous dispensent d'examiner celui-ci sous le rapport de son auteur; nous nous bornerons à en traiter l'objet. Il établit, dans le titre 1.er, quelle est la matière des lois civiles, et le plan qu'elle assigne au Code civil dans le système général de la législation; il examine, dans le titre 2, quelles sont les personnes soumises à l'empire du Code; le titre 3 en expose le système et la distribution des matières; le titre 4 remonte à l'origine des anciennes législations; il enseigne comment se sont successivement formées nos institutions civiles, et apprend les causes qui avaient produit le partage du même royaume entre deux législations différentes; le titre 5 fait connaître les matières dans lesquelles l'une et l'autre de ces législations ont prévalu dans la rédaction des lois nouvelles, et celles dans lesquelles le législateur a abandonné l'une et l'autre pour se frayer une route nouvelle; le titre 6 expose les principes qu'on a suivis dans l'emploi des matériaux fondus dans le Code et dans sa rédaction; le titre 7 explique les rapports qui existent entre le Code civil et les autres branches de notre législation; le titre 8 est consacré à retracer les principes qui caractérisent le Code civil et qui le distinguent de toutes les autres législations; enfin, le titre 9 enseigne la manière la plus convenable de l'étudier, et le titre 10 indique, dans la bibliothèque choisie du droit nouveau, les moyens pour faire cette étude avec fruit, et les guides qui pourront diriger ceux qui s'y consacrent. Une foule de questions, principalement d'Etat, de la plus haute importance et extrêmement controversées, que l'auteur agite et résout avec un talent qui prouve les connaissances les plus étendues et le jugement le plus sain, rendent cet ouvrage aussi précieux pour les jurisconsultes et les magistrats que pour les jeunes étudians en droit.

A PARIS, AU BUREAU DU *RECUEIL*.

mais il paraît constant que la commission, formée au mois d'août 1818 pour donner son avis à cet égard, a pensé que toutes les dispositions législatives sur cette matière se trouvaient dans les Codes civil et de procédure; et les actes administratifs, publiés depuis 1789, n'étant que de simple exécution, elle n'a trouvé dans la législation rurale que deux lacunes; l'une, relative aux chemins vicinaux, et l'autre à la police des eaux appliquées aux usines et manufactures.

Persuadé, d'après cette opinion de la commission, qu'il ne serait point rédigé de code général rural, l'auteur s'est déterminé à publier une nouvelle édition de son *Manuel*, à la fin duquel il a réuni les dispositions des trois Codes, civil, criminel et pénal, relatives aux propriétés agricoles, et aux délits ruraux et forestiers. En attendant, cet ouvrage ne peut être que très-utile aux propriétaires, ainsi qu'aux autorités administratives et judiciaires qui ont à prononcer sur les différends qui peuvent s'élever entre eux.

Classification des lois administratives depuis 1789 jusqu'au 1.er avril 1814; précédée d'un essai sur les principes et les règles de l'administration pratique; par M. Latouette, ex-sous-préfet et ex-député. 1 gros vol. in-4.° Prix, 15 fr. et 20 fr. par la poste.

Les lois administratives se sont tellement multipliées depuis la révolution, que le jurisconsulte le plus habile ne peut les connaître. Pour les rendre plus familières, pour en faciliter la recherche, il a donc fallu les recueillir avec soin, les classer dans leur ordre le plus simple, et former par cette réunion des tableaux chronologiques ou des dictionnaires.

L'homme le plus propre à composer un pareil ouvrage n'est pas le plus instruit, c'est le plus méthodique, le plus laborieux et le plus exact. D'une part, il faut être doué d'une patience à toute épreuve pour fouiller avec une ardeur toujours nouvelle dans cette immensité de lois, de décrets et d'arrêts du gouvernement. D'autre part, il faut être soigneux jusqu'au scrupule pour ne rien laisser échapper et faire un ouvrage complet.

L'auteur de l'ouvrage que nous annonçons nous paraît réunir ces deux qualités dans un degré éminent. Tout est rangé avec une méthode admirable tout-à-la-fois par ordre de date et par ordre de matière; et pour la commodité des recherches, il a mis en tête de son livre un tableau sommaire des principales parties, et il a placé à la fin une table alphabétique très-étendue et très-détaillée.

Partout on reconnaît la main de l'homme exercé dans la science comme dans la pratique de l'administration. Les indications ou titres des lois sont plus ou moins étendus, suivant leur importance; les divisions sont faites suivant la nature même des matières et les principes ou élémens qui précèdent la classification, sont propres à donner une haute opinion de l'auteur.

L'éditeur a eu la précaution d'employer du papier collé et d'y laisser une marge propre à faciliter les annotations de quiconque voudrait ajouter les lois nouvelles à mesure qu'elles sont publiées.

Ainsi, le livre que nous annonçons est sous tous ces rapports le plus précieux de toutes les classifications qui ont paru jusqu'à ce jour en matière administrative.

Recueil alphabétique des questions de droit qui se présentent dans les tribunaux; ouvrage dans lequel sont fondus et classés la plupart des plaidoyers et réquisitoires de l'auteur, avec le texte des arrêts qui s'en sont suivis; par M. Merlin, ancien procureur-général à la Cour de cassation. Tome VI, in-4.°, deuxième édition. Prix, 20 fr., et 26 fr. par la poste. Ce volume contient toutes les additions faites à la troisième édition. Réunies ainsi à part, elles complètent la deuxième édition, et la mettent au niveau de la troisième.

Traité des Contrats et des Obligations en général, suivant le Code civil; par M. Duranton, professeur à la Faculté de droit. 4 vol. in-8.° Prix, 24 fr. et 30 fr. par la poste.

Leçons préliminaires sur le Code pénal, ou examen de la législation criminelle; par M. Bavoux, juge au Tribunal civil, professeur suppléant à la Faculté de droit. 1 vol. in-8.° Prix 8 fr. et 10 fr. par la poste.

Elémens de jurisprudence administrative, extraits des décisions rendues par le Conseil d'Etat en matière contentieuse; par M. Macarel, avocat, rédacteur du Recueil des *Arrêts du Conseil*. 2 vol. in-8.° Prix, 12 fr. et 15 fr. par la poste.

Tous ces ouvrages se trouvent à Paris, au bureau du Recueil des *Arrêts du Conseil*, rue Gît-le-Cœur, n.° 4.

RECUEIL
DES
ARRÊTS DU CONSEIL,
OU
ORDONNANCES ROYALES
RENDUES, EN CONSEIL D'ÉTAT,

SUR TOUTES LES MATIÈRES

DU CONTENTIEUX DE L'ADMINISTRATION,

Par M.r L. MACAREL,

Avocat à la Cour Royale de Paris.

TROISIÈME LIVRAISON.

(Février 1821.)

PARIS.

A LA LIBRAIRIE D'ANTOINE BAVOUX, ÉDITEUR,
Rue Gît-le-Cœur, N.° 4.

1821.

(Chaque volume de ce Recueil se composera de quarante feuilles in-8.° environ, publiées en 10 livraisons.—Le prix de la souscription est de 10 fr. pour Paris, et 12 fr. 50 c. par la poste.)

Imp. de P.-N. ROUGERON, rue de l'Hirondelle, N.° 22.

TABLE DES MATIÈRES

DES TROIS PREMIÈRES LIVRAISONS.

(Avis.—*Il y aura dorénavant une table sommaire des matières pour deux livraisons. Cette table partielle est indépendante de la table générale et raisonnée qui accompagnera chaque volume.*)

RECUEIL

DES

ARRÊTS DU CONSEIL,

OU

ORDONNANCES ROYALES

RENDUES, EN CONSEIL D'ÉTAT,

SUR TOUTES LES MATIÈRES

DU CONTENTIEUX DE L'ADMINISTRATION,

PAR M.r L. MACAREL,

Avocat à la Cour Royale de Paris.

QUATRIÈME LIVRAISON.

(Février 1821.)

PARIS.

A LA LIBRAIRIE D'ANTOINE BAVOUX, ÉDITEUR,

Rue Gît-le-Cœur, N.° 4.

1821.

(Chaque volume de ce Recueil se composera de quarante feuilles in-8.° environ, publiées en dix livraisons. — Le prix de souscription est de 10 fr. pour Paris, et 12 fr. 50 c. par la poste.)

Imp. de P.-N. ROUGERON, rue de l'Hirondelle, N.° 22.

ANNONCES.

Manuel alphabétique des maires, de leurs adjoints et des commissaires de police, contenant le texte ou l'analyse des lois et réglemens relatifs à leurs fonctions, et des instructions sur leurs attributions respectives et la nouvelle juridiction des maires; par M. Dumont. 6.e édition, 2 vol. in-8.° Prix 7 fr., et 10 fr. par la poste.

Cinq éditions, rapidement écoulées, seraient déjà un titre pour l'ouvrage que nous annonçons si la réputation de l'auteur n'en garantissait la bonté.

L'ordre alphabétique qu'il a adopté était le seul qui convînt à un ouvrage de ce genre, et qui pût dispenser MM. les maires des recherches que nécessiteraient des fonctions qu'ils ne sont appelés que momentanément à remplir.

Manuel des Conseils de préfecture, ou Répertoire analytique des lois, arrêtés du gouvernement, décrets, avis interprétatifs du Conseil d'État, relatifs à la justice administrative du ressort des Conseils de préfecture, et arrêts de la cour de Cassation, relatifs au système d'application des lois rendues sur les attributions de ces mêmes corps; par M. Mathias Simon. 3 vol. in-8°, prix 18 fr. (*)

A peine nommé membre du conseil de préfecture du département de Rhin-et-Moselle, M. Simon, déjà connu au barreau, sentit combien il importait à tous ceux qui suivaient la même carrière, de posséder les lois qui régissent l'administration de l'État. Versé depuis long-temps dans cette science, et, dans la seule vue d'être utile, il publia l'ouvrage que nous annonçons. Dès sa mise en vente, tous les journaux en firent les éloges les plus mérités, et il nous suffira d'en donner une courte analyse pour prouver toute son importance.

M. Simon expose d'abord l'organisation des Conseils de préfecture, les lois et réglemens administratifs auxquels sont tenus de se conformer les communes, les hospices, les établissemens de bienfaisance, les administrations des églises, etc., etc.; vient ensuite la législation sur cette matière. M. Simon rapporte toutes les décisions qui peuvent modifier, étendre, interpréter ou abroger celles précédemment rendues; les compare les unes aux autres, et en forme une espèce de jurisprudence administrative. La plus saine doc-

(*) Nous ne croyons pas inutile de faire observer que M. Bavoux est le seul en France, (le département de Rhin-et-Moselle appartenant maintenant à la Prusse) à qui M. Simon ait cédé de son ouvrage.

trine appuie cet ouvrage indispensable à tous les Conseillers de préfecture et administrateurs en général.

Recueil alphabétique des questions de droit, additions aux 1.re et 2.e éditions, par M. Merlin, ancien procureur-général à la cour de Cassation, un fort vol. in-4.° Prix 20 fr.; et 26 par la poste.

La seconde édition des Questions de droit a été publiée en 1810. Depuis cette époque, M. Merlin a encore exercé, pendant quatre années, les fonctions de procureur-général à la cour de Cassation, et toutes les questions importantes qui ont été portées devant cette cour pendant cet espace de temps ont été traitées par lui.

Toutes les personnes qui s'occupent de l'étude ou de l'application des lois désiraient vivement que le savant jurisconsulte publiât ses nouveaux réquisitoires, et les joignît au recueil, dont deux éditions avaient déjà été épuisées. Les désirs étaient d'autant plus vifs, que l'on savait que les nouvelles questions traitées par M. Merlin portaient sur les codes actuellement en vigueur, et sur des principes dont l'application est journalière.

Ce vœu a été accompli : il a paru une troisième édition, augmentée de tous les nouveaux réquisitoires.

Par une délicatesse, qui n'étonnera pas de sa part, l'auteur a voulu que les personnes qui s'étaient procuré les 1.e et 2.e éditions, pussent jouir des avantages de la troisième, sans être obligées de l'acheter ; en conséquence ; les *Additions*, qui sont la partie la plus utile de l'ouvrage, ont été imprimées à part. Elles forment le volume que nous annonçons. Il sera nécessairement demandé par toutes les personnes qui ont les deux premières éditions, dont il est le complément indispensable.

Questions transitoires sur le Code Civil, relatives à son autorité sur les actes et les droits antérieurs à sa promulgation, etc.; par M. Chabot de l'Allier. 2 vol. in-4.° Prix 20 fr., et 25 fr. par la poste.

L'objet des questions qu'on appelle transitoires est de fixer le terme où doit s'arrêter la loi ancienne, pour ne point étendre son autorité sur l'empire de la loi nouvelle, et, *vice versâ*, de déterminer le point où doit s'arrêter la loi nouvelle, pour ne pas produire d'effet rétroactif sur les actes passés sous l'ancienne.

L'ouvrage de M. Chabot de l'Allier présente la solution claire et précise de toutes ces questions, qui se compliquent encore de toutes les difficultés qui naissent de la différence des espèces, et de celles qui appartiennent aux matières mêmes sur lesquelles elles sont élevées.

M. Chabot ne s'est point borné à poser les principes de la théorie d'après laquelle doivent être réglés les droits antérieurs au code civil : il en a fait en même temps l'application sur les sujets les plus controversés, par des exemples qui facilitent la solution d'autres questions. Les adoptions, les droits des enfans naturels, les communautés conjugales, les douaires, les hypothèques, les institutions contractuelles, les légitimes, les servitudes, etc., etc., et surtout la matière si vaste et si compliquée des donations et des testamens, en les considérant toujours sous le double aspect du droit ancien et du droit nouveau, y sont traités avec le plus grand talent.

Les divers articles dont se compose ce recueil embrassent tout ce que le droit français a de plus important, et il en est plusieurs qui peuvent être regardés comme des traités *ex professo* sur les matières qui en sont l'objet. Cet ouvrage est, en un mot, suivant l'expression d'un jurisconsulte célèbre, *un véritable traité d'alliance entre le droit ancien et le droit nouveau.*

Essai sur la Prestation des fautes, par M. Le Brun, 1 vol. in-12. Prix 1 fr. 50 c., et 1 fr. 80 par la poste.

L'utilité de cet essai, sur une matière d'une application aussi journalière, se fait d'autant plus sentir aujourd'hui, que le code civil, conforme, en ce point, au sentiment de l'auteur, n'a pas adopté la distinction des espèces de fautes, inventées par les interprètes du droit romain, et qu'ainsi les règles établies, dans cet ouvrage, sur le cas où l'on est tenu de telle ou telle faute, doivent, sans contredit, être suivies maintenant.

A la fin du volume, on a mis les observations de Pothier sur cet essai, pour lequel le savant jurisconsulte manifeste la plus grande estime, et on ne peut mieux en faire l'éloge, qu'en rapportant ce qu'en dit Pothier lui-même.

« Je dois cette justice à cette dissertation, qu'elle est bien » ingénieuse et bien savante, et qu'elle mérite d'être lue » par tous ceux qui ont quelque goût pour la jurisprudence. »

Tous ces ouvrages se trouvent à Paris, au Bureau du Recueil des *Arrêts du Conseil*, rue Gît-le-Cœur, n.° 4.

233

RECUEIL

DES

ARRÊTS DU CONSEIL,

OU

ORDONNANCES ROYALES

RENDUES, EN CONSEIL D'ÉTAT,

SUR TOUTES LES MATIÈRES

DU CONTENTIEUX DE L'ADMINISTRATION,

Par M.r L. MACAREL,

Avocat à la Cour Royale de Paris.

CINQUIÈME LIVRAISON.

(Février-Mars 1821.)

PARIS.

A LA LIBRAIRIE D'ANTOINE BAVOUX, ÉDITEUR,
Rue Gît-le-Cœur, N.° 4.

1821.

(Chaque volume de ce Recueil se composera de quarante feuilles in-8.° environ, publiées en dix livraisons. — Le prix de la souscription est de 10 fr. pour Paris, et 12 fr. 50 c. par la poste.)

Imp. de P.-N. ROUGERON, rue de l'Hirondelle, N.° 22.

ANNONCES DE L'ÉDITEUR.

Code des Droits de timbre, d'enregistrement, de greffe et d'hypothèques, ou Recueil complet des lois, etc. sur cette matière, 1 gros vol. in-8.° Prix, 9 fr. et 11 fr. par la poste.

Pendant long-temps la législation sur le timbre, etc. avait été non-seulement incertaine dans son esprit, mais bien insuffisante quant aux objets qu'elle devait embrasser : une foule de cas non prévus étaient abandonnés à un arbitraire qui pouvait fréquemment blesser les intérêts des citoyens et qui compromettait toujours une branche aussi importante de nos finances, ... Le mal était trop grand pour qu'on ne s'empressât d'y remédier. Les lois des 13 brumaire et 22 frimaire furent décrétées ; elles concernaient le timbre et l'enregistrement. On peut dire que chacune de ces lois était un Code complet, qui se distinguait par son ordre et sa clarté.

Il semblait que ces lois avaient tout réglé ; mais de nouvelles circonstances exigèrent de nouvelles dispositions, et le législateur se vit obligé de rendre plusieurs lois supplémentaires. Il était devenu impossible d'en saisir l'ensemble sans un travail des plus pénibles. Il était donc nécessaire, pour ne pas dire indispensable, de réunir ces dispositions dans un seul tout : c'est ce qu'on a effectué dans l'ouvrage que nous annonçons, et que le public a déjà honoré des plus brillans suffrages. On a eu soin d'y joindre les arrêts de la Cour de cassation sur toutes ces matières.

Manuel des justices de Paix, ou traité des différentes fonctions des officiers publics qui y sont attachés. Par M. Levasseur, ancien jurisconsulte, troisième édition revue, corrigée et augmentée, un vol. in-8.°, prix 6 fr., 7 fr 50 par la poste.

Depuis 1790, une longue série de lois ont tour-à-tour conféré ou retiré aux juges de paix différentes fonctions. Le Code de procédure est venu modifier et compléter la législation sur cette matière.

Former un corps de doctrine qui pût être un guide sûr dans la pratique, tel est le but que s'était proposé M. Levasseur, dans son ouvrage. Le succès de deux éditions nous fait affirmer qu'il y a complètement réussi.

M. Levasseur a divisé son ouvrage en trois parties. Dans

RECUEIL
DES
ARRÊTS DU CONSEIL,
OU
ORDONNANCES ROYALES
RENDUES, EN CONSEIL D'ÉTAT,

SUR TOUTES LES MATIÈRES

DU CONTENTIEUX DE L'ADMINISTRATION,

PAR M.r L. MACAREL,

Avocat à la Cour Royale de Paris.

SIXIÈME LIVRAISON.

(Mars 1821.)

PARIS.

A LA LIBRAIRIE D'ANTOINE BAVOUX, ÉDITEUR,
Rue Gît-le-Cœur, N.° 4.

1821.

(Chaque volume de ce Recueil se composera de quarante feuilles in-8.° environ, publiées en 10 livraisons.—Le prix de la souscription est de 10 fr. pour Paris, et 12 fr. 50 c. par la poste.)

Imp. de P.-N. ROUGERON, rue de l'Hirondelle, N.° 22.

ANNONCES DE L'ÉDITEUR.

Elémens de la science de droit à l'usage de toutes les nations et de toutes les classes de citoyens, par M. Le Page, ancien jurisconsulte, 2 vol. in-8.°, prix 12 fr. et 15 fr. par la poste.

L'ouvrage que nous annonçons est le premier qui réunisse dans un seul cadre les premiers principes du droit naturel et du droit positif, du droit des gens et du droit de cité, du droit public et du droit privé, ainsi que du droit religieux; nous aurions donc des remercimens à faire à l'auteur, déjà connu par plusieurs productions estimées, quand il n'aurait rendu que le service d'épargner à tout citoyen, jaloux de régler sa conduite sur les devoirs prescrits par la conscience et les lois humaines, la peine de feuilleter les trop volumineux écrits des publicistes. Mais il a mérité encore la reconnaissance générale par l'ordre et la méthode de son savant travail, par la clarté de son style, par la manière dont il a mis ses démonstrations à la portée des lecteurs les moins instruits; on le suit avec le plus grand intérêt dans les questions les plus importantes pour le bonheur de l'humanité.

Cet ouvrage convient à tout homme qui n'est pas indifférent à la prospérité de son pays.

De la Réforme des lois civiles, 2 vol. in-8.° Prix, 8 fr. — De la Rédaction des Lois dans les monarchies; deuxième édition. 1815, 1 vol. in-8.° Prix, 4 fr. — Essai sur l'art de la législation; deuxième édition. 1815. Prix, 4 fr. par M. d'Olivier, conseiller à la Cour royale de Nismes.

Dans le temps où ces ouvrages parurent pour la première fois, tous les journaux s'accordèrent à en rendre un compte avantageux, et le succès qu'ils ont obtenu a suffisamment justifié l'opinion qu'ils en portèrent alors.

L'intérêt et l'utilité qu'ils offraient à l'époque de leur publication, sont encore aujourd'hui les mêmes. Ces ouvrages méritent d'être distingués comme théorie de législation; le premier offre d'ailleurs un précis historique sur les écoles de droit et sur les progrès de la jurisprudence en Europe; le second et le troisième établissent des principes généraux, dont l'application peut être faite facilement suivant les circonstances et les localités; ils présentent des vues sur l'amélioration des lois civiles, criminelles et politiques. L'auteur y montre quelle a été l'influence du christianisme sur l'ordre social ; enfin, on y trouve une discussion approfondie sur une matière qui a reçu depuis de si grands développemens, la liberté de la presse. Les vues de l'auteur sur les limites qu'on doit lui prescrire semblent avoir été suivies dans la confection des lois qui ont été rendues sur ce point, et les développemens qu'il présente ne seraient peut-être pas inutiles à consulter, pour perfectionner cette partie de notre législation. (*Sirey* 1819.)

Des substitutions prohibées par le Code civil, par M. Rolland de Villargues, juge suppléant au tribunal civil de la Seine ; seconde édition, revue, corrigée et augmentée, 1 vol. in-8.° Prix, 6 fr. et 7 fr. 50 c. par la poste.

Après une première édition qui a été enlevée en quelques mois, M. Rolland de Villargues en a donné une seconde, si l'on peut appeler ainsi un ouvrage totalement refondu et augmenté de plus d'un tiers.

Il s'agissait de tracer avec soin la ligne qui sépare les dispositions prohibées par le Code civil de celles qu'il autorise. Le laconisme de la loi rendait la tâche difficile ; il fallait s'enfoncer dans l'une des parties les plus abstraites du Droit. Cette entreprise n'a point effrayé M. Rolland de Villargues, et c'est dans les trésors de la législation romaine qu'il a recherché les principes de la matière. Il a remarqué les modifications qu'ont éprouvé ces principes en traversant les siècles, et jusqu'au moment où la législation a paru commencer en France une ère nouvelle. De cette manière, il a clairement déterminé ce qu'on entendait par le mot *substitution,* lorsque l'abolition en a été prononcée.

Faisant ensuite l'application de sa théorie aux questions qui sont nées depuis nos lois nouvelles, M. Rolland de Villargues n'en a laissé aucune sans l'examiner. Son travail présente ainsi le résumé complet de la jurisprudence sur cette matière. Lorsque les décisions des Cours souveraines lui paraissent s'éloigner des véritables principes, il a soin de l'indiquer et de déduire les motifs qui le portent à une opinion contraire.

L'ouvrage de M. Rolland de Villargues, intitulé modestement : *Des Substitutions prohibées,* nous paraît donc justifier à tout égard le succès qu'il a obtenu. On peut le regarder à juste titre comme un traité complet sur cette partie du Droit ; et pour n'y rien laisser à désirer, l'auteur a eu soin d'ajouter à la fin de son ouvrage une Table alphabétique des matières qu'il renferme, afin de rendre les recherches plus faciles.

L'Editeur réitère à ceux de MM. les Souscripteurs qui n'ont point encore payé le montant de leur souscription, l'invitation à le faire dans le plus bref délai.

NOTA. Les personnes qui se sont procuré le premier ouvrage de M. Lalouette, intitulé *Elémens de l'administration pratique*, peuvent l'échanger au Bureau contre celui annoncé dans notre 1.er Numéro, moyennant 7 fr. 50 c. A cet effet, elles devront adresser de suite leur demande.

la première, il expose les diverses fonctions des juges de paix et les différentes procédures qui peuvent avoir lieu devant eux. Il détermine les bornes de leur pouvoir et l'étendue de leur juridiction. La deuxième est consacrée aux formules de tous les actes de leur ressort ; le style le plus clair préside à la rédaction. Dans la troisième, il a classé d'une manière simple et méthodique, toutes les lois rendues sur la matière jusqu'à ce jour, depuis la loi organique du 16 août 1790.

Cet ouvrage recommandable par le nom de son auteur, l'est aussi par son utilité.

Dictionnaire de police moderne pour toute la France, par M. Alletz, ex-commissaire de police, à Paris, 4 vol. in-8.° Prix 32 fr. et 40 fr. par la poste.

Il manquait, en matière de police, un ouvrage purement positif, qui indiquât ce qui, aujourd'hui, est prescrit, défendu et puni : les peines encourues par les délinquans ; les tribunaux dont ces derniers se trouvent justiciables, suivant la nature de l'infraction, de la contravention, du délit ou du crime, enfin la forme de la première instruction.

Tel est l'ouvrage que M. Alletz vient de publier ; il est destiné particulièrement à l'usage des nombreux fonctionnaires publics chargés, dans toute la France, de l'exercice de la police.

C'est un répertoire général qui présente, sur tous les objets de police, classés par ordre alphabétique, et dans un seul ordre pour chaque matière, les dispositions actuellement en vigueur, qui se trouvent séparées dans une quantité innombrable de lois et réglemens, tant anciens que modernes.

D'ailleurs on a eu soin d'indiquer dans chaque article la source où il a été puisé.

Les modèles d'actes, dont se compose le 4.e volume, présentent le précieux avantage d'établir de l'uniformité dans la rédaction des procès-verbaux et autres actes journaliers de police.

L'auteur a placé, en outre, dans son Dictionnaire, et dans la même série alphabétique des matières, un grand nombre de dispositions de droit civil, relatives aux intérêts privés des citoyens de toutes les classes, intérêts sur lesquels les fonctionnaires chargés de la police sont journellement consultés.

Le *Dictionnaire de Police moderne*, de *M. Alletz*, est utile à MM. les Commissaires de police de toute la France, à MM. les maires, dans les lieux où il n'y a point de commissaire de police, et en général à tous les fonctionnaires chargés de la police administrative et civile, judiciaire, municipale, correctionnelle et criminelle.

La longue suite d'années d'exercice de M. Alletz dans les fonctions administratives, et notamment dans celles de commissaire de police, la manière honorable dont il les a toujours remplies, l'estime et la considération publiques, justement méritées, dont il jouit, doivent puissamment contribuer au succès de son ouvrage.

Les Soirées d'hiver, ou Entretiens d'un père avec ses enfans sur le génie, les mœurs et l'industrie des divers peuples de la terre; par M. Depping, 4 vol. in-18 avec fig. Prix, 8 fr. et 10 fr. par la poste.

Parmi les nombreuses productions littéraires dont s'enrichit chaque jour la Bibliothèque de la jeunesse, on doit remarquer avec distinction celle que nous annonçons. Instruire en amusant, tel est le but des ouvrages destinés à cet âge heureux qui effleure tout sans approfondir, et qui retient si bien ce qu'on n'a pas l'air de lui vouloir apprendre.

L'ouvrage de M. Depping réunit tout ce qui peut exciter et satisfaire la curiosité de l'adolescence. Un plan régulier donne le tableau simple et concis du génie des peuples; on y retrouve le style pur et parfois élégant, et la précision qui font remarquer les ouvrages de ce genre. Son livre n'est pas sans attraits pour l'enfance, et sans doute bien des parens partageront avec leurs enfans le plaisir de le lire.

Une chose qu'on ne saurait trop louer, c'est le choix somptueux des matériaux dont il se compose. M. Depping a pris un soin particulier d'écarter de sa narration tout ce qui eût pu donner à la jeunesse des idées fausses ou seulement hasardées. Dans un travail assez long, ses recherches ont été faites avec exactitude et discernement; enfin l'ouvrage se recommande par l'intérêt du sujet et la manière dont il est traité.

Les demandes, lettres, envois d'argent, réclamations, etc. doivent être adressés franc de port, et *non autrement*, au Directeur du Recueil des *Arrêts du Conseil*, rue Gît-le-Cœur, n.° 4. — Les personnes qui n'ont point encore payé le prix de leur souscription sont invitées à le faire de suite, pour ne pas éprouver de retard dans les envois.

RECUEIL
DES
ARRÊTS DU CONSEIL,
OU
ORDONNANCES ROYALES

RENDUES, EN CONSEIL D'ÉTAT,

SUR TOUTES LES MATIÈRES DU CONTENTIEUX DE L'ADMINISTRATION,

PAR M.r L. MACAREL,
Avocat à la Cour Royale de Paris.

SEPTIÈME LIVRAISON.
(Mars 1821.)

PARIS.
A LA LIBRAIRIE D'ANTOINE BAVOU[illegible], ÉDITEUR,
Rue Git-le-Cœur, N.° 4.

(Chaque volume de ce Recueil se compose de quara[illegible] feuilles in-8.° environ, publiées en 10 livraisons. — Le prix de la souscrip[illegible] est de 10 fr. pour Paris, et 12 fr. 50 c. par la poste.)

Imp. de P.-N. ROUGERON, rue de l'Hirondelle, N.° 22.

Œuvres choisies de Servan, ancien avocat au parlement de Grenoble, 2 *vol. in*-8°. *Prix* : 12 *fr. et* 16 *fr. par la poste.*

M. Servan, après avoir occupé le premier rang au barreau de Grenoble, parcourut avec gloire l'honorable carrière du ministère public. Sa réputation semblait s'accroître, lorsque jeune encore, il crut devoir donner sa démission, pour n'avoir plus à lutter contre le crédit et l'intrigue.

Mais, tout en goûtant les douceurs de la vie privée, il composa plusieurs écrits sur des objets divers. Un de ses amis ayant été attaqué par J.-J. Rousseau, dans ses *confessions*, M. Servan repoussa cette attaque dans un style digne de son éloquent adversaire.

M. Servan sourit à l'aurore de la révolution. Son cœur crut y voir le terme des longs abus qu'il avait signalés; il partagea l'opinion générale; mais lorsqu'il s'aperçut que cette révolution prenait un caractère effrayant, que la liberté prêtait son nom à des excès, il se retira dans le canton de Neufchâtel en Suisse, où il composa un ouvrage plein de force contre les doctrines révolutionnaires. Rentré dans ses foyers, il n'accepta aucun emploi, et vécut retiré dans ses terres. Il emporta, à sa mort, les regrets de tous les gens de bien.

C'est à lui que la France doit l'abolition de la maxime du président Faber : *Creditur virgini parturienti.* Il avait démontré l'abus de cette maxime avec tant d'énergie et de talent, qu'elle fut remplacée par celle-ci : *La recherche de la paternité est interdite.* Son éloquente plaidoirie sur ce sujet se trouve dans le premier vol. de son ouvrage.

L'éditeur n'a recueilli, de ses nombreux écrits, que ceux qui se rattachent à la partie judiciaire; ce sont ceux-là surtout, qui ont placé l'auteur au rang des écrivains les plus recommandables du siècle dernier.

Ses contemporains ont porté de ses ouvrages le jugement le plus favorable, et en ont parlé avec une sorte d'enthousiasme. Voltaire lui écrivait, en 1769, pour l'engager à demander la répression de plusieurs abus : « Il n'appartient, » lui disait-il, qu'à un magistrat tel que vous d'élever une » voix qui sera respectée, non-seulement par son *éloquence* » *singulière*, mais par le droit de parler que vous avez dans » la place où vous êtes........ Puisse votre faible santé vous

RECUEIL
DES
ARRÊTS DU CONSEIL,
OU
ORDONNANCES ROYALES
RENDUES, EN CONSEIL D'ÉTAT,

SUR TOUTES LES MATIÈRES

DU CONTENTIEUX DE L'ADMINISTRATION,

PAR M.r L. MACAREL,

Avocat à la Cour Royale de Paris.

HUITIÈME LIVRAISON.

(Mars-April 1821.)

PARIS.

A LA LIBRAIRIE D'ANTOINE BAVOUX, ÉDITEUR,
Rue Gît-le-Cœur, N.° 4.

(Chaque volume de ce Recueil se compose de quarante feuilles in-8.° environ, publiées en dix livraisons. — Le prix de la souscription est de 10 fr. pour Paris, et 12 fr. 50 c. par la poste.)

Imp. de P.-N. ROUGERON, rue de l'Hirondelle, N.° 22.

ANNONCES DE L'ÉDITEUR.

SOUS PRESSE.

Pour paraître dans le courant de Mars 1822.

Origine du Droit civil, ou Histoire de la législation chez les Romains, de Gravina, trad. par Requier; nouvelle édition, revue et corrigée. 1 *vol. in-8.° Prix : 6 fr. et 6 fr. 50 c. satiné ; 8 fr. et 8 fr. 50 c. par la poste.*

Les lois romaines, dont l'étude n'était autrefois nécessaire que pour quelques provinces, forment aujourd'hui la base de notre Droit civil ; mais il ne suffit pas de les étudier dans les textes qui nous en restent, il faut, pour en bien pénétrer l'esprit, remonter à l'origine de cette législation, qui a survécu si long-temps à ses auteurs. Gravina est entré à cet égard dans des détails précieux. Il nous retrace, avec beaucoup de clarté et de précision, les divers pouvoirs qui se partageaient à Rome les affaires de l'Etat. Il pénètre à fond les principes de la constitution de ce vaste empire ; et en rapprochant, pour ainsi dire, ses ruines éparses, il le rétablit dans ses anciennes proportions, et lui rend sa première forme et sa première grandeur.

Une histoire de l'enseignement du Droit termine cet ouvrage ; il indique les différentes écoles qui tour-à-tour ont acquis de la célébrité. Les détails dans lesquels il entre sur ces écoles et les jurisconsultes qui les ont fondées sont indispensables pour toutes les personnes qui, voulant chercher des règles de droit dans la vaste compilation de tous les jurisconsultes romains, doivent nécessairement, pour apprécier leurs décisions, connaître et le temps où ils ont vécu et l'école dont ils ont adopté les principes.

Pour paraître à la même époque.

Jurisprudence du Droit français, ou Application des lois, arrêts de la Cour de cassation, etc. à tous les articles des cinq Codes jusqu'au 1.er janvier 1822, par M. Dufour, avocat à la Cour royale et ancien juge au Tribunal de la Seine. 2 *vol. in-12. Prix : 8 fr. et 10 fr. par la poste.*

On en convient généralement, la connaissance des lois, c'est-à-dire, de leur texte et de leur esprit, est insuffisante sans celle de la jurisprudence, qui, corrigeant leur imperfection, en détruit l'incohérence, en remplit les lacunes. Les arrêts ſorment cette juriſprudence. Jusqu'à présent, aucun juriſconsulte ne s'était occupé de réunir dans un ouvrage peu volumineux et d'un prix modéré tous les arrêts, toutes les lois qui, depuis quinze ans, ont modifié notre législation. M. Duſour, déjà connu par un grand nombre d'ouvrages dont le succès est un sûr garant du mérite de celui-ci, a entrepris cette tâche. Le public jugera s'il a réussi. A chaque article d'un de nos Codes, et dans l'ordre naturel, M. Duſour rapporte ou le texte, ou l'esprit de la loi ou de l'arrêt qui a confirmé ou détruit quelque principe. La méthode, l'ordre qui distinguent ses autres productions, et surtout un choix délicat, se ſont éminemment apercevoir dans celui-ci, et juſtifient ainsi son titre de *Juriſprudence du Droit français.*

Manuel du Commerçant, ou le Guide en affaires commerciales; par M. Léopold, avocat, docteur en droit. 1 vol. in-12 de près de 400 pages. Prix : 3 fr. et 4 fr. par la poste.

Le commerce est l'ame des Etats; c'est lui qui répand l'abondance publique, procure les richesses particulières, et ſournit des moyens d'existence au plus grand nombre.

Aussi, de tout temps, la France, plus qu'aucun autre peuple, s'est-elle occupée de lui donner des lois pour y maintenir la bonne ſoi et le rendre florissant; mais ces lois, rendues en divers temps, sont en général ignorées des commerçans.

Cet ouvrage est une espèce de cours de Droit commercial mis à la portée des moins habiles. L'auteur y passe tour à tour en revue : les obligations, les devoirs, les priviléges des commerçans, les patentes, les poids et mesures, les brevets d'invention, les marques des marchandises, les contreſaçons, les monopoles, l'usure, les ventes, les achats, les crédits, etc.

Pour ne rien laisser à désirer, l'auteur a ajouté des formules de tous les actes en général auxquels les opérations du commerce peuvent donner lieu; de sorte que nous pouvons affirmer, sans crainte d'être démentis, que cet ouvrage, malgré le grand nombre de traités élémentaires que chaque jour voit éclore sur la matière, conserve la supériorité qu'il a précédemment acquise et si justement méritée. Nous devons cependant à la vérité de dire que l'auteur ne s'y est point occupé du commerce maritime, attendu qu'il intéresse peu de personnes, et que, sans le rendre plus utile, il l'eût rendu plus dispendieux à la masse des commerçans auxquels il est destiné. C'est donc avec confiance que nous annonçons de nouveau cet ouvrage au public.

Instruction d'un Préfet aux Maires des départ.; 6.ᵉ édit. 1 vol. in-8.ᵒ Prix : 3 fr. et 4 fr. par la poste.

Parmi les lois si nombreuses qui régissent l'administration de l'État, il était sans doute difficile de faire un choix ; il fallait un homme habile et versé depuis long-temps dans la pratique. M. Lagarde, ex-préfet de Seine-et-Marne, en rédigeant cette instruction, ne s'est pas proposé de donner aux maires un code administratif complet ; il n'a voulu mettre sous leurs yeux que la portion de ce code qui les concerne ; il a voulu les diriger dans leurs opérations les plus habituelles, éclairer leur marche dans les cas qui se rencontrent le plus fréquemment ; réunir, pour ainsi dire, sous leur main, les principes administratifs dont ils ont presque tous les jours à faire l'application, et qui, disséminés dans un grand nombre de volumes et d'imprimés, peuvent souvent échapper aux recherches les plus actives, comme ils échappent quelquefois à la mémoire la plus sûre. Il aura atteint son but, si les maires, et plus particulièrement ceux d'entre eux qui jusqu'ici ont été étrangers aux fonctions municipales, trouvent dans cette Instruction un guide qui, en rendant leur marche plus assurée et plus rapide, leur facilite les moyens de répondre à la confiance du Gouvernement, et de mériter de plus en plus celle de leurs administrés.

Manuel des propriétaires et locataires, rédigé d'après le Code civil par un ancien jurisconsulte. Brochure in-12. Prix : 1 fr. 25 c. et 1 fr. 60 c. par la poste.

Cet ouvrage, d'une utilité générale, n'a pas besoin d'éloges. Il suffit d'indiquer qu'il contient des instructions et explications sur l'exécution des baux à loyer des maisons, boutiques et appartemens ; des baux à ferme et à cheptel, et sur les obligations et droits respectifs des bailleurs et des preneurs.

Rédigé d'après la forme la plus simple, l'auteur a su mettre son ouvrage à la portée des personnes les moins instruites, et lui mériter ainsi le titre de *Manuel*.

» laisser achever promptement l'ouvrage que vous avez n-
» trepris et que l'humanité attend de vous. »

Leçons préliminaires sur le Code pénal, ou Examen de la législation criminelle, par M. Bavoux. 1 *vol. in-8. Prix :* 8 *fr. et* 10 *fr. par la poste.*

Il est des ouvrages qui se recommandent tellement par l'importance du sujet, qu'il devient pour ainsi dire inutile d'en faire l'éloge. Il ne nous appartient pas de décider du mérite de celui-ci. Nous nous bornerons à rapporter ce qu'un honorable député, M. Labbey de Pompières, en disait à la Chambre, dans la séance du 10 juil. dernier. « ....
» Voici cette analyse : Nous regrettons que les séances ne
» nous permettent pas de présenter les observations que
» fait naître l'ouvrage que vient de publier M. Bavoux.
» Les crimes contre la sûreté intérieure et extérieure de
» l'État, leur révélation, les atteintes à la liberté par les
» ministres ou autres agens du pouvoir, les violations du
» domicile et du secret des lettres, la mort ou les blessures
» volontaires ou involontaires, les attroupemens dans leur
» rapport avec les lois, l'intervention de la force armée
» contre les citoyens isolés ou réunis, ce qu'elle peut faire
» pour arrêter les cas de résistance licite ou illicite, forment
» l'objet de divers chapitres traités avec la plus grande
» force............ »

Pour répondre, au surplus, à tous les détracteurs de l'ouvrage de M. Bavoux, dont sans doute quelques propositions pourraient être contestées, nous nous bornerons à citer une phrase de (Servan) qui pourra faire juger de ses intentions ; c'est la conclusion de son ouvrage. « Ne distin-
» guera-t-on jamais la licence qui veut tout détruire, de
» l'amour du bien qui ne veut changer que le mal ? La
» licence ne veut tout détruire que pour ne rien subs-
» tituer ; l'amour du bien remplace le mal par le bien, ou
» le bien par le mieux. La licence ne respire que l'anar-
» chie, l'amour du bien ne demande que l'ordre dans la
» liberté ; la licence ne veut point de lois, l'amour du bien
» n'en veut que de meilleures. »

De la Justice criminelle en France, d'après les lois permanentes, les lois d'exception et les doctrines des tribunaux ; par M. Bérenger, 1 *vol. in-8.° Prix :* 7 *fr. et* 9 *fr. par la poste.*

Nous craindrions trop, en essayant d'analyser l'ouvrage de M. Bérenger, de rester tellement au-dessous de notre sujet, qu'on pût se former de son livre une autre opinion que celle que nous en avons. Nous laisserons donc parler l'auteur. Voici ce qu'il en dit lui-même : Ayant le bonheur de vivre sous un gouvernement représentatif, et par conséquent dans un état libre, il (l'auteur) a cru pouvoir écrire avec liberté sur les institutions judiciaires de son pays. Il a trouvé qu'elles étaient incompatibles avec la monarchie constitutionnelle, et il l'a dit. — D'une autre part il lui a paru que le fait de l'homme, les doctrines des tribunaux et des magistrats étaient venus ajouter aux vices de ces institutions, et il a signalé ce que ces doctrines avaient de faux. En se livrant à cet examen, il s'est gardé de réveiller des passions qu'il importe d'éteindre. Ce serait donc en vain que les hommes qui parcourent les livres pour y trouver du scandale liraient celui-ci. L'auteur n'a cherché dans le présent et le passé que ce qu'il était indispensable d'y puiser pour se précautionner contre l'avenir.

Lorsqu'il a cité des faits, c'est parce qu'ils venaient se grouper d'eux-mêmes autour des principes, et qu'ils étaient utiles pour mieux démontrer le danger de s'écarter de ceux-ci ; et, chaque fois qu'il a trouvé dans un de ces faits une funeste erreur consacrée, il a regardé comme un devoir de taire les noms des hommes auxquels on en pourrait demander compte. — Il ne se dissimule pas cependant que son livre blessera beaucoup d'amours-propres ; mais il ne fera que les blesser, et de telles piqûres sont légères. L'auteur aura atteint son but, s'il parvient à fixer l'attention du législateur sur la nécessité d'améliorer nos lois, et s'il éclaire quelques magistrats sur leurs propres aberrations. Il est loin de se flatter d'avoir épuisé son sujet ; il est si étendu qu'on apercevra de grandes lacunes à remplir. . . . . Il a voulu seulement jeter un coup-d'œil général sur notre instruction criminelle, c'est-à-dire, sur le mode de poursuite et de juger les crimes en France et en montrer tous les défauts. Il s'est arrêté là. (*La suite à une de nos prochaines livraisons.*)

Guide (nouveau) des maires et adjoints, et des commissaires de police. 1 vol. in-8°. *Prix*, 5 *fr.*

Cet ouvrage contient, 1.° le texte ou l'analyse raisonnée, par ordre alphabétique, des lois, décrets et réglemens relatifs à leurs fonctions, civiles et judiciaires ; 2.° les modèles d'un grand nombre d'actes dont la rédaction leur est attribuée ; 3.° et le texte ou l'extrait raisonné d'un grand nombre de décisions rendues par les Ministres de l'intérieur, des finances et de la justice, sur les devoirs et obligations des maires et des commissaires de police.

www.ingramcontent.com/pod-product-compliance
Lightning Source LLC
Chambersburg PA
CBHW031355210326
41599CB00019B/2780

* 9 7 8 2 0 1 2 7 6 6 6 1 7 *